建设工程施工企业

法律风险防范全书

史全佩　李国敬　宋　蓉／主编

法律出版社 LAW PRESS · CHINA
北京

图书在版编目(CIP)数据

建设工程施工企业法律风险防范全书 / 史全佩，李国敬，宋蓉主编. -- 北京 ：法律出版社，2024
ISBN 978 - 7 - 5197 - 9024 - 0

Ⅰ. ①建… Ⅱ. ①史… ②李… ③宋… Ⅲ. ①建筑法 – 研究 – 中国②建筑工程 – 工程施工 – 合同法 – 研究 – 中国 Ⅳ. ①D922.297.4

中国国家版本馆 CIP 数据核字（2024）第 075802 号

建设工程施工企业法律风险防范全书
JIANSHE GONGCHENG SHIGONG QIYE FALÜ FENGXIAN FANGFAN QUANSHU

史全佩　李国敬　宋　蓉　主编

策划编辑 林　蕊　周　洁
责任编辑 林　蕊
装帧设计 臧晓飞

出版发行 法律出版社
编辑统筹 司法实务出版分社
责任校对 杨锦华
责任印制 胡晓雅
经　　销 新华书店

开本 710 毫米 × 1000 毫米　1/16
印张 25.25　**字数** 460 千
版本 2024 年 5 月第 1 版
印次 2024 年 5 月第 1 次印刷
印刷 天津嘉恒印务有限公司

地址：北京市丰台区莲花池西里 7 号(100073)
网址：www. lawpress. com. cn
投稿邮箱：info@ lawpress. com. cn
举报盗版邮箱：jbwq@ lawpress. com. cn

销售电话：010 - 83938349
客服电话：010 - 83938350
咨询电话：010 - 63939796

书号：ISBN 978 - 7 - 5197 - 9024 - 0　**定价**：88.00 元
凡购买本社图书，如有印装错误，我社负责退换。电话：010 - 83938349

本书编委会

主编

史全佩　北京盈科（宁波）律师事务所

李国敬　立丰（上海）律师事务所

宋　蓉　北京盈科（贵阳）律师事务所

副主编

刘　研　湖南联合创业律师事务所

匡泉生　江苏熠达律师事务所

付海平　重庆坤源衡泰律师事务所

曾忠毅　云南天外天律师事务所

张连峰　河南新砥柱律师事务所

编委会委员（以下排名不分先后）

罗　毅　北京市君都（昆明）律师事务所

刘锦春　北京市君都（昆明）律师事务所

卢安龙　上海市建纬（贵阳）律师事务所

程玉伟　北京盈科（合肥）律师事务所

戚兆波　北京海润天睿律师事务所

何　帆　重庆坤源衡泰（贵阳）律师事务所

梁竣庭　广西益远律师事务所

夏顺成　北京市京都（重庆）律师事务所

许玉森　上海天之健律师事务所

李建国　山东诚功（滨州）律师事务所

陈　清　江苏高瞻律师事务所

杨永明　甘肃纪元律师事务所

肖海明　广西法树律师事务所

虞根松　北京市炜衡（合肥）律师事务所

罗开均　北京市国汉律师事务所

陈　萍　四川瀛领禾石律师事务所

包　健　北京济和律师事务所

秦超贤　河南天基律师事务所

蒋小松　湖南弘一（永州）律师事务所

郑　植　四川睿桥律师事务所

程地昌　泰和泰（重庆）律师事务所

张　良　湖北神宇律师事务所

曹化强　北京市盈科律师事务所

袁浩霖（袁爱军）　北京市北斗鼎铭律师事务所

胡冬梅　北京盈科（重庆）律师事务所

谭元星　云南天外天律师事务所

李　彬　江苏姑苏律师事务所

魏存仪　北京市盈科（兰州）律师事务所

周　盟　北京中阔律师事务所

古利新　北京知润律师事务所

贺汝星　河北天源通和律师事务所

张德胜　中豪（贵阳）律师事务所

彭　斌　江西南芳律师事务所

葛增荣　吉林吉信律师事务所

朱网祥　江苏致邦律师事务所

叶水波　北京天驰君泰（泉州）律师事务所

杨兴跃　云南天外天律师事务所

刘伍万　云南天外天律师事务所

罗海燕　北京市君泽君（成都）律师事务所

胡　良　北京市隆安律师事务所

杨　波　北京大成（深圳）律师事务所

李兴锋　山东森昌律师事务所

序一 Preface

随着我国经济由高速增长转向高质量发展阶段,建筑业规模快速扩张带来的发展成为过去式,传统的建筑业面临前所未有的机遇和挑战,经济环境对建筑企业的转型升级也提出了新的要求。在这样的背景下,建筑企业要在激烈的市场竞争中实现发展突破,除施工技术创新外,在法律层面也应在着力推进、强化合规管理的基础上,提高经营管理风险防范的能力和水平,筑牢高质量发展根基。

鉴于此,笔者会同陪伴建筑企业共同成长起来的法律实务工作者一起编写了本书,本书立足法律规定,结合办案经验和多年服务建筑企业的实战经验,围绕近年来建筑企业高频出现的法律问题,从招投标、违法分包、转包、合同签订履行、工程索赔、工程款结算、企业刑事责任等方面,多维度、多角度梳理常见法律风险,以案说法,详细解读,站在企业的立场给出有针对性的防范提示,有效预防和化解企业法律风险。本书旨在突出"控前端、治未病"对企业的深远意义,使建筑企业深刻认识合法合规发展及法律风险防控的重要性,让企业积极树立合规与风险防控意识,健全和完善合同管理体系,建立过程管理合规体系,切实将风险防控措施落地。

本书共二十章,在写作体例上,通过"主要风险、防范措施、典型案例"等几个部分,对建筑企业涉及的类型化问题及风险进行全面总结和识别,提出实务防范指引,是企业负责人、各部门负责人、项目经理不可多得的案头工具书。

本书最大的亮点如下:一是前瞻性。本书观察建筑业前沿问题,反映建筑企业面临的新型问题,并结合《最高人民法院关于适用<中华人民共和国民法典>合同编通则若干问题的解释》、《刑法修正案(十二)》、2023年修订的《公司法》等最新法律法规、司法解释进行分析,呈现实务中最新的观点。二是实操性。本书不仅总结了项目全过程管理中识别的风险点,而且从实务角度对风险防范的具体措施进行解读,对建筑企业的实务操作具有较强的指引意义。三是可读性。本书的写作尽量避免专业性的理论阐述,都从自身经验出发对风险问题进行解析,语言通俗易懂,说理简单明了,具有很强的可读性。四是典型性。本书以问题为导向,重点突出,将"法律+管理"有机融合,为解决建筑企业面临的典型问题提供解决方案。

梁思成曾说过:“建筑既不是砖头瓦块,也不是雕梁画栋,建筑之真意义乃在求其合用、坚固、美。”对提供建筑服务的建筑企业来说,也是如此,只有不断修炼内功、提升自身管理水平,方能从容应对风险,行稳而致远。希望本书给广大建筑企业带来新的启示,以期对建筑企业规避常见法律风险有所帮助,以共同助力企业早日摆脱当前困境,尽快实现转型升级和高质量发展。

受限于时间和笔者水平,本书定然存在疏漏和不足之处,敬请广大企业界朋友和热心读者批评指正。

史全佩

2024 年 3 月于宁波紫荆汇

序二 Preface

在现今快速发展的社会背景下，建设工程施工行业作为国民经济的重要支柱，日益受到广泛关注。然而，随着市场竞争的加剧和法律法规的日益完善，特别是近年来房地产行业进入下行周期，施工企业在日常经营活动中面临的法律风险也越发复杂多样。为了有效防范和化解这些风险，我们特编撰了这本《建设工程施工企业法律风险防范全书》。

本书旨在为广大建设工程施工企业提供一本全面、系统、实用的法律风险防范指南。通过深入剖析建设工程施工企业在各个环节可能遇到的法律风险，结合最新法律法规和典型案例，为读者提供有针对性的风险防范策略和解决方案。

在建设工程施工过程中，施工企业不仅要面对合同签订、履行、变更等方面的法律风险，还要应对工程质量、安全生产、劳务用工、环境保护等多个领域的法律问题。这些问题一旦处理不当，不仅可能给企业带来经济损失，还可能影响企业的声誉和市场竞争力。因此，加强法律风险防范意识，提高法律风险管理水平，对于施工企业的健康发展至关重要。

在本书编写过程中，笔者力求做到以下几点：

一是注重全面性。本书涵盖了建设工程施工企业在各个阶段的法律风险点，从招投标、合同签订到施工实施、竣工验收、结算支付等各个环节都有所涉及。同时，我们还针对不同类型的施工企业，如总承包企业、专业分包企业等，进行了差异化的风险分析和防范策略制定。

二是突出实用性。本书不仅提供了丰富的理论知识，还结合了大量实际案例，对如何防范和应对法律风险进行了具体指导。读者可以通过学习本书，了解如何在实际操作中规避风险、减少损失，提高法律事务处理能力。

三是强调前瞻性。随着法律法规的不断更新和市场的不断变化，建设工程施工企业面临的法律风险也在不断演变。本书在编写过程中，充分考虑了当前及未来可能出现的法律风险点，为读者提供了有前瞻性的风险防范建议。

此外，本书还注重理论与实践的结合，既有深入的理论分析，又有生动的案例展示。通过理论与实践的相互印证,使读者能够更好地理解和掌握法律风险防范的精髓。

我们深知,法律风险防范是一项长期而艰巨的任务。施工企业在日常经营活动中需要时刻保持警惕,加强内部管理,提高员工法律素质,不断完善风险防范机制。本书的出版只是为施工企业提供了一些参考和借鉴,真正的风险防范工作需要企业在实践中不断探索和总结。

同时,我们也希望本书能够引起广大施工企业及相关人士对法律风险防范的重视和关注。通过加强交流与合作,共同推动建设工程施工行业法律风险防范水平的提升,为行业的健康发展贡献力量。我们欢迎广大读者对本书提出宝贵的意见和建议,共同推动建设工程施工企业法律风险防范工作的深入发展。

最后,我们要感谢所有为本书编写付出辛勤努力的作者和编辑人员,他们的专业知识和敬业精神是本书得以顺利出版的重要保障。同时,我们也要感谢广大读者对本书的信任和支持,是你们的关注和支持让我们有了不断前进的动力。

李国敬

2024 年 3 月

序三 Preface

在我国，房地产与建筑行业规模巨大，在国民经济中具有举足轻重的地位，关系我国经济的发展、基本民生建设及社会的和谐稳定，同时更是涉及千家万户生命和财产安全。2014 年以来，随着我国建筑业企业生产和经营规模的不断扩大，建筑业总产值持续增长，2023 年达到 315,911.85 亿元；2023 年，全国建筑业企业签订合同总额 72,731.07 亿元，比上年增长 2.78%。伴随行业快速发展，建设工程领域纠纷频发。这一领域产生的各种纠纷，不仅数量多、涉及面广，而且较为复杂。

为了规范建筑企业健康有序发展，国家及地方有关部门颁布实施大量的法律法规、行政规章及司法解释，如全国人大及其常委会颁布的主要法律包括《建筑法》《招标投标法》《安全生产法》《城乡规划法》《民法典》《政府采购法》等，国务院颁布的主要行政法规包括《建设工程质量管理条例》《建设工程安全生产管理条例》《对外承包工程管理条例》等，还有最高人民法院发布的司法解释《最高人民法院关于审理建设工程施工合同纠纷案件适用法律问题的解释（一）》，主管部门、各个地方颁布的大量规章、地方性法规规定，技术标准，涉及面广，纷繁复杂，可以说我国建筑业的法律法规体系已基本建立。但是，法律要适应社会的发展变化，各个时期情况的不同，各个地方规定时有差距，甚至同一地方、同一部门先后发出的文件也时有冲突。另外，由于建设工程行业紧密伴随改革开放步伐，发展快速，专业性强，涉及专业领域众多，出现问题突出复杂，建设工程纠纷多发高发，多年来最高人民法院及各地法院审理的案件中，建设工程纠纷所占比例高居不下。对建筑企业经营管理人员来说，要想全面了解、掌握并运用这方面的法律知识，显然是很困难的。即使是短期从事房地产与建设工程的法律专业人士，要全面领会与掌握这方面的法律知识，亦非易事。

建设工程从项目的招投标到建设工程施工及结算的全过程都涉及多方面的法律风险。稍有不慎，建筑企业可能面临财产损失，企业经营者可能面临牢狱之灾。鉴于此，本书的写作团队根据建筑企业的实际需要，以解决实践中的法律实务问题为目的，通过深入研究，系统总结整理了建筑企业常见的法律风险并提供有针对性的防范措施，希望能给我国建筑企业提供法律上的帮助，破解其在发展过程中遇到的难题。

为使内容更具可读性，本书在每个风险点阐述之后，均精选相关案例。所选案件大多为最高人民法院、各地高院、中院真实案例，争议焦点突出，裁判思路清晰，且案例大多为近年来生效裁判，拥有较好的时效性。

笔者撰写本书旨在帮助我国建筑企业全方位防范法律风险，同时，更希望能够为全国建筑企业的健康、快速发展尽一份绵薄之力，为我国建筑业的法治建设添砖加瓦！考虑到建筑企业经营管理人员多为非法律人士，本书用通俗易读的语言写作，没有高深的理论，少用法律专业术语，以保证非法律人士能够看懂。

本书写作过程中，得到了诸多领导、客户和朋友们大力的支持和无私的帮助，在此深表谢意！同时，由于时间仓促，本书难免有疏漏和不当之处，真诚欢迎关心中国建设工程行业及其法律实务的一线工作人员、专家学者提出宝贵意见，以期不断精进成果，帮助更多的建筑企业和从业人员防患于未然。

宋　蓉

2024 年 3 月

目录 Contents

第一章

项目投标法律风险与防范

第一节　单独投标的法律风险与防范

单独投标是相对于联合投标的一个概念。我国《招标投标法》规定投标人可以是法人、其他组织(依法招标的科技项目可以是自然人),这些都是《民法典》规定的具有独立民事主体资格的主体。此外还规定两个以上的法人或者其他组织可以组成一个联合体,以一个投标人的身份共同投标,即联合投标。因此,单独投标是指具备承担招标项目相应能力或资格的法人或其他组织,以自己名义单独响应招标参加招标竞争的行为。

招投标阶段是建筑施工企业承接建设工程项目业务的起始阶段,具有基础性、关键性作用。我国出台了《招标投标法》《招标投标法实施条例》《必须招标的工程项目规定》等一系列法律法规和规章对建设工程项目的招标投标进行规范。《招标投标法》第二十六条规定,投标人应当具备承担招标项目的能力;国家有关规定对投标人资格条件或者招标文件对投标人资格条件有规定的,投标人应当具备规定的资格条件。所以,单独投标的投标人参加投标,必须首先具有履行合同的能力和条件,包括与招标文件要求相适应的人力、物力和财力,以及招标文件要求的资质、工作经验与业绩等。其次,单独投标的投标人应当具备法律法规或招标文件规定的资格条件。不具备相应资格条件的承包人不能参加有关招标项目的投标。招标人也应当按照法律和国家有关规定及招标文件的要求,对投标人进行资格审查。

根据相关法律规定,投标人的权利与义务一般可概括为:投标人的主要权利包括:(1)平等地获取招标信息;(2)自主投标;(3)对资格预审文件、招标文件提出异议,要求招标人或招标代理人进行答复;(4)投标截止日前撤回或补充、修改投标文件;(5)参加公开开标,对开标提出异议;(6)对评标结果提出异议;(7)提起投诉,控告、检举招标过程中违法行为。投标人的主要义务包括:(1)按招标文件要求编制、递交投标文件,保证所提交的招标文件的真实性;(2)投标截止后不得改变、撤销投标文件;(3)对投标文件的有关问题进行澄清、说明;(4)按招标文件要求提交投标保证金;(5)中标前不得与招标人进行实质性谈判;(6)中标后按招标文件要求交纳履约保证金,与招标人签订并履行合同;(7)不得串通投标、弄虚作假;(8)不得以行贿等手段骗取中标;(9)不得恶意投诉。

一、主要风险

在建设工程招标投标领域,由于建设工程自身具有资金量大、环节多、工程体量大等多个显著特点,极易在招标投标环节出现法律风险,作为单独投标的建筑企业要格外关注投标过程中可能涉及的法律风险。投标环节存在的主要法律风险如下。

(一)选择投标项目不慎,对发包方未尽审查义务的风险

在投标的准备阶段,不够重视对发包方的资信调查及项目风险分析,往往是投标人的通病。实务中,多数投标人都会把注意力主要甚至全部放在申请参与、资格预审等一系列招投标程序及资料制作中,轻视或忽视了对于项目本身的审视,如对项目是否属于必须公开招标的项目、项目是否为净地、项目的内在条件(如地质环境、垫资情况、资金来源)和外在影响(如居民压力、政府政策法规的影响)的审查不充分。这导致本应在投标准备过程中发现的一些项目法律风险没有及时发现,以致没能提早采取风险防范措施或预案,使之后的投标甚至是中标后的合同履行程序十分被动。如项目本身不合法,投标后撤回或者中标后毁标,将使得投标保证金无法收回,签订合同的,项目面临随时终止的风险。在考察项目同时,应注意对发包方的资信和支付能力等情况的查证,如果时间紧迫,可一边组织投标一边调查了解,充分了解发包方商业信誉、业内口碑和资金实力情况。如发包方资金出现缺口或存在其他外在压力而不能按约履行合同,将会造成不能开工或开工后中途停工的局面;若涉及公共设施建设,还会损害公共利益。这不仅会给投标人带来损失,在投标人为国有企业时还可能使相关负责人承担行政责任甚至是刑事责任。因此,投标人在投标准备中应高度重视项目的全面审查和对发包方的尽调工作,做好风险预估。

(二)投标人主体不适格、数量不足的风险

投标人资格是指投标人参与具体项目投标所需具备的条件,分为法定资格和约定资格两种情况。投标人主体不适格、数量不足通常表现为以下情形:(1)为项目提供前期设计、咨询服务或者监理的单位参与项目施工投标;(2)法定代表人为同一人的两个及两个以上法人,母公司与被控股子公司参与同一项目投标;(3)投标人不具备法定的资质条件或招标文件规定的合格投标人条件;(4)开标时投标人不足三家或数量较少,竞争不充分。投标人资格设定和数量要求是招标活动的关键环节,设定不当轻则导致无法选择到适当的中标人,给项目的实施造成困难;重则可能引起投诉,

导致中标结果及所签订的合同无效。

（三）投标人围标、串标，可能面临承担刑事责任的风险

围标、串标行为，扰乱市场正常秩序，给工程项目留下质量隐患，且易滋生腐败及损害国家和社会利益。《招标投标法实施条例》第三十九条规定，禁止投标人相互串通投标。有下列情形之一的，属于投标人相互串通投标：(1)投标人之间协商投标报价等投标文件的实质性内容；(2)投标人之间约定中标人；(3)投标人之间约定部分投标人放弃投标或者中标；(4)属于同一集团、协会、商会等组织成员的投标人按照该组织要求协同投标；(5)投标人之间为谋取中标或者排斥特定投标人而采取的其他联合行动。第四十条规定，有下列情形之一的，视为投标人相互串通投标：(1)不同投标人的投标文件由同一单位或者个人编制；(2)不同投标人委托同一单位或者个人办理投标事宜；(3)不同投标人的投标文件载明的项目管理成员为同一人；(4)不同投标人的投标文件异常一致或者投标报价呈规律性差异；(5)不同投标人的投标文件相互混装；(6)不同投标人的投标保证金从同一单位或者个人的账户转出。第四十一条规定，禁止招标人与投标人串通投标。有下列情形之一的，属于招标人与投标人串通投标：(1)招标人在开标前开启投标文件并将有关信息泄露给其他投标人；(2)招标人直接或者间接向投标人泄露标底、评标委员会成员等信息；(3)招标人明示或者暗示投标人压低或者抬高投标报价；(4)招标人授意投标人撤换、修改投标文件；(5)招标人明示或者暗示投标人为特定投标人中标提供方便；(6)招标人与投标人为谋求特定投标人中标而采取的其他串通行为。因此，无论是串标还是围标都是违法的，将受到法律的惩治。如《反不正当竞争法》第二十七条、《行政处罚法》第二十九条、《招标投标法》第五十三条均对串标行为的处罚作出了规定。此外，根据《刑法》第二百二十三条的规定，串标人还可能面临承担刑事责任的风险。

（四）投标人以他人名义投标或委托他人投标等弄虚作假行为的风险

弄虚作假是当前招投标活动中存在的突出问题之一，弄虚作假投标可以分为投标人以他人名义投标和资格证明文件造假两种行为。以他人名义投标是一类比较典型的弄虚作假行为，实践中，投标人以他人名义投标或委托他人投标的通常有以下表现形式：(1)通过转让或者租借等方式从其他单位获取资格或者资质证书投标的；(2)由其他单位或者其他单位负责人在自己编制的投标文件上加盖印章或者签字的；(3)项目负责人或者主要技术人员不是本单位人员的；(4)邀请招标中被邀请人委托他人投标。《招标投标法》第五十四条明确禁止投标人弄虚作假，《招标投标法实施条例》第四十二条第二款规定，投标人有下列情形之一的，属于《招标投标法》第三十三条规定的以其他方式弄虚作假的行为：(1)使用伪造、变造的许可证件；(2)提供虚假的财务状况或者业绩；(3)提供虚假的项目负责人或者主要技术人员简历、劳动关系证明；(4)提供虚假的信用状况；(5)其他弄虚作假的行为。上述的情况可能导致

的不利后果如下:(1)招标人不了解实际投标人的真实情况,导致评标结果失实;(2)实际投标人无履约能力或履约能力差,导致项目质量、进度失控,甚至发生安全事故;(3)虚假投标违反法律的强制性规定,将会导致中标无效,合同亦无效。

(五)编制投标文件时对招标文件理解错误的风险

编制投标文件是投标工作的主要内容。投标人必须按照招标文件的要求认真编制投标文件,投标文件应当对招标文件提出的要求和条件作出实质性响应。对招标文件实质性要求没有完全响应将直接导致投标失败。实务中,编制投标文件时对招标文件理解错误常见的表现形式为:(1)投标文件编制人对招标文件理解错误或对有歧义的内容未予进一步明确,如采用的技术标准为非常用的;招标文件的部分内容含糊不清;招标文件前后不一致;进而有可能导致对采购的建材、设备产地、型号、品牌和质量等理解不同,从而造成施工企业商务标报价与实际工程项目、工程量之间存在差异,给施工企业造成损失。(2)投标文件编制中项目遗漏,如报价所依据的工程量与实际工程量有偏差;未仔细审核图纸确定应报价范围;未考虑项目所在地关于投标报价的规定;未周全考虑材料、人工上涨等市场因素可能带来的风险;等等。

(六)采用低价投标、高价索赔策略的风险

《招标投标法》第三十三条规定,投标人不得以低于成本的报价竞标,也不得以他人名义投标或者以其他方式弄虚作假,骗取中标。第四十一条规定:"中标人的投标应当符合下列条件之一:(一)能够最大限度地满足招标文件中规定的各项综合评价标准;(二)能够满足招标文件的实质性要求,并且经评审的投标价格最低;但是投标价格低于成本的除外。"虽然法律对低价投标行为有明确的规制,但实践中由于建筑行业竞争激烈,投标人往往更倾向于选择低价中标、高价结算的方式来实现自己的利益。一方面,低价投标可以挤垮对手;另一方面,在施工过程中利用签证变相加价结算又可以弥补低价中标带来的经济上的损失。然而,低价中标带来的风险是可想而知的:第一,投标报价虽是招标人评标、定标的重要因素,但不是唯一因素,最低报价不一定中标;第二,低价中标的承包人必将面临资金缺口问题,进而导致材料款、人工费无法按约定支付;第三,即使低价中标了,索赔的难度也很大,如果在施工过程中未能规范管理签证、变更、设计等资料,则势必会影响后期的结算,存在亏损的风险。

二、防范措施

(一)树立和强化法律意识,加强建筑企业项目承接的合规建设

建筑施工企业要培养并强化项目承接工作人员的合规意识,对项目承接工作人员进行合规培训。企业投标负责人及相关参与人不仅要从建筑工程技术角度严格审视项目,也要始终注意其中的法律因素和风险。投标中,尽量吸纳具备法律专业能力的人参与;有必要的,寻求相关法律专家或职业工作者的帮助与指导。做到依法治

企，合规经营。

（二）投标前，做好招标项目合法、合规性审查工作

招投标项目的合法、合规是项目正常运行的首要保证。根据法律规定，有些项目是禁止建设的，有些项目是需要审批的，有些是需要备案的。项目开工建设，一般需要具有土地使用证、规划许可证、施工许可证、环境影响评价等。投标人在投标准备中，应当审查该项目依法是否可以建设，相关审批、备案手续是否完善，相关证照是否齐备；不齐备的，是否能够办理，办理需要多久时间。在没有完成相关手续或是相关证照不齐全的情况下，需要全面评估是否能够办理。要评估一旦不能办理，最坏的结果会怎样。同时，应对业主方的基本情况进行客观、全面、细致地了解，主要包括经营资格和等级证书，企业营业执照和税务等级等，应重点审查其资金实力、项目资金来源、项目资金到位情况，业主方的履行能力及履约信用情况。对上述各项应该注意法律、法规的规定，若有违反，可能导致合同无效、项目终止，或者项目停止、延期等。故务必做足功课，不得轻视或忽视，扎实做好项目审查工作。

（三）高度重视投标活动，精心编制投标文件

建筑企业要专门组建投标文件编制小组，落实专人专职负责投标活动。

前期工作中具体要做到：(1)要求投标人的投标保证金必须由其基本账户汇出；(2)严格审查有关人员资质证书、劳动合同、社保凭证等，必要时核对原件；(3)在投标邀请书中明确被邀请的投标人必须自己参加投标，不得委托第三人投标。

编制投标文件要着重落实：(1)结合工程实际，认真仔细审查相关技术标准；(2)对内容含糊或前后不一致的地方，及时书面要求招标人澄清，不凭习惯做法处理；(3)对一些招标人没有明确的内容，在投标文件中注明所基于的特定理解；(4)在本企业专业人员编制的基础上，有条件的可聘请专业机构协助完成，最后由专家把关。

同时对报价采取防范措施如下：(1)区分是传统报价还是清单报价，分别不同情况处理：若传统报价，应仔细审核图纸，准确计算工程量；若工程量清单报价，应结合工程实际情况，准确计算分部分项工程量清单项目及措施费项目。(2)仔细完整审核图纸，结合工程量清单确定应报价的范围。(3)考虑项目所在地关于投标报价的规定。(4)注意一些零报价项目可能产生的后果。(5)若采用固定总价的，首先要认真分析合同履行期的价格走势和风险，投标报价时充分考虑市场因素并约定风险范围；其次，采用固定单价的，可约定风险范围、幅度及调价的原则；最后，在后续签约时可设定相应的条款控制可能带来的损失，如约定市场因素导致造价增加一定幅度后可适当调整承包价等。

（四）加强内部监督和审查，建立项目承接的风险内控机制

内控管理是企业为保证经营管理活动正常有序、合法运行，采取对财务、人员、资产、工作流程实行有效监管的系列活动。具体到企业项目承接环节，除做到以上几个

方面外，建议如下：(1)做好项目分析论证及内部成本核算。为保证项目的履行及盈利，在综合各方面信息后，投标人应经过内部分析论证，明确项目开展难度、施工技术难度，对本企业能否完成有预估，对如何完成有预想。同时，由企业内部或者专业机构根据相关信息，核算项目成本。在确定投标报价时，除了考虑核算的项目成本、利润外，还应当考虑预料到的法律风险可能带来的成本增加，在报价中做好预先安排。(2)完善投标的内部决策程序。投标中，最终承受法律风险的主体是双重的，即投标企业自身，以及投标负责人或相关人员。但企业投标考虑的因素不只是某一方面，是否投标也不一定由该等人员决定。因此，该等人员除了应防范企业层面的法律风险，也要防范对于自身的风险。在投标准备中，在全面收集上述各方面信息后，应由相关部门做初步评估，然后汇总按公司相关规定由相关部门审批、决定，并保留其中的相关文件、材料。越是存在上述风险尤其是不可控风险时，招投标工作越是要合规进行，扎实做实、深做、细做，内部程序上更是要公开、透明、规范，材料保存上更是要全面、完整，以避免风险现实化后难追责、乱归责。

(五)注重中标后的磋商，严格把关合同评审

承包人的投标中标后，应与发包方就投标文件的内容展开具体磋商，要尽量对工程项目的名称、地址、工程内容、技术要求、施工方案、工程质量要求、工程工期、安全防护措施、双方权利义务、付款方式、违约责任、工程竣工结算、解决争议方式等主要条款的内容加以明确，真实、清楚地以书面形式进行表述，避免使用容易引起歧义的字句书写投标文件和施工合同。

签署合同时，应当审查工程总承包合同内容是否跟中标文件内容一致，把好合同评审关。双方应当依照国家《建设工程施工合同示范文本》签订合同，保证条款的齐全、内容的完整，尽量减少苛刻的、单方面的约束性条款。要对专用条款中跟工程相关的一些具体要求和内容加以明确约定，尤其是要约定违约责任的限度，以防风险的扩大化。

(六)合同签订后，做好履约管理和风险控制

合同签订后，开工前，项目管理人员须对合同进行全面、细致的研究和分析，熟悉双方权利义务，预测合同管理过程中存在的潜在风险，并制定有效的管理对策。如根据项目的具体情况，全面分析项目索赔条款，评估可能存在的索赔情况，对此建立具有丰富索赔经验的管理团队。施工过程中，要严格按照合同进行施工，强化施工现场管理，加强对材料商、分包商的管理，加强印章管理、内部审计管理，防止因误工误期、质量问题等带来风险。对于业主方原因导致承包方延误工期或受到合同价款意外损失的情况，应注意收集好工程照片、施工日志、会议纪要、设计变更、指令或通知等索赔资料，及时提出索赔，并保证索赔的法律效力。

三、典型案例

1. 发包人宁夏鸿×房置业有限公司与承包人浙江创×建设工程有限公司建设工程施工合同纠纷案[1]

【案例要点】

案涉工程系面向社会销售的商品住宅小区，依据当时的法律规定，案涉工程系关系社会公共利益、公共安全的建设工程项目，属于《招标投标法》第三条[2]规定的必须进行招投标的项目。双方当事人"先定后招"的违法行为，创×工程公司中标无效，双方据此签订的施工合同，因违反《招标投标法》第四十三条和第五十五条的规定，亦属于无效合同。

【案情简介】

2012年9月19日，宁夏鸿×房置业有限公司（以下简称鸿×房置业公司）与浙江创×建设工程有限公司（以下简称创×工程公司）签订《工程施工总承包合同》，约定由创×工程公司承建鸿×房置业公司天都项目二期一标段工程，工程造价暂定3亿元，并对工程价款计算依据、工程款支付及垫资补偿、质量标准等具体内容作出约定。2013年6月28日，创×工程公司中标案涉工程，中标价暂定为211,107,530元。2013年7月25日，鸿×房置业公司与创×工程公司签订《建设工程施工合同》约定：鸿×房置业公司将其位于银川市兴庆区南熏东街北侧、红花渠东侧的鸿×房天都商品房小区工程发包给创×工程公司施工；工程范围包括施工图纸范围内的全部（除甲方指定分包项目）建安工程及甲方另外分包并需配合的工程；工期540天；质量标准为合格；合同价款暂定211,107,530元，按定额计价方式的可调价格。2016年5月20日，创×工程公司向鸿×房置业公司发出工程验收、结算、付款催告书，要求鸿×房置业公司支付工程款80,038,573元及利息。因双方无法就工程款支付问题协商达成一致意见，创×工程公司将鸿×房置业公司诉至法院。

【判决要旨】

一审法院认为，双方当事人2012年9月19日签订的《工程施工总承包合同》属于标前合同，因违反上述法律、行政法规效力性强制性规定，应认定为无效合同。虽

---

① 案号：(2020)最高法民终971号。

② 本书"案情简介""判决要旨"等部分引用的是案例发生时的法条；"案例要点""点评分析"部分引用的是出版时现行有效的法条。二者有区别时，会在"案情简介""裁判要旨"部分标注法律法规生效的年份。——编者注

然,鸿×房置业公司于2013年6月28日完成案涉工程招投标手续并通知创×工程公司,之后双方签订《建设工程施工合同》并备案,但双方标前合同中关于工程价款、工期、工程质量等实质性条款的谈判,已影响中标结果,属于“先定后招”的违法行为,创×工程公司中标无效,双方据此签订的《建设工程施工合同》,因违反《招标投标法》第四十三条和第五十五条的规定,亦属于无效合同。

二审法院认为,本案系建设工程施工合同纠纷,涉案建设工程施工合同因违反法律法规的效力性强制性规定而无效。

【点评分析】

本案涉及必须进行招投标的项目因“先定后招”而产生中标无效、合同无效的法律后果问题。

我国《民法典》第一百五十三条规定,违反法律、行政法规的强制性规定的民事法律行为无效。《招标投标法》第四十三条明确禁止标前就投标价格、投标方案等实质性内容进行谈判的行为;第五十五条则进一步规定,该条第一款所列行为影响中标结果的,中标无效。因此,本案的双方当事人于2012年9月19日签订的《工程施工总承包合同》属于标前合同,因违反上述法律、行政法规效力性强制性规定,应认定为无效合同。虽然,鸿×房置业公司于2013年6月28日完成案涉工程招投标手续并通知创×工程公司中标,之后双方据此中标结果签订《建设工程施工合同》并备案,但双方标前合同中关于工程价款、工期、工程质量等实质性条款的谈判,已影响中标结果,属于“先定后招”的违法行为,创×工程公司中标无效,双方据此签订的《建设工程施工合同》,亦因违反《招标投标法》第四十三条和第五十五条的规定,应依法认定为无效合同。

【实务提示】

合同无效的,该合同自始没有法律效力。合同双方均无法依合同得到利益保障,所以建筑企业在承接项目阶段及签署合同过程中应当避免出现合同无效的情形。

2. 孙某、李某等借用19家建企资质串通投标刑事处罚案①

【案例要点】

孙某在工程招投标过程中,借用多家公司资质,并串通各公司投标报价的方式进行围标,其行为损害了招标人和其他投标人利益,情节严重,已触犯《刑法》第二百二十三条第一款之规定,构成串通投标罪。

---

① 案号:(2021)川0811刑初90号。

【案情简介】

2020年4月底，孙某获知“嘉陵江广元段昭化古城战胜坝段防洪工程”项目上网公开招标，遂产生通过围标串标取得施工权的念头，便联系四川某市政园林工程责任有限公司的李某商议，由孙某出资、李某出面联系有资质的建筑公司进行围标串标，围标成功后由孙某与中标公司签订“劳务合作协议”进行实际施工。随后，孙某安排其驾驶员孙某某通过转账和现金方式向李某支付好处费合计13.2万元。

之后，李某以共同挣钱为由，邀约公司同事凡某某与其一道，采用支付好处费、统一制作投标报价工程量清单和施工组织设计、统一开具投标保函等方式联络了四川某祥建筑工程有限公司等19家有资质建筑公司参与项目围标，在此过程中，李某还通过“建筑行业微信群”，以给予好处费的方式联络专业造价人员任某某、向某批量制作该项目围标公司的投标工程量清单，然后转给各参与围标公司再合成标书进行投标。最终由四川某祥建筑工程有限公司中标该工程，中标价格2000余万元。随后，孙某让其侄子孙某波以四川万某建设工程有限公司名义与四川某祥建筑工程有限公司签订“劳务合作协议”，实际参与承建该工程，至案发，该工程已临近竣工。

【裁判结果】

1. 孙某犯串通投标罪，判处有期徒刑1年2个月，缓刑2年，并处罚金人民币10万元；

2. 李某犯串通投标罪，判处有期徒刑1年，缓刑1年，并处罚金人民币2万元；

3. 凡某某犯串通投标罪，判处有期徒刑10个月，缓刑1年，并处罚金人民币2万元；

4. 对扣押在案的违法所得人民币合计86,000元，依法予以没收，上缴国库。

【点评分析】

本案涉及的是串通投标情节严重的行为，是否应承担刑事责任的问题。

我国《刑法》第二百二十三条规定，“投标人相互串通投标报价，损害招标人或者其他投标人利益，情节严重的，处三年以下有期徒刑或者拘役，并处或者单处罚金。投标人与招标人串通投标，损害国家、集体、公民的合法利益的，依照前款的规定处罚”。

本案中，孙某等在嘉陵江广元段昭化古城战胜坝段防洪工程招投标过程中，以借用多家符合招标条件的公司资质，并串通各公司投标报价的方式进行围标，涉案工程价值2000余万元，损害招标人和其他投标人利益，情节严重，其行为触犯了《刑法》第二百二十三条第一款之规定，串通投标罪的罪名成立。法院据此对其作出有罪判决，符合事实和法律规定。

【实务提示】

无论是串标还是围标都是违法的，将受到法律的惩治。建筑企业应合规参与招标投标,不仅自己要杜绝围标或串标,也不得出借资质给人围标或串标,以避免不必要的法律风险和损失。

第二节 联合投标的法律风险与防范

联合投标,是指具备承担招标项目相应能力的两个以上法人或者其他组织组成一个联合体,以一个投标人身份共同投标的行为。随着建筑业市场的发展,数家建筑企业组成联合体,以联合体名义对一个工程进行投标的方式越来越普遍。建筑企业联合体投标目的是强强联合,取长补短,优势互补,能够有效地填补资源缺陷、弥补技术缺口,并且能够有效提高企业整体竞争力,分散和降低企业经营风险。我国的《招标投标法》《政府采购法》均认可联合体投标方式。实务中,联合投标一般适用于结构复杂的大型建设项目,组成联合体的目的是增强投标竞争能力、弥补联合体各方技术力量的相对不足,同时减轻联合体各方因支付巨额履约保证金而产生的资金压力,分散联合体各方的投标风险。需要注意的是,工程建设联合投标中的联合体本是一个临时性组织,不具有法人资格。虽然它不属于一个法人组织,但是对外投标应以所有组成联合体各方的共同名义进行。联合体内部之间权利、义务、责任的承担等问题,要依据联合体各方订立的合同来明确。

一、主要风险

(一)联合体投标主体资质未达标及连带责任的风险

《建筑法》第二十七条第一款规定,大型建筑工程或者结构复杂的建筑工程,可以由两个以上的承包单位联合共同承包。共同承包的各方对承包合同的履行承担连带责任。《招标投标法》第三十一条第三款规定,联合体中标的,联合体各方应当共同与招标人签订合同,就中标项目向招标人承担连带责任。《政府采购法》第二十四条规定,联合体各方应当共同与采购人签订采购合同,就采购合同约定的事项对采购人承担连带责任。

因此,根据上述规定,法律虽认可联合投标方式,但对建筑企业在与勘察单位和设计单位或其他组成联合体进行工程总承包或施工总承包时,联合体的所有组成单位都必须达到建设工程项目的法定资质要求,两个以上资质类别相同但资质等级不同的单位组成的联合体,应当按照资质等级较低的单位确定联合体的资质等级。如果有任何一家单位的资质不符合要求,都可能造成投标无效和承担违约责任。同时,中标后,联合投标系由联合体各方共同作为合同一方与业主签订施工合同,并就合同的履行共同对业主承担连带责任。如中标后联合体一方放弃签订合同的,另一方所缴纳的投标保证金也将被没收;因联合体一方原因造成工程质量不符合约定、工期逾期,或发生重大安全事故的,另一方需向建设单位承担连带责任。

(二)联合体成员易出现内部纠纷的风险

因联合体各方企业管理文化或理念不同,如未事先签订联合体合作协议来明确双方的权利和义务,尤其是违约责任的承担等,当工程范围增加、工程延期、成本增加、设计变更等事件发生时,如果联合体内部缺乏必要的交流机制和沟通渠道,极易造成联合体成员间发生内部争议与纠纷。特别是有些联合体成员的上级单位对联合体成员和联合体控制过多,审批手续繁多。在意见和利益相左的情况下,容易造成沟通成本过高而效率过低,无形中使成本增加,内部出现矛盾或怨气,甚至直接影响联合体成员之间的合作,引发联合体内部之间的纠纷,甚至是诉讼。

(三)出现联合体一方资信不良的风险

联合体一方资信风险是指作为联合体一方资信不良,在施工过程中出现资信问题,如联合体一方由自然人设立,注册资本极小,且无大型项目经验,资信严重不良。联合体资信不良一方会导致合作期间,拖建筑施工方的后腿,损害施工方利益,甚至直接导致给建筑施工企业造成难以挽回的损失。因此,在联合投标时一定要仔细审核联合体各方的资信情况,谨慎行事。

(四)联合体一方拒绝签约或中途退出的风险

根据《招标投标法》的规定,联合体中标的,联合体各方应当共同与招标人签订合同,就中标项目向招标人承担连带责任。同时《招标投标法实施条例》规定,资格预审后联合体增减、更换成员的,其投标无效。而当联合体中的一方退出时,此时的联合体实际上已经残缺,不再是当初中标的主体,主体资格也随之失去。中标后,如果联合体一方拒绝签约,招标人无法仅与其中一方签约,应当视为联合体放弃中标,招标人可以依法追究联合体双方拒绝签约的法律责任。在联合体一方退出的情况下,属于联合体的根本违约,业主可以依法直接解除全部合同,要求联合体承担违约责任。业主也可以要求联合体另一方继续履行,完成合同范围内的全部工作,或者部分解除合同,要求联合体一方继续履行自身应当完成的工作。而且实践中更多的情况是,联合体一方特别是投资方可能会因项目前景不佳或融资成本增大等原因中途退场。此时,施工单位一方往往为避免项目被发包单位强制接管、提前终止或对发包单位承担巨额的违约金等诸多原因,不得不自行想办法垫资施工,由此导致施工单位一方承担巨额的垫资成本、融资成本以及其他资金压力。

(五)在实际操作中可能出现设计与施工相脱离的风险

工程总承包或施工总承包的联合体投标大多采用的是设计单位与施工单位联合投标的模式。在此模式下,由于设计费用、设计工期会在合同中单独约定,设计单位在进行设计时极有可能难以考虑到施工单位的施工成本、施工所需工期，甚至工程质量等，由此导致施工单位成本不可控，很可能使施工单位亏损。

（六）可能遭受分包单位反索赔的风险

《建筑工程施工发包与承包违法行为认定查处管理办法》对违法分包的行为进行了明确的规定，且对于联合体内部之间的分包法律并未明确禁止；同时，尽管《民法典》规定禁止分包单位将其承包的工程再分包，但联合体工程总承包模式中，联合体作为工程总承包单位不应被认定为《民法典》规定中所指的“分包单位”，即联合体内部的分包不应被视为分包单位的再分包。在总包单位与分包单位联合投标模式中，分包单位一般为建设单位关联单位或者专业性很强的分包单位，且项目资源多来自分包单位。在中标后，业主会与总包单位签订总包合同，总包单位再与分包单位签订合同。由于项目资源来自该分包单位，分包单位往往会在分包合同中设置对总包单位较为苛刻的条款以维护自身利益，如果总包单位仍然按照惯常思路对分包单位进行管理，不重视对分包单位的及时履约，就容易导致分包单位反索赔。

二、防范措施

针对联合体投标经常出现的法律风险，为了避免和减少联合体投标给联合体各方造成的损失，笔者建议应该从以下方面加强防范。

（一）慎重选择合作方进行联合投标

大部分投标人之所以选择联合投标，目的不外乎通过联合方式提高中标率以及后续能够高效完成招标工程项目，因此，在选择和确定联合体时，作为联合投标的牵头人或者主要运作者，一定要谨慎选择合作伙伴。在组成联合体前，对联合体成员一定要有充分的了解，包括不限于企业背景情况、资金实力、资质状况、项目经验、业绩和资源等，考虑与自己能否实现技术、资源等方面的优势互补。在对上述情况均有了充分了解后，再慎重决定是否与其共同投标，组成联合体。

（二）签署好联合投标协议书的内容，联合体内部权责约定明晰

在确定要合作的联合体后，就需要与各联合体成员签订书面的合作协议，只有通过书面合作协议方式才能够从法律角度约束各方，同时也能够保证联合体各方的权益。因此，在联合体合作协议中应当细化对各方的权责一致内容的条款，尤其是要在合作协议中明确各方权利、义务和合作责任的分担，联合体内部关系及责任要清晰，联合体内部纠纷的处理程序要明确等。联合体协议至少应包括以下几个方面的内容：(1)各方权利、义务、合作责任的分担，应确保各方的工作界面划分明确、合理，联合体内部关系及责任清晰。(2)项目管理模式。对内，应约定联合体各方派驻项目的代表及其分工，及定期沟通的方式，确保联合体内部的协调机制有效运作；对外，应约定联合体项目部的各种规章制度和工作程序，统一代表联合体各方对外联系工作、指

挥协调。(3)资金、设备、材料周转管理制度,以确保施工组织有序、高效,工程款支付公开透明。(4)管理费用的分摊比例与投入方式。(5)合理分配联合体的法律及经营风险。(6)合理划分联合体的保证责任,如投标保证金、履约保证金、预付款保证金、质量保证金及工程保险等。(7)联合体内部纠纷的处理程序及应急预案。联合体内部权责明晰是保证联合体正常运转的前提,也是在联合体一方出现违约或者资信问题情形时,施工单位一方保证自己权益的重要依据。

(三)优化联合体内部的组织架构,增强自身设计能力

在联合体成立且成功中标工程项目后,为了能够高效完成后续工程项目建设,应当在所组建的联合体内部对各方的职责进行统一的分工优化,建立完整的管理系统,制定详细的规章制度和工作程序。

设计单位和施工单位组成联合体的,设计对施工单位弥足重要,施工单位的成本、工期、施工方案几乎都与设计相关,都要通过优化设计实现利益最大化。因此,施工单位应尽量增强自身设计能力,取得设计资质。如此则在工程总承包项目中,就不用受设计单位的掣肘,从而增加自身的成本控制,增大自己的盈利空间。

(四)合理向联合体各方转移风险,同时约束退出机制、后果

在联合体协议中,应要求联合体各成员按比例提供投标保函、履约保函、预付款保函、工程保险以及质量保证金,使他们分担相应的风险。如提供银行保函,可由各方按各自的报价分别向银行担保,由银行以联合体的名义向业主出具保函。联合体成员在签订联合体协议时,约定各成员对自己提供的技术(设备)承担知识产权的责任,即保证其提供的技术(设备)是通过合法渠道取得的,在工程中使用是合法的,并承担一切风险。也可要求联合体成员提交联合体合作保证金,通过增加违约成本,以约束控制联合体各成员的行为,降低诚信风险。

事先要求合作方按比例提供相应的以上保函、保证金,同时也可有效防止联合体合作方拒绝签约或中途退出,明确和约束合作方提前退出的机制及擅自提前退出的违约责任。

(五)加强内控,关注履约注意事项

联合体中标后履约过程中,应加强内部管理和监督,控制风险。着重需要关注的履约注意事项如下:第一,联合体中标的,联合体各方应当共同与招标人签订合同,明确各成员在工程总承包活动中的各自责任,合理分工,并就中标项目承包合同的订立和履行向招标人承担连带责任。第二,联合体各方必须指定牵头人,授权其代表所有联合体成员负责合同实施阶段的主办、协调工作,并应当向招标人提交由所有联合体成员法定代表人签署的授权书。第三,对于联合体中的主体单位的具体权利和义务,可通过双方合作协议予以明确,主体单位一般享有以下权利:(1)对工程项目和联合体其他各方直接行使组织与管理权;(2)与招标人、联合体内部各方的沟通与协调;

(3)因承担组织、管理、沟通、协调等工作而获得相应收益。相应地,主体单位也应承担以下义务:(1)承担联合体内部的组织管理和沟通协调工作;(2)负担管理工作中的全部或大部分费用开支;(3)就该工程项目对招标人承担主要责任等。作为联合体中的主体单位,除一般的合同履约及风险防范注意事项外,在上述权利、义务问题上也要多下功夫,注意证据收集,依约履行。

(六)防止、避免分包反索赔

在总包单位与分包单位联合投标模式下,如果项目资源来自分包单位,因分包合同条款通常会约定的较为严苛,而联合体内部分包又不为法律禁止,原则上应认定有效。故总包单位应当注意审查分包合同的各项约定。在对分包单位进行管理的过程中,应尤为注意分包合同项下己方的履约情况,克服按照惯常思路对分包单位进行管理,尽可能避免分包单位的反索赔。

三、典型案例

1. 再审申请人四川省冶×设计研究院、贵州省冶×建设公司与被申请人唐某、王某池、四川华×冶金设备有限公司、德昌铁×金(集团)有限责任公司建设工程施工合同纠纷案①

【案例要点】

根据《联合体协议》对于各成员之间具体职责分工的约定,作为牵头方的四川华×冶金设备有限公司(以下简称华×公司)有权代表"联合体"对外签订合同,故其单独签订合同的行为应当约束联合体其他成员,其他成员应当对牵头单位签订合同的行为承担连带责任。

【案情简介】

2008年3月3日,德昌铁×金(集团)有限责任公司(以下简称铁×金公司)与四川省冶×设计研究院(以下简称冶×设计院)签订《建设工程设计合同(二)》,约定:发包人铁×金公司委托设计人冶×设计院承担铁×金公司环保技改搬迁工程设计。合同签订后,冶×设计院完成了部分设计任务,铁×金公司支付了部分设计费。

2010年12月9日,华×公司、贵州省冶×建设公司(以下简称冶×公司)、冶×设计院签订《联合体协议书》,约定:华×公司、冶×设计院、冶×公司自愿组成铁×金公司环保技改搬迁项目一标段施工投标,华×公司为铁×金公司环保技改搬迁项目

---

① 案号:(2015)川民终字第664号、(2018)最高法民申2076号。

(一期标段)的牵头人,合法代表联合体各成员负责本招标项目投标文件编制和合同谈判活动,并代表联合体提交和接受相关的资料、信息及指导,并处理与之有关的一切事务,负责合同实施阶段的主办、组织和协调工作。联合体将严格按照招标文件的各项要求,递交投标文件,履行合同,并对外承担连带责任。华×公司在协议书"牵头人"处加盖公章,冶×公司在"成员一名称"处加盖公章,冶×设计院在"成员二名称"处加盖公章。

2011年1月23日,华×公司、冶×设计院、冶×公司三方又签订《联合体协议书》,约定:华×公司、冶×设计院、冶×公司自愿组成铁×金公司铁环保技改搬迁项目总承包联合体,共同参加铁×金公司环保技改搬迁一期工程标段施工投标。华×公司为铁×金公司环保技改搬迁项目(一期标段)投标联合体的牵头人,合法代表联合体各成员负责本招标项目投标文件编制和合同谈判活动,代表联合体提交和接受相关的资料、信息及指导,并处理与之有关的一切事务,负责合同实施阶段的主办、组织和协调工作。联合体将严格按照招标文件的各项要求,递交投标文件,履行合同,并对外承担连带责任。联合体各成员单位内部的职责分工如下:(1)华×公司总体负责项目的合同签订、工程施工、工程管理及投产试生产等所有总承包工作;(2)冶×设计院负责项目的施工图设计及现场设计服务工作;(3)冶×公司负责项目的建筑、结构施工及机电设备安装调试工作。华×公司在协议书"牵头人"处加盖公章,冶×设计院在"成员一名称"处加盖公章,冶×公司在"成员二名称"处加盖公章。

2011年1月25日,铁×金公司与四川华×冶金设备有限公司(以下简称华×冶公司)签订案涉《总承包合同》约定:本工程采用设计、采购、施工(EPC)/交钥匙工程总承包方式。设计、施工及施工管理方采用联合体的方式投标,联合体的权利、义务、分工和组织形式在联合体协议中约定,但无论怎样约定,联合体成员之一或全部必须按照国家法律对发包人承担连带责任。承包人不得将本工程向投标联合体以外的第三人分包或转包(含肢解后的转包),外委制造加工项目除外。合同总价为54,348,100元,由以下各项费用组成:(1)设计费1,400,000元;(2)新建2×9000kVA矿热炉及厂房22,011,000元;(3)搬迁2×12500kVA矿热炉及新建主厂房13,491,100元;(4)附属生产配套设施8,549,100元;(5)非生产附属配套设施4,650,100元;(6)动力电力工程施工4,246,800元。要求:新建2×9000kVA矿热炉于2011年7月10日投产,搬迁2×12500kVA矿热炉于2011年9月10日前投产。合同附件1为《铁×金公司环保技改搬迁一期工程设计施工总承包范围》,附件2为《铁×金公司环保技改搬迁一期工程技术要求》。

2011年3月10日,华×公司(甲方)与唐某、王某池(乙方)签订《土建工程施工承包合同》,就铁×金公司项目技改、搬迁一期工程协议如下:工程承包范围:办公室及食堂车间办公室,围墙、大门、道路、地面硬化、循环水池、所有钢结构厂房地面基础、厕所、浴室、电炉二层楼现浇板、设备基础、沉淀池、水泵房。案涉工程边设计边施工,估约工程造价1,200,000元,以实际结算为准,乙方上缴施工管理费8%。2011年7月12日,华×公司在合同上盖章。

案涉《土建工程施工承包合同》签订后,唐某、王某池进场施工,并于2011年11月完成工程施工。2012年8月29日,唐某、王某池与华×公司进行结算,形成了《竣工结算确认书》,结算金额为14,200,000元(已按合同下浮及扣减管理费8%)。双方确认该结算金额扣除税金511,200元后,应付工程款为13,688,800元,已付工程款为10,563,863元,欠付工程款为3,124,937元,暂扣质保金426,000元(3%),本次应付2,698,937元。唐某、王某池施工工程已于2012年12月交付投产使用。

唐某、王某池向一审法院起诉请求:(1)判令华×公司、冶×设计院、冶×公司立即按《竣工结算确认书》确认金额支付唐某、王某池工程欠款3,124,937元;(2)判令华×公司、冶×设计院、冶×公司承担自工程交付使用之日起(2011年12月)至实际支付之日止的欠付工程款利息。

【判决要旨】

一审法院认为,华×公司与铁×金公司签订合同的行为系代表联营体的行为,冶×设计院、冶×公司应对华×公司负责工程施工、工程管理工作范围内的行为承担连带责任。因该协议并未约定对外承担连带责任的范围。唐某、王某池要求华×公司、冶×设计院、冶×公司依据约定连带承担支付尚欠工程款3,124,937元及利息给付责任的诉请,予以支持。遂判决由华×公司、冶×设计院、冶×公司连带给付唐某、王某池工程款3,124,937元及相应利息。

二审法院认为,华×公司、冶×公司、冶×设计院三方签订的《联合体协议书》有效。案涉工程的投标、中标违反《招标投标法》第三十一条的规定,其投标、中标行为当属无效。尽管本案投标、中标行为无效,由华×公司单方与招标人铁×金公司签订的《总承包合同》无效,但依据《联合体协议书》的约定,《总承包合同》的承包方应当是华×公司、冶×设计院、冶×公司三方当事人。故《总承包合同》的法律后果应当由华×公司、冶×设计院、冶×公司三方承担。遂判决驳回上诉,维持原判。

再审法院认为,原判认定并无不当,遂裁定驳回当事人的再审申请。

【点评分析】

本案涉及联合投标的联合体成员对其他成员签订的合同应否承担连带责任的问题。

根据《招标投标法》第三十一条第二款的规定,联合体各方均应当具备承担招标项目的相应能力;国家有关规定或者招标文件对投标人资格条件有规定的,联合体各方均应当具备规定的相应资格条件。由同一专业的单位组成的联合体,按照资质等级较低的单位确定资质等级。华×公司、冶×公司、冶×设计院组成的联合体属于不具有案涉工程项目联合投标资格的“联合体”。从本案招投标过程看,本案招投标行为也不符合《招标投标法》的规定,根据《招标投标法》第三十一条第三款的规定,联合体各方应当签订共同投标协议,明确约定各方拟承担的工作和责任,并将共同投标协议连同投标文件一并提交招标人。联合体中标的,联合体各方应当共同与招标人签订合同,就中标项目向招标人承担连带责任。而本案招标人铁×金公司在已经与冶×设计院签订案涉工程设计合同,并已履行了部分设计义务后,要求采用联合招标方式再将设计工作纳入联合招标内容,并且要求冶×设计院加入“联合体”。同时,在铁×金公司认可“联合体”主体资格的情况下,确认“联合体”中标,但仅与“联合体”的牵头人华×公司签订《总承包合同》。而华×公司既不具有建筑施工资质,也不具有参与本案工程组成联合体的主体资格。对于华×公司的主体资质,以及招投标法对联合体投标方式的具体规定,作为招标人铁×金公司应当是明知的。故本案“联合体”投标、中标均违反了《招标投标法》的规定,其投标、中标行为当属无效。

尽管本案投标、中标行为无效,由华×公司单方与招标人铁×金公司签订的《总承包合同》亦无效,但依据《联合体协议》的约定,《总承包合同》的承包方应当是华×公司、冶×设计院、冶×公司三方当事人。故《总承包合同》的法律后果应当由华×公司、冶×设计院、冶×公司三方承担。因《总承包合同》约束华×公司、冶×设计院、冶×公司,因此华×公司是否违反《总承包合同》的约定对外签订案涉工程施工合同,并不能排斥其代表“联合体”的对外行为。虽然涉案《土建工程施工承包合同》仅由“联合体”牵头人华×公司与唐某、王某池签订,联合体的其他方(冶×设计院和冶×公司)并未签署该合同,但《联合体协议》第4条约定作为“联合体”牵头人的华×公司“总体负责项目的合同签订、工程实施、工程管理及投产试生产等所有总承包工作”,故华×公司有权在涉案工程施工过程中代表“联合体”对外签订合同;且《联合体协议》第3条约定“联合体对外承担连带责任”,而实施工程的行为属于履行总承包合同的行为。因此,原判认定华×公司与唐某、王某池签订的《土建工程施工承包合同》应约束冶×设计院和冶×公司,并无不当。法院最终认定联合体成员对其他成员签订的合同应该承担连带责任,符合事实和法律规定。

【实务提示】

联合投标的联合体成员对其他成员签订的合同依法应承担连带责任。本案例警示建筑企业在进行联合投标或者联合体进行项目建设时,除要对项目进行通常的风险评估外,更应该关注审核联合体其他成员的资信。建设工程项目当事人准备组建、加入联合体时,一定要慎之又慎。

2. 中国交×建设股份有限公司、中铁十×局集团第三工程有限公司等与发包人甘×铁路有限公司铁路修建合同纠纷案①

【案例要点】

四位联合体成员在本案的实体法律关系中存在共同的利害关系，均因同一事实即甘×铁路有限公司(以下简称甘×公司)拖延支付联合体欠款的行为所引发的诉讼，本案属于必要共同诉讼。联合体成员为必要共同诉讼当事人，法院有权依法或者依申请追加当事人。

【案情简介】

2009年12月31日，中国交×建设股份有限公司(以下简称中×建公司)、中铁十×局集团第三工程有限公司(以下简称十×局三工程公司)、二十×局电务电化公司、吉林东×建设集团有限公司作为联合体与甘×公司签署《铁路建设工程施工合同(施工总价承包)》[编号:甘×公司(2009)施字001号](以下简称《施工合同》)，负责新建甘旗卡至工程，签约合同价为655,717,975元。合同约定开工日期为2009年12月31日，工期18个月，竣工日期为2011年6月30日。2016年1月10日，中×建公司、十×局三工程公司与甘×公司又签订《新建甘旗卡至工程施工合同(补充)》，约定增加合同价9,390,885元，该合同(补充)与《施工合同》共同构成合同文件。案涉工程于2011年8月25日竣工验收。2016年4月29日，案涉工程经施工单位、监理单位、建设单位共同确认工程结算金额为665,108,860元。另查明，中×建公司甘库铁路工程指挥部(以下简称中×建甘库指挥部)系中×建公司牵头成立，主要负责与建设单位、地方社会环境资源的联系衔接工企业的施工界面划分、协助各联合体施工企业组织过程计量、竣工验收、竣工决算和评优申报，并统一与甘×公司进行过程计量及竣工结算办理，甘×公司根据结算金额及施工合同支付款项至中×建甘库指挥部开立的账户，再由中×建甘库指挥部根据甘×公司拨付资金及各联合体施工企业完成的施工内容对资金进行分配，经过相关单位确认后拨付至各联合体施工企业指定的相关账户。中×建甘库指挥部于2017年6月19日、2018年12月9日、2019年7月31日分三次向甘×公司发送《催款函》，要求甘×公司偿还拖欠的工程款和质保金。前两次《催款函》载明拖欠金额为58,865,165.54元，第三次《催款函》载明拖欠金额为5874万元。甘×公司收到中×建甘库指挥部的三次《催款函》后，分别于2017年6月26日、2019年1月10日、2019年8月12日出具了《复函》，认可了拖欠

① 案号:(2020)辽71民初1号。

指挥部工程款和质保金合计5874万元。又查明，在庭审过程中，对于四原告主张的甘×公司欠付其工程款25,490,000元及应退还的质保金33,250,000元，甘×公司对该两笔款项当庭表示予以认可。再查明，吉林东×工程有限公司于2015年5月4日经长春市工商行政管理局核准变更登记为吉林东×建设集团有限公司。

因甘×公司拖欠支付工程款，中×建公司、十×局三工程公司、二十×局电务电化公司、吉林东×建设集团有限公司向沈阳铁路运输中级法院提起诉讼，请求：(1)判令甘×公司支付原告工程款25,490,000元及逾期支付利息4,301,614.51元；(2)判令甘×公司退还原告质保金33,250,000元及利息13,066,557.29元；(3)中×建公司请求判令甘×公司承担其为实现债权委托律师支付的律师费250,000元；(4)本案诉讼费由甘×公司承担。

甘×公司辩称，经对账发现，与四原告主张的数额相差4634.46元。即四原告多要工程款10,077.46元，少要质保金5443元，两项相抵实际向其多主张了4634.46元。

【判决要旨】

法院认为，中×建甘库指挥部是中×建公司为案涉工程设置的临时机构，在案涉工程中起到协调、衔接作用，不具有独立的法人资格。四原告作为联合体与甘×公司签订《施工合同》，合同约定的民事权利和责任应由四原告共同享有和承担。《施工合同》系各方当事人真实意思表示，合同内容不违反法律、法规强制性规定，该合同真实有效，对当事人具有法律约束力。《最高人民法院关于适用〈中华人民共和国民事诉讼法〉的解释》第九十二条第一款规定："一方当事人在法庭审理中，或者在起诉状、答辩状、代理词等书面材料中，对于已不利的事实明确表示承认的，另一方当事人无需举证证明。"通过甘×公司为中×建甘库指挥部出具的《复函》可以看出，甘×公司自认拖欠中×建甘库指挥部工程款和质保金总金额58,740,000元，且在庭审中甘×公司对拖欠的总金额中，工程款数额为25,490,000元、应退还的质保金数额为33,250,000元也表示无异议，法院予以确认。四原告认为，根据《验工计价表》，办理结算的时间为2016年4月29日，根据总包合同的相关约定，在竣工验收后14天内，发包人应向总包人支付工程款。总包人基于合同公平原则已给予发包人合理的支付期限，因此，四原告主张甘×公司欠付其工程款利息的起算时间为2016年7月1日，不违反法律规定，甘×公司对该起算时间当庭表示无异议，法院亦予以确认。另外，《施工合同》第二节第17.4.1项补充："预留质量保证金约定为：每次工程进度款支付时，按进度款的5%预留工程质量保证金。预留质量保证金直至达到合同总金额的5%，待工程竣工验收(初验)合格交付使用一年后，承包人已全部履行完合同义务的，发包人应于三个月内不计息按规定返还。"按该条款规定，案涉工程竣工时间为2011年8月25日，甘×公司作为发包人预留的质保金至迟应于2012年11月25日前无息返还。而四原告主张甘×公司应返还质保金的利息起算时间为2012年12月1日，属于对自己部分诉讼权利的自由处分，且甘×公司对应返还质保金的利息起算时间也当庭表示无异议，法院予以支持。另外，关于中×建公司主张由甘×公司承担其为实现债权委托律师支付的律师费250,000元的问题。中×建公司虽因本案诉讼支付了律师费，但由于律师费并不属于诉讼中必然产生的费用，案涉合同中也未就律师费进行约定，故中×建公司的该项主张不能成立，法院不予支持。

综上所述，中×建公司、十×局三工程公司、二十×局电务电化公司、吉林东×建设集团有限公司诉讼请求部分成立。依照相关规定，判决如下：

1. 甘×公司自本判决生效之日起十日内给付中×建公司、十×局三工程公司、二十×局电务电化公司、吉林东×建设集团有限公司工程款25,490,000元及利息；

2. 甘×公司自本判决生效之日起十日内返还中×建公司、十×局三工程公司、二十×局电务电化公司、吉林东×建设集团有限公司质保金33,250,000元及利息；

3. 驳回中×建公司、十×局三工程公司、二十×局电务电化公司、吉林东×建设集团有限公司的其他诉讼请求。

【点评分析】

本案涉及的是因联合投标的联合体承包而产生争议的诉讼主体如何确定问题。

所谓联合体承包，是指两个或两个以上承包单位或其他组织，组成一个联合体，通过联合体之间的合同结成联营组织，并通过合同明确内部分工或共同经营的方式向发包方承揽特定工程。《建筑法》第二十七条第一款规定，大型建筑工程或者结构复杂的建筑工程，可以由两个以上的承包单位联合共同承包。共同承包的各方对承包合同的履行承担连带责任。《民事诉讼法》第五十一条规定，公民、法人和其他组织可以作为民事诉讼的当事人。第一百三十五条规定，必须共同进行诉讼的当事人没有参加诉讼的，人民法院应当通知其参加诉讼。基于联合体各方对发包人承担连带责任，根据权利义务相适应的原则，联合体成员方应当有权成为诉讼主体，而且现有法律、行政法规对联合体成员以自己名义起诉并未作出禁止性规定，参照《民事诉讼法》上述规定，因发包人欠付合同价款损害联合体成员的共有财产权，联合体成员可以自己名义提起诉讼。因此，在规范的联合体承包模式下，如因承包合同产生纠纷，联合体各方应当共同作为原告或被告。本案法院对诉讼主体的确定原则正确，符合法律规定。

【实务提示】

联合体制度本身的不完善导致诉讼和仲裁主体认定上争议多发。建筑企业参与联合体投标承包的，一定要签订好书面协议，约定好各方权利义务。

第三节　中标无效的法律风险与防范

所谓中标无效,是指招标人作出的中标决定没有法律约束力。在中标通知书到达中标人之前或在招标人尚未与中标人签订书面合同的情况下,招标人发出的中标通知书失去了法律约束力,招标人没有与中标人签订合同的义务,中标人失去了与招标人签订合同的权利;在中标通知书到达中标人之前或在招标人已与中标人签订建设工程施工合同的情况下,建设工程施工合同无效。

根据《招标投标法》及其实施条例的规定,中标无效有以下九种情形:(1)招标代理机构违反招标投标法规定,泄露应当保密的与招标投标活动有关的情况和资料,从而影响中标结果的;(2)招标代理机构与招标人、投标人串通损害国家利益、社会公共利益或者他人合法权益,从而影响中标结果的;(3)依法必须进行招标的项目的招标人向他人透露已获取招标文件的潜在投标人的名称、数量或者可能影响公平竞争的有关招标投标的其他情况的,或者泄露标底的,从而影响中标结果的;(4)投标人相互串通投标或者与招标人串通投标的;(5)投标人以向招标人或者评标委员会成员行贿的手段谋取中标的;(6)投标人以他人名义投标或者以其他方式弄虚作假,骗取中标的;(7)依法必须进行招标的项目,招标人违反招标投标法规定,与投标人就投标价格、投标方案等实质性内容进行谈判,从而影响中标结果的;(8)招标人在评标委员会依法推荐的中标候选人以外确定中标人的;(9)依法必须进行招标的项目在所有投标被评标委员会否决后自行确定中标人的。

根据《招标投标法》第六十四条的规定:“依法必须进行招标的项目违反本法规定,中标无效的,应当依照本法规定的中标条件从其余投标人中重新确定中标人或者依照本法重新进行招标。”《招标投标法实施条例》第八十一条规定:“依法必须进行招标的项目的招标投标活动违反招标投标法和本条例的规定,对中标结果造成实质性影响,且不能采取补救措施予以纠正的,招标、投标、中标无效,应当依法重新招标或者评标。”因此,中标无效后,依法必须进行招标的项目,应当依照招标投标法规定的中标条件从其余投标人中重新确定中标人或者依照招标投标法重新进行招标。

一、主要风险

(一)因围标串标导致中标无效,当事人可能遭受行政处罚甚或承担刑事责任的风险

围标串标,指的是投标人之间或投标人与招标人相互串通骗取中标的行为。由

于围标串标严重损害市场主体的合法权益，扰乱市场秩序，影响公平竞争，破坏了招标投标制度。其实该行为对参与围标串标的建筑企业本身也有伤害，参与串通投标的企业往往不是想通过加强企业的管理和合规经营、降低成本、提高竞争力来获胜，而是依赖投机心理，试图通过串通投标获得一点眼前利益，长此以往，企业发展也将陷入恶性循环。《招标投标法》第五十三条规定："投标人相互串通投标或者与招标人串通投标的，投标人以向招标人或者评标委员会成员行贿的手段谋取中标的，中标无效，处中标项目金额千分之五以上千分之十以下的罚款，对单位直接负责的主管人员和其他直接责任人员处单位罚款数额百分之五以上百分之十以下的罚款；有违法所得的，并处没收违法所得；情节严重的，取消其一年至二年内参加依法必须进行招标的项目的投标资格并予以公告，直至由工商行政管理机关吊销营业执照；构成犯罪的，依法追究刑事责任。给他人造成损失的，依法承担赔偿责任。"因此，围标串标的法律后果，轻则导致中标无效，当事人受到行政处罚，重则需要当事人承担刑事责任。

（二）在中标前与招标人进行实质性磋商影响中标结果的风险

《招标投标法》第四十三条规定，在确定中标人前，招标人不得与投标人就投标价格、投标方案等实质性内容进行谈判。目前的司法实践认为，"实质性内容"是指影响或者决定当事人基本权利义务的条款，包括合同标的、数量、质量、价款或者报酬、履行期限、履行地点和方式、违约责任和解决争议方法等内容。

在招投标过程中，企业在中标前与招标人进行实质性谈判磋商的行为，违背了招标投标法律制度的初衷，使招标投标程序流于形式，系法律所禁止的行为。如果这种在确定中标人之前与招标人提前协商的行为影响中标结果，将导致中标无效。

（三）邀请招标项目不真实的风险

邀请招标项目（主要是民营或外资建设项目）根本就不存在，或者项目并不具备发包条件；或者发包人不是建设单位，或没有取得建设单位授权，仅仅是中介角色。虚假项目不仅中标无效，还都可能会给建筑企业带来投标保证金被骗或中介费被骗。所以建筑企业在对邀请招标项目接洽过程中应当对其考察，并对相关信息进行甄别。

（四）必须公开招标的工程未经公开招标直接续标的风险

发包人的有些工程项目是连续开发的项目，需要分期建设，如果是必须招标的工程，发包人必须分期进行招标，而不能直接续标。直接续标因违反必须公开招标的项目而未公开招标的规定，一方面施工单位可能受到行政处罚；另一方面中标无效可能导致施工单位中途退场、违约条款无效、结算条款无效，甚至可能导致前期既定的合法利益受到损失。

二、防范措施

（一）加强项目投标的合规意识，杜绝违法、违规而中标无效

首先，投标人要有合法、合规意识，项目承接不应当制定通过串标围标方式承接的经营策略，这样的不正当策略，不仅会增加投标人自身企业的违规风险，还将导致企业的经营重心转移，一旦企业经营重心转移到通过违法手段获取利益上，必将放松对自身履约能力的建设；长此以往，必将会降低企业的综合实力，使其丧失竞争力。

其次，加强对项目承接工作人员的合规管控，避免项目承接工作人员为了自身的业绩或者业务提成而采取串标围标的行为，一旦串通投标的行为事发，工作人员的行为被定性为履行职务的行为，相关后果也将由投标人企业承担。

（二）不触碰法律红线，依法定程序承接项目

建设工程项目往往涉及较大的社会公共利益，无论是规定必须招标的项目，还是发包人选择招标的项目，都应当遵循《招标投标法》的相关规定，法律规定的红线不应当触碰。除了主观上要时刻警示外，客观上也要加强合规管控，强化对投标项目负责人和相关人员的合规培训，让他们了解起码的招投标法定程序，以及在招投标活动中应遵守哪些规则，如不得串通投标、不得签订标前合同等，避免因为不了解相关规定而触碰法律底线，避免因违反法定程序导致中标无效。

（三）审慎审查邀请招标项目

为有效防止他人虚拟建设项目、冒充发包人等不实问题，应通过实地考察、调查资信等多方途径审慎审查招标项目，尤其是邀请招标项目。具体可采取以下措施：(1)查看当地政府招标主管部门公布的建设项目信息；(2)与发包人直接接洽，了解、查看政府立项批文，建设用地规划许可证，土地使用权证，建设工程规划许可证，设计文件等，并核实发包人单位准确信息；(3)实地察看建设项目现场情况；(4)审查项目发包人洽谈人的代理身份和授权文件；(5)支付与项目招标有关的费用应直接支付到招标单位的银行账户。

（四）利用既有优势，按规定操作避免续标项目中标无效

对于续标的工程，因投标人作为施工单位已经参与发包人的前期工程，对发包人的需求较为了解，并基本掌握了施工现场条件，采购建筑材料也轻车熟路，从工程项目现场管理方便以及保证建设工程质量等方面，也对发包人十分有利。为避免可能因违规续标而致中标无效情况的出现，投标人应该仔细研究，采取下列防范措施：(1)按规定办理公开招投标手续，利用已有优势条件，适当降低投标报价，确保中标；(2)如属于可以议标的工程，则应按规定办理备案手续；(3)承接后续工程的过程中，应注意保障前期工程的利益不受损失。

三、典型案例

1. 再审申请人福建凯×投资有限公司、中×交通建设集团有限公司、绥阳县交通运输局与被申请人绥阳县政府建设工程施工合同纠纷案①

【案例要点】

招投标前已就案涉工程进行实质性磋商并达成一致，还投入资金进场施工，违反招标投标法强制性规定，中标和《施工合同》均无效。

【案情简介】

2014年11月19日，福建凯×投资有限公司（以下简称凯×公司）、中×交通建设集团有限公司（以下得称中×公司）与绥阳县政府签订《合作协议》，就案涉工程的施工、付款、违约责任等进行了约定。因案涉工程为必须招标的工程，经过招投标，凯×公司、中×公司与绥阳县交通运输局于2015年8月11日签订《施工合同》，约定付款、违约责任等均按前述《合作协议》执行。且根据凯×公司、中×公司的自述以及绥阳县交通运输局的主张，在项目工程招投标前，凯×公司和中×公司已实际对该项目投入资金并进行施工。

【判决要旨】

本案的争议焦点之一为案涉《施工合同》是否有效。再审法院认为，关于案涉《施工合同》的效力问题，根据《招标投标法》第四十三条的规定："在确定中标人前，招标人不得与投标人就投标价格、投标方案等实质性内容进行谈判。"第五十五条规定："依法必须进行招标的项目，招标人违反本法规定，与投标人就投标价格、投标方案等实质性内容进行谈判的，给予警告，对单位直接负责的主管人员和其他直接责任人员依法给予处分。前款所列行为影响中标结果的，中标无效。"2014年11月19日，凯×公司、中×公司与绥阳县政府签订《合作协议》，就案涉工程的施工、付款、违约责任等进行了约定。因案涉工程为必须招标的工程，经过招投标，凯×公司、中×公司与绥阳县交通运输局于2015年8月11日签订《施工合同》，约定付款、违约责任等均按前述《合作协议》执行。且根据凯×公司、中×公司的自述以及绥阳县交通运输局的主张，在项目工程招投标前，凯×公司和中×公司已实际对该项目投入资金并进行施工。各方当事人在招投标前已就案涉工程项目进行实质性磋商并达成一致，还投

① 案号：(2021)最高法民申5032号。

入资金进场施工，明显违反《招标投标法》的强制性规定，中标应为无效，案涉《施工合同》亦应无效。

【点评分析】

本案涉及招投标前已就案涉工程进行实质性磋商的中标的效力认定问题。

我国《招标投标法》第四十三条规定，在确定中标人前，招标人不得与投标人就投标价格、投标方案等实质性内容进行谈判。第五十五条规定："依法必须进行招标的项目，招标人违反本法规定，与投标人就投标价格、投标方案等实质性内容进行谈判的，给予警告，对单位直接负责的主管人员和其他直接责任人员依法给予处分。前款所列行为影响中标结果的，中标无效。"

本案中，2014 年 11 月 19 日，凯×公司、中×公司与绥阳县政府签订《合作协议》，凯×公司和中×公司开始投入资金并进行施工。2015 年 8 月 11 日经过招投标签订《施工合同》，约定付款、违约责任等均按前述《合作协议》执行。以上行为足以说明，各方当事人在招投标前已就案涉工程项目进行实质性磋商谈判一致，并已进场施工，招投标仅为表象，施工人在投标前即已通过招标之外的方式确定，事后中标并非公平有效的招投标结果，故各方当事人的行为明显违反《招标投标法》的强制性规定，中标应为无效，案涉《施工合同》亦应无效。

【实务提示】

建筑企业在中标前已经进场施工的行为代表发包人与承包人对合同实质性内容已经达成一致意见，是典型的在中标前进行实质性磋商的串通投标行为，建筑企业应该注意并引以为戒。

2. 机器码、IP 地址相同，江西正×工程项目管理有限公司、江西省江×工程监理有限公司、江西省建×工程建设监理有限公司多次串通投标被行政处罚案①

【案例要点】

投标人违反《招标投标法》的规定，相互串通投标，其中标无效，行政主管部门可依法对其进行行政处罚。

【案情简介】

2018 年 1 月至 2019 年 8 月，江西正×工程项目管理有限公司（以下简称正×公司）、江西省江×工程监理有限公司（以下简称江×公司）、江西省建×工程建设监理

---

① 案例选自江西省住建厅于 2022 年 8 月 8 日公布的第三批《全省房屋市政工程领域 10 起违法发包、出借资质、围标串标、转包挂靠、违法分包等违法违规典型案例》。

有限公司(以下简称建×公司)在参与南昌高新区中节能国际中心2号楼工程监理等27个项目投标中,其投标文件制作机器码和上传IP地址相同,涉嫌相互串通投标。南昌市城乡建设局于2019年10月16日对以上三家单位涉嫌串通投标的行为进行了立案。经调查,正×公司参与的12个项目投标存在串通投标行为;江×公司参与的21个项目存在串通投标行为;建×公司参与的27个项目存在串通投标行为。

【处理结果】

依法取消上述三家公司两年内参加依法必须进行招标的项目的投标资格并予以公告,对三家公司以及单位直接负责主管人员处以罚款。

【点评分析】

本案涉及投标人违反规定相互串通投标的法律后果及所受的行政处罚问题。

我国《招标投标法》第五十三条规定:"投标人相互串通投标或者与招标人串通投标的,投标人以向招标人或者评标委员会成员行贿的手段谋取中标的,中标无效,处中标项目金额千分之五以上千分之十以下的罚款,对单位直接负责的主管人员和其他直接责任人员处单位罚款数额百分之五以上百分之十以下的罚款;有违法所得的,并处没收违法所得;情节严重的,取消其一年至二年内参加依法必须进行招标的项目的投标资格并予以公告,直至由工商行政管理机关吊销营业执照;构成犯罪的,依法追究刑事责任。给他人造成损失的,依法承担赔偿责任。"

本案中,正×公司、江×公司、建×公司经查实其参与的多项目存在串通投标行为,根据规定应对其及单位直接负责的主管人员和其他直接责任人员处以罚款,取消其1~2年内参加依法必须进行招标的项目的投标资格并予以公告。本案处罚适当,合法有据。

【实务提示】

建筑企业要吸取教训,引以为戒。跨越规则约束,不仅会导致中标无效,还会构成合规风险,企业受到行政处罚。

第四节 "投标保证金被骗"的法律风险与防范

投标保证金,是指投标人按照招标文件的要求向招标人出具的,以一定金额表示的投标责任担保。投标人保证其投标被接受后对其投标书中规定的责任不得撤销或反悔,否则招标人将对投标保证金予以没收。对于未中标的投标保证金,应当在发出中标通知书后一定时间内,及时退还给投标人。

以工程发包为由,骗取建筑施工企业的投标保证金、诚意金、好处费等,是建筑领域最常见的犯罪行为之一。但是骗子不可能做到天衣无缝。冷静理智地分析,仍可

从骗子的行为中看得出蛛丝马迹。实务中,不法分子的行骗手法主要如下:

1. 假招标人假项目。对于此类骗术,不法分子往往设立公司并以董事长、总经理等身份对外行骗,如虚构项目进行招标,骗取建筑企业的投标保证金。

2. 真招标人假项目。对于此类骗术,不法分子的公开身份往往是某公司的管理人员或项目负责人,利用其职务便利,虚构一个工程项目进行招标,吸引建筑企业前来投标,从而骗取投标保证金。

3. 真项目假招标人。对于此类骗术,工程项目往往是真实存在的,但不法分子的身份是假的,其通过伪造公章、伪造授权书等方法来证明自己身份,然后带被害人考察真实的项目,取得被害人信任,然后进行招标,要求被害人支付投标保证金。

4. 真项目真招标人。对于此类骗术,不法分子往往是经营陷入困境的建设单位,其招标目的不是确定中标单位,而是骗取所有投标人的投标保证金,保证金一旦进入招标人指定账户,即被挪作他用。投标人虽然可以通过起诉维权,但招标人往往已资不抵债或濒临破产。

一、主要风险

(一)投标保证金直接被骗取的风险

"投标保证金被骗"风险,是指一些社会不法分子利用"建筑市场竞争激烈、建筑企业急于拿订单"的心态,通过虚构工程项目开展招标,签订"合同",骗取施工单位投标保证金。

(二)投标保证金等经济损失难以追回的风险

不法分子骗取投标保证金得手之后,一般会很快将款项转移或挥霍完毕,施工单位的损失往往难以追回。不法分子之所以能屡屡得手,一是因为建筑企业风险防范意识不够;二是因为保证金被骗属于经济类刑事案件,近些年公安机关对于此类案件的侦查和打击力度相对较弱;三是因为法院对于经济类刑事案件,一般都更重视对不法分子的刑事处罚,对于案件非法所得财产的追缴力度不大。

二、防范措施

(一)对招标人的资信进行严格审查

建筑企业可通过国家企业信用信息公示系统、中国执行信息公开网、中国裁判文书网、天眼查、企查查等公开的查询网站和 App,查询招标人的工商登记、法律诉讼与企业风险等重要信息,以评估招标人的资信,以防被骗。如诉讼纠纷较多或被列入失信被执行人名单的招标人,要慎重合作。

(二)要对项目进行实地考察

在投标前要对项目进行实地考察。实地考察项目时,要重点查看国家发展改革委批文、土地使用权证、用地规划许可证、工程规划许可证等项目资料,并事后到相关部门进行查证。如果招标人无法提供项目资料或所提供资料无法证实真实和可靠性的,建议不要参与投标。

(三)对自主招标项目,应审查确定招标人是否具有招标资格

建筑企业在投标之前,首先要确认招标单位是否具有自主招标资格。目前我国招投标实践中呈现的是代理机构组织招标和自行组织招标并存的格局。实务中,随着市场规则的继续完善和市场主体的不断成熟,招标在节约资金、保证质量方面作用的日益显现,大型企业集团组建了自己的招标机构和队伍,通过公开招标发包工程或采购企业日常生产所需的原料、设备等,取得了良好的经济效益。从这一现实情况出发,《招标投标法》对自主招标给予了肯定,并对自主招标的条件进行了限定,即《招标投标法》第十二条规定,招标人具有编制招标文件和组织评标能力的,可以自行办理招标事宜。任何单位和个人不得强制其委托招标代理机构办理招标事宜。该规定明确指出了招标人自行办理招标必须具备的两个条件:一是有编制招标的能力;二是有组织评标的能力。不能满足这两项条件的,必须委托代理机构办理。

所以建筑企业在投标之前,首先要确认招标单位是否具有自主招标资格,招标单位本身并不具有编制招标文件和组织评标能力而进行自主招标的,属于违法行为,建筑企业要警惕这种"招标"行为是否有骗取投标保证金的嫌疑。

(四)注意查询并明确投标保证金的缴纳时间

投标保证金是投标人对其投标被接受后对其投标书中规定的责任不得撤销或者反悔的保证。投标人撤销或反悔的,招标人将对投标保证金予以没收。根据规定,投标人应提交规定金额的投标保证金,并作为其投标书的一部分。一般投标保证金是在提交投标文件同时交付的,投标人看过招标文件以后分析是否有中标的可能才决定是否投标。因此,若有的单位规定"凡购买本招标文件前必须以银行转账的形式缴纳××元的投标保证金",这种让投标人还没看到招标文件就交投标保证金的做法显属违法行为。为此,建筑企业在缴纳保证金前要注意查询相关法律与文件,审查缴纳投标保证金的时间是否符合规定,以防上当受骗。

(五)注意了解招标公告发布地点与时间的规定

《招标投标法》第十六条第一款规定,招标人采用公开招标方式的,应当发布招标公告。依法必须进行招标的项目的招标公告,应当通过国家指定的报刊、信息网络或者其他媒介发布。建筑企业要通过正确、安全的渠道获取招标信息,查看招标公告,确保招标信息的真实、可靠,维护自身利益。

随着网络的发展,其因及时有效和便捷而被招投标用户广泛接受,越来越多大型企业直接通过在线发售标书、线上招投标系统来进行招投标工作。而更多的招投标信息则是由招标网站和专业行业媒体来发布。这也成了部分投机分子利用的"漏

洞”。他们往往对这些正规的招投标信息进行篡改，将招标代理公司的联系方式改成自己的，把账号信息也一并改成自己的，将信息发布于各个论坛、博客、邮箱或一些信息发布站点上。由于他们故意混淆视听，参与投标的企业一旦不慎就易上钩被骗，遭受损失。

（六）发现被骗后应及时报案，请求公安机关查封资产

对于骗取投标保证金的不法行为属于刑民交叉案件，既涉及民事合同纠纷也涉及刑事犯罪。建筑企业不要只通过民事诉讼进行维权，更应当第一时间报案，要求公安机关及时侦查并采取措施查封招标人的相关账户及查清款项的流向，尽可能将损失降到最低。

三、典型案例

1. 李某某虚假招标骗取投标保证金被刑事处罚案①

【案例要点】

李某某诈骗公民财物，数额巨大，其行为已触犯《刑法》第二百六十六条，构成诈骗罪。

【案情简介】

2019 年 4 月至 5 月，李某某以重庆狼×科技有限公司的名义，谎称与重庆市开州区某镇政府合作举办狼腾杯“金猪纳福，为爱奔跑”灯会美食节，在“行采家”服务平台发布虚假招投标文件及相关信息，并以收取标书资料费、投标保证金等为由，骗取江苏××展览服务有限公司、浙江××工程管理有限公司重庆分公司、自贡市××彩灯有限公司昆明分公司共计人民币 92,454 元。案发后，李某某将诈骗的钱款用于偿还其个人债务及挥霍。

【裁判结果】

李某某犯诈骗罪，判处有期徒刑 3 年 4 个月，并处罚金人民币 2 万元。

【点评分析】

本案涉及的是通过虚假招标以骗取投标保证金如何定罪的问题。

我国《刑法》第二百六十六条规定：“诈骗公私财物，数额较大的，处三年以下有期徒刑、拘役或者管制，并处或者单处罚金；数额巨大或者有其他严重情节的，处三年以上十年以下有期徒刑，并处罚金；数额特别巨大或者有其他特别严重情节的，处十年以上有期徒刑或者无期徒刑，并处罚金或者没收财产。本法另有规定的，依照规定。”

---

① 案号：(2019)苏 0303 刑初 377 号。

本案中，李某某通过发布虚假招投标文件及相关信息，骗取三家投标公司投标保证金共计人民币92,454元，将诈骗所得全部用于偿还其个人债务及挥霍。其诈骗公民财物，数额巨大，其行为已构成诈骗罪。

【实务提示】

该案提醒建筑企业在查看或参与招投标项目时，一定要仔细斟酌，以免遭受不必要的损失。同时要增加自身的招投标法律知识，对招投标流程和要求有必要的了解和认知，才可以及时发现虚假招标项目流程中反常的情况。提高警惕，才能远离骗局。

2. 仵某虚构招标项目和身份骗取工程投标保证金诈骗罪案①

【案例要点】

仵某以非法占有为目的，虚构事实、隐瞒真相，骗取单位财物，数额巨大，其行为已构成诈骗罪。

【案情简介】

2018年1月24日，仵某委托他人注册了空壳的陕西方×造价咨询有限公司（以下简称方×公司），该公司的登记地址为虚假地址，并且没有支持公司运转的资金和人员配备。同年4月9日，仵某为偿还个人债务，以方×公司的名义虚构了小寨干休所生活热水锅炉采购及常压安装工程招标项目，并将该项目招标公告发布在陕西省招标投标协会网（陕西采购与招标网）。后被害单位陕西康×热力科技有限公司、陕西×联实业发展有限公司、西安卡×锅炉有限公司、陕西东×能源科技有限公司、陕西博×某新能源有限公司、陕西金×机电设备有限公司、陕西×洲建设工程有限公司七家公司派代表前来接洽。仵某虚构张经理的身份与前来的七家公司代表见面。七家公司代表签署了购买招标文件确认表，各交纳了6万元的工程投标保证金。之后，仵某多次借故不向各公司递交招标文件，引起被害单位怀疑。2018年4月16日，仵某与数名被害单位代表共同前往公安机关欲对其与被害单位之间关于退还保证金一事进行备案登记，并在第二次笔录中如实供述了涉案事实。

经查明，仵某所称小寨干休所生活热水锅炉采购及常压安装工程招标项目并不存在。破案后，仵某将骗取的42万元用于偿还债务及生活支出，其家属已向各被害单位退还保证金，各被害单位对仵某的行为表示谅解。

【裁判结果】

仵某犯诈骗罪，判处有期徒刑3年6个月，并处罚金8万元。

---

① 案号：（2018）陕0113刑初989号。

【点评分析】

本案涉及通过虚构招标项目、身份以骗取投标保证金如何予以刑事处罚的问题。

《刑法》第二百六十六条规定："诈骗公私财物，数额较大的，处三年以下有期徒刑、拘役或者管制，并处或者单处罚金；数额巨大或者有其他严重情节的，处三年以上十年以下有期徒刑，并处罚金；数额特别巨大或者有其他特别严重情节的，处十年以上有期徒刑或者无期徒刑，并处罚金或者没收财产。本法另有规定的，依照规定。"

本案中，仵某在无实际办公地址、无资金、无人员的情况下，虚构招标项目，并仅以空壳的方×公司的名义发布虚假招标信息，在收取被害单位投标保证金之后始终谎称招标信息为真，与被害单位协商无果而前往公安机关登记备案时亦向公安机关作出了虚假供述，其非法占有的主观目的明显，其行为造成七家被害单位共计损失42万元的危害后果，涉案金额巨大，犯罪情节较重，其行为依照上述规定构成诈骗罪。法院依法对其惩处，符合事实和法律。

【实务提示】

建筑企业一旦未识别虚假工程项目而参与投标，最直接的结果是被骗取投标保证金，造成直接经济损失。防范此类风险的关键点是对项目公司、工程项目、人员身份的调查。

第二章

违法分包、转包与挂靠法律风险与防范

第一节　违法分包的法律风险与防范

分包是承包人承包工程后，将其承包范围内的部分工程交由第三人完成的行为。它是相对于总承包而言的，在法律上属于受托履约，即总承包人在取得发包人许可的前提下，将所承包工程中一项或若干分项工程通过分包合同交由分包人完成的行为。分包从法律效力上分为合法分包和违法分包。合法分包，主要是指分包主体符合施工资质要求、专业工程经约定或经建设单位认可条件下的分包，分包的内容是除主体结构施工外的部分内容，只允许一次分包且分包指向内容合法。违法分包，主要是指施工单位承包工程后违反法律法规规定或者施工合同关于工程分包的约定，把单位工程或分部分项工程分包给其他单位或个人施工的行为。《建筑法》第二十九条第三款规定，禁止总承包单位将工程分包给不具备相应资质条件的单位。禁止分包单位将其承包的工程再分包。《建设工程质量管理条例》第二十五条第三款规定，施工单位不得转包或者违法分包工程。

实务中，有能力、有条件接到建设工程的建筑施工企业，出于成本控制、人员管理等原因，往往无视相关规定，将其承接的工程分包给报价偏低的不具有相应资质的分包单位或个人，施工过程中多会疏于管理。当违法分包甚至层层分包出现在一个建设工程中，其带来的人员风险、技术风险极大增加，因各方协调或监管不力等极容易造成工期延误。同时实际施工人因对安全质量的重视程度不够，规章制度欠缺，安全防护设备不足，或者因工人安全意识不够，没有经过安全培训就上岗作业等原因引发的安全、质量事故频发。而且违法分包或层层分包还导致了我国建筑领域出现了一种不良现象：资质一流的施工队伍参与投标，资质二流的施工队伍进场，而真正进行实际施工作业的是资质三流的施工队伍。因此，违法分包行为严重地破坏了建筑市场的公平竞争，还造成建设工程施工合同纠纷频发，扰乱了建设工程市场秩序，而且极大地危害了人民的生命和财产安全,故而我国现行法律、法规明令禁止违法分包行为,并规定了对该类行为的相应处罚。

一、违法分包的认定

根据《建设工程质量管理条例》第七十八条的规定,下列行为属于违法分包:

1. 总承包单位将建设工程分包给不具备相应资质条件的单位的;

2. 建设工程总承包合同中未有约定,又未经建设单位认可,承包单位将其承包的部分建设工程交由其他单位完成的;

3. 施工总承包单位将建设工程主体结构的施工分包给其他单位的;

4. 分包单位将其承包的建设工程再分包的。

根据《建筑工程施工发包与承包违法行为认定查处管理办法》第十二条的规定,下列几种情形通常会被认定为违法分包行为:

1. 承包单位将其承包的工程分包给个人的;

2. 施工总承包单位或专业承包单位将工程分包给不具备相应资质单位的;

3. 施工总承包单位将施工总承包合同范围内工程主体结构的施工分包给其他单位的,钢结构工程除外;

4. 专业分包单位将其承包的专业工程中非劳务作业部分再分包的;

5. 专业作业承包人将其承包的劳务再分包的;

6. 专业作业承包人除计取劳务作业费用外,还计取主要建筑材料款和大中型施工机械设备、主要周转材料费用的。

在实务操作中,需要注意的是应正确区分专业工程分包与劳务作业分包的区别。专业工程分包单位可以将专业工程中的劳务作业部分再分包,但不可以将非劳务作业部分再分包;劳务分包单位不能将其承接的劳务作业再次分包。也就是说,如果专业工程分包单位将其所承接工程中劳务作业部分分包给具有相应资质的劳务作业单位的,不属于违法分包行为。

二、主要风险

违法分包严重扰乱建筑行业的正常运转,破坏了市场监管规则,还存在诸多法律风险。分析其主要风险如下。

(一)面临受到罚款、没收违法所得、资质降级或吊销资质证书等行政处罚的风险

《建设工程质量管理条例》第六十二条规定了对违法分包的行政处罚:承包单位将承包的工程转包或者违法分包的,责令改正,没收违法所得,对勘察、设计单位处合同约定的勘察费、设计费 25% 以上 50% 以下的罚款;对施工单位处工程合同价款

0.5%以上1%以下的罚款;可以责令停业整顿,降低资质等级;情节严重的,吊销资质证书。此外,《招标投标法》第五十八条规定:"中标人将中标项目转让给他人的,将中标项目肢解后分别转让给他人的,违反本法规定将中标项目的部分主体、关键性工作分包给他人的,或者分包人再次分包的,转让、分包无效,处转让、分包项目金额千分之五以上千分之十以下的罚款;有违法所得的,并处没收违法所得;可以责令停业整顿;情节严重的,由工商行政管理机关吊销营业执照。"

根据《建筑工程施工发包与承包违法行为认定查处管理办法》的规定,住房城乡建设主管部门对有违法分包等违法行为的单位和个人,除上述行政处罚外,还可以采取以下行政管理措施:对认定有转包、违法分包等违法行为的施工单位,可依法限制其参加工程投标活动、承揽新的工程项目,并对其企业资质是否满足资质标准条件进行核查,对达不到资质标准要求的限期整改,整改后仍达不到要求的,资质审批机关撤回其资质证书。对2年内发生2次及以上转包、违法分包等违法行为的施工单位,应当依法按照情节严重情形给予处罚。因违法发包、转包、违法分包、挂靠等违法行为导致发生质量安全事故的,应当依法按照情节严重情形给予处罚。

(二)建设工程施工合同(分包合同)被认定无效的风险

《最高人民法院关于审理建设工程施工合同纠纷案件适用法律问题的解释(一)》第一条第二款规定:"承包人因转包、违法分包建设工程与他人签订的建设工程施工合同,应当依据民法典第一百五十三条第一款及第七百九十一条第二款、第三款的规定,认定无效。"第六条规定:"建设工程施工合同无效,一方当事人请求对方赔偿损失的,应当就对方过错、损失大小、过错与损失之间的因果关系承担举证责任。损失大小无法确定,一方当事人请求参照合同约定的质量标准、建设工期、工程价款支付时间等内容确定损失大小的,人民法院可以结合双方过错程度、过错与损失之间的因果关系等因素作出裁判。"因此,建设工程施工合同被认定无效后,关于工程款的结算、工程质量责任承担等需要适用合同无效的法律后果。双方就工程结算发生纠纷,"管理费"有可能被法院认定为违法所得而不被支持。同时,合同无效情形下,实际施工人工期、质量等方面存在违约的,建筑企业作为施工总承包单位无法依据合同约定要求实际施工人承担违约责任。

(三)建筑施工企业将就违法分包引发的安全生产事故、质量缺陷承担连带责任的风险

《建筑法》第六十七条第二款规定:"承包单位有前款规定的违法行为的,对因转包工程或者违法分包的工程不符合规定的质量标准造成的损失,与接受转包或者分包的单位承担连带赔偿责任。"《安全生产法》第一百零三条规定,生产经营单位将生产经营项目、场所、设备发包或者出租给不具备安全生产条件或者相应资质的单位或者个人的,责令限期改正,没收违法所得……导致发生生产安全事故给他人造成损害

的，与承包方、承租方承担连带赔偿责任。因此，建筑企业作为总承包单位与发包人签订总承包合同，需就包括实际施工人所承建的工程在内的全部工程的工期、质量及安全生产等对发包人承担连带责任，虽因实际施工人的原因导致工程工期、质量违约或安全事故，但仍应由总承包单位向发包人承担相应的违约责任。

（四）发包人单方解除《建设工程施工合同》及被追索违约责任的风险

《民法典》第八百零六条第一款规定，承包人将建设工程转包、违法分包的，发包人可以解除合同。施工总承包人违法分包的行为使发包人的利益难以得到有效保障，合同目的极有可能就此落空，对此，法律赋予了发包人可以解除合同的权利，发包人可视具体情况选择是否行使该权利。合同解除后，已经完成的建设工程质量合格的，发包人应当按照约定支付相应的工程价款；已经完成的建设工程质量不合格的，按照以下情形处理：(1)修复后的建设工程经验收合格的，发包人可以请求承包人承担修复费用；(2)修复后的建设工程经验收不合格的，承包人无权请求参照合同关于工程价款的约定折价补偿。而且，施工合同解除后，合同对承包人违法分包的违约行为须追究的违约责任有约定的，发包人还可以依法追究承包人的违约责任。

（五）引发农民工工资、工伤赔偿等劳动用工风险

对农民工的付款问题，国家和各地政府对此均有明确的规定，因此总承包企业在制定分包合同范本时对农民工的工资支付作了特别规定，但个别项目在支付进度款时，不履行监督或审查分包单位支付农民工工资的义务，导致分包工程款已经办理竣工结算并且已经支付完毕，但仍有农民工工资被拖欠。按照国家政策规定，总承包企业可能被迫支付被分包单位拖欠的农民工工资。

根据《劳动和社会保障部关于确立劳动关系有关事项的通知》的规定，建筑施工、矿山企业等用人单位将工程（业务）或经营权发包给不具备用工主体资格的组织或自然人，对该组织或自然人招用的劳动者，由具备用工主体资格的发包方承担用工主体责任。故总承包单位将工程分包给不具备资质的主体其应承担用工主体责任。《保障农民工工资支付条例》第三十条规定，施工总承包单位对分包单位劳动用工和工资发放等情况进行监督。分包单位拖欠农民工工资的，由施工总承包单位先行清偿，再依法进行追偿。第三十六条规定，建设单位或者施工总承包单位将建设工程发包或者分包给个人或者不具备合法经营资格的单位，导致拖欠农民工工资的，由建设单位或者施工总承包单位清偿。

（六）被实际施工人追索工程款和被材料供应商等债权人起诉追索债务的风险

1.《最高人民法院关于审理建设工程施工合同纠纷案件适用法律问题的解释（一）》第四十三条规定，实际施工人以转包人、违法分包人为被告起诉的，人民法院应当依法受理。实际施工人以发包人为被告主张权利的，人民法院应当追加转包人或者违法分包人为本案第三人，在查明发包人欠付转包人或者违法分包人建设工程

价款的数额后，判决发包人在欠付建设工程价款范围内对实际施工人承担责任。违法分包的，实际施工人可依据该条规定将施工单位、挂靠人和发包人作为共同被告，要求施工单位承担工程款的支付责任。

2. 实际施工人对外采购（租赁）设备、材料，或将工程再转包或违法分包，在实际施工人逾期付款的情况下，合同相对方有可能基于施工单位作为工程总承包人且具有较强的付款能力的考量，将施工单位诉至法院，主张分包的实际施工人有代理权或其行为构成表见代理，要求施工单位承担付款责任。

（七）工程款结算风险和税务成本风险

1. 工程款结算存在法律风险。建设工程分包过程中，建设单位向总承包人支付工程价款，总承包人向分包工程承包人支付工程价款，彼此之间是独立的法律关系，但在工程款结算问题上实务当中却有诸多情形。如建设单位拖欠工程款，则总承包人就需向分包工程承包人先行垫付工程款以及承担逾期付款的违约责任；如总承包人拒不向分包工程承包人支付工程款，则分包工程承包人作为实际施工人可以向建设单位在欠付工程款范围内主张权利；如分包工程承包人也可能因建设工程质量不合格，也存在无法取得工程款的法律风险。

2. 税务成本风险。建筑施工企业作为备案的施工方，依法负有纳税义务。在挂靠、转包、违法分包施工情形下，一旦双方对于税务成本负担约定不明，挂靠、转包、违法分包人收款后未开具发票，或者挂靠、转包、违法分包人从建设单位直接取得工程款后未开具发票，均可能导致建筑施工企业最终需承担高额的税务成本。

三、防范措施

（一）建筑施工企业需内部约束自身，提升违法分包的风险意识，主动杜绝违法分包等顽疾，不应将违法分包并收取管理费作为主营主业

实务中，违法分包不但直接影响了建设工程质量，而且产生了大量的合同纠纷，甚至出现工程质量不合格导致的安全问题，严重扰乱了建设市场的正常秩序。对于违法分包现象，不仅需要相关法律法规明确，还需要建筑施工企业内部约束自身，进一步加强对违法分包行为的辨识，主动拒绝违法分包。只有在认识到违法分包可能产生的法律后果的前提下，从事前预防、事中管理到事后评价全方位提高风险防范意识，方能形成企业自身稳健高质量发展。

（二）做好工程分包管理，加强合同审核，重点做好工程承发包、招投标等事项的法律合规审核；做好合同策划，规范专业分包、劳务分包，严格审核合同签订相对人的资质资格，做好分包队伍的履约评价，建立分包商队伍白名单和黑名单并进行动态管理

1. 建设工程分包时必须选择适格分包人。依法选择合格的分包人，是签订、履行

建设工程分包合同,完成工程项目建设的关键。实践中,承包人一定要做好尽职调查工作:一是对分包人主体资格的审查,分包人的主体资格直接关系工程分包合同的效力问题,审查包括企业法人营业执照、税务登记证、法人授权委托、资质证书等在内的书面材料,有效解决违法分包问题;二是对分包人实际施工能力的审查,对分包人实施多级审查,对其施工能力实行年检制度,严格分包人引入。

2. 依法签订分包合同。依法签订分包合同,是防控建设工程项目违法分包法律风险的重要措施。建设工程总承包人或承包人在签订工程分包、劳务分包的同时,最好使用相关工程专业分包、劳务分包合同示范文本,做到条款严密、内容全面、单价合理,并按照企业有关合同管理制度,经企业法律顾问审查后签订。在签订分包合同时应当有意识地约定对自己有利的纠纷解决管辖机构,并确保争议解决条款约定合法有效,避免给企业造成损失。

(三)建立工程建设法律风险合规防控体系

建筑企业应研究开发法律风险识别评估与防控手册标准化模板,对业务流程进行详细梳理,按照法律风险识别、分析、评估、防范、处理和控制运作流程进行规范,编制"法律风险识别分析及防范"条目,便会形成法律风险识别、分析、评估、防范、处理和控制的一整套运作流程,揭示工程项目建设领域法律风险隐患,实现法律风险预警,指导工程项目建设单位与业务岗位防控化解法律风险。

(四)采取合理方式有针对性预防劳动合同风险

1. 根据《保障农民工工资支付条例》的要求,建议总承包单位可根据信任程度、合作期限、合作表现、合作深度等角度对分包人进行划分,对综合信任度高、合作期限长、合作表现良好、风险较小的分包人可由其自行负责农民工工资的发放;对合作期限短、信任度较低的分包人采取直接发放农民工工资的方式。

2. 为避免总承包单位因用工主体责任负担工伤事故的赔偿责任,实践中,与分包人的分包协议中明确工伤事故责任的分配比例的方式值得推荐。在这种约定下,即便总承包单位对外承担了全部工伤事故责任,亦可根据协议约定向分包商追偿。

3. 建议总承包单位在进行单项工程或劳务工程分包时,约定预留一定数额的保证金,且预留期限应延长至工程质保期限届满,以确保分包人施工范围内的工程不存在拖欠农民工工资、质量瑕疵、工期拖延等问题,否则总承包单位可直接从保证金中扣除应付款项、违约金、损失赔偿金等。

(五)强化项目履约过程监管,保证工程质量,坚决摒弃以包代管

如果实在无法避免将工程分包交由实际施工人施工或已违法分包给实际施工人的,建议:

1. 施工单位对实际施工人的资信进行审查,尽量选择信誉好、实力强、有良好合作经历的实际施工人。

2. 加强对实际施工人的管理，对实际施工所承包工程的工期及质量进行监管，避免出现工期延误或质量不合格等情形；要求实际施工人严格按照安全规范施工，避免发生安全责任事故；对实际施工人的材料、设备款项支付进行跟踪，避免出现逾期付款的行为；对农民工工资的支付进行监督，避免发生欠薪、农民工上访事件。

3. 要求实际施工人提供人保或物保，为实际施工人在合同项下的债务承担连带担保责任，以增强实际施工人的履约担保，避免实际施工人怠于履行合同或出现无力赔偿的情形。

四、典型案例

1. 承包人福建×建集团有限公司（上诉人）、发包人漳州福×钱隆房地产开发有限公司（上诉人）与分包人杨某（被上诉人）、深圳市源×发建材有限公司（被上诉人）建设工程分包合同纠纷案①

【案例要点】

建设工程违法分包导致合同无效且发包人和承包人对此存在过错，实际施工人可诉请违法分包人支付拖欠工程款，发包人、承包人在欠付工程款范围内承担连带责任。

【案情简介】

2011年7月27日，发包人漳州福×钱隆房地产开发有限公司（以下简称福×公司）将工程发包给承包人福建×建集团有限公司（以下简称福建×建），福建×建又将其包括脚手架在内的部分项目分包给杨某，双方签订了《劳务分包合同》。之后，杨某又以福建×建的名义将脚手架的搭建工程发包给深圳市源×发建材有限公司（以下简称源×发公司），双方签订了《外墙脚手架（包工包料）承包合同》。合同签订后，源×发公司依约履行了合同，杨某与源×发公司于2013年12月25日结算，其中3、7、8栋脚手架部分总工程造价为2,344,708元，福×公司在该工程结算审核结果定案书中建设单位栏盖章确认。杨某支付了该三栋楼工程款1,800,000元，尚欠544,708元未能支付；2013年1月8日，源×发公司与杨某对1、2、4、5、6栋脚手架工程款进行结算并达成《外墙脚手架工程款支付补偿协议》一份，确认1、2、4、5、6栋总工程造价为2,270,000元，截至2013年1月18日，杨某已支付工程款1,780,000元，尚欠工程款490,000元未能支付，另工程进场时源×发公司向杨某缴纳工程保证金100,000

① 案号：（2017）闽06民终1130号。

元,合计工程尾款为590,000元,就该尾款的支付问题,双方达成如下协议:(1)杨某于2013年2月5日前支付给源×发公司400,000元;(2)杨某于2013年3月30日前支付余款190,000元;(3)若杨某逾期未能付款,其同意由福建×建在工程进度款中直接支付给源×发公司;(4)源×发公司需按杨某要求完成工程进度:1、2、4栋裙楼部分外架在其通知拆除两个工作日内拆除,1、2栋电梯外架在获得通知后两日内拆除,外架拆除后材料必须及时清理归堆出场。之后,因杨某未能按期付款,源×发公司拒绝拆除一栋外架,经福×公司出面协调,并承诺由福×公司直接支付给源×发公司该部分工程尾款,约定2013年春节前支付400,000元,春节后再支付余款190,000元,后福×公司以资金紧张为由,只支付工程款200,000元,余款未能支付。杨某共尚欠源×发公司工程款合计934,708元。源×发公司多次催讨未果。2015年1月23日,源×发公司诉杨某、福建×建、福×公司连带清偿工程价款本息90万元。一审法院支持了源×发公司的该诉讼请求。一审判决作出后,福建×建和福×公司均不服判决,提起上诉。

【判决要旨】

关于福建×建应否承担连带责任的问题。二审法院认为,根据一审查明的双方无异议的事实,福×公司系案涉古雷新港城龙港社区A地块1－8栋限价商品房业主,其将该工程承包给福建×建建设,福建×建将该工程包括脚手架在内的部分项目分包给杨某,之后杨某又将脚手架搭建工程再分包给源×发公司实际施工。而杨某并不具备脚手架劳务作业资质,因此,福建×建与杨某之间的劳务分包合同无效,而杨某在承包脚手架劳务作业后又将该劳务分包给源×发公司违反了法律的强制性规定,故杨某与源×发公司签订的《外墙脚手架(包工包料)承包合同》也无效。源×发公司在签订承包合同后已完成约定的脚手架工程,工程现也已竣工验收合格交付使用。因此,源×发公司请求杨某支付尚欠工程款,有事实根据和法律依据,应予支持。福建×建明知杨某没有劳务分包资质仍将脚手架工程分包给杨某,存在过错,应对杨某的欠款承担连带责任。

关于福×公司应否承担连带责任的问题。二审法院认为,从福×公司与杨某结算及福×公司通过关联公司某建筑劳务公司向杨某支付工程款的情况看,福×公司越过福建×建直接与杨某发生业务关系,该事实说明福×公司其实认可杨某在涉案地块工程上的实际施工人的身份,而杨某并不具有相应的资质,福×公司对此存在过错,应承担相应的责任。因此,福×公司应对杨某对源×发公司的欠款承担连带责任。

【点评分析】

本案涉及的是违法分包中发包人与承包人存在过错的,应否承担连带责任的问题。

本案属于建设工程合同纠纷项下的建设工程分包合同纠纷。发包人福×公司与总承包人福建×建应否承担连带责任的问题是本案的主要争议焦点问题。一般而言，合同具有相对性，即合同只能在相对人之间发生效力，除法律另有明确规定外，一般不能约束合同以外的第三人。所以，一般情况下不能突破合同相对性。但建设工程施工合同发包人、总承包人对实际施工人承担付款责任可以有限度突破合同相对性。根据本案查明的事实，涉案古雷新港城龙港社区A地块项目由福×公司开发建设，由福建×建整体承建，福建×建分包给杨某后，杨某又将脚手架工程分包给源×发公司。源×发公司施工了脚手架工程并由杨某、福×公司确认了工程款是客观事实，可以确认源×发公司是涉案工程的实际施工人，杨某是违法分包人，福建×建是总承包人，福×公司是发包人，而且福建×建、福×公司对本案工程违法分包存在过错。根据《最高人民法院关于审理建设工程施工合同纠纷案件适用法律问题的解释（一）》第四十三条"实际施工人以转包人、违法分包人为被告起诉的，人民法院应当依法受理。实际施工人以发包人为被告主张权利的，人民法院应当追加转包人或者违法分包人为本案第三人，在查明发包人欠付转包人或者违法分包人建设工程价款的数额后，判决发包人在欠付建设工程价款范围内对实际施工人承担责任"的规定，实际施工人可以突破合同相对性原则，向发包人、转（分）包人要求承担支付工程款的义务。因此，福×公司作为工程发包人、福建×建作为总承包人依法应在欠付的工程款范围内，承担违法分包人杨某对实际施工人源×发公司所欠工程款的连带清偿责任。

需要注意的是，尽管对于本案总承包人福建×建应否承担连带责任在审判实务的裁判中存在不一，但如本案因福建×建明知杨某没有劳务分包资质仍将脚手架工程分包给杨某，存在过错，同时考虑到涉案工程已实际交付使用，福建×建从实际施工人的施工中获得了施工利益，让其作为违法分包人应在欠付工程款范围内对杨某的欠款承担连带责任的判决也大量出现。建筑企业应重视和关注。

【实务提示】

对施工过程缺乏监督管理，可能导致违法分包甚或层层分包的失控状态，引发实际施工人向建筑施工企业主张工程款纠纷。该民事风险责任往往连带导致建筑企业遭受损失，应引起足够重视。

2. 九江市联×建筑工程有限公司、卢某保、李某英与蓝某忠等劳务合同纠纷案①

【案例要点】

施工总承包单位将工程分包给不具备用工资格的自然人，根据《劳动合同法》及

① 案号：(2020)赣09民终2258号。

《建设领域农民工工资支付管理暂行办法》等相关规定，要求施工总承包单位在欠付劳动者的劳务工资范围内承担连带清偿责任于法有据。

【案情简介】

九江市联×建筑工程有限公司（以下简称联×公司）系铜鼓县三小教学楼建设工程的施工总承包单位，卢某保为该工程的实际施工人。2019 年 7 月 12 日，卢某保与李某英签订《钢筋工承包合同》，将前述工地上的钢筋制作、绑扎劳务作业分包给了李某英。李某英承包前述钢筋劳务作业后，雇请蓝某忠等多名民工在前述工地上为其弯钢筋，工资按天计算。其后李某英拖欠了众多民工工资，其中拖欠蓝某忠工资 2420 元，蓝某忠与众多民工多次追问未果后均诉至法院。

【判决要旨】

一审法院认为，李某英雇请蓝某忠在工地上弯钢筋却拖欠蓝某忠 2420 元劳务工资未付，李某英应当承担支付蓝某忠 2420 元劳务工资的责任。联×公司作为铜鼓三小教学楼建设工程的总承包单位，将钢筋工劳务作业分包给没有建筑资质的个人即李某英，根据《保障农民工工资支付条例》第三十六条第一款“建设单位或者施工总承包单位将建设工程发包或者分包给个人或者不具备合法经营资格的单位，导致拖欠农民工工资的，由建设单位或者施工总承包单位清偿”的规定，联×公司应承担本案诉争劳务工资的连带清偿责任，卢某保作为涉案工程的实际施工人，也应与联×公司承担连带清偿责任。联×公司、卢某保承担连带清偿责任后，如联×公司、卢某保认为其承担的民工工资的总清偿责任超过应支付给李某英的工程款，可另行向李某英追偿。综上，一审法院判决由李某英、卢某保、联×公司在判决生效后三日内连带支付蓝某忠 2420 元劳务工资。

二审法院驳回上诉，维持原判。

【点评分析】

本案涉及施工总承包单位将工程分包给不具备用工资格的自然人，对清偿拖欠农民工工资是否承担连带责任的问题。

我国《劳动合同法》第九十四条规定，个人承包经营违反本法规定招用劳动者，给劳动者造成损害的，发包的组织与个人承包经营者承担连带赔偿责任。《建设领域农民工工资支付管理暂行办法》第十二条规定，工程总承包企业不得将工程违反规定发包、分包给不具备用工主体资格的组织或个人，否则应承担清偿拖欠工资连带责任。《保障农民工工资支付条例》第三十六条规定，建设单位或者施工总承包单位将建设工程发包或者分包给个人或者不具备合法经营资格的单位，导致拖欠农民工工资的，由建设单位或者施工总承包单位清偿。

就本案而言，施工总承包单位联×公司将涉案工程分包给不具备建筑施工企业资质和用工主体资格的自然人卢某保，卢某保分包给了李某英，李某英又招用蓝某忠等民工进行施工,根据上述法律规定,法院判决联×公司对李某英欠付蓝某忠等民工的劳务工资承担连带清偿责任于法有据。适用法律并无不当。

【实务提示】

对于违法分包情形下农民工工资的支付,上到劳动合同法下到相关部门规章,再到部门制定的暂行办法均给予了明确的规定,要求上述组织或个人在欠付工资范围内承担连带责任。这体现了国家对农民工工资支付的充分重视和保护。同时实务中应注意的是,应当明确区分实际施工人的工程款与农民工工资的差别,适用不同的法律法规来保障诉请人的利益得以实现。

第二节 非法转包的法律风险与防范

长期以来,对于转包的具体定义问题,法律法规并未显现明显差异,普遍认为转包是指施工单位承包建设工程后,不履行合同约定的责任和义务,将其承包的全部建设工程转给其他单位或个人施工,或者将承包的全部建设工程肢解以后,以分包的名义分别转给其他单位或个人施工。

转包的核心要素在于,承包人不实际履行合同约定的责任和义务,而是全部交由他人完成。由于转包容易使不具有相应资质的承包者进行工程建设,以致造成工程质量低下、建设市场混乱,所以我国法律、行政法规均作了禁止转包的规定。实践中,常见的转包行为有三种形式:第一种是直接转包,是指承包单位将其承包的全部建设工程转包给别人;第二种是肢解转包,又称变相的转包,是指承包单位将其承包的全部建设工程肢解以后以分包的名义分别转包给他人;第三种是视同转包,是指总包单位将工程依法分包后,未在施工现场设立项目管理机构和派驻相应人员,未对该工程的施工活动进行管理的情形。《建筑法》第二十八条规定:“禁止承包单位将其承包的全部建筑工程转包给他人,禁止承包单位将其承包的全部建筑工程肢解以后以分包的名义分别转包给他人。”《民法典》第七百九十一条第二款后段规定:“承包人不得将其承包的全部建设工程转包给第三人或者将其承包的全部建设工程支解以后以分包的名义分别转包给第三人。”可见,任何形式的转包均为法律明令禁止。

法律禁止工程转包主要原因为:(1)转包行为违反诚信实用原则,损害发包人和潜在投标人的利益;(2)转包行为违反招标投标制度之目的;(3)转包是一种合同履行障碍的违约行为;(4)转包可能产生行政腐败;(5)工程转包或层层转包,实际施工人可能是没有资质、没有管理能力和实际施工能力的单位或包工头,工程质量往往难以保证。

《最高人民法院关于审理建设工程施工合同纠纷案件适用法律问题的解释

(一)》第一条第二款规定:“承包人因转包、违法分包建设工程与他人签订的建设工程施工合同,应当依据民法典第一百五十三条第一款及第七百九十一条第二款、第三款的规定,认定无效。”可见,承包人与转承包人之间签订的转包合同是无效的施工合同。需要注意的是,承包人与转承包人之间签订的转包合同无效,并不当然影响发包人与承包人之间施工合同的效力。

实务中,转包一般是有能力、有条件接到建设工程的建筑施工企业,由于资金不足、能力有限或者是有其他合作单位需要业务等原因,将其承接的工程再转包出去或者肢解为几个工程全部分包出去,中间赚取管理费,却并不实际参与该工程的施工管理。需要注意的是,在《民法典》及《最高人民法院关于审理建设工程施工合同纠纷案件适用法律问题的解释(一)》颁布之前,转包人通过转包收取的管理费等非法收益即属于非法所得,人民法院在民事诉讼中可以依照规定予以收缴。但在《民法典》及上述司法解释实施后,删除了可以收缴当事人非法所得的规定,人民法院在民事诉讼中予以收缴不再有法律依据。对民事诉讼中涉及的转包管理费的认定,人民法院一般会根据转包人是否实际参与了施工活动,进行了实质性管理予以衡量支持,①若转包人纯粹是通过转包谋取利益的,人民法院一般对此不予支持。因此,按照现行法律规定,尽管在民事诉讼中人民法院无权作出收缴非法所得的民事制裁,但是通过人民法院与住房和城乡建设部门的府院联动机制,可以将在民事诉讼中发现的非法转包案件移送住房和城乡建设部门,由住房和城乡建设部门根据《建筑法》第六十九条、《建设工程质量管理条例》第六十二条的规定作出行政处罚,没收其违法所得。可见,对转包管理费仍有可能通过行政责任的方式被收缴。总之,严格依照现行法律法规规定,非法转包行为不仅可能“竹篮打水一场空”,还可能“赔了夫人又折兵”,导致被处以额外的罚款。

一、转包的认定

根据《建筑工程施工发包与承包违法行为认定查处管理办法》第八条的规定,以下情形属于转包:

1. 承包单位将其承包的全部工程转给其他单位(包括母公司承接建筑工程后将

---

① 根据最高人民法院第二巡回法庭 2020 年第 7 次法官会议纪要,建设工程施工合同无效后,约定“管理费”的处理是:建设工程施工合同因非法转包、违法分包或挂靠行为无效时,对于该合同中约定的由转包方收取“管理费”的处理,应结合个案情形根据合同目的等具体判断。如该“管理费”属于工程价款的组成部分,而转包方也实际参与了施工组织管理协调的,可参照合同约定处理;对于转包方纯粹通过转包牟利,未实际参与施工组织管理协调,合同无效后主张“管理费”的,应不予支持。合同当事人以作为合同价款的“管理费”应予收缴为由主张调整工程价款的,不予支持。基于合同的相对性,非合同当事人不能以转包方与转承包方之间有关“管理费”的约定主张调整应支付的工程款。

所承接工程交由具有独立法人资格的子公司施工的情形)或个人施工的;

2. 承包单位将其承包的全部工程肢解以后,以分包的名义分别转给其他单位或个人施工的;

3. 施工总承包单位或专业承包单位未派驻项目负责人、技术负责人、质量管理负责人、安全管理负责人等主要管理人员,或派驻的项目负责人、技术负责人、质量管理负责人、安全管理负责人中一人及以上与施工单位没有订立劳动合同且没有建立劳动工资和社会养老保险关系,或派驻的项目负责人未对该工程的施工活动进行组织管理,又不能进行合理解释并提供相应证明的;

4. 合同约定由承包单位负责采购的主要建筑材料、构配件及工程设备或租赁的施工机械设备,由其他单位或个人采购、租赁,或施工单位不能提供有关采购、租赁合同及发票等证明,又不能进行合理解释并提供相应证明的;

5. 专业作业承包人承包的范围是承包单位承包的全部工程,专业作业承包人计取的是除上缴给承包单位"管理费"之外的全部工程价款的;

6. 承包单位通过采取合作、联营、个人承包等形式或名义,直接或变相将其承包的全部工程转给其他单位或个人施工的;

7. 专业工程的发包单位不是该工程的施工总承包或专业承包单位的,但建设单位依约作为发包单位的除外;

8. 专业作业的发包单位不是该工程承包单位的;

9. 施工合同主体之间没有工程款收付关系,或者承包单位收到款项后又将款项转拨给其他单位和个人,又不能进行合理解释并提供材料证明的。

(上述1~9种情形如有证据证明属于挂靠或者其他违法行为的除外)

10. 两个以上的单位组成联合体承包工程,在联合体分工协议中约定或者在项目实际实施过程中,联合体一方不进行施工也未对施工活动进行组织管理的,并且向联合体其他方收取管理费或者其他类似费用的,视为联合体一方将承包的工程转包给联合体其他方。

二、主要风险

工程转包是我国建筑市场中普遍存在的现象,有着深厚的实践土壤。但工程转包行为本身是被法律所禁止的,基于转包行为而签订的合同是被法律所否定的,一旦发生争议,对合同双方均存在较大风险。为此,建筑施工企业应慎重对待非法转包,非法转包的主要法律风险如下。

(一)受到罚款、没收违法所得、资质降级或吊销资质证书等行政处罚的风险,甚或可能受到刑事处罚的风险

《建筑法》第六十七条第一款规定:"承包单位将承包的工程转包的,或者违反本

法规定进行分包的，责令改正，没收违法所得，并处罚款，可以责令停业整顿，降低资质等级；情节严重的，吊销资质证书。”《招标投标法》第五十八条规定：“中标人将中标项目转让给他人的，将中标项目肢解后分别转让给他人的，违反本法规定将中标项目的部分主体、关键性工作分包给他人的，或者分包人再次分包的，转让、分包无效，处转让、分包项目金额千分之五以上千分之十以下的罚款；有违法所得的，并处没收违法所得；可以责令停业整顿；情节严重的，由工商行政管理机关吊销营业执照。”《建设工程质量管理条例》第六十二条第一款规定：“违反本条例规定，承包单位将承包的工程转包或者违法分包的，责令改正，没收违法所得，对勘察、设计单位处合同约定的勘察费、设计费25%以上50%以下的罚款；对施工单位处工程合同价款0.5%以上1%以下的罚款；可以责令停业整顿，降低资质等级；情节严重的，吊销资质证书。”可见，发生转包行为，承包单位可能面临的行政处罚风险主要有责令改正，责令停业整顿，没收违法所得，罚款，降低资质等级，吊销资质证书等。

如果因转包发生安全责任事故，还会涉及重大责任事故罪、工程重大安全事故罪、重大劳动安全事故罪等刑事责任的承担。

（二）《建设工程施工合同》被发包人解除及承担违约责任的风险

《民法典》第八百零六条第一款规定：“承包人将建设工程转包、违法分包的，发包人可以解除合同。”工程实务中，作为发包人，为防止和警惕承包人在工程施工中进行转包行为，往往会强化合同管理，在《建设工程施工合同》中明确约定禁止非法转包和违法分包的条款，并明确相应的责任承担，如通过约定高额的违约金或者不予结算工程款等方式来杜绝非法转包和违法分包现象的出现。且对发包人有权单方行使合同解除权并赔偿损失等内容给承包人转包工程的后果作出具体明确的制裁规定。因此，承包人一旦违反进行工程转包的，发包人就会依据上述法律规定和合同约定，提出解除建设工程施工合同，并追究承包人的违约责任。到时承包人就会面临重大的经济损失。为此，实践警示承包人，在承接工程后应严格按照相关法律要求和合同约定独立自行完成施工，坚决杜绝转包行为的发生。

（三）对因转包导致工程质量不合格造成的损失承担连带责任的风险

《建筑法》第六十七条规定：“承包单位将承包的工程转包的，或者违反本法规定进行分包的，责令改正，没收违法所得，并处罚款，可以责令停业整顿，降低资质等级；情节严重的，吊销资质证书。承包单位有前款规定的违法行为的，对因转包工程或者违法分包的工程不符合规定的质量标准造成的损失，与接受转包或者分包的单位承担连带赔偿责任。”《最高人民法院关于审理建设工程施工合同纠纷案件适用法律问题的解释（一）》第十五条规定：“因建设工程质量发生争议的，发包人可以以总承包人、分包人和实际施工人为共同被告提起诉讼。”据此，转包人作为承包单位，要对转包工程的质量承担连带责任。实务中，转承包人为了完成施工任务和获取利益，不可避免地将再次转包或肢解分包，甚至三包、四包、五包，形成层层盘剥的现象，导致真正的实际施工人的利润甚少，最末端的实际施工人为了自己的利益最大化，就只能进行违规操作、偷工减料，工程安全、质量、工期等关键因素根本得不到保障，不可避免地留下严重的工程质量隐患，甚至导致重大质量事故。可见，非法转包是工程质量事故频发的主因。为保护人身财产安全和社会的稳定，《建筑法》等法律法规对此应承担的相应的行政、民事责任问题也予以明确规定，根据上述法律规定，施工企业将承包的工程非法转包之后并不是就可以做“甩手掌柜”的，在工程质量出现问题时需对发包人承担连带赔偿责任。

（四）被实际施工人追索工程款的风险

转包行为的发生使原建设工程施工合同中本应由承包人履行的义务转由转承包人予以完成，在此情况下，转承包人即成为实际施工人。《最高人民法院关于审理建设工程施工合同纠纷案件适用法律问题的解释（一）》第四十三条规定：“实际施工人以转包人、违法分包人为被告起诉的，人民法院应当依法受理。实际施工人以发包人为被告主张权利的，人民法院应当追加转包人或者违法分包人为本案第三人，在查明发包人欠付转包人或者违法分包人建设工程价款的数额后，判决发包人在欠付建设工程价款范围内对实际施工人承担责任。”据此，一方面，当层层转包的转承包人拖欠工程价款时，实际施工人可以突破合同的相对性即越过转承包人，在法律上直接向转包人主张欠付工程价款。转包人随时可能成为被告或被申请人，被诉之追责；另一方面，实际施工人可提起包括发包人在内为被告的诉讼，会造成承包人与发包人之间关系紧张、发包人以诉讼为由停止支付工程款并要求承包人需赔偿诉讼给发包人造成的损失等风险。

（五）被农民工追索工资等劳动用工的风险

《劳动和社会保障部关于确立劳动关系有关事项的通知》第四条规定：“建筑施工、矿山企业等用人单位将工程（业务）或经营权发包给不具备用工主体资格的组织或自然人，对该组织或自然人招用的劳动者，由具备用工主体资格的发包方承担用工主体责任。”《建设领域农民工工资支付管理暂行办法》第十二条规定：“工程总承包企业不得将工程违反规定发包、分包给不具备用工主体资格的组织或个人，否则应承担清偿拖欠工资连带责任。”《保障农民工工资支付条例》第三十条第四款规定：“工程建设项目转包，拖欠农民工工资的，由施工总承包单位先行清偿，再依法进行追偿。”据此，如施工企业将工程转包给不具备用工主体资格的实际施工人施工，对实际施工人招用的农民工，其无法给农民工交纳社会保险，如发生工伤，无法享受工伤保险待遇，施工企业作为用工主体，将按照《工伤保险条例》规定的工伤保险待遇项目和标准支付费用。如实际施工人自身投入资金很少或没有资金，欠付农民工劳动报酬，施工企业有承担支付欠薪连带责任的风险。

（六）承担纠纷所产生的经济损失的风险

实务中，由于转包工程系法律所禁止行为，因此承包人转包工程往往十分隐蔽，转承包人也会非常配合，如转承包人以承包人的名义对外盖章，使用承包人的标识等，转承包人在施工过程中，会这样常常以承包人的名义对外从事商事行为，如进行购买施工材料、租赁机械设备、组织施工班组、分包等。一旦出现转承包人（实际施工人）违约，拖欠材料款、租赁款、分包工程款等情况，因转包行为违法，且转承包人（实际施工人）的行为还可能会构成代表承包人的职务行为或表见代理行为，相对人会将承包人作为被告进行起诉，导致承包人被法院判决单独或与转承包人（实际施工人）一起共同承担连带支付的责任。

三、防范措施

（一）严格遵守法律规定，摒弃通过转包赚取管理费的观念

建筑施工企业应增强企业法治意识，认清转包的危害性及法律风险，合法合规办事。在投标时明确不得转包工程，中标后强化项目管理，应按照投标承诺及时配备与工程相适应的项目管理人员，如派驻项目负责人、技术负责人、质量管理负责人、安全管理负责人等主要管理人员，并对工程建设进行组织管理。在施工现场设立项目管理机构，切实对整个工程的合同履约、安全、质量、进度等进行管理和控制，认真履好约，避免转包情形的发生。

（二）提升合规管理意识，杜绝将工程转包给子公司

《建筑工程施工发包与承包违法行为认定查处管理办法》第八条明确规定“母公司承接建筑工程后将所承接工程交由具有独立法人资格的子公司施工的情形”属于转包行为。对此，建筑施工企业母公司承接项目后不得交予子公司施工。如何破解母公司与子公司之间的工程转包风险，实务中可以采取以下方法：一是在投标阶段，母公司可与子公司组成联合体承包工程，但应注意不可发生联合体一方不进行施工亦不对施工活动进行组织管理的情形。二是母公司在承接项目工程后，可以通过合法分包的方式将部分非工程主体结构的施工交由子公司予以完成。三是通过转化采用总公司和分公司内部承包的模式，即通过设立分公司模式，将工程交由分公司实施。对于规模较大的建筑施工企业，项目多确实缺乏管理人员，可以设立分公司，把子公司的项目经理、安全人员、质量人员、技术人员的社保、劳动合同关系完全转移到其分公司中。设立分公司后，总公司将承接的工程全部交由分公司施工，这种内部承包方式，不具有非法转包或分包行为的法律属性，并不违反法律规定。

采取上述几种方式，能在一定程度上合法合规地起到更佳的资源配置效果，防范被认定转包行为的法律风险。

（三）重视合同管理，通过合同约定控制可能出现的风险

一旦建筑施工企业已经实施转包行为，承包人应高度重视可能引起的风险，及时采取防范措施，而不是放任不管。转包行为虽为法律所禁止，所签订的合同无效，但根据法律规定，出现纠纷时也可以参照无效合同相关条款内容解决纠纷如工程款“折价补偿”等。所以，承包人亦应重视合同管理，在合同中明确实际施工人应承担的相应责任，包括但不限于对外从事民商事行为、因质量纠纷、工期延误、工伤事故等带来的损害赔偿责任的承担等，并加强对实际施工人因施工需要对外签订的各类合同的备案和管理，及时有效控制施工过程中可能出现的风险。

（四）强化项目履约过程监管，严格把关工程质量，杜绝包而不管和以包代管

建筑施工企业在项目经营中不管是自行完成项目还是发生转包，均应当尽到管理义务，牢牢把控安全和质量关。尤其要避免转包导致合同无效后，因工程质量问题难以追回工程款，造成亏损后果。具体项目监管应做到以下几点。

1. 监督工程进度款。对施工进度款进行全过程监管，尤其是农民工工资的发放、主要材料款的支付、大型机械设备款的支付等进行监督支付，并定期跟踪，避免实际施工人克扣、截留工程进度款、虚假套取工程款等情况的发生影响工程的施工。

2. 严把工程质量关。实际施工人完成的建设工程质量是否合格会很大程度地影响承包人向发包人要求支付建设工程价款的请求权能否实现，故承包人应定期检查工程建设质量状况，对质量标准予以严格要求。

3. 要注重资料管理，注意留存相关证据证明自己尽到了管理职责。

4. 如实际施工人出现履约不能、擅自退场等违约情形，应及时将其清退并签订好退场协议，避免纠纷；如其拒不履约又不退场，应及时依法申请仲裁或提起诉讼进行维权，避免经济损失和企业信誉受损。

四、典型案例

1. 再审申请人大连市政公司与再审申请人北方华锦公司、原审被告大连神沟公司建设工程施工合同纠纷案①

【案例要点】

承包人擅自将承包的工程转包的，对因转包工程不符合规定的质量标准造成的损失，与实际施工人承担连带赔偿责任。

---

① 案号：（2019）最高法民申 5769 号。

【案情简介】

2008年,北方华锦公司与大连市政公司签订工程施工承包合同,将地下穿越石油管线工程发包给大连市政公司施工。大连市政公司又将该工程转包给大连神沟公司施工。工程完工后,经验收合格交付给北方华锦公司使用。2013年,北方华锦公司发现案涉石油管线工程在河中的部分油管浮出水面。为了防止管线泄露石油造成河流和海洋污染,北方华锦公司组织架设了临时石油管线,并重新委托施工单位另行施工穿越了一条新的地下石油管线。

各方对北方华锦公司的赔偿问题协商未果,北方华锦公司遂诉至法院,请求承包人大连市政公司和实际施工人大连神沟公司赔偿损失。

诉讼中经过司法鉴定,显示实际施工的石油管线埋深严重偏离设计及规范要求,漂浮段附近埋深偏差巨大,设计管顶埋深15.502米,实测管顶埋深仅仅1.56米,误差高达13.942米。同时,鉴定按照合同约定标准以及合理修复方案,确定案涉输油管线大清河穿越抢修与加固工程的合理费用总和为15,134,187元。

【判决要旨】

一审法院认为,本案北方华锦公司与大连市政公司签订的工程施工合同,主体合法,意思表示真实、内容不违背法律法规的强制性规定,应认定有效。大连市政公司应按工程设计及施工规范要求自行完成所包工程;但其未经北方华锦公司同意,擅自将工程转包给他人施工,主观上存在过错,客观上给北方华锦公司造成了损失,其过错与损失之间存在因果关系,故应承担赔偿责任;大连神沟公司作为接受转包的实际施工方,不按设计要求施工,所施工的大清河南北支石油管线埋深严重背离设计及规范要求(鉴定机构勘验结果显示:漂浮段附近埋深偏差巨大,设计管顶埋深15.502米,实测管顶埋深仅仅1.56米,误差高达13.942米),是造成案涉损失的直接责任人,依法应与转包方承担连带赔偿责任。一审判决大连市政公司和大连神沟公司连带赔偿北方华锦公司损失15,134,187元。

二审法院认为,关于大连市政公司上诉主张北方华锦公司无权要求其承担连带赔偿责任问题。因大连市政公司在中标后未按工程设计及施工要求完成施工,并且未经发包方同意,擅自将工程转包,存在过错。事实上,亦因其转包的施工人未按设计要求施工,给北方华锦公司造成损失,其过错与损失之间存在因果关系。一审法院判决其与大连神沟公司共同赔偿北方华锦公司损失,并互负连带责任,并无不当。

最高人民法院认为,根据原审已经查明的事实,大连市政公司在中标后未按工程设计及施工要求完成施工,且未经发包方北方华锦公司同意,擅自将案涉工程转包给大连神沟公司施工,大连市政公司显然存在过错。事实上,亦因实际施工人大连神沟公司所施工的大清河南北支石油管线埋深严重背离设计及规范要求,给北方华锦公司造成损失,故原审判决判令大连市政公司与大连神沟公司连带承担赔偿责任,有事实和法律依据,并无不当。大连市政公司申请再审以北方华锦公司明知工程转包为由主张其无须承担连带赔偿责任,理由不能成立。其再审申请不符合法律规定情形,裁定驳回再审申请。

【点评分析】

本案涉及的是非法转包工程质量责任的承担问题。

我国《建筑法》第六十七条规定,承包单位将承包的工程转包的,或者违反本法规定进行分包的,责令改正,没收违法所得,并处罚款,可以责令停业整顿,降低资质等级;情节严重的,吊销资质证书。承包单位有前款规定的违法行为的,对因转包工程或者违法分包的工程不符合规定的质量标准造成的损失,与接受转包或者分包的单位承担连带赔偿责任。可见,施工企业将承包的工程转包的,其与接受转包的单位或个人对工程质量问题引起的损失需对发包人承担连带赔偿责任。

本案中,大连市政公司在中标后未按工程设计及施工要求完成施工,且未经发包人北方华锦公司同意,擅自将案涉工程转包给实际施工人施工,大连市政公司显然存在过错,不能因为是转承包人大连神沟公司原因造成的质量问题,而排除其对发包人北方华锦公司的质量责任,其应与转承包人大连神沟公司对北方华锦公司的严重质量问题承担连带责任。

【实务提示】

承包人转包工程不管发包人是否明知,根据相关法律法规的规定,对质量问题不能排除承担连带责任。

2. 乙公司非法转包工程受到行政处罚案[①]

【案例要点】

承包人违反《建筑法》规定将承包的工程转包,发生安全事故的,行政主管部门可依法对其进行行政处罚。

【案情简介】

2014 年 2 月 22 日,在某市 A 地块工程的工地上,作业人员在进行塔式起重机标准节安装顶升作业时,发生塔吊倾覆事故,造成 3 人死亡。经查,该工程建设单位为甲公司,建筑施工企业为乙公司,甲公司未取得施工许可证即组织乙公司进场作业,乙公司将塔吊安装工程又转包给个人作业,建设方与施工方均存在违规行为。

---

① 案例选自南通中院 2022 年 2 月 18 日发布的《关于当前宏观经济形势下建筑施工企业经营法律风险防范提示》。

【处理结果】

对甲公司罚款362万元；暂扣乙公司安全生产许可证60天，暂扣项目部经理安全生产考核合格证书，罚款20万元；吊销项目部副经理的注册建造师执业资格。

【点评分析】

本案涉及的是承包人违反规定将工程转包造成安全事故应承担的行政责任问题。

我国《建筑法》第六十七条规定，承包单位将承包的工程转包的，或者违反本法规定进行分包的，责令改正，没收违法所得，并处罚款，可以责令停业整顿，降低资质等级；情节严重的，吊销资质证书。《建筑工程施工发包与承包违法行为认定查处管理办法》第十七条规定，违法挂靠行为和处罚结果计入单位信用档案，同时县级以上人民政府和城乡建设主管部门向社会公示，并逐级上报至住房和城乡建设部，在全国建筑市场监管公共服务平台公示。根据公示结果，可能会限制责任主体市场准入。

本案中，乙公司将承包的工程非法转包给个人，作业人员在进行塔式起重机标准节安装顶升作业时，发生塔吊倾覆事故，造成3人死亡，乙公司作为承包单位，应当依法承担相应行政责任。故行政主管部门对其实施的处罚，有事实和法律依据。

【实务提示】

本案的教训深刻，其表明：转包行为属国家法律禁止的行为，一旦被认定为转包，建筑企业将面临被行政处罚的严重后果。

第三节　挂靠的法律风险与防范

挂靠，是指单位或个人以其他有资质的施工单位的名义，承揽工程的行为。

承揽工程的行为，包括参与投标、订立合同、办理有关施工手续、从事施工等活动。允许他人使用自己名义的企业为被挂靠企业，相应地，使用被挂靠企业名义从事经营活动的企业或自然人为挂靠人。挂靠经营具有以下特点：

1. 挂靠人不具备从事工程承包业务的资格，或者虽具备从事工程承包的主体资格，但缺乏从事工程承包相匹配的资质等级，或资质低或专业不对口。

2. 被挂靠人向挂靠人收取固定比例的管理费或挂靠费，被挂靠人代为签订合同及办理各项手续，但不对工程项目进行实质安全、质量、工期、造价管理，日常管理由挂靠人实施。

3. 因挂靠行为被法律明文禁止，违反强制性法律规定而无效，故实务中经常以劳动分包或项目施工、内部承包等形式来掩盖挂靠行为，使挂靠行为具有相当高的隐蔽性。由于挂靠人与被挂靠人在挂靠期间具有共利关系，只有挂靠行为危及了各自的根本利益,才会将挂靠公之于众。

一、挂靠的认定

根据《建筑工程施工发包与承包违法行为认定查处管理办法》第十条的规定,存在下列情形之一的,属于挂靠:

1. 没有资质的单位或个人借用其他施工单位的资质承揽工程的;

2. 有资质的施工单位相互借用资质承揽工程的,包括资质等级低的借用资质等级高的,资质等级高的借用资质等级低的,相同资质等级相互借用的;

3. 该办法第八条第一款第(三)~(九)项规定的情形,有证据证明属于挂靠的。具体如下:

(1)施工总承包单位或专业承包单位未派驻项目负责人、技术负责人、质量管理负责人、安全管理负责人等主要管理人员,或派驻的项目负责人、技术负责人、质量管理负责人、安全管理负责人中一人及以上与施工单位没有订立劳动合同且没有建立劳动工资和社会养老保险关系,或派驻的项目负责人未对该工程的施工活动进行组织管理,又不能进行合理解释并提供相应证明的;

(2)合同约定由承包单位负责采购的主要建筑材料、构配件及工程设备或租赁的施工机械设备,由其他单位或个人采购、租赁,或施工单位不能提供有关采购、租赁合同及发票等证明,又不能进行合理解释并提供相应证明的;

(3)专业作业承包人承包的范围是承包单位承包的全部工程,专业作业承包人计取的是除上缴给承包单位"管理费"之外的全部工程价款的;

(4)承包单位通过采取合作、联营、个人承包等形式或名义,直接或变相将其承包的全部工程转给其他单位或个人施工的;

(5)专业工程的发包单位不是该工程的施工总承包或专业承包单位的,但建设单位依约作为发包单位的除外;

(6)专业作业的发包单位不是该工程承包单位的;

(7)施工合同主体之间没有工程款收付关系,或者承包单位收到款项后又将款项转拨给其他单位和个人,又不能进行合理解释并提供材料证明的。

二、主要风险

(一)可能遭受罚款、没收违法所得、资质降级或吊销资质证书等行政处罚甚至承担刑事处罚的风险

《建筑法》第六十六条规定,建筑施工企业转让、出借资质证书或者以其他方式允许他人以本企业的名义承揽工程的,责令改正,没收违法所得,并处罚款,可以责令停业整顿,降低资质等级;情节严重的,吊销资质证书。

《建设工程质量管理条例》第六十一条规定，“违反本条例规定，勘察、设计、施工、工程监理单位允许其他单位或者个人以本单位名义承揽工程的，责令改正，没收违法所得，对勘察、设计单位和工程监理单位处合同约定的勘察费、设计费和监理酬金1倍以上2倍以下的罚款；对施工单位处工程合同价款2%以上4%以下的罚款；可以责令停业整顿，降低资质等级；情节严重的，吊销资质证书”。

《建筑工程施工发包与承包违法行为认定查处管理办法》第十七条规定，县级以上人民政府住房和城乡建设主管部门应将查处的违法发包、转包、违法分包、挂靠等违法行为和处罚结果记入相关单位或个人信用档案，同时向社会公示，并逐级上报至住房和城乡建设部，在全国建筑市场监管公共服务平台公示。有的省市会根据公示结果，限制市场准入。因此，建筑施工企业转让、出借资质证书或者以其他方式允许他人以本企业的名义承揽工程的，一旦被查处，被挂靠企业可能面临行政处罚和收缴管理费的双重处罚，更有甚者可能承担刑事处罚。

（二）建设工程施工合同和挂靠合同被认定无效的风险

《建筑法》第二十六条第二款规定，禁止建筑施工企业超越本企业资质等级许可的业务范围或者以任何形式用其他建筑施工企业的名义承揽工程。禁止建筑施工企业以任何形式允许其他单位或者个人使用本企业的资质证书、营业执照，以本企业的名义承揽工程。《最高人民法院关于审理建设工程施工合同纠纷案件适用法律问题的解释（一）》第一条第一款规定，“建设工程施工合同具有下列情形之一的，应当依据民法典第一百五十三条第一款的规定，认定无效：（一）承包人未取得建筑业企业资质或者超越资质等级的；（二）没有资质的实际施工人借用有资质的建筑施工企业名义的；（三）建设工程必须进行招标而未招标或者中标无效的”。

根据上述规定，挂靠的工程合同是无效合同。各地法院在审理涉及挂靠纠纷时，对于挂靠人与被挂靠施工企业签订的《合作协议》、《分包协议》或《内部承包协议》一般都认定为无效。因挂靠合同无效，挂靠合同中约定的管理费、违约责任或对外责任承担均对挂靠人失去约束力。所以，被挂靠人的建筑施工企业的权益将难以得到有效的保护。

（三）与挂靠人就工程质量和安全生产责任承担连带责任的风险

《建筑法》第六十六条规定，建筑施工企业转让、出借资质证书或者以其他方式允许他人以本企业的名义承揽工程的，责令改正，没收违法所得，并处罚款，可以责令停业整顿，降低资质等级；情节严重的，吊销资质证书。对因该项承揽工程不符合规定的质量标准造成的损失，建筑施工企业与使用本企业名义的单位或者个人承担连带赔偿责任。《最高人民法院关于审理建设工程施工合同纠纷案件适用法律问题的解释（一）》第七条规定，缺乏资质的单位或者个人借用有资质的建筑施工企业名义签订建设工程施工合同，发包人请求出借方与借用方对建设工程质量不合格等因出借资质造成的损失承担连带赔偿责任的,人民法院应予支持。《安全生产法》第一百零三条规定,生产经营单位将生产经营项目、场所、设备发包或者出租给不具备安全生产条件或相应资质的单位或者个人的,责令限期改正,没收违法所得……导致发生生产安全事故给他人造成损害的,与承包方、承租方承担连带赔偿责任。

因此,一是被挂靠企业与挂靠人对建设工程本身不符合质量标准造成的损失承担连带赔偿责任,往往给被挂靠企业带来非常严重的损失,其所收取的管理费可能远远不足以弥补所承担的损失。二是在建设工程施工过程中造成他人生命、身体、财产损失的,被挂靠企业与挂靠人承担连带赔偿责任。伤亡等安全事故一旦发生,往往给被挂靠企业带来非常严重的损失,有时完全可以带来毁灭性的后果。

(四)对挂靠人对外采购、借款等纠纷可能因有代理权或表见代理承担经济责任的风险

被挂靠企业作为法律上的承包主体,是该建设工程的债权的享有者和债务的承担者。如果挂靠人以被挂靠企业的名义对外签订材料设备采购、租赁、借款等合同,在挂靠人逾期付款的情形下,往往出现挂靠人与供应商等第三人之间的债务纠纷,法院将会认定因挂靠人有代理权或构成表见代理而判决被挂靠企业承担合同给付责任,当被挂靠企业再向挂靠人行使追偿权时,也往往会因为挂靠人的承担能力欠缺而落空。

(五)发生劳动、工伤争议被追索承担责任的风险

关于农民工工资,《保障农民工工资支付条例》第三十六条规定,建设单位或者施工总承包单位将建设工程发包或者分包给个人或者不具备合法经营资格的单位,导致拖欠农民工工资的,由建设单位或者施工总承包单位清偿。施工单位允许其他单位和个人以施工单位的名义对外承揽建设工程,导致拖欠农民工工资的,由施工单位清偿。

关于农民工工伤保险,根据《最高人民法院关于审理工伤保险行政案件若干问题的规定》第三条的规定,个人挂靠其他单位对外经营,其聘用的人员因工伤亡的,被挂靠单位为承担工伤保险责任的单位。《工伤保险条例》第六十二条第二款规定,"依照本条例规定应当参加工伤保险而未参加工伤保险的用人单位职工发生工伤的,由该用人单位按照本条例规定的工伤保险待遇项目和标准支付费用"。因此,当劳动者发生工伤时,被挂靠人作为用人单位应承担相应责任。

三、防范措施

建设工程关乎民生,工程质量直接关系公民的生命财产安全。建设工程违法挂靠将导致被挂靠企业面临大量且复杂的民事责任及行政责任风险。为了防止产生违法挂靠问题,严控法律风险就显得尤为重要。

（一）建筑企业应在充分了解相关政策及法律规定的情形下，严格遵守法律规范，杜绝挂靠行为

1. 避免签署《挂靠合同》或实质为挂靠的合同或协议。建立防范违法挂靠的长效机制，将法律法规关于违法违规挂靠的禁止性规定内化为公司制度，加强制度建设，在建设工程的入库、备案、投标、施工等任何环节，都不能出借资质或者变相出借资质。合规合法经营，让违法挂靠行为失去生存空间。

2. 日常合规管理中，强化制度的执行检查，将挂靠问题纳入日常监督，定期开展合规评价，将违法挂靠行为纳入负面行为清单，加强内部工作检查、审计、巡查等监督活动的信息共享，加强对项目策划、工程管理、合同评审相关人员的监督考核，将防止违法挂靠行为纳入个人业绩考核的一票否决事项范围，提高制度的执行效果。

（二）采取内部承包的经营方式，因为内部承包是法律所允许的，将挂靠项目实实在在地转变为被挂靠企业的自有项目

首先，将挂靠人聘为被挂靠企业的员工。《内部承包合同》的签订双方必须是施工企业与下属分支机构或员工。因此，被挂靠企业应当先与挂靠人签订劳动合同、建立劳动关系、办理社会保险等。

其次，由被挂靠企业组织、派遣项目的具体管理人员。建设工程的项目负责人（项目经理）、技术负责人、核算负责人、质量管理人员、安全管理人员等人员均应由被挂靠企业与其签订聘用或劳动合同，其工资以挂靠企业名义进行支付。

最后，要加强工程款的管理。现实中挂靠人常常以各种方式套走工程款但又不用于项目本身，从而给项目的运作带来很大的障碍。因此，项目的建设资金应由被挂靠企业进行具体管理。在与业主单位签订的合同中，可在施工合同中约定："本工程的所有工程款必须以转账的方式转入被挂靠企业（施工方）的指定账户，否则视为款项未付或支付无效。"在建设项目资金的管理上要有一套行之有效的规则，以确保项目资金完全用于项目支出。

（三）规范公司授权和公章及项目印章的管理

工程现场项目经理部作为承包人为了履行具体建设工程承包合同，便于对施工进度、质量进行直接管理而组建的特定工程的临时性组织，对外签订合同的法律责任需要由具有法人主体资格的承包单位承担。因此承包单位应当事先明确对项目经理的授权内容，要求项目经理严格履职；同时加强项目合同的后台审核把关，严格使用公章及项目部印章，防止滥用印章，建立印章使用台账制度，设置专人保管印章，落实印章责任制度，防止出现未经授权签合同，未经审批用印的不合规情况。同时考虑到实践中常把加盖项目印章的合同认定为表见代理，项目部印章上最好注明印章授权范围，应对外明示项目印章仅限于技术往来，否定其用于签订合同的效力。如印章上刻制"对外签订经济合同一律无效""不得对外承诺、签订经济合同"等醒目字样。

(四)严格控制合同履行过程中的风险

1. 建筑企业应该首先是选好人,对人品、信誉、经济能力、施工能力、经营管理能力进行严格审查,这是最重要的。选择信誉好、实力强、有良好合作经历的挂靠人作为内部承包人,且最好选择运营正常且业绩良好的法人企业作为内部承包人。加强对挂靠人的管理,对实际施工所承包工程的价款、工期及质量进行监管。

2. 要求挂靠人提供履约担保。要求挂靠人提供人保或物保,提供相应数额的履约保证金或在工程款中扣取各类风险金,增加实现追偿权的可能性。

3. 被挂靠企业要成立专门的项目管理组,严格控制工程质量。防范建筑施工过程中出现质量、安全等问题,甚至可以要求比工程监理更严格,因为一旦质量出现问题,被挂靠企业所受的损失将比所获得的利益大得多,甚至会危及被挂靠企业的生存。

4. 严格财务管理。即将项目管理纳入被挂靠企业正常的财务管理,严格防范挂靠人拿到工程款后挪用、侵占甚至携款潜逃,必须监督挂靠人将款项用于项目建设。保证工程款的专款专用,有效避免劳资纠纷、材料款纠纷等。同时可要求挂靠人每月报一次工程进度及债务情况,并派人员到现场核对大宗建材和机械设备的购买和保管、使用、付款等情况,发现问题及时纠正,同时,应对建设单位的工程进度款及工程款的结算进行履约跟踪。

5. 完善劳务管理。被挂靠企业应积极督促挂靠人为各自招聘的农民工购买保险,以减少工伤事故发生时的风险承担。完善挂靠人与其招聘的农民工订立劳动合同,让劳动争议发生后,工人第一时间追索的是挂靠人而不是被挂靠企业。

(五)发生挂靠风险前,聘请专业律师设计好风控防范措施

为控制损失,做好风险转移,发生挂靠后应及时寻求专业律师的帮助,梳理各种法律行为及相关法律关系,力求通过各种方法挽救损失或将损失降到最低。同时想方设法将非法的挂靠变更为合法的合作、投资、联营关系,不能是名为合作、投资、联营而实为挂靠,且全部过程都应是在有资质的施工企业的控制之下,即由其自己施工完成或者与其亲自施工并无不同,且不违反法律、行政法规的强制性规定。

(六)发生诉讼纠纷后,审慎选择是否披露挂靠关系

发生纠纷时,应主动分析是否披露挂靠关系,何时披露挂靠关系以及披露挂靠关系之后的利与弊。

一般来讲,披露挂靠关系更有利于纠纷的根本解决,可避免被挂靠企业遭受发包人和下游供应商、材料商等无穷尽的索赔和纠纷;假设被挂靠企业向下游材料商、供应商等承担连带责任,保留了对挂靠人的追偿权;同时阻却了挂靠人恶意伪造印章随意签订合同,虚增合同结算价款的可能性。但披露挂靠关系后,也有可能让被挂靠企业面临政府监管部门的行政处罚。

四、典型案例

1. 挂靠人吕某民、被挂靠人(承包人)鹿邑县三×建筑工程有限公司与发包人北京市华×伟业房地产开发有限公司建设工程施工合同纠纷案①

【案例要点】

1. 对“转包”与“挂靠”的认定,应结合个案权利义务关系具体分析,不可一概而论。

2. 一般情况下,挂靠人无权要求发包人在欠付建设工程价款范围内对其承担责任。发包人知晓挂靠事实、挂靠人与发包人直接结算的情况下,挂靠人可直接向发包人主张权利。

【案情简介】

2010年7月8日,北京市华×伟业房地产开发有限公司(以下简称华×公司)与鹿邑县三×建筑工程有限公司(以下简称三×公司)分别签订两份建设工程施工合同,华×公司将位于鹿邑县涡河南岸建设工程“华展国际酒店及会议中心”及“高档住宅小区21#A楼”建设项目发包给三×公司。

同时,吕某民与案外人刘某洪签订“合伙承包工程协议”,协议约定双方合伙承包建设华展国际酒店及会议中心及高档住宅小区21#A楼建设工程,由刘某洪以挂靠公司三×公司名义与工程发包人华×公司签订建设工程施工合同承建上述涉案项目工程。2012年刘某洪退出与吕某民的合伙,由吕某民维持与三×公司的挂靠关系,继续投资建设并与华×公司结算。2013年,就涉案“华展国际酒店及会议中心”及“高档住宅小区21#A楼”建设工程,吕某民以工程项目责任人名义,与三×公司签订《项目管理目标责任书》,约定该项目由吕某民独立核算,自负盈亏,并且自行承担因质量、工期、安全、农民工工资、材料费用等各种违章造成的罚款。同日,三×公司出具委托书,同意吕某民接替涉案施工项目负责人,对涉案工程合同、质量、进度、工程款等工程有关事宜负责。

2015年7月31日,华×公司与三×公司签订华展国际酒店、会议中心工程结算书,该工程结算价款合计19,414,329元,双方在该结算书上签章,吕某民以施工单位委托代理人名义在该结算书上签名。2016年2月2日,华×公司与三×公司签订华

---

① 案号:(2021)豫民再36号。

展国际经典小区21#A楼工程结算书,该工程计算价款数额为5,076,079元,双方在该结算书上签章,吕某民以施工单位经办人名义在该结算书上签名。后吕某民因工程款结算问题与华×公司及三×公司产生争议,遂诉至鹿邑县人民法院,要求华×公司、华×公司鹿邑分公司及三×公司支付工程款及违约利息。

另查明,华展国际酒店、会议中心工程价款已支付刘某洪、吕某民16,680,565元,21#A楼工程价款已支付4,560,000元,代扣代缴建筑税款共计1,432,688.8元。华×公司、华×公司鹿邑分公司与三×公司没有提供相关证据证明二者之间就涉案工程已经结清。

又另查明,发包人华×公司对吕某民的挂靠行为事先已知情,施工期间华×公司直接与吕某民联系、直接与吕某民进行结算,往来资金均未经过被挂靠人三×公司账户。

【判决要旨】

该案件几经曲折,经一审、发回重审后,一审法院认为,华×公司将涉案建设工程发包给三×公司,华×公司系涉案工程发包人,三×公司系工程承包人。三×公司承包涉案工程后将涉案工程转包给吕某民及案外人刘某洪。后刘某洪在合伙期间退出合伙,吕某民继受了刘某洪与涉案工程的所有权利义务。退伙后吕某民与三×公司签订"项目目标管理责任书",吕某民非三×公司职工,该责任书"承包形式"等约定内容表明,该责任书性质实为转包合同,三×公司与吕某民之间系工程转包关系。吕某民不具备建筑施工企业资质,该转包合同无效。吕某民系涉案施工工程的实际施工人。三×公司将涉案工程另行转包施工行为无效,但涉案施工工程已经竣工验收,并进行竣工结算,各方对工程结算价款数额达成一致意见。按照《最高人民法院关于审理建设工程施工合同纠纷案件适用法律问题的解释》(已失效)第二条的规定:"建设工程施工合同无效,但建设工程经竣工验收合格,承包人请求参照合同约定支付工程价款的,应予支持。"故本案吕某民有权要求参照结算书载明的计算金额主张工程价款。《最高人民法院关于审理建设工程施工合同纠纷案件适用法律问题的解释(二)》(已失效)第二十四条规定:"实际施工人以发包人为被告主张权利的,人民法院应当追加转包人或者违法分包人为本案第三人,在查明发包人欠付转包人或者违法分包人建设工程价款的数额后,判决发包人在欠付建设工程价款范围内对实际施工人承担责任。"故本案承包人三×公司应在涉案工程结算价款扣除已支付施工价款及代扣税款后,将剩余工程款支付给实际施工人吕某民。华×公司作为发包人应在欠付建设工程款范围内对吕某民承担责任。华×公司鹿邑分公司作为华×公司的分支机构,其同华×公司共同参与了工程发包,其应以其财产就涉案工程欠款同华×公司承担共同支付责任。判决三×公司支付吕某民建设工程款1,817,154.2元及资金占用期间的利息,且华×公司及华×公司鹿邑分公司就前项款项在欠付建设工程价款范围内承担责任。

华×公司、华×公司鹿邑分公司、三×公司不服一审判决,提起上诉。二审法院认为,本案争议的焦点为:(1)吕某民是否是案涉工程的实际施工人;(2)吕某民与刘某洪之间是否存在合伙关系;(3)一审认定华×公司、华×公司鹿邑分公司欠付工程款数额是否正确。针对上述焦点评析如下:关于焦点1,三×公司出具的委托书、三×公司与吕某民签订的“项目管理目标责任书”、吕某民代表三×公司与华×公司鹿邑分公司、华×公司签订的结算书及吕某民签字的相关收据借据能够证实吕某民系案涉工程的实际施工人。其有权就其施工的工程主张工程价款。关于焦点2,华×公司鹿邑分公司、华×公司一审提交的工程款支付凭证中部分凭证显示吕某民与刘某洪共同借支,结合吕某民提供的证据、三×公司的陈述及刘某洪、吕某民实际参与施工的事实。一审认定吕某民与刘某洪之间存在合伙关系并无不当。关于焦点3,2016年4月10日法院扣划的被执行人刘某洪在华×公司的建筑工程款,因该案所负债务为被执行人刘某洪个人欠刘国某债务,在该案款扣划时刘某洪已不是涉案施工工程的施工人,且吕某民已与华×公司鹿邑分公司、华×公司就涉案工程进行了结算,故华×公司鹿邑分公司、华×公司主张上述扣划款项应从案涉工程款中扣除的理由不能成立。2011年8月24日签名为“张某超”的100,000元收据、2011年9月19日签名为“刘某”的500,000元收据及2013年4月16日签名为“刘某洪”的110,000元收据,三×公司、吕某民均予以否认,且华×公司鹿邑分公司、华×公司无证据证明上述收据落款签字人刘某、刘某洪、张某超与本案实际施工人存在关联性,不能证明上述收据所涉款项支付给了实际施工人。故一审认定华×公司鹿邑分公司、华×公司欠付吕某民工程款数额为1,817,154.2元并无不当。判决驳回上诉,维持原判。

后三×公司向河南省高级人民法院提起再审,主张:三×公司与吕某民之间并非违法转包关系,吕某民并非涉案工程的实际施工人;刘某洪、吕某民的施工相对人系华×公司,负有支付工程款义务的是华×公司,三×公司既未接受施工劳动成果,也未代领待支付工程款,吕某民要求三×公司支付下欠工程款的责任,缺少事实和法律依据。

河南省高级人民法院认为,关于三×公司与吕某民之间是借用资质关系还是转包关系的问题。转包是承包人承接工程后将工程的权利义务概况转移给实际施工人,转包中的实际施工人一般未参与订立总承包合同,其承接工程的意愿一般是在总承包合同签订之后。借用资质是承包人出借资质给实际施工人,借用资质关系中的实际施工人在合同订立阶段一般就已经参与。就本案而言,第一,根据华×公司与三×公司签订的建设工程施工合同显示,涉案建设施工合同系刘某洪以三×公司委托代理人名义与华×公司所签,各方均认可刘某洪与三×公司之间系借用资质关系,法院对刘某洪与三×公司之间的借用资质关系予以确认。第二,吕某民主张其与刘某洪共同借用三×公司资质进行施工,并提交合伙协议予以证明。后刘某洪退出合伙,吕某民继受了刘某洪与涉案工程的权利义务,并与三×公司签订“项目管理目标责任书”。吕某民接替刘某洪成为涉案工程项目负责人,并不能改变刘某洪与三×公司之间借用资质的法律关系。第三,从对外关系看,吕某民并非三×公司员工,但上述“项目管理目标责任书”表明吕某民对外系三×公司该工程项目责任人,即吕某民对外以三×公司名义进行施工。因此,吕某民与三×公司之间更符合借用资质承接工程的特征,原审判决认定吕某民与三×公司之间系转包关系不当。

关于三×公司应否向吕某民支付下欠工程款的问题。本案中,2013 年 11 月 3 日,吕某民以涉案工程项目责任人名义,与三×公司签订“项目管理目标责任书”,三×公司亦于同日出具委托书同意吕某民接替涉案施工项目负责人,对涉案工程合同、质量、进度、工程款等工程有关事宜负责。从华×公司的原审陈述看,其对 2013 年 11 月 3 日之后吕某民实际施工人的身份并无异议,结合吕某民代表三×公司与华×公司签订结算书以及相关涉案工程款上由吕某民签字的事实,能够证明吕某民系涉案工程的实际施工人。原审法院认为三×公司应将欠付工程款支付给实际施工人吕某民,但三×公司系被借用资质方,不属于转包人、违法分包人或发包人,原审判决以上述规定为法律依据判决三×公司承担给付工程款的责任,适用法律错误。本案中,吕某民与三×公司签订的“项目管理目标责任书”中没有三×公司向吕某民支付工程款的约定。从工程款的实际领取过程看,涉案工程款并未支付至三×公司账户,也没有证据证明三×公司截留涉案工程款。因此,在实际施工人吕某民明知其与三×公司系借用资质关系而不存在发、承包关系的情况下,其向三×公司主张支付欠付工程及利息没有事实依据。故原审判令三×公司直接向吕某民承担付款责任不当,法院再审予以纠正。判决:(1)撤销河南省周口市中级人民法院(2020)豫 16 民终 2780 号民事判决和河南省鹿邑县人民法院(2020)豫 1628 民初 239 号民事判决;(2)华×公司、华×公司鹿邑分公司于本判决生效之日起十日内支付吕某民建设工程款 1,107,154.2 元及资金占用期间的利息。

【点评分析】

本案涉及挂靠的认定问题和在发包人明知挂靠的情形下,挂靠人是否有权直接要求发包人对其承担责任的问题。

《建筑工程施工转包违法分包等违法行为认定查处管理办法(试行)》(已失效)规定:“本办法所称转包,是指施工单位承包工程后,不履行合同约定的责任和义务,将其承包的全部工程或者将其承包的全部工程肢解后以分包的名义分别转给其他单位或个人施工的行为。”“本办法所称挂靠,是指单位或个人以其他有资质的施工单位的名义,承揽工程的行为。前款所称承揽工程,包括参与投标、订立合同、办理有关施工手续、从事施工等活动。”《民法典》第九百二十五条规定:“受托人以自己的名义,在委托人的授权范围内与第三人订立的合同，第三人在订立合同时知道受托人与委托人之间的代理关系的，该合同直接约束委托人和第三人；但是，有确切证据证明该合同只约束受托人和第三人的除外。”

根据以上规定，本案中，吕某民与案外人刘某洪签订《合伙承包工程协议》，由刘某洪以挂靠公司三×公司名义与工程发包方华×公司签订建设工程施工合同承建涉案项目工程（2012 年刘某洪退出与吕某民的合伙，由吕某民维持与三×公司的挂靠关系，继续投资建设并与发包方结算），因此双方的法律关系应认定为借用资质，即挂靠关系，并非转包。

最高人民法院民一庭 2021 年第 20 次专业法官会议讨论认为可以依据《最高人民法院关于审理建设工程施工合同纠纷案件适用法律问题的解释（一）》第四十三条的规定，突破合同相对性原则请求发包人在欠付工程款范围内承担责任的实际施工人不包括借用资质（挂靠关系）及多层转包和违法分包关系中的实际施工人，尽管这个会议纪要是针对新的《最高人民法院关于审理建设工程施工合同纠纷案件适用法律问题的解释（一）》第四十三条的规定，但是与此前《最高人民法院关于审理建设工程施工合同纠纷案件适用法律问题的解释（二）》（已失效）第二十四条规定的含义是相同的。同时，依据查明的事实，发包人华×公司对吕某民的挂靠行为明知，施工期间华×公司直接与吕某民联系、直接与吕某民进行结算，往来资金均未经过被挂靠人三×公司账户，此时尽管建设工程施工合同名义主体是被挂靠人三×公司，但实质上挂靠人吕某民已和发包人之间建立事实上的施工合同关系，其可以直接向发包人主张权利。故再审法院最终判决华×公司向吕某民支付欠付建设工程款 1,107,154.2 元及利息。因此，在签订施工合同时，如果发包人知道挂靠事实，则挂靠人和发包人之间可能直接形成事实上的合同权利义务关系，挂靠人可直接向发包人主张权利，要求发包人承担付款责任。

【实务提示】

在挂靠关系中，挂靠人虽为实际施工人，但在发包人欠付工程款的情况下，无法适用《最高人民法院关于审理建设工程施工合同纠纷案件适用法律问题的解释（一）》第四十三条之规定，不能突破合同相对性，直接向发包人主张权利。因此，建筑施工企业应尽量避免以挂靠方式进行施工，在不得已只能选择挂靠的情况下，施工企业应尽量在日常工作中与发包人直接进行沟通结算并做好证据保存，以防后续工程款追讨无门。

2. 挂靠人上海迪×建筑装饰工程有限公司、被挂靠人（承包人）中×东方装饰有限公司、实际施工人上海臻×实业发展有限公司等建设工程施工合同纠纷①

【案例要点】

1. 被挂靠人对挂靠人将工程分包后欠付实际施工人工程款是否承担连带责任，不应仅从形式上审查签约主体，还要结合签约时的具体情况及签约后的履行情况综合分析判断。

2. 上海迪×建筑装饰工程有限公司（以下简称迪×公司）虽然以自己的名义对外为民事行为，但上海臻×实业发展有限公司（以下简称臻×公司）有理由相信迪×公司是在履行与中×东方装饰有限公司（被挂靠人，以下简称中×公司）的施工合同义务有关的职务行为，应视为迪×公司以中×公司名义发生民事行为，中×公司应与迪×公司对外承担连带责任。

【案情简介】

西安世纪金×珠江时代广场购物有限公司（以下简称金×公司）与中×公司先后签订两份《装修工程施工承包合同》，约定：金×公司将某购物中心外立面装修工程与内饰装修工程发包给中×公司，总合同价1亿元。同日，中×公司又与迪×公司签订《装修（分包）合同》，约定将购物中心装修工程分包给迪×公司，总合同价1亿元，工程结算金额由中×公司与建设单位最终结算的金额扣除管理费及一切费用后支付给迪×公司，管理费为4%。施工过程中，迪×公司又与臻×公司签订《装修工程分包合同》，将其中的部分工程分包给了臻×公司。在合同落款处，迪×公司所加盖的印章为中×公司案涉工程项目部印章。分包合同签订后，臻×公司将履约保证金300万元支付到中×公司账户，后来由中×公司退还给臻×公司。工程完工后，因工程款问题臻×公司诉至法院，主张自己被迪×公司欠付了其所分包部分工程的工程款，同时，中×公司作为工程公司的被挂靠人，也应承担连带责任。

【判决要旨】

最高人民法院再审认为，本案中×公司作为被挂靠人是否承担连带责任，不应仅从形式上审查签约主体，还要结合签约时的具体情况及签约后的履行情况综合分析判断。从已查明事实看，分包合同签订后，臻×公司将履约保证金300万元支付到中×公司账户，中×公司于2015年1月27日又将300万元履约保证金退还至臻×公司

① 案号：（2021）最高法民申2300号。

账户。虽然中×公司认为该保证金是臻×公司代迪×公司支付,迪×公司也认可该300万元保证金是其向臻×公司借款,由臻×公司支付给中×公司,但臻×公司对此不认可,考虑到中×公司与迪×公司的特殊关系,对中×公司、迪×公司的表述,法院不予采信。综上分析,中×公司与迪×公司在签订协议时均知道并认可对方的身份。合同履行过程中,中×公司称接受迪×公司委托,支付该项目涉及的部分款项,在案涉工程施工过程中涉及的相关材料中,也加盖中建三局东方公司西安世纪金花珠江时代广场项目部印章。法院认为,迪×公司虽然以自己的名义对外为民事行为,但臻×公司有理由相信迪×公司是在履行与中×公司的施工合同义务有关的职务行为,应视为迪×公司以中×公司名义发生民事行为,中×公司应与迪×公司对外承担连带责任。原审判决判令中×公司承担连带责任并无不当。

【点评分析】

本案涉及的是被挂靠人对挂靠人欠付实际施工人工程款,是否承担连带责任的问题。

我国《建筑法》第二十六条规定,禁止建筑施工企业以任何形式允许其他单位或者个人使用本企业的资质证书、营业执照,以本企业的名义承揽工程。《最高人民法院关于审理建设工程施工合同纠纷案件适用法律问题的解释(一)》第一条规定,"建设工程施工合同具有下列情形之一的,应当依据民法典第一百五十三条第一款的规定,认定无效:……(二)没有资质的实际施工人借用有资质的建筑施工企业名义的……"

本案中,中×公司将其资质出借给迪×公司并收取管理费,双方形成挂靠关系,他们的行为违反了我国法律禁止性规定。本案审理的是中×公司作为被挂靠人,对挂靠人迪×公司欠付实际施工人臻×公司的工程款应否承担责任的问题。从已查明事实看,中×公司与迪×公司在签订协议时均知道并认可对方的身份。合同履行过程中,中×公司称接受迪×公司委托,支付该项目涉及的部分款项,在案涉工程施工过程中涉及的相关材料中,也加盖中×公司案涉工程项目部印章。因此,臻×公司有理由相信迪×公司是在履行与中×公司的施工合同义务有关的职务行为,应视为迪×公司以中×公司名义发生民事行为,中×公司应与迪×公司对外承担连带责任。

【实务提示】

挂靠是非法的。司法实践中,每年都有大量的建筑施工企业因与实际施工人存在挂靠关系而受"连累"被诉且最终被判决承担责任,作为被挂靠人的建筑施工企业所面临的法律风险之大实际上远超其想象。

第三章

施工合同无效法律风险与防范

第一节　签订“黑白合同”的法律风险与防范

“黑白合同”又称“阴阳合同”，通常是指建设工程施工合同的双方当事人就同一建设工程签订的两份或两份以上实质性内容不一致的合同，其中有一份是中标合同即“白合同”，另一份或多份是与中标合同实质性内容不一致的合同即“黑合同”。“黑白合同”的签订履行，不仅违反《招标投标法》《建筑法》《民法典》的规定，而且严重扰乱建筑市场秩序，容易造成工程质量隐患，危害社会公共安全和群众生命财产安全，并且因为“黑白合同”的大量存在，引发大量拖欠工程款、拖欠材料设备款、拖欠农民工工资现象，影响社会和谐稳定。

上述“黑白合同”产生的情形中提及当事人签订与中标合同实质性内容不一致的合同为“黑合同”，在此需要解释一个问题是，何为实质性内容？根据《民法典》第四百八十八条的规定：“承诺的内容应当与要约的内容一致。受要约人对要约的内容作出实质性变更的，为新要约。有关合同标的、数量、质量、价款或者报酬、履行期限、履行地点和方式、违约责任和解决争议方法等的变更，是对要约内容的实质性变更。”《招标投标法实施条例》第五十七条的规定：“招标人和中标人应当依照招标投标法和本条例的规定签订书面合同，合同的标的、价款、质量、履行期限等主要条款应当与招标文件和中标人的投标文件的内容一致。招标人和中标人不得再行订立背离合同实质性内容的其他协议。”该条款非常明确地指出了合同的实质性内容包括合同的标的、价款、质量、履行期限等主要条款。

认定“黑白合同”的标准是要看双方私下签订的合同，是否对中标合同的内容构成实质性的变更。实践中可以从四个方面进行考量，工程范围、建设工期、工程价款以及工程质量。《招标投标法》第七十五条明确了行政管理的规则，招标人和中标人不按照招标文件和中标人的投标文件订立合同，合同的主要条款与招标文件、中标人的投标文件的内容不一致，或者招标人、中标人订立背离合同实质性内容的协议的，由有关行政监督部门责令改正，可以处中标项目金额5‰以上10‰以下的罚款。实务中，“黑白合同”现象中除了发包方过分压价和当事人规避政府监管的传统原因之外，还包括以下原因：发包方或承包方为套取银行贷款而抬高“白合同”价款或为少交税费而压低“白合同”价款等。

建设工程领域中“黑白合同”的出现是合同双方经济博弈的结果，也是市场经济发展过程中建筑市场逐步走向完善的必经之路，有其深刻的原因。

在实际操作中，《招标投标法》及《招标投标法实施条例》所规定的强制要求，是产生“黑白合同”的根本原因。尽管我国《招标投标法》《招标投标法实施条例》等法律规范对必须招投标的项目范围和规模标准作了详细的规定，但在实践中，一些行政部门由于对法律理解出现误差，或者由于某些因素对建筑市场本能地存在过多干预的欲望，于是便打着规范建筑市场、保证建筑质量等要求，要求辖区内所有的建筑项目均必须进行招投标。这样便激发人们本能地想尽办法规避招标、逃避监管，这是产生“黑白合同”的主要原因。

《招标投标法》规定的“合理低价”中标原则在实践中未得到有效贯彻落实。对于合理低价当中所含的利润，在建设单位看来仍然比较高，为了谋取更大利益，他们仍然希望将施工企业的利润空间降到最低限度，但表面上又不能与国家法律的明文规定相抵触。为逃避政府部门的监管，建设单位与施工企业之间不得不表面上按照中标通知书签订施工合同用于应付政府部门，而私底下建设单位又迫使施工企业签订补充协议、补充合同或者承诺书等，要求施工企业减少工程价款、缩短工期、在价格不变的条件下提高工程质量等。这样，大量的“黑白合同”便产生了。

一、主要风险

“黑白合同”现象是我国建设工程领域在特定发展阶段、特定社会背景下形成的一种“社会现象”。对建筑施工企业来说，“黑白合同”主要法律风险如下。

（一）低价“黑合同”减低了工程款，往往会有出现质量问题的风险

实务中，有的建设单位为表面上的合法化，按照招标的内容签订合同，但通常会利用发包人的强势地位，在“黑合同”中强迫施工单位对工程款让利。因此，按中标价签订的“白合同”往往高于“黑合同”中的价款，就可能出现偷工减料的活动。

（二）建设单位在“黑合同”中要求垫资，面临工程款回收难的风险

在我国建筑与房地产市场，垫资已经成为不可或缺的融资渠道。有的项目不得要求施工单位垫资，但中标后，建设单位往往会再要求施工单位垫资到结构出地面，或地上某层垫资到封顶，甚至到二次结构安装、工程完工，大大增加了施工单位垫资的风险。施工单位用于垫资的资金中，一部分可能是自有资金，另一部分通常是融资

而来。融资就要承担利息,如果逾期不能还贷,还要承担逾期罚息,加大施工单位的负担。在工程建设完成后,如果建设单位故意拒付工程款,将会面对银行、材料商、设备商、施工工人及其他债权人的强大压力,为了解决债务的困扰,施工单位有时不得不违心满足建设单位的若干不合理要求。

(三)建设单位在"黑合同"中要求缩短工期,面临工程质量不合格与工期延误的风险

缩短工期可减少建设单位的投资回报周期。因此,有时建设单位会要求施工单位在"黑合同"中缩短工期。为尽快完工,施工单位不得不日夜赶工,将面临两大风险:一是极易造成建筑工程质量隐患;二是因为不能按期完工被建设单位扣除工期延误的违约金。

(四)无法行使工程价款优先受偿权的风险

我国《民法典》第八百零七条规定,发包人未按照约定支付价款的,承包人可以催告发包人在合理期限内支付价款。发包人逾期不支付的,除根据建设工程的性质不宜折价、拍卖外,承包人既可以与发包人协议将该工程折价,也可以请求人民法院将该工程依法拍卖。建设工程的价款就该工程折价或者拍卖的价款优先受偿。可见,施工单位的优先受偿权优先于抵押权和其他债权。实务中,建设单位往往通过签订"黑合同"或补充协议等方式让施工单位自愿放弃优先受偿权。这种"黑合同"条款实际上将风险转嫁到施工单位身上。

二、防范措施

(一)推翻"黑合同"的低价条款

《最高人民法院关于审理建设工程施工合同纠纷案件适用法律问题的解释(一)》第二条第一款规定,招标人和中标人另行签订的建设工程施工合同约定的工程范围、建设工期、工程质量、工程价款等实质性内容,与中标合同不一致,一方当事人请求按照中标合同确定权利义务的,人民法院应予支持。可见,"黑白合同"关于工程价款的约定不一致的,应当以备案的中标合同作为结算工程的依据。也就是说,一旦建设单位不守诚信,施工单位就可以经备案的"白合同"中较高的工程款作为结算依据。但实践中,较多施工单位往往认可双方实际履行的"黑合同",认为"白合同"只是走走程序的合同,故放弃自己可以依照"白合同"争取的利益。

(二)推翻"黑合同"的垫资条款

实务中,关于垫资条款是否导致合同无效有争议。通常情况下,"黑合同"往往还约定有压价和缩短工期等改变"白合同"实质性内容的条款,施工单位可以这些实质性条款的变更为由认定"黑合同"无效,从而使无效的"黑合同"的垫资条款也一并无

效。另外,施工单位在签订垫资条款时,应当对垫资方式和利息依法进行明确的约定,这样即使发生争议,也可以垫资条款主张垫资利息,以减少损失。

(三)推翻"缩短工期"的条款

如果"黑合同"缩短了经备案的"白合同"的工期,而施工单位届时又无法按"黑合同"的工期完成工程,施工单位可以缩短工期是对"白合同"的实质性修改为由主张"黑合同"无效,从而仍按"白合同"的工期计算。

(四)拒绝签订放弃优先受偿权的条款

放弃优先受偿权,不是对招投标文件的实质性内容进行的修改,因此建设单位与施工单位以"黑合同"或补充协议形式,仅仅约定施工单位放弃优先受偿权的,且放弃该优先受偿权不损害建筑工人利益的,该条款因不违反相关法律,因此是有效的。虽然施工单位可以《民法典》第一百五十一条中的"显失公平"为由来撤销此类条款,但也存在难以获得法院支持的可能性。

三、典型案例

承包人浙江花×建设集团有限公司与发包人陕西延×房地产开发有限责任公司建设工程施工合同纠纷案①

【案例要点】

法律规定当事人应当严格按照招标文件和中标人的投标文件签订的合同行使权利和履行义务,不得在已经签订中标合同之外再行订立背离合同实质性内容的协议。

【案情简介】

(一)关于双方签订合同情况

2012年2月27日,发包人陕西延×房地产开发有限责任公司(以下简称延×房地产公司)与承包人浙江花×建设集团有限公司(以下简称花×建设公司)签订一份《建设工程施工合同》。第一部分协议书中约定:工程名称西盟公社,工程地点西安市××路××巷,建筑面积约5.8万平方米,地下1层,地上33层,共2幢,剪力墙结构。承包范围:除发包人指定的专业分包工程外,所有发包人提供的施工图纸、技术资料中包含的工程、室外附属工程及绿化工程[发包人分包的项目:(1)桩基工程;(2)土方开挖及回填工程;(3)电梯安装工程;(4)消防工程;(5)天然气工程;(6)高低压配电工程;(7)水电卫及弱电安装工程]。工期18个月,合同价款1.1亿元。第三部分

① 一审案号:(2020)陕0104民初1272号;二审案号:(2021)陕01民终3409号;重审案号:(2021)陕0104民初10183号。

专用条款中第六条合同价款与支付约定:“23.2(1)本合同价款采用可调价格合同方式确定。(2)采用可调价格合同,调整方法……②本工程按工程总造价优惠5%执行(其中,税金、甲方认质认价材料不予优惠)③发包人分包工程由承包人向发包人收取分包工程总造价4%的配合费……26.工程款支付约定:双方约定的工程款支付的方式和时间:本工程由承包人垫资施工至主体结构十层结构面(不包括砌体)砼浇筑后,经发包人审核确认工程量预算后七日内向承包人支付该部分垫资款的80%。之后的工程进度款按月支付,承包人于每月25日前向承发包人上报当月完成的工作量,发包人在次月5日前审核完毕并支付上月完成工作量的80%,装饰装修按月进度以上述方法支付已完成工程量的85%。工程竣工验收合格时发包人支付至总造价的90%,待发包人收到承包人提交完整的决算报告后60天内审核完毕并经双方签字盖章后,付款至决算总价的97%(若发包人在60天不予以确认或提出修改意见则视为对承包人送交的决算报告的认可)。剩余3%作为工程质量保修金,按合同约定逐步返还。”第十条违约、索赔和争议中约定:“若发包人出现延期支付工程款,每逾期一天,按本工程合同总价的万分之一承担违约责任,若超过一个月仍未付款则承包人有权停止施工。在附件工程质量保修书中双方约定了质量保修期。”

2012年8月10日,延×房地产公司通知花×建设公司工程项目名称变更为翰林新苑。同年11月16日花×建设公司中标翰林新苑项目,11月19日延×房地产公司与花×建设公司西安分公司签订《补充协议》,约定:翰林新苑工程于2012年11月16日开标,花×建设公司中标价为79,341,274.09元,此中标价为完善翰林新苑工程项目相关手续所用,不作为本工程的造价结算依据。实际造价依据原双方于2012年2月27日签订的合同结算。同年11月20日建设单位为延×房地产公司、招代理机构为陕西恒×建设工程监理有限责任公司发出《建设工程中标通知书》,记载中标单位为花×建设公司,同日延×房地产公司与花×建设公司签订《中标合同》,第一部分协议书中约定:工程名称翰林新苑A、B住宅楼工程施工,工程地点西安市××街××巷××号,建筑面积约47,424平方米,32层。承包范围:工程量清单、施工图纸及招标文件包含的所包含的全部内容。工期540天,开工时间:2012年11月20日,竣工时间:2014年4月15日。合同总价79,341,274.09元。第二部分通用条款约定:“发包人不按合同约定支付工程进度款,双方又未达成延期付款协议,导致施工无法进行,承包人可停止施工,由发包人承担违约责任。”第三部分专用条款中第六条合同价款约定:“26.2……(2)本合同采用固定综合单价……30.工程进度款结算与支付:发包人根据月进度拨付工程款,承包人从开工次月起,每月25日提交当月完成计划工程量报告,发包人与监理工程师于5日内审核完毕,并于次月5日前支付当月合格工程量80%工程进度款,工程款付至合同总价的80%时暂停支付,竣工验收合格后10日内再支付合同总价的5%,工程决算经审计评审后支付至审定结算价的95%,剩余结算款的5%留做工程保修金,变更签证随进度款按比例支付。”第十条违约、索赔和争议约定:“39.1 本合同关于发包人违约的具体责任如下:本合同通用条款第 30.5 条约定发包人违约应承担的违约责任。在附件工程质量保修书中就具体工程约定了不同的保修期,同时约定质量保修期期满后 14 天内发包人将剩余保修金和利息返还承包人。”

(二)涉案工程建设情况

1. 根据施工质量验收技术资料通用表记载内容能够证明翰林新苑工程于 2012 年 12 月 1 日开工。2013 年 5 月 8 日西安市城乡建设委员会颁发建设工程施工许可证,能够证明工程名称翰林新苑,开工日期 2012 年 12 月 1 日。

2. 2018 年 8 月 23 日《翰林新苑 A#B#住宅楼及裙房、地下车库竣工验收会议纪要》能够证明涉案工程于 2018 年 8 月 23 日竣工验收。

3. 2015 年 12 月 21 日涉案工程结算资料经第三方西安盛邦商务信息咨询有限公司审查完毕,三方共同确认涉案工程不包含分包项目配合费审定工程结算造价 73,750,318.96元。

4. 至 2014 年 9 月 25 日,延×房地产公司累计支付工程款 6200 万元,占工程结算总价 7375.031896 万元的 84.07%;至 2017 年 1 月 20 日累计支付工程款 7321.0547 万元,占工程决算总价 7375.031896 万元的 99.27%。双方对付款事实没有争议。

5. 剩余保修金的金额为 539,771.96 元双方没有异议。

6. 陕西省建筑行业劳保费用统一收款票据两张,能够证明按照 3.55 费率分别由西安新兴橡胶制品厂和延×房地产公司缴纳了 2,209,974 元和 691,470 元。在向西安市建筑行业劳动保险基金管理中心调查时,延×房地产公司名下仅有“瀚林新苑 1# 2#住宅/翰林新苑(瀚林新苑 1#2#住宅)项目缴纳劳保统筹费用信息”,并无“翰林新苑 1#2#住宅项目”,该中心无法确认系同一项目。但由于建筑行业劳保费用统一收款票据上均记载工程所在地为西关王家巷,与涉案工程地址一致,故能够证明系为涉案项目缴纳了劳保费用。

之后,因工程款结算问题,延×房地产公司与花×建设公司产生争议,花×建设公司诉至西安市莲湖区人民法院,请求:(1)依法判令延×房地产公司立即依约按每日逾期违约金 7375.031896 元的标准向花×建设公司支付 2013 年 1 月 24 日至 2017 年 1 月 15 日逾期支付工程款期间的违约金 10,715,921.345 元;(2)依法判令延×房地产公司立即依约退还花×建设公司保修金 539,771.96 元并按照中国人民银行同期同类贷款利率标准支付花×建设公司逾期退还保修金期间的利息损失 177,114.28 元以及该未退款项自 2019 年 10 月 25 日至实际退还完毕之日止的利息损失;(3)依法判令延×房地产公司立即支付花×建设公司工程施工配合费 1,018,258.4 元,并按照中国人民银行同期同类贷款利率的标准支付花×建设公司自 2014 年 9 月 25 日至该款项实际付清之日的利息损失(截至起诉日暂计246,804.63元);(4)依法判令延×房地产公司立即支付花×建设公司劳保费暂计1,000,000元(具体以双方核对或法院认定为准);(5)本案诉讼费、保全费及保全保险费由延×房地产公司承担。

延×房地产公司辩称,2012年2月27日花×建设公司与延×房地产公司签订《西盟公社建设工程施工合同》,因该项目工程名称、建筑面积,规划以及造价等重要事项均发生重大变化,故该合同并未履行。2012年11月20日经过招投标花×建设公司与延×房地产公司签订《翰林新苑A、B住宅楼工程施工中标合同》,该合同是约定花×建设公司与延×房地产公司双方权利义务的唯一基础性法律文件。关于工程款的结算与支付,该中标合同有关工程进度款结算与支付约定:工程款累计付至合同总价的80%时暂停支付,竣工验收合格后10日内再支付合同总造价的5%,工程决算经审计后支付至审计结算价的95%,剩余5%留做工程保修金。关于违约责任,依据中标合同约定结合本案付款情况:(1)截至2014年9月25日,延×房地产公司累计支付工程款6200万元,占工程结算总价7375.031896万元的84.07%,超付工程款300万元,超付比例4.07%,工程款提前支付了47个月;(2)截至2017年1月20日,延×房地产公司累计支付工程款7321.0547万元,占工程决算总价7375.031896万元的99.27%,超付工程款315万元,超付比例4.27%,工程款提前支付19个月。延×房地产公司实际提前支付了工程款。关于质量保修金,根据工程质量保证书约定,本工程承包人向发包人支付工程保修金额为400万元整。而本案中延×房地产公司实际留存的工程质量保修金仅为539,771.96元,延×房地产公司实际超付工程质量保修金315万元,超付比例86.5%,花×建设公司无权申请延×房地产公司返还保修金。关于竣工验收及结算,中标合同约定:花×建设公司应在竣工验收后1个月,交竣工图及完整资料文件三套,而花×建设公司至今仍未完成竣工资料的交付和归档工作,延×房地产公司保留通过法律途径追究花×建设公司违约责任的权利。关于工程施工配合费,涉案工程的施工配合费根据双方约定和行业惯例,由花×建设公司向第三方直接协商和收取,延×房地产公司并不参与有关工程施工配合费的收取,花×建设公司请求延×房地产公司支付工程施工配合费101.82584万元无事实及法律依据。综上,花×建设公司的全部诉讼请求没有任何依据,请求法院予以驳回。

【判决要旨】

西安市莲湖区人民法院一审观点如下:本案的争议焦点为双方实际履行的是《建设工程施工合同》还是《中标合同》。(1)花×建设公司与延×房地产公司在招投标前签订的《建设工程施工合同》,记载建筑面积为5.8万平方米,地下1层,地上33层,合同价款约1.1亿元;备案的《中标合同》约定建筑面积为47,424平方米,层数为32层,合同总价为79,341,274.09元。(2)案涉项目竣工后,经第三方西安盛×商务信息咨询有限公司审定工程结算造价为73,750,318.96元,与《中标合同》约定价款更为接近。(3)项目结束后,西安市城建档案馆建档资料显示,案涉项目总建筑面积为47,424平方米,与《中标合同》中约定建筑面积一致,花×建设公司称实际施工面积为47,054平方米。《建设工程施工合同》约定的建筑面积5.8万平方米与实际施工面积差异巨大。(4)采取招投标程序发包本案工程是双方的真实意思表示,并非花×建设公司诉称的走招投标程序系流于形式,且《中标合同》已经进行备案。(5)延×房地产公司采取招标方式发包本案工程,具体由谁中标,延×房地产公司有权决定,且本案工程不属于强制性招投标范围,花×建设公司与延×房地产公司系本案工程利益的对立方,不存在串通招、投标的行为,延×房地产公司选择花×建设公司中标并与其签订《中标合同》应系真实意思表示,双方签订的《中标合同》的行为并未损害国家、集体及社会公共利益。(6)《中标合同》根据前述分析,记载的施工面积、工程价款等与实际情况更为相符,应为双方实际履行的合同;退一步讲,签订在后的《中标合同》也构成对订立在先的《建设工程施工合同》的变更。故《中标合同》应为双方实际履行的合同,该合同约定对双方产生拘束力,法院对延×房地产公司抗辩中主张《建设工程施工合同》并非实际履行的合同之意见,予以采纳。

花×建设公司诉称认为《建设工程施工合同》是双方意思的真实表示并已实际履行,案涉工程应以该合同作为结算依据。法院认为,为了维护建筑市场公平竞争秩序,防止当事人通过签订"黑白合同"作为不正当竞争的手段,损害国家、社会公共利益和个人利益,法律及司法解释中对于"黑白合同"的认定规则规定明确,故案涉《建设工程施工合同》不应作为本案结算依据。审理中,法庭询问花×建设公司的诉讼请求在《中标合同》中是否存在约定时,花×建设公司称本案是依据《建设工程施工合同》约定起诉,"《中标合同》没看"。而根据前述理由分析,《中标合同》的相关约定应为本案诉争的依据,花×建设公司坚持依据《建设工程施工合同》提起诉讼,与事实不符,法院对花×建设公司诉讼请求不予支持。综上,驳回花×建设公司的诉讼请求。

花×建设公司不服一审判决提起上诉,西安市中级人民法院裁定撤销原判发回重审。

案件发回重审后,西安市莲湖区人民法院审理观点如下:本案的主要争议是哪一份合同作为结算工程价款的依据。根据最高人民法院关于审理建设工程施工合同纠纷案件适用法律问题的相关司法解释规定,当事人就同一建设工程另行订立的建设工程施工合同与经过备案的中标合同实质性内容不一致的,应当以备案的中标合同作为结算工程价款的根据。合同实质性内容不一致是指工程价款、工程质量和工程期限等三个方面内容不一致,2012年11月20日中标合同约定工程价款是79,341,274.09元,约定采用固定综合单价,2012年2月27日合同价款是1.1亿元,约定采用可调价格合同方式确定;2012年11月20日中标合同约定工程期限是2012年11月20日至

2014年4月15日,2012年2月27日约定合同开工日期以发包人通知为准,未约定期限。比较两份合同约定内容,能够认定2012年2月27日合同与2012年11月20日中标合同构成实质性内容不同。《招标投标法》第四十六条规定,“招标人和中标人应当自中标通知书发出之日起三十日内,按照招标文件和中标人的投标文件订立书面合同。招标人和中标人不得再行订立背离合同实质性内容的其他协议”,法律规定当事人应当严格按照招标文件和中标人的投标文件签订的合同行使权利和履行义务,不得在已经签订中标合同之外再行订立背离合同实质性内容的协议。本案应当根据2012年11月20日中标合同作为确定涉案工程价款结算的依据,花×建设公司诉讼请求所依据的合同约定内容在2012年11月20日中标合同中均未约定,故主张逾期付款违约金、工程配套费不予支持;主张劳保费用查明延×房地产公司已经支付涉案项目的劳保费用亦不予支持;关于保修金的退还,2012年11月20日中标合同针对各项工程约定了不同的保修期,而保修金并未分拆到各项工程项目中,合同约定质量保修期期满后14天内发包人将剩余保修金和利息返还承包人,故该主张未届给付时间亦不予支持。

【点评分析】

本案涉及的是当事人就同一建设工程另行订立的建设工程施工合同与经过备案的中标合同实质性内容不一致的,应以哪一份合同作为结算工程价款依据的问题。

《最高人民法院关于审理建设工程施工合同纠纷案件适用法律问题的解释(一)》第二条规定,招标人和中标人另行签订的建设工程施工合同约定的工程范围、建设工期、工程质量、工程价款等实质性内容,与中标合同不一致,一方当事人请求按照中标合同确定权利义务的,人民法院应予支持。招标人和中标人在中标合同之外就明显高于市场价格购买承建房产、无偿建设住房配套设施、让利、向建设单位捐赠财物等另行签订合同,变相降低工程价款,一方当事人以该合同背离中标合同实质性内容为由请求确认无效的,人民法院应予支持。

本案中,法院通过比较两份合同约定内容,认定2012年2月27日合同与2012年11月20日中标合同构成实质性内容不同。法律规定当事人应当严格按照招标文件和中标人的投标文件签订的合同行使权利和履行义务,不得在已经签订中标合同之外再行订立背离合同实质性内容的协议。故法院最后认定按照中标合同作为本案的结算依据,符合我国《招标投标法》及以上司法解释的相关规定。由本案可知,经过公开招投标的项目,若发包人与承包人在已经签订中标合同之外再行订立背离合同实质性内容的协议,不能作为确定当事人权利义务的依据。

【实务提示】

1. 在理解“合同实质性内容”时应当注意:

(1)合同的实质性内容不是指合同的主要条款;

(2)合同的实质性内容不等同于构成新要约的内容;

(3)“实质性内容”不是指《民法典》第七百九十五条规定的建设工程施工合同的主要内容。

2. 建设工程施工合同实质性内容的范围:

(1)工程范围,是指承包人具体施工的范围由招标文件、投标文件、合同等文件确定。施工过程中,因发包人的设计变更、建设工程规划指标等客观原因,发包人与承包人以补充协议、会议纪要等方式变更工程范围的,不应当认定变更实质性内容。

(2)建设工期,是指施工人完成工程的时间或者期限。

(3)工程价款。直接降低中标人在投标文件提出的工程价款是最直接的方式,除此之外还有:中标人同意以明显高于市场价购买其承建的房产、中标人无偿建设住房配套设施、向建设单位捐赠财物。

特别应当注意的是,改变工程价款的支付方式是否对当事人权利义务产生实质影响。所谓结算方式是指发包人与承包人之间就工程价款进行收付的程序与方法。通常情况下,无论现金结算还是转账结算都不会对双方权利义务产生实质性的影响。但如果发包人未按照约定的方式及行支付工程价款的义务,而是通过转移债权(包括以将来收益抵顶)、以房屋或者项目抵顶、债权转股权等形式支付工程价款或者大幅度延长工程价款支付期限,则对承包人的权利义务产生实质性影响。

(4)工程质量。在招标投标中,竞标人不会以降低工程质量赢得中标机会。相反,竞标人在投标文件中肯定声称保证工程质量符合法律及建设方的要求。招标人与中标人签订施工合同后,即使另行签订协议,也通常要求施工人保证工程质量。但是,另行签订的协议中仍然存在降低工程质量的情形。

除了以上四点,特定情形下也可能构成与实质性内容背离的情形,这只能根据建设工程及当事人的具体情况而定。

第二节 超越资质签订合同的法律风险与防范

由于建筑产品是涉及公共安全的特殊产品,为保证建筑产品质量,法律法规对建筑市场主体规定了较为严格的准入条件,即实行资质许可制度。根据最高人民法院《最高人民法院关于审理建设工程施工合同纠纷案件适用法律问题的解释(一)》第一条的规定,承包人未取得建筑业企业资质或者超越资质等级的,应当依据《民法典》第一百五十三条第一款的规定,认定无效。但需要注意的是,《最高人民法院关于审理建设工程施工合同纠纷案件适用法律问题的解释(一)》第四条规定,承包人超越资质等级许可的业务范围签订建设工程施工合同,在建设工程竣工前取得相应资质等级，当事人请求按照无效合同处理的，人民法院不予支持。也就是说，承包人超越资质等级与发包人签订施工合同原则上无效，但允许承包人予以补正。之所以如此规定，是因为超越资质等级不如未取得资质违法性明显，而且我国对施工企业资质实行动态管理，如果承包人在签订施工合同时已经具备了相应的建设能力，但由于审批时间和程序限制不能立即取得资质，允许其对合同效力通过在竣工前取得相应资质等级的方式予以补正，不违背《建筑法》等相关法律的立法宗旨；能够在事后取得资质也表明施工单位具备相应的施工能力。

一、主要风险

（一）面临受到罚款、没收违法所得、责令停业整顿、资质降级或吊销资质证书等行政处罚的风险

我国《建筑法》第六十五条第二款规定，超越本单位资质等级承揽工程的，责令停止违法行为，处以罚款，可以责令停业整顿，降低资质等级；情节严重的，吊销资质证书；有违法所得的，予以没收。《建设工程质量管理条例》第六十条第一款规定，“违反本条例规定，勘察、设计、施工、工程监理单位超越本单位资质等级承揽工程的，责令停止违法行为，对勘察、设计单位或者工程监理单位处合同约定的勘察费、设计费或者监理酬金1倍以上2倍以下的罚款；对施工单位处工程合同价款2%以上4%以下的罚款，可以责令停业整顿，降低资质等级；情节严重的，吊销资质证书；有违法所得的，予以没收”。可见，承包人超越资质承揽工程，可能面临的行政处罚风险主要有责令停止违法行为、责令停业整顿、没收违法所得、罚款、降低资质等级、吊销资质证书等。

（二）建设工程施工合同被认定无效的风险

根据《最高人民法院关于审理建设工程施工合同纠纷案件适用法律问题的解释（一）》第一条的规定，“承包人因转包、违法分包建设工程与他人签订的建设工程施工合同，应当依据民法典第一百五十三条第一款及第七百九十一条第二款、第三款的规定，认定无效”。根据《民法典》第七百九十三条及《最高人民法院关于审理建设工程施工合同纠纷案件适用法律问题的解释（一）》第二十四条的规定，建设工程施工合同被认定无效后，可以按照以下方式折价补偿：建设工程验收合格的，可以参照实际履行或者最后签订的合同关于工程价款的约定折价补偿承包人；建设工程验收不合格，但修复后经验收合格的，可以参照实际履行或者最后签订的合同关于工程价款的约定折价补偿承包人，发包人可以请求承包人承担修复费用；建设工程验收不合格，且修复后仍未验收合格的，无权请求参照合同关于工程价款的约定折价补偿承包人。由此可见，就承包人而言，超越资质承揽工程且在建设工程竣工前取得相应资质等级的，将存在风险，即建设工程质量不合格且修复后仍未验收合格的，将面临承包

人难以主张工程价款的风险。

二、防范措施

（一）做好事前防范

承包方的施工企业应于建设工程施工合同订立前与发包方沟通确认建筑工程的规模以及所需的资质等级，避免建筑工程开工或竣工后产生争议。施工企业应注意审核资质证书上批准的承接项目内容是否与实际承包工程的项目内容一致，以及资质证书上批准的资质等级是否符合实际承包工程项目的规模。同时，施工企业也应当注意审核发包方的用地规划许可证、工程规划许可证、施工许可证等开发建设手续是否齐全。双方唯有做好事前防范，才能更好地避免后续因承包人资质问题产生争议。

（二）做好事后及时补救

原则上来说，建筑施工企业必须依法取得相应资质，并在资质等级允许的范围内承包建设工程，以避免行政处罚及因合同无效导致的经济损失。如果建筑施工企业在签订施工合同时已经具备了相应的建设能力，但由于审批时间和程序限制尚不能立即取得资质，应在承揽工程之前评估在竣工前能否取得相应资质等级，并及时跟紧申请，避免遭到行政处罚、被解除合同承担损失以及导致不能办理相关手续遭到民事索赔的风险。

三、典型案例

承包人浙江省三×建设集团有限公司与发包人咸阳凯×置业有限责任公司建设工程施工合同纠纷案[①]

【案例要点】

对合同效力的评判应建立在合同订立和履行的基础之上。浙江省三×建设集团有限公司（以下简称三×建设公司）在订立合同及其后施工的全过程中均不具备相应资质。三×建设公司于2015年4月7日离场时尚不具备相应承建资质，于离场后2年取得相应资质的事实，对合同效力不产生影响，故其关于合同效力的上诉理由不具有法律依据，法院不予支持。

【案情简介】

2011年5月23日，陕西林×置业发展有限公司（以下简称林×置业公司）作为

① 案号：（2020）最高法民终483号。

陈杨新界项目发包人，与三×建设公司签订《建设工程施工合同》（以下简称合同一），合同约定：工程总建筑面积约40万平方米，合同价款暂定6亿元，合同竣工日期为2012年12月31日，合同工期总日历天数540天（暂定）。2012年11月15日，林×置业公司与三×建设公司签订《合同解除协议书》。协议书载明："双方原于2011年5月23日签订的合同一，现因林×置业公司将该合同的债权债务概括转让给咸阳凯×置业有限责任公司（以下简称凯×置业公司），使三×建设公司无法继续履行合同，经双方协商同意，合同于三×建设公司与凯×置业公司重新签订的施工合同成立时解除。"2012年11月15日，凯×置业公司作为发包人就案涉工程与三×建设公司重新签订了《建设工程施工合同》（以下简称合同二），合同二内容与合同一一致。

2013年1月23日，凯×置业公司取得案涉工程6#～17#楼项目建字第610400201300007号《建设工程规划许可证》。2013年1月25日、1月31日、2月28日，凯×置业公司向建设主管部门就项目三标段、二标段、一标段补办了招投标手续，提交备案《建筑工程施工合同》（以下简称合同三）和中标文件。合同三约定：计划2013年3月2日开工，2014年8月23日竣工。合同工期总日历天数540天。合同价款暂定712,879,794.9元。凯×置业公司与三×建设公司均认可签订合同三系为走招投标手续。

2015年4月6日，凯×置业公司向三×建设公司发函，主张因为三×建设公司未依照合同约定的竣工日期竣工完成，故要求解除案涉工程合同并要求三×建设公司尽快离场。2015年4月7日三×建设公司离场，案涉工程中涉及的部分大楼已经交付使用，其余尚未交付的大楼，凯×置业公司也于2015年4月7日后将临建活动板房强制拆除并占有了施工场地。2015年4月14日，三×建设公司向凯×置业公司回函，称关于工期延误的问题是因凯×置业公司未按合同约定支付工程进度款等原因所导致。

三×建设公司在承建案涉工程时系建筑工程施工总承包一级资质，2017年8月15日取得建筑工程施工总承包特级资质。三×建设公司与凯×置业公司因施工合同效力、工程价款数额及违约责任等争议不能协商一致，三×建设公司遂将凯×置业公司诉至法院。

一审法院以案涉工程项目总建筑面积约40万平方米，三×建设公司于2015年4月7日离场前系房屋建筑工程施工总承包一级资质，依法只能承建建筑面积20万平方米及以下的住宅小区或建筑群体为由，认定三×建设公司超越资质承揽工程，案涉合同无效。之后，三×建设公司认为一审判决认定三×建设公司超资质承揽是案涉合同无效的原因错误，故向最高人民法院提起上诉。

【判决要旨】

本案焦点问题之一是涉案合同的效力问题。当事人一致认可案涉合同系无效合同，但对合同无效的原因有不同的主张。三×建设公司主张合同无效系因凯×置业公司和林×置业公司不具有相应开发资质。凯×置业公司主张无效的原因是本案工程实质系余某德挂靠三×建设公司承建，且三×建设公司超越资质承建工程。一审判决认定合同无效的理据是三×建设公司超越资质等级承建工程。

二审法院认为，三×建设公司在离场前具有房屋建筑工程施工总承包一级资质，依法只能承建建筑面积20万平方米以下的住宅小区或建筑群体。案涉工程总建筑面积约40万平方米，远超三×建设公司依资质所能承建的范围。一审判决认定三×建设公司超越资质等级承包工程致合同无效，具有事实和法律依据，法院予以维持。同时，《招标投标法》第四十三条规定，在确定中标人前，招标人不得与投标人就投标价格、投标方案等实质性内容进行谈判。本案工程为大型拆迁安置工程，合同一和合同二约定建设面积约40万平方米，合同价款6亿元，依照《招标投标法》第三条的规定，属于必须进行招投标的工程。凯×置业公司在订立合同一和合同二后，向建设主管部门提交了合同三和中标文件。凯×置业公司与三×建设公司均认可双方系走招投标手续签订合同三，实际履行的是合同二，足见本案工程未真正进行招投标。林×置业公司、凯×置业公司在合同三订立之前即与三×建设公司就合同实质内容达成一致，订立了合同一与合同二，违反了《招标投标法》第四十三条的规定，根据合同法律相关的规定，三份合同均无效。据上，本案存在两项致合同无效的情形，一是承包人超越资质承揽工程，二是违反招标投标法的强制性规定。

三×建设公司上诉称，三×建设公司于2017年8月15日取得了建筑工程施工总承包特级资质，根据相关法律的规定，承包人在建设工程竣工前取得相应资质等级，合同应认定为有效，三×建设公司的资质不影响合同效力。二审法院认为，对合同效力的评判应建立在合同订立和履行的基础之上。三×建设公司在订立合同及其后施工的全过程中均不具备相应资质。该公司于2015年4月7日离场时尚不具备相应承建资质，于离场后两年取得相应资质的事实，对合同效力不产生影响，故三×建设公司关于合同效力的上诉理由不具有法律依据，法院不予支持。

【点评分析】

本案涉及的是承包人超越资质等级签订的施工合同的效力认定问题。

我国《民法典》第一百五十三条规定，违反法律、行政法规的强制性规定的民事法律行为无效。但是，该强制性规定不导致该民事法律行为无效的除外。《最高人民法院关于审理建设工程施工合同纠纷案件适用法律问题的解释（一）》第一条规定，"建设工程施工合同具有下列情形之一的，应当依据民法典第一百五十三条第一款的规定，认定无效：（一）承包人未取得建筑业企业资质或者超越资质等级的……"虽然，该司法解释第四条同时规定，承包人超越资质等级许可的业务范围签订建设工程施工合同，在建设工程竣工前取得相应资质等级，当事人请求按照无效合同处理的，人民法院不予支持。但三×建设公司于2015年4月7日离场时尚不具备相应承建资质,其于离场后两年才取得相应资质。法院认定对合同效力的评判应建立在合同订立和履行的基础之上,即三×建设公司在离场后两年才取得相应资质对本案合同效力不产生影响,是正确的。

【实务提示】

1. 在实践中,建筑施工企业应当严格掌握合同效力补正的范围及补正时间,具体如下:

(1)《最高人民法院关于审理建设工程施工合同纠纷案件适用法律问题的解释(一)》第四条只规定了超越资质等级的建设工程施工合同可以进行效力补正,其他违反法律、行政法规禁止性规定的合同,没有允许进行效力补正。

(2)《最高人民法院关于审理建设工程施工合同纠纷案件适用法律问题的解释(一)》第四条已经明确补正时间放宽到建设工程竣工前。在实践中,应当严格把握这一时间限制。建设工程竣工,一般指工程施工完毕,承包人将工程竣工的相关资料提交给发包人,监理公司对承包人工程竣工的事实予以认可,并将建设工程实际交付发包人。这里的建设工程竣工时间与建设工程竣工验收时间是不同的概念,建设工程竣工时间指工程施工完毕的时间,而工程竣工验收的时间是工程竣工之后,由建设、勘察、设计、监理、施工单位共同验收工程的时间。工程已经施工完毕,但承包人因发包人没有全额支付工程款等因素,出于将工程作为发包人支付款项的抵押或者主张工程款的优先受偿权的考虑,没有将已经实际竣工的工程实际交付发包人,但承包人有证据证明工程已经实际竣工,可以认定工程竣工的事实,并依据竣工的事实对竣工时间作出认定。

(3)因合同解除等原因导致工程未施工完毕的,一般应以承包人停止建设、将工程实际交付发包人之时,承包人是否取得与承揽工程相适应的资质等级,作为认定合同效力的事实基础。

2. 随着资质改革,已取消劳务资质办理和资质准入。

《最高人民法院关于审理建设工程施工合同纠纷案件适用法律问题的解释(一)》第五条规定,具有劳务作业法定资质的承包人与总承包人、分包人签订的劳务分包合同,当事人请求确认无效的,人民法院依法不予支持。对于工程的劳务作业分包,由于是将简单劳动从复杂劳动剥离出来单独进行承包施工的劳动,并不属于《民法典》第七百九十一条第二款"总承包人或者勘察、设计、施工承包人经发包人同意,可以将自己承包的部分工作交由第三人完成"规定的专业工程分包范畴。总承包人、分包人与劳务作业承包人之间既不是劳务关系也不是劳动合同关系,而是建设工程施工合同关系。但结合资质改革试行方案,部分劳务作业法定资质也不再需要,故不能再要求具有劳务作业法定资质的强制性要求。

第三节　必须招标项目未招标签订合同的法律风险与防范

招标投标是市场经济下进行大宗货物买卖或者建设工程发包与承包时通常采用的竞争交易方式。对建设工程施行招标投标,其优越性在于将竞争机制引入工程的发包和承包环节,使招标方可以对各投标方的报价、技术等条件进行综合比较,从而选择技术力量强、质量保障体系可靠并且有良好信誉的投标人作为承包方进行施工建设,有利于保证工程质量、缩短工期、降低工程造价、提高投资效益。

一、主要风险

(一)导致所涉施工合同被认定为无效的风险

根据《最高人民法院关于审理建设工程施工合同纠纷案件适用法律问题的解释(一)》第一条的规定,建设工程必须进行招标而未招标的,应当依据《民法典》第一百五十三条第一款的规定,认定无效。该司法解释第六条规定,建设工程施工合同无效,一方当事人请求对方赔偿损失的,应当就对方过错、损失大小、过错与损失之间的因果关系承担举证责任。损失大小无法确定,一方当事人请求参照合同约定的质量标准、建设工期、工程价款支付时间等内容确定损失大小的,人民法院可以结合双方过错程度、过错与损失之间的因果关系等因素作出裁判。由此可见,一旦建设工程施工合同被认定无效,关于工程款的结算、工程质量责任承担等需要适用合同无效的法律后果,双方的权利义务的基础将发生重大变化,守约方将丧失追究违约方违约责任的权利基础等。

(二)受到责令限期改正、罚款等行政处罚的风险

《招标投标法》第四十九条规定:"违反本法规定,必须进行招标的项目而不招标的,将必须进行招标的项目化整为零或者以其他任何方式规避招标的,责令限期改正,可以处项目合同金额千分之五以上千分之十以下的罚款;对全部或者部分使用国有资金的项目,可以暂停项目执行或者暂停资金拨付;对单位直接负责的主管人员和其他直接责任人员依法给予处分。"可见,必须进行招标的项目而不招标的,承包单位可能面临限期改正、罚款等行政处罚。司法实践中,法院在审理案件时,发现工程项目属于应招标未招标的,除对所涉施工合同效力作出否定性评价外,可以向行政机关发送司法建议,建议行政机关对发包人予以行政处罚。因此,发包人也切勿因贪图一时之便,导致施工合同无效,并承担相应行政处罚的后果。

二、防范措施

(一)投标前应做好项目审查工作

为避免发生必须招标的项目未按招标投标相关法律法规之风险,建筑施工企业应在投标前认真评估项目是否为必须招标的项目;如果属于必须招标的项目,建筑企业应严格按照现行有效的法律法规之规定,做到依法投标。

(二)严格按照招投标的相关法律法规的规定进行招投标活动

为避免发生必须招标的项目未按招标投标相关法律法规之规定履行招标程序确定施工方,导致合同无效,招标人应当根据《招标投标法》第三条、《必须招标的工程项目规定》第二至五条及《必须招标的基础设施和公用事业项目范围规定》第二条等,确定项目是否属于必须招标的范围,对于项目为必须招标的项目,招标人应严格按照现行有效的法律法规之规定,做到应招必招。施工企业作为投标人也应依法依规进行投标活动,未进行招投标程序,不得私下签署合同,更不能先施工再补虚假招投标手续。

三、典型案例

发包人苏州东方威×斯置业有限公司与承包人中×建第六工程局集团有限公司建设工程合同纠纷案①

【案例要点】

对于依法必须进行招投标的工程建设项目,不能因为建设行政主管部门的同意采用直接发包方式而不履行招标投标程序,否则所签订的建设工程施工合同无效。

【案情简介】

2009年4月15日,苏州东方威×斯置业有限公司(以下简称威×斯公司)与中×建第六工程局集团有限公司(以下简称中×建公司)签订《建设工程施工合同》(以下简称施工合同)一份,约定威×斯公司将周庄东方威尼斯庄园14栋双拼别墅、41栋联排住宅、物业用房工程发包给中×建公司施工。同日,威×斯公司与中×建公司签订《建设工程施工合同补充条款》《开日前补充协议》各一份。2009年4月23日,昆山市建设局向威×斯公司发出《江苏省房屋建筑和市政基础设施工程施工批准直接发包通知书》,明确周庄东方威尼斯庄园1#~55#低层住宅(桩基、土建、水电)的实

① 案号:(2013)苏民终字第0230号、(2014)民申字第463号。

际情况符合《江苏省房屋建筑和市政基础设施工程施工直接发包管理暂行办法》第二条第二项规定的情形，同意采用直接发包方式；要求威×斯公司自通知发出之日起30日内与承包人签订书面合同并报该局备案。至此，该工程未履行招标投标程序。

之后，双方因工程款结算产生纠纷，中×建公司将威×斯公司诉至法院，关于合同效力成为案件争议焦点。

【判决要旨】

再审法院认为，案涉工程虽系威×斯公司自行投资的商品房开发项目，当地建设行政主管部门也同意采用直接发包的方式进行工程建设，但原国家发展计划委员会《工程建设项目招标范围和规模标准规定》（已失效）第三条第（五）项明确规定商品住宅属于《招标投标法》第三条第一款第（一）项规定的关系社会公共利益、公众安全的必须进行招标的工程建设项目范围，因此，案涉工程建设项目必须进行招标而未招标，案涉《建设工程施工合同》无效。

【点评分析】

本案涉及的是必须进行招投标的工程建设项目未招标签订合同的法律效力认定问题。

根据《招标投标法》第三条的规定，"在中华人民共和国境内进行下列工程建设项目包括项目的勘察、设计、施工、监理以及与工程建设有关的重要设备、材料等的采购，必须进行招标：（一）大型基础设施、公用事业等关系社会公共利益、公众安全的项目；（二）全部或者部分使用国有资金投资或者国家融资的项目；（三）使用国际组织或者外国政府贷款、援助资金的项目。前款所列项目的具体范围和规模标准，由国务院发展计划部门会同国务院有关部门制订，报国务院批准。法律或者国务院对必须进行招标的其他项目的范围有规定的，依照其规定"。

本案中，案涉工程虽系威×斯公司自行投资的商品房开发项目，但原国家发展计划委员会《工程建设项目招标范围和规模标准规定》（已失效）第三条第（五）项明确规定商品住宅属于《招标投标法》第三条第一款第（一）项规定的关系社会公共利益、公众安全的必须进行招标的工程建设项目范围，故再审法院认定案涉工程建设项目必须进行招标而未招标，承包人与发包人所签订的《建设工程施工合同》无效。法院的认定符合当时的法律规定，是正确的。

【实务提示】

为了确定必须招标的工程项目，规范招标投标活动，提高工作效率、降低企业成本、预防腐败，根据《招标投标法》第三条的规定，国家发展改革委特制定《必须招标的工程项目规定》。该规定经国务院批准于2018年6月1日施行，明确了全部或者部分使用国有资金投资或者国家融资的项目包括：(1)使用预算资金200万元人民币以上，并且该资金占投资额10%以上的项目；(2)使用国有企业事业单位资金，并且该资金占控股或者主导地位的项目。也明确了使用国际组织或者外国政府贷款、援助资金的项目包括:(1)使用世界银行、亚洲开发银行等国际组织贷款、援助资金的项目;(2)使用外国政府及其机构贷款、援助资金的项目。不属于上述规定情形的大型基础设施、公用事业等关系社会公共利益、公众安全的项目,必须招标的具体范围由国务院发展改革部门会同国务院有关部门按照确有必要、严格限定的原则制订,报国务院批准。

前述规定范围内的项目,其勘察、设计、施工、监理以及与工程建设有关的重要设备、材料等的采购达到下列标准之一的,必须招标:(1)施工单项合同估算价在400万元人民币以上;(2)重要设备、材料等货物的采购,单项合同估算价在200万元人民币以上;(3)勘察、设计、监理等服务的采购,单项合同估算价在100万元人民币以上。同一项目中可以合并进行的勘察、设计、施工、监理以及与工程建设有关的重要设备、材料等的采购,合同估算价合计达到前款规定标准的,必须招标。实务中务必注意以上必须招标的范围。

第四节 "背靠背"条款效力的法律风险与防范

"背靠背"条款又称"业主支付前提条款",是指合同存在三方或多方、具有上下游合作关系的业务中,中间方的主体将其与上游主体合同中的义务(义务范围包括但不限于支付价款、提供货物、特定服务等),以相同的形式转移给下游的合作主体,以上游主体给付或履约作为向下游主体给付或履约的前提条件。

建设工程合同司法实践中,总承包人为转移业主拖欠工程款的风险,通常会在建设工程分包合同(仅指合法分包)中约定总承包人收到业主支付的工程款后,向分包人支付分包款,即分包款的支付以业主向总承包人支付工程款为前提。该等条款在司法实践中被称为"背靠背"条款。

根据对司法案例的研判,司法实践中"背靠背"条款的核心是"业主先行支付","背靠背"条款的一般内容如下:

1. 业主向总承包人支付工程款后总承包人再向分包人付款。

2. 分包人的价款按业主工程款的付款进度支付或付款比例支付。

3. 业主未向总承包人支付工程款的,总承包人不承担任何责任,分包人不得通过起诉等方式要求总承包人支付分包价款。

对于"背靠背"条款,司法实践中有观点认为是附期限的条款,有人认为是附条件的条款:

1. 依据《民法典》第一百六十条之规定,民事法律行为所附期限具有以下特点:第一,条件的发生与否属于不确定的事实,但期限的到来则是确定发生的事实。因此,对附期限的民事法律行为来说,其生效或失效本身并不具有或然性,是将来一定能够发生的事实。第二,附期限的民事法律行为体现了当事人对民事法律行为生效或失效的期限约定,所附期限属于民事法律行为的附属意思表示,体现了双方的意思自治。第三,期限的到来是必然确定的,但具体期限并不明确。

有观点认为,若将"背靠背"条款认定为附条件条款,则会使付款义务变得不确定,而签署"背靠背"条款的双方主体均缺乏免除付款义务的动机,继而认为"背靠背"条款非附条件条款,应识别为附期限条款。

2. 依据《民法典》第一百五十八条之规定,民事法律行为中所附条件,是指当事人以未来客观上不确定发生的事实,作为民事法律行为效力的附款。所附条件具有以下特点:第一,条件系当事人共同约定,并作为民事法律行为的一部分内容。条件体现的是双方约定一致的意思,这是与法定条件最大的不同之处,后者是指由法律规定的且不由当事人意思决定并具有普遍约束力的条件。当事人不得以法定条件作为其所附条件。第二,条件是未来可能发生的事实。这意味着,已经过去的、现在的以及将来确定不会发生的事实不能作为民事法律行为的所附条件。如果是将来必然发生的事实,应当认定为附期限。应当注意,这种条件事实发生的不确定性应当是客观存在的,如果仅仅是当事人认为事实发生与否不确定,但实际上必然发生或者不发生的,也不能认定为所附条件。第三,所附条件是当事人用以限定民事法律行为效力的附属意思表示。应当将所附条件与民事法律行为中的供货条件、付款条件等相互区分,后者是民事法律行为自身内容的一部分而非决定效力的附属意思表示。第四,所附条件中的事实应为合法事实,违法事实不能作为民事法律行为的附条件。以所附条件决定民事法律行为效力发生或消灭为标准,条件可以分为生效条件和解除条件。所谓生效条件,是指使民事法律行为发生或者不发生效力的条件。生效条件具备之前,民事法律行为虽已成立但未生效,其是否发生效力处于不确定状态。

建设工程分包合同中的"背靠背"条款,其核心是"发包人先行支付"作为总承包人给付义务生效的前提。发包人虽然在合同中有约定支付时限,但是并不一定能在约定的时限内支付,且可能存在其他不予支付的情形,故发包人支付与否、支付时间均存在不确定性。故"背靠背"条款实务中多被认为属于附条件的条款。

根据《民法典》的规定,附生效条件的法律行为,自条件成就时生效。"背靠背"条款的生效条件即"业主向总承包人支付工程款",如果业主已向总承包人支付工程款,即该条件成就,分包人有权行使价款请求权,要求总承包人履行给付价款之义务。因此,进一步而言,"背靠背"条款应属于附生效条件的条款。

鉴于《民法典》规定在建设工程验收不合格以及经修复仍然不合格的情形下,承包人无权主张工程款,故不能认定工程款的主张是附期限的,因为附期限一般认定期限一定会届满,附条件则可能条件永远不能成就。所以笔者认为“背靠背”条款为附条件条款。

考虑到“背靠背”条款不违反法律、行政法规强制性规定,一定程度上体现了总包与分包就分包部分工程款项获得的风险共担原则,有利于促进总分包之间合作加强项目管理和风险管控,且分包商作为市场商事主体应对其签约时“背靠背”条款有一定的风险认知,因此当双方合同约定有“背靠背”条款时,如果分包人主张无效,不应予以支持。但总包人也应积极向业主主张权利,不得怠于行使权利的同时再以“背靠背”条款为由抗辩分包人的付款主张,而损害分包人合法利益,因此承包人怠于向发包人主张权利或不正当阻止付款条件成就的,仍以合同约定发包人付款的前提条件为由进行抗辩的,法院不应支持。当然,笔者仍建议通过发布司法解释的方式对此问题作出明确规定。

一、主要风险

(一)“背靠背”条款效力认定存在争议的风险

理论界的通说认为“背靠背”条款有效,但是,司法实践对“背靠背”条款效力并未形成一致意见。部分法院认为“背靠背”条款有效,部分法院认为“背靠背”条款无效,部分法院未明确“背靠背”条款的效力,但认为该等条款“显失公平”“约定不明”,不予支持。司法实践对“背靠背”条款的效力争议,具体如下。

1. 大部分判决认为“背靠背”条款有效

经笔者检索,大部分法院的判决认为,建设工程分包合同中的“背靠背”条款是总承包人和分包人的真实意思表示,内容不违反法律、行政法规的效力性强制性规定,应当有效。

例如,最高人民法院(2021)最高法民申 4924 号民事判决书、最高人民法院(2020)最高法民终 106 号民事判决书、江西省高级人民法院(2020)赣民终 958 号民事判决书及上海市第二中级人民法院(2021)沪 02 民终 392 号民事判决书等均认可“背靠背”条款的效力。

2. 部分判决否认“背靠背”条款的效力

司法实践否认“背靠背”条款效力的理由主要有以下几种。

第一,建设工程分包合同中的“背靠背”条款属于排除对方主要权利的格式条款,应属无效。例如,河北省邢台市中级人民法院(2019)冀 05 民终 517 号民事判决书认为:“但审查该合同内容可知,中建六局以收到发包人尾款作为给付长德公司的前提条件,是将其施工经营风险转嫁给分包人长德公司承担,该合同为格式合同,其约定的给付条件属于排除长德公司主要权利条款,依照《合同法》第四十条(已失效,对应《民法典》第四百九十七条第三款)的规定,该部分内容不产生合同效力。”

第二,建设工程分包合同的“背靠背”条款,不合理转嫁风险,违反公平原则,应认定无效。例如,陕西省高级人民法院(2018)陕民申109号民事裁定书认为:“申请人提出付款条件尚未成就的问题,经查,合同中有按照工程进度付款的约定条款,又有因业主拖欠工程款时,军华公司应当承担拖欠风险,不得起诉四建公司的约定条款。但后者条款剥夺军华公司及时主张欠付工程款的权利和诉讼的权利,对军华公司明显不公,且四建公司在原审中并未提出该辩解理由,也未提供证据证明业主仍拖欠涉案工程款的事实,故其该申请再审的理由不能成立。”

第三,建设工程分包合同无效的,其中的“背靠背”条款亦无效。例如,广东省广州市中级人民法院(2022)粤01民终3175号民事判决书认为:“至于景晖公司上诉主张双方在合同中约定背靠背条款,因业主单位还没有与其进行最终结算,故其无须支付粤林公司工程款问题。法院对此认为,由于双方签订的《园林绿化工程专业分包合同》无效,故该约定亦无效,在涉案绿化工程已经验收合格情况下,粤林公司要求景晖公司支付工程款依据充分,法院予以支持,景晖公司该项上诉主张不成立,法院不予支持。”

(二)“背靠背”条款性质的认定存在争议的风险

目前,理论界主流观点认为“背靠背”条款属于附生效条件的条款,还有部分观点认为“背靠背”条款属于附期限的条款。但是,经笔者检索,涉及“背靠背”条款的案件中,法院通常援引原《合同法》第四十五条或《民法典》第一百五十八、一百五十九条作为裁判依据,也即法院普遍认为“背靠背”条款属于附生效条件的条款。

就“背靠背”条款属于附条件的条款还是附期限的条款,理论界有争议。通说认为“背靠背”条款属于附生效条件的条款,但也有部分观点认为“背靠背”条款属于附期限的条款,还有部分观点认为“背靠背”条款既不属于附生效条件的条款,也不属于附生效期限的条款,而是总承包人和分包人关于付款期限的约定。

根据《民法典》的规定,民事法律行为可以附条件,也可以附期限。“条件者,指法律行为效力的发生或消灭,系于将来是否客观上不确定的事实。期限者,指法律行为效力的发生或消灭,系于将来确定发生的事实。条件与期限乃同以将来的事实为内容,其主要区别在于条件系针对客观上不确定的事实,期限作为确定发生的事实。”根据崔建远先生的观点,合同可以附条件或附期限,同样,合同条款亦可以附条件或附期限。所谓附款,无非是一种条款,属于意思表示的范畴。既然附款就是一种条款、一种意思表示,或意思表示的组成部分,那么,它可以与整个合同组合成一体,成为合同的一部分,也可以与作为合同组成部分的条款组合成一体。换句话说,合同的整体与合同的组成部分(条款)在本质上都不排斥附款。因此其坚持合同的条款可以附条件。因此,合同条款的效力具有一定的独立性,可以单独附款成为“附条件条款”或“附期限条款”。

建设工程分包合同中的“背靠背”条款，以将来“业主向总承包人支付工程款”作为总承包人给付义务生效的前提。在建设工程领域，业主何时向总承包人支付工程款以及最后能否支付工程款，存在不确定性；司法实践中，业主因为各种原因最后无法支付总承包人工程款的情况大量存在。因此，“业主支付工程款”属于将来客观上不确定之事实。因此，建设工程分包合同中的“背靠背”条款属于附条件的条款。

根据《民法典》的规定，附生效条件的法律行为，自条件成就时生效。“背靠背”条款的条件即“业主向总承包人支付工程款”，如果业主已向总承包人支付工程款，即该条件成就，“背靠背”条款生效，分包人有权行使价款请求权，要求总承包人履行给付价款之义务。因此，进一步而言，“背靠背”条款应属于附生效条件的条款。

笔者认为，认定“背靠背”条款属于附期限条款的观点，在于错误地将区分条件与期限的“客观事实”理解为“法律事实”。从法律角度看，业主负有向总承包人支付工程款的义务自不待言。但是，法律上负有该等义务并不意味着客观上该等义务未来确定能够履行，即业主未来是否可以实际支付工程款，仍属于客观上不确定的事实。

另外，“背靠背”条款也不属于对价款履行期限进行约定的条款。根据《民法典》的规定，附生效条件的法律行为，自条件成就时生效。“背靠背”条款的条件即“业主向总承包人支付工程款”，如果业主已向总承包人支付工程款，即该条件成就，“背靠背”条款生效，分包人有权行使价款请求权，要求总承包人履行给付价款之义务。相反，如果业主未向总承包人支付工程款，则该条款所附的条件不成就，“背靠背”条款不生效，分包人无权请求总承包人给付价款。若将“背靠背”条款认定为是双方当事人对价款支付期限的约定，则意味着该条款在建设工程分包合同生效时便已生效，在此种情况下，若总承包人恶意阻止条件成就，将会导致分包人在承包人恶意逃避付款义务时救济难度加大甚至面临无法救济的境况，这一规定并不符合公平原则的价值判断。因此，“背靠背”条款不属于双方当事人对价款履行期限进行约定的条款。

（三）“背靠背”条款举证责任的分配存在争议的风险

司法实践中，法院对“背靠背”条款举证责任的分配亦有争议，部分法院认为应由分包人对总承包人未积极履行催告义务、结算义务等承担举证责任，但大多数法院则认为应当由总承包人对自己未怠于行使权利，即积极履行催告义务、结算义务等承担举证责任。

笔者研究发现，上述争议点为司法实践中关于“背靠背”条款最主要的争议内容，对于前述争议，具体如下。

1. 总承包人应对“背靠背”条款生效、所附条件未成就的基本事实承担举证责任。

《最高人民法院关于适用〈中华人民共和国民事诉讼法〉的解释》第九十一条规定：“人民法院应当依照下列原则确定举证证明责任的承担，但法律另有规定的除外：

（一）主张法律关系存在的当事人，应当对产生该法律关系的基本事实承担举证证明责任；（二）主张法律关系变更、消灭或者权利受到妨害的当事人，应当对该法律关系变更、消灭或者权利受到妨害的基本事实承担举证证明责任。”

在分包人起诉总承包人支付分包价款的案件中，总承包人通常会援引“背靠背”条款进行抗辩，对分包人的价款请求权造成妨害。根据前述规定，总承包人应对权利受到妨害的基本事实承担举证证明责任，即总承包人应对“背靠背”条款生效的基本事实和业主未付工程款的基本事实承担举证证明责任。

湖北省高级人民法院（2019）鄂民申2110号民事裁定书认为：“因工程结算及付款的相关证据由天宇公司与业主持有，玉达公司无法取得，原判决将证明天宇公司与业主之间是否结算的举证责任分配给玉达公司不当。二审期间，玉达公司书面申请法院调查收集天宇公司与业主之间工程结算及款项支付的证据，其申请符合《最高人民法院关于适用〈中华人民共和国民事诉讼法〉的解释》第九十四条第（三）项规定的情形，但二审法院未予准许，故玉达公司的再审申请符合《中华人民共和国民事诉讼法》（2017年）第二百条第（五）项规定的情形。”

2. 总承包人应对其没有不正当阻止条件成就承担举证证明责任。

《民法典》第一百五十九条规定：“附条件的民事法律行为，当事人为自己的利益不正当地阻止条件成就的，视为条件已经成就；不正当地促成条件成就的，视为条件不成就。”

司法实践中，法院认定总承包人为自己的利益不正当地阻止条件成就的事由主要有如下几点：

（1）业主已支付工程款，但总承包人以不合理的理由拒绝向分包人支付。

（2）案涉建设工程已竣工验收合格，总承包人未积极与业主进行结算，未积极催告业主支付工程款。

（3）业主经催告一直拒绝支付工程款的，总承包人未及时起诉业主索要工程款。

（4）总承包人与业主恶意串通，故意不支付工程款。

司法实践中，大多数法院认为总承包人应举证证明其不存在上述阻止条件成就的不正当行为，否则应承担举证不利的后果。但也有法院认为分包人应对总承包人怠于行使权利承担举证责任。但是，由于总承包人与业主之间的结算、价款支付等属于其商业秘密，分包人作为总包合同外当事人，很难知晓具体情况，将举证责任分配给分包人，不仅不符合法律规定，也不具有合理性。

二、防范措施

（一）作为总承包人的风险防范

1. 总承包人应注意在建设工程分包合同中约定详细具体的“背靠背”条款，应将

“背靠背”条款加粗，向分包人提示、解释“背靠背”条款内容并与其协商，对相关沟通记录进行留存。应避免剥夺分包人的诉讼权利，避免不合理地限制分包人的权利。

2. 总承包人在履约过程中，应积极催告业主支付工程预付款、进度款；在工程竣工验收后，应积极与业主方进行结算，催告业主及时支付工程款，合理催告后业主仍不支付的，应及时起诉。总承包人应保留对业主进行催告等的过程文件。否则，即使“背靠背”条款有效，也可能被法院认定为怠于行使权利，不正当阻止条件成就，视为付款条件已成就。

（二）作为分包人的风险防范

1. 在签约阶段，应仔细、完整阅读分包协议的各项条款，尽量避免签署带有“背靠背”支付条款的分包协议，保持分包协议结算及付款条款的独立性；如分包协议涉及“背靠背”条款，分包人应向总承包人提出修改背靠背条款内容，并保留沟通记录。

2. 签署建设工程分包合同无法修改“背靠背”条款时，分包人应要求总承包人加入总承包人最后付款期限的条款，以便在业主未向总承包人支付工程款但总承包人最后付款期限已届满的条件下，起诉要求总承包人支付分包价款。

三、典型案例

1. 陕西建×安装集团有限公司与赵某鹏建设工程施工合同纠纷案[①]

【案例要点】

总包商为转移业主支付不能的风险，而在分包合同中设置“以业主支付为前提”的条款，通常称为“背靠背”条款，该条款有其一定的合理性和合法性，故该约定有效。

【案情简介】

2008年9月15日，陕西建×安装集团有限公司（以下简称建×公司）下属东方希望项目部将其承包的东×希望（三门峡）铝业有限公司的挖潜工程10#、11#高配电气及高压电网安装调试工程部分包给赵某鹏施工，承包方式为一次性包干使用，建×公司提取35%管理费，业主批准的计价款到建×公司账户5日内，建×公司将工程款支付给赵某鹏。后建×公司项目部出具结算单，载明根据业主审批量，至2008年11月欠赵某鹏工程款289,399.51元。因建×公司以业主仍未结算、付款为由没有支付所欠工程款，赵某鹏诉至法院。

【裁判结果】

二审法院认为，赵某鹏与建×公司签订《劳务分包合同》后，按照约定完成了双方

---

① 案号：(2014)三民终字第199号。

约定的施工任务,建×公司东方希望项目部出具了签章确认的结算单。结算单显示根据业主审批量,截至2008年11月建×公司欠赵某鹏工程款289,399.51元,对欠付的款项建×公司依法应予清偿。建×公司与赵某鹏在分包合同中“执行业主验收计价程序及规定、建×公司在业主批准的计价款到达账户5日内及时支付给赵某鹏”的约定,是在目前建筑市场处于绝对买方市场,业主为大,业主拖欠工程价款现象日趋普遍的建筑市场环境下,总包商为转移业主支付不能的风险,而在分包合同中设置“以业主支付为前提”的条款,通常称为“背靠背”条款,该条款有其一定的合理性和合法性,故该约定有效。

【点评分析】

本案涉及的是分包合同当事人约定的“以业主支付为前提”的“背靠背”条款的效力认定问题。

依据《民法典》第一百五十三条的规定,违反法律、行政法规的强制性规定的民事法律行为无效。但是,该强制性规定不导致该民事法律行为无效的除外。在我国建设工程施工领域中,“背靠背”条款并未有一个明确的定义,它主要是总承包人通过合同条款的安排将工程合同中的风险、义务和责任等相关内容转移到对应的分包合同中,由分包人分摊部分或全部义务和责任,借此减少己方的相关风险、义务和责任,其核心是“发包人先行支付”,条款主要特征体现为:发包人向总承包人支付对应项目的工程款为总承包人向分包人付款的前提条件,发包人未按时或未足额付款,总承包人对分包人不承担延期付款或未足额付款的违约责任。该“背靠背”条款因是双方当事人的真实意思表示,又不为法律所禁止,故一般在司法实践中都认可其法律效力。本案中,法院以“背靠背”条款为附条件的约定,进行判决是正确的。

【实务提示】

1.“背靠背”条款作为总承包人的抗辩条款,其适用也是要具备条件的。实务中应注意总承包人对“背靠背”条款的行使条件。

(1)在适用“背靠背”条款时,应当是明确具体且可操作的。如总承包人欲让分包人共同承担整体工程竣工结算后业主才支付相应的工程款的风险,必须在“背靠背”条款中明确约定,体现“背靠背”条款的核心特征。

(2)总承包人应当积极行使权利并保留证据,确保日后能够证明:业主付款条件确未达成或虽然已经达成业主未按约付款,但总包方已经积极向业主主张了权利。

(3)基于分包商对总承包商和建设单位的合同信息不对称,“背靠背”条款设置时要适当兼顾分包商的知情权,尽量体现合同的公平合理。比如,将建设单位与承包商签订的(总)承包合同(隐去价格等商业秘密条款)向分包商开放(复印),由分包商主动掌握(总)承包合同中与分包合同“背靠背”的内容。

2. 实务中,分包单位对“背靠背”条款风险的破解提示。

(1)设置“最长付款期限”机制,避免总包单位因建设单位付款不能而无限期拖延分包工程款的支付。

(2)设置总包单位“及时披露建设单位付款情况”“及时披露向业主积极行使权利”的义务条款,并约定逾期付款和逾期披露的违约责任。

(3)有证据显示总包单位怠于向建设单位行使权利的,可选择行使“代位权”,向发包人主张工程款。

(4)当分包合同无效时,可主张其中“背靠背”条款作为合同部分亦无效。

(5)当分包合同采用由总承包商所提供的格式文本,总包方未对“背靠背”条款进行提示或说明时,可主张该条款属于格式条款不构成合同的组成部分。

2. 上诉人中国建筑×局(集团)有限公司与被上诉人沈阳祺×市政工程有限公司、一审被告沈阳大×城市开发建设投资有限公司建设工程施工合同纠纷案①

【案例要点】

“背靠背”条款中,总承包方负有积极向发包方主张工程款的义务,不正当地阻止条件成就的,视为条件已成就。

【案情简介】

2013年9月,沈阳大×城市开发建设投资有限公司(以下简称大×建设公司)与中国建筑×局(集团)有限公司(以下简称中建×局)签订《施工总承包合同》,主要约定将宝马公司项目工程(施工总承包)交由中建×局承包。后中建×局将部分工程分包给沈阳祺×市政工程有限公司(以下简称祺×公司)。

双方签订了《分包合同》,约定分包人于每月25日前向承包人提交工程进度款请款申请资料,经承包人审核同意且承包人收到发包人相应进度款后15工作日内支付分包人上审核周期已完工程进度款的40%等支付条件。

经查明,祺×公司承建的案涉工程已于2014年12月完成并经竣工验收,宝马公司现已经使用。大×建设公司依据工程进度审核造价,向中建×局支付了审核款的40%工程款。中建×局于2014年1月扣除相关费用向祺×公司汇款部分工程款。

后祺×公司因工程款支付问题将中建×局诉至法院,中建×局以“背对背”条款为依据,主张其不负有付款义务。法院审理认为中建×局的该项免责事由应以其正

① 案号:(2020)最高法民终106号。

常履行协助验收、协助结算、协助催款等义务为前提。中建×局作为大×建设公司工程款的催收义务人，中建×局并未积极履行以上义务，属于当事人为自己的利益不正当地阻止条件成就，应视为条件已成就，故中建×局关于“背靠背”条件未成就、中建×局不负有支付义务的主张，理据不足。

【裁判结果】

最高人民法院认为，关于本案工程款是否已具备支付条件的问题，该问题的争议主要在三个方面，一是案涉工程是否已经竣工，二是中建×局主张的工程款支付所附审计条件是否成就，三是中建×局主张的工程款支付所附“背靠背”条件是否成就。经审理，法院认定案涉工程款已经具备支付条件，具体理由如下：……关于“背靠背”付款条件是否已经成就，中建×局提出双方约定了在大×建设公司未支付工程款情况下，中建×局不负有付款义务。但是，中建×局的该项免责事由应以其正常履行协助验收、协助结算、协助催款等义务为前提，作为大×建设公司工程款的催收义务人，中建×局并未提供有效证据证明其在盖章确认案涉工程竣工后至本案诉讼前，已积极履行以上义务，对大×建设公司予以催告验收、审计、结算、收款等。相反，中建×局工作人员房某的证言证实中建×局主观怠于履行职责，拒绝祺×公司要求，始终未积极向大×建设公司主张权利，该情形属于原《合同法》第四十五条第二款规定附条件的合同中当事人为自己的利益不正当地阻止条件成就的，视为条件已成就的情形，故中建×局关于“背靠背”条件未成就、中建×局不负有支付义务的主张，理据不足。另外，中建×局主张祺×公司未足额发放工人工资，但其未能提供证据证明；其主张祺×公司未能实现不与案外人发生债务纠纷的承诺，但纠纷均已解决。因此，中建×局的以上主张均不能成立，一审法院认定案涉工程款已经具备支付条件，并无不当，法院予以维持。

【点评分析】

本案涉及建设工程中“背靠背”结算条款的认定及法律后果问题。

对于“背靠背”条款是否具有效力，实务中对此存在不同认识，肯定的观点认为在“背靠背”条款不存在民法规定的无效情形下，应当与合法分包合同的其他条款一样自合同成立之日生效。并且合同双方约定将一方付款作为另一方付款之前提，属于当事人之间的自治性约束。法律并未禁止对建设工程合同中支付工程款附加限制条件，因此该条款并未违反效力性强制性规定等，应当有效。否定的观点则认为“背靠背”条款突破合同相对性，有违公平原则，应当无效。

笔者赞同第一种观点，而且该肯定的观点也是目前司法实践中的主流观点。本案的“背靠背”条款属于总承包人与分包人真实意思表示的体现，在不存在民法规定的无效情形的前提下，应当认定为有效。双方签约时考虑到建设单位是否会向承包人支付工程款存在一定不确定性，该类条款属于对一方履行支付义务附加限制条件，其实质上应属于附条件的民事法律行为，在条件成就(建设单位向承包人付款)时则产生相应的法律后果(承包人需向分包人付款)。此外，结合附条件法律行为的规定，“背靠背”条款有效，承包人想要以该条款抗辩还须积极促成相应条件的成就，如协助催款、协助结算等义务的履行，否则将被认定为不正当地阻止条件成就，视为条件已成就的情形，不得以该条款主张支付条件不成就。

【实务提示】

司法实践中，即使“背靠背”条款被认定为有效，法院也会要求总承包人承担严格的举证责任，总承包人应举证证明其不存在不正当阻止条件成就的事实。总承包人如果怠于向发包人主张权利，则不得以“背靠背”条款进行抗辩。

第四章

工期延长与工程质量法律风险与防范

第一节　工期延长的法律风险与防范

工期是建设工程项目管理控制的三大目标之一，也是建设工程合同签订与履行以及合同争议解决过程中所涉及的三大核心要素之一，工期延长是指实际施工工期相较计划工期的延长。工期延误不但会造成人力和物力的浪费，还会影响社会效益，造成一定的负外部性影响。由于建设工程具有投资巨大、周期长、环节多、技术性强、不确定因素多等特点，不能如期竣工而导致发包人、承包人双方为此诉至法院的现象在建筑市场上屡见不鲜。施工过程中导致工期延误的情况，有的是建筑施工企业的原因造成的，有的是建设单位的原因造成的，有的是不可归责于双方当事人的原因造成的。

依据《建设工程施工合同（示范文本）》（GF－2017－0201）的规定，工期是指发包人、承包人在施工合同中约定的包括节假日在内的总承包天数。也就是说，工期是进行工程施工的期限，即开工日期与竣工日期之间的日历天数，包括节假日。

一、开工日期与竣工日期

（一）开工日期

开工日期，是指承包人进场开始施工的日期。对于开工的标准，当事人有约定的，从其约定；当事人没有约定或者约定不明的，一般以承包人的机器设备、人员进场施工为标准。实践中，当事人就开工的时间经常发生争议，其原因是当事人约定的开工日期与实际开工日期不一致。在此情形下，应按照下列原则认定开工日期：

1. 承包人有证据（发包人向承包人发出的通知、工程监理记录、当事人会议纪要、施工许可证等）证明实际开工日期的，应当认定该日期为开工日期；

2. 承包人没有证据证明实际开工日期但有开工报告的，应当认定开工报告中记

载的开工日期为开工日期;

3. 承包人没有任何证据证明实际开工日期,也没有开工报告的,应当以合同约定的开工日期为开工日期。

实践中,开工日期因受各种因素影响,常出现难以确定开工日期的情况,如开工令颁发后,现场分栋移交,造成整个工程的开工日期无法确定;开工报告经批准后,施工单位实际进场施工,但发包方分包的桩基工程仍未施工完毕等。当出现开工日期不确定因素时,为避免争议,承包人应与发包人协商一致,共同以会议纪要、补充协议等形式将开工日期固定化。

(二)竣工日期

竣工日期,是指承包人完成建设工程施工任务的日期。一般来说,工程竣工后,发包人就组织进行竣工验收,确认合格后予以验收通过。建设工程竣工日期通常采用一个时间段或截止日为表现方式,一般都在建设工程施工合同中予以写明,而实际生活中竣工日期则往往会引起争议。有时承包方可能会比合同预计的日期提前完工,有时也可能因为种种原因不能如期完工,而工程完工之日和竣工验收合格之日也可能有一个时间差,究竟以哪个时间点作为实际竣工日期至关重要。

《最高人民法院关于审理建设工程施工合同纠纷案件适用法律问题的解释(一)》第九条规定:"当事人对建设工程实际竣工日期有争议的,人民法院应当分别按照以下情形予以认定:(一)建设工程经竣工验收合格的,以竣工验收合格之日为竣工日期;(二)承包人已经提交竣工验收报告,发包人拖延验收的,以承包人提交验收报告之日为竣工日期;(三)建设工程未经竣工验收,发包人擅自使用的,以转移占有建设工程之日为竣工日期。"由此可见,认定建设工程的竣工日期,应从以下几个方面把握。

1. 以双方确认的日期为竣工日期。工程实际竣工日期的确认,如经双方签字确认竣工日期的,应以双方确认的日期为竣工日期。确认的形式一般为书面形式,如竣工验收登记表、协议、会议纪要、往来函件、监理记录等。

2. 一般正常情况下,建设工程经竣工验收合格的,以竣工验收合格之日为竣工日期,而不是以承包方提交竣工验收报告之日个为竣工日期。

3. 承包人已经提交了申请竣工验收的报告,而发包人迟迟不予验收的,以承包人提交验收报告之日为竣工日期,而不是以后来验收合格之日为竣工日期。

4. 在建设工程未经竣工验收的情况下,发包人擅自使用的,以建设工程转移占有之日为竣工日期。

实践中,经常会遇到有关延期竣工纠纷的诉讼时效问题。如双方在建设工程施工合同中约定了竣工日期,但承包方没有如期竣工,实际竣工日期比合同约定的竣工日期晚。发包方起诉要求按合同约定追究承包方逾期竣工的违约责任。承包方却认为，按照合同约定工程应当在某年某月竣工，如果这时工程没有竣工，发包方就知道或应当知道自己的权利已被侵害，诉讼时效应当从此时开始计算，而发包方起诉时已经超过了法定的诉讼时效期间，故应当驳回发包方的诉讼请求。由于承包方违约的状态一直在持续，究竟承包方违约多少天，发包方要等工程实际竣工时才能计算出来，如果诉讼时效从双方合同约定的竣工日期开始起算，对发包人来说是很不公平的。所以，诉讼时效的起算点应从工程实际竣工之日开始，而不是从双方合同约定的竣工日期开始起算。

二、工期延误与工期顺延

工期延误，是指工程施工过程中任何一项或多项工作实际完成日期迟于计划规定的完成日期，从而可能导致整个合同工期的延长。工期延误对合同双方一般都会造成损失。业主因工期延误不能及时交付使用建设工程，投入生产，就不能按计划实现投资效果，会失去盈利机会、损失市场利润；承包商因工期延误会增加工程成本，生产效率降低，企业信誉受到影响，最终还可能承担合同约定的工期违约损害赔偿的责任。

工期顺延，是指由于发包人的原因，或者其他非承包人的原因造成的工期延误，承包人可以按合同约定或者法律规定相应顺延延误的工期。因此，工期延误时，工期顺延的必要条件之一是发生了工期可以延误的情形。

需要注意的是，只有关键线路上的工期延误才会导致工期顺延；非关键线路上的工期延误并不影响竣工日期，也不会造成整个建设项目的工期延误。因此，发生在非关键线路上的工期延误的情形并不会导致工期顺延。为了完工，有多条线路的工作需要去做，其中一条线路上任何工作的延误都会造成工期的延误，这个线路就叫关键线路。为了完工，有多条线路的工作需要去做，其中一条线路上部分工作的延误不会造成整个项目工期的延误，这个线路就叫非关键线路。

《民法典》第七百九十八条规定，隐蔽工程在隐蔽以前，承包人应当通知发包人检查。发包人没有及时检查的，承包人可以顺延工程日期，并有权请求赔偿停工、窝工等损失。第八百零一条规定，因施工人的原因致使建设工程质量不符合约定的，发包人有权请求施工人在合理期限内无偿修理或者返工、改建。经过修理或者返工、改建后，造成逾期交付的，施工人应当承担违约责任。第八百零三条规定，发包人未按照约定的时间和要求提供原材料、设备、场地、资金、技术资料的，承包人可以顺延工程日期，并有权请求赔偿停工、窝工等损失。第八百零四条规定，因发包人的原因致使工程中途停建、缓建的，发包人应当采取措施弥补或者减少损失，赔偿承包人因此造成的停工、窝工、倒运、机械设备调迁、材料和构件积压等损失和实际费用。《最高人民法院关于审理建设工程施工合同纠纷案件适用法律问题的解释（一）》第十一条规定,建设工程竣工前,当事人对工程质量发生争议,工程质量经鉴定合格的,鉴定期间为顺延工期期间。从以上法律规定可以看出,实践中,工期的影响因素主要有以下方面:

1. 因发包人过错而导致的工期延误

(1)对隐蔽工程不及时验收而导致的工期延误;

(2)不及时支付预付款、工程进度款而导致承包人无资金施工的工期延误;

(3)对分段工程不及时验收而导致的工期延误;

(4)不及时提供建筑材料设备场地资金等导致的工期延误。

2. 因施工人过错而导致的工期延误

(1)建筑工程质量不合格而返工等所导致的工期延误;

(2)因施工人人手不够而导致的工期延误;

(3)其他因施工人原因而导致的工期延误。

3. 其他原因所导致的工期延误

(1)鉴定所导致的工期延误;

(2)工程量增加、设计变更所导致的工期延误;

(3)不可抗力所导致的工期延误;

(4)意外事件导致的工期延误;

(5)第三人原因所导致的工期延误。

三、主要风险

施工过程中导致工期延误的原因各种各样,如果工程实施过程中任何一项或多项工作的实际完成时间迟于计划时间,都有可能导致整个工期的延长,给承发包双方带来诸多不利影响,工期延误的法律风险主要有以下几个方面。

(一)工程项目工期延长时,会导致承包人投入加大、施工成本增加的风险

当工期延长时,承包人将投入相较于预期成本更高的实际成本,承受更长周期的资金回款压力。如果发包人不认可承包人为此多投入的成本,此时承包人所承受的额外成本会转变为自身的实际损失。具体包括:

1. 人工费的增加。工期延长导致人工费增加的情形主要包括:现场工人的停工、窝工损失;现场工人低效率生产损失;额外增加的加班加点工资损失。

2. 措施费的增加。工期延长导致措施费会相应增加的主要情形包括:机械租赁费用增加,脚手架租赁费用增加,临时设施使用时间变长、周转次减少等,从而导致项目成本增加。

3. 企业管理费增加。承包人在工期延长期间无法完成计划工程量或完成的工程量不足,但企业管理费支出并不会等比例减少,只要工程没有竣工验收交付发包人,

企业管理费的支出就会一直发生,受工期延长的影响,企业管理费构成项目中的管理人员工资、办公费、差旅交通费、固定资产使用费、工具用具使用费、劳动保险和职工福利费、劳动保护费、工会经费、职工教育费、财产保险费、财务费用、税金一般都会增加。

4. 贷款利息增加。几乎所有的工程项目都有承包人贷款垫资施工,当工期延长时,会导致贷款周期随之延长,贷款利息增加。

(二)工程项目工期延长时,会导致承包人现金流风险

发包方与承包方在签订建设工程施工合同时,一般会约定按工程进度给付相应的工程价款。如正负零、结构封顶等节点,或者有与进度节点挂钩的付款,如竣工验收完成的节点。如果工期延长,施工企业将无法按照合同约定的工程节点获得工程款项。但此时,承包人却又不得不继续支付项目材料、劳务等费用,如此下去必然打乱公司经营策略,给承包人现金流造成巨大压力,甚至可能导致资金链断裂。

(三)工程项目工期延长时,会导致承包人承担违约风险

在施工过程中,发包人决定暂缓、暂停工程时,很多时候不会直接向承包人发出明确公函或函告,而是通过现场管理、施工质量等方面向承包人施加压力。其利用这种方式,既达到缓建的目的,也将部分责任转嫁给承包人。如此一来,发包人达成顺延工期的目的,但也可能导致承包人工期违约。施工合同中往往会约定较为严苛的工期违约责任。当项目出现逾期竣工或者节点工期未达到时,如果承包人的相关证据不够齐备,法院很可能会认定是因承包人的原因而导致工期延误。则承包人很可能承担相应的工期违约责任,向发包人赔偿损失或者支付违约金。

四、防范措施

由于建设工程具有投资巨大、周期长、环节多、技术性强、不确定因素多等特点,不能如期竣工而导致发包人、承包人双方为此诉至法院的现象在建筑市场上屡见不鲜。施工过程中导致工期延误的原因各种各样,有的是建筑施工企业的原因,有的是建设单位的原因,有的是不可归责于双方当事人的原因。作为施工单位应注意防范工期延误的法律风险。

(一)投标时谨慎测算工期,不做不切实际的工期承诺

很多承包人在投标阶段时为了获取项目,在没有详细评估项目要求和施工力量的前提下就向发包人作出工期的承诺。当项目出现技术或施工力量上的难题,工期延长就无法避免。所以承包人在投标时,应当结合自身能力和发包人要求,谨慎测算工期,避免为承接工程而做出超越自身施工能力的承诺。承包人在测算工期时具体可以参考《建筑安装工程工期定额》(TY 01 - 89 - 2016)和各地城建主管部门发布的工期管理文件来核算自己所需工期。

(二)合同签订时,重视合同工期的谈判

在工程实践中,发包人在合同订立与谈判方面具有优势地位。尤其是招标项目,其合同条款系发包人拟订的,发包人往往在合同条款中约定了对自己有利的工期条款。因此,承包人在签订书面合同时,应该进行综合考虑,本着公平合理和权利义务对等的原则,据理力争,尽力争取有利的工期条款。具体应把握好以下几点。

1. 合理确定开工、竣工时间。

开工、竣工日期关系承包人是否构成工期违约,也关系竣工后工程保修和工程风险转移等问题,所以开工、竣工日期特别是竣工日期的确定对承发包双方都有重要意义。因此在合同中要详细约定开工日期和竣工日期的确定方式,减少双方争议。

2. 明确工期顺延情形。

签订合同时要明确是否按照现行《建设工程施工合同(示范文本)》(GF－2017－0201),对因发包人原因以及不利物质条件、异常恶劣气候条件等事件引起的工期延误要做具体规定。

3. 重点关注工期违约条款。

实践中,发包人有时会对工期延误规定较高的违约金数额,因此承包人应当有警醒意识,要充分考虑在实际施工中,阻碍工程按时竣工的不确定因素,尽量避免工期延误违约。同时要做好合同谈判工作,如发包人强烈坚持在合同中约定高额逾期竣工违约金,承包人则可以要求约定因发包人原因导致工期延误的对等的违约金。

(三)加强有效的工期管理

在一个正常项目中,明确的起点和终点可以理解为工期范畴上的开工时间和竣工时间,而进度表反映的就是满足项目要求所采用的技能、工具与技术在时间上的顺序关系。

为了实现有效的工期管理,必须能够做到以下四个方面:(1)针对严重干扰或延误工作进度的各种风险进行详细评估;(2)对于可能受严重干扰或延误的工作序列,制定分割成平行路径而非连续路径的计划;(3)制作能对项目进展情况进行测算的工期模型;(4)在设计、采购和施工阶段,制定可用于处理突发事件的实用策略。

(四)强化工期索赔与费用索赔的精细化工作

一是承包人应加强工期索赔的时效管理和证据管理能力。建设工程施工合同通常对工期延误索赔程序及期限予以明确约定,合同双方均应严格遵照执行,否则将面临自担损失的风险。故承包人应按合同约定的程序和期间提出索赔。施工合同中经常约定承包人未在规定的期限内发出索赔通知的,丧失要求追加付款和延长工期的权利。如《建设工程施工合同(示范文本)》(GF－2017－0201)通用合同条款第19.1条明确:“承包人应在知道或应当知道索赔事件发生后28天内,向监理人递交索赔意向通知书,并说明发生索赔事件的事由;承包人未在前述28天内发出索赔意向通知书的，丧失要求追加付款和（或）延长工期的权利。”《最高人民法院关于审理建设工程施工合同纠纷案件适用法律问题的解释（一）》第十条第二款规定，“当事人约定承包人未在约定期限内提出工期顺延申请视为工期不顺延的，按照约定处理”。因此，承包人必须关注合同中的有关索赔程序和期间的约定，在履约中按约定提出索赔，避免出现“逾期失权”的情况。

同时，承包人在施工过程中应当强化工期顺延和索赔的证据管理，重视证据形成和收集工作。一方面，重视对工期延误损失的证据管理，如工程签证、施工日志以及现场记录等，并对因机械、设备、场地、工人工资以及施工单位的违约赔偿等所导致的损失及时进行收集及固定，再汇总给工程相关部门，由专人进行统一保管及专项管理；另一方面，在工期顺延事由发生后及时形成相应的索赔意向书或索赔报告，并向监理单位或发包人发出，必要时须做好相关证据保全及公证工作，以备诉讼之需。

二是承包人要善于抓住索赔机会。承包人必须熟悉施工合同和施工惯例，能够及时把握住索赔点，一旦发生工期索赔事件，就应当立即发出工期索赔意向通知书。根据《建设工程施工合同（示范文本）》（GB－2017－0201）的规定，出现以下情形，均可以提出索赔：

（1）发包人未能在计划开工日期之日起7天内同意下达开工通知的（通用合同条款第7.5.1条）；

（2）发包人未能按合同约定提供图纸或所提供图纸不符合合同约定的（通用合同条款第7.5.1条）；

（3）发包人未能按合同约定提供施工现场、施工条件、基础资料、许可、批准等开工条件的（通用合同条款第7.5.1条）；

（4）发包人提供的测量基准点、基准线和水准点及其书面资料存在错误或疏漏的（通用合同条款第7.5.1条）；

（5）发包人未能按合同约定日期支付工程预付款、进度款或竣工结算款的（通用合同条款第7.5.1条）；

（6）监理人未按合同约定发出指示、批准等文件的（通用合同条款第7.5.1条）；

（7）因发包人原因造成监理人未能在计划开工日期之日起90天内发出开工通知的（通用合同条款第7.3.2条）；

（8）因发包人原因引起的暂停施工（通用合同条款第7.8.1条）；

（9）发包人提供的材料或工程设备不符合合同要求的（通用合同条款第8.5.3条）。

以上情形均由发包人承担由此延误的工期和（或）增加的费用，且发包人应支付承包人合理的利润。

三是承包人应提升总承包管理能力。承包人对工程管理要有计划性。计划性不仅仅体现在承包人如何调配自有资源组织施工，更加体现在作为总承包人来协调发包人和第三方的资源来推进项目。一方面，承包人要把计划性体现在施工组织设计、进度计划和施工方案上，并通过监理人、发包人对上述计划、方案的认可来固化发包人的工期配合责任。另一方面，在施工过程中，承包人既要对自己施工的施工质量、进度严格管控，也要时时关注并督促发包人、平行发包单位、指定分包单位、甲供材供应单位的质量与进度，真正履行总承包管理职能。在总承包管控中，如出现因发包人或发包人指定、委托的第三方原因导致的工期延长，承包人应及时申请工期索赔和费用索赔。

（五）承包人适时地向发包人解除合同

如项目出现工期延长的情形，承包人要分析情况，在必要时抓住机会解除合同，避免损失扩大。根据《建设工程施工合同（示范文本）》（GB－2017－0201）的规定，暂停施工持续84天以上不复工，且非承包人原因引起的暂停施工、非不可抗力引起的暂停施工，并影响整个工程以及合同目的实现的，承包人有权解除合同（通用合同条款第7.8.6条）。

五、典型案例

1. 芜湖市公路管理服务中心与中国建筑第五工程局有限公司建设工程施工合同纠纷案①

【案例要点】

就案涉工程价款，承包人中建五局主张还包含G205项目的停工窝工损失费用，但发包人芜湖公路中心则认为该停工损失未经自己及监理方审查确认，故不应当予以支持。鉴定机构通过计取管理成本，得出停工损失的具体数额，但由于无法确定停工过错责任，故鉴定机构将该损失列入争议造价，由法院认定。

最高人民法院认为：案涉合同明确约定发包人应在约定时间内，完成土地征用及拆迁工作，使得场地具备施工条件，但在实际施工过程中，发包人并未按约履行上述义务，由于施工现场未拆迁完毕导致扁担河桥工程（G205项目）不具备施工条件，承包人停工等待，产生了相应损失，发包人也未能举证推翻鉴定机构确定的停工损失数额，因此发包人应当承担该损失。

---

① 案号：（2022）最高法民终1号。

【案情简介】

2012年8月8日,芜湖市人民政府第一招标采购代理处向中建五局发出《中标通知书》,确认中建五局为G205芜湖市区段(K0+000-K9+870)改造示范工程中标单位,工期总日历天数365天。2012年9月25日,芜湖公路中心与中建五局签订《合同协议书》,《中标通知书》《授权委托书》《合同协议书》共同构成《G205芜湖市区段(K0+000-K9+870)改造示范工程合同文件》。《合同协议书》由《协议书》《承诺书》《合同专用条款》《合同通用条款》四部分组成。《合同协议书》约定:工程名称为G205芜湖市区段(K0+000-K9+870)改造示范工程;工程内容为路基、路面、桥涵、雨污水等工程;工程路段全长9.87公里;合同工期总日历天数365天;合同价款为127,131,653元;合同协议书,中标通知书,投标书、谈判提纲及其附件,本合同专用条款,本合同通用条款,标准、规范及有关技术文件,图纸,工程报价单或者预算书,双方有关工程的洽商、变更等书面协议或文件均为合同组成部分。

合同签订后,中建五局组织力量对工程进行施工,至2013年8月底,工程主路面基本完工交付,开始双向放行通车,剩余附属工程继续施工。

工程主路面通车、大部分附属工程施工结束后,因征地拆迁、施工障碍物清除、绕行方案未确定等原因,双方多次就剩余附属工程的施工进行协商。2015年5月6日,中建五局G205芜湖市区段(K0+000-K9+870)改造示范工程项目经理部(以下简称中建五局项目部)向合肥工大建设监理有限责任公司G205芜湖市区段(K0+000-K9+870)改造示范工程项目监理组(以下简称合工大监理组)发出《关于确定G205国道扁担河中幅桥施工日期的报告》,指出扁担河右幅桥于2013年7月中旬已全部施工完毕,因征地拆迁影响,扁担河左、中幅桥至今无法施工。请尽快确定扁担河中幅桥施工日期,及时补偿因扁担河中幅桥无法施工导致项目部人员、设备、材料、场地闲置和浪费的相关费用。

2016年3月14日,中建五局向芜湖公路中心发出《律师函》,称工程主路面通车,视为该部分工程竣工验收合格,且目前已满2年的保修期,应办理工程价款的结算、审计。由于无法提供满足施工条件的施工场地,中建五局窝工两年有余,何时能提供满足施工条件的施工场地等遥遥无期,中建五局合同目的已无法实现。“自贵局收到本函之日起,即时解除与贵局签订的G205芜湖市区段(K0+000-K9+870)改造示范工程施工合同,对剩余工程不再施工。”

工程主路面通车后,由于征地拆迁、现场施工障碍物等原因,确实存在中建五局现场停工、等待施工条件具备等事实,但合同就此问题如何处理,未作明确约定,且期间双方多次就此协商,因此,难以认定芜湖公路中心在这方面构成违约。综合上述三点,中建五局没有行使合同解除权的前提,其于2016年3月14日通知芜湖公路中心解除合同,不发生法律效力。中建五局要求确认解除合同的诉讼请求,不予支持。但就本案来说,工程主路面2013年8月已经建成通车,在其后较长的一段时间内,双方一直就某些附属工程施工条件的具备、有关工程项目不再施工等进行协商,而且芜湖公路中心在诉讼中也认可未施工的项目除两座人行天桥外,其余的不再施工,故中建五局主要合同义务已经履行完毕;芜湖公路中心答辩中认可"(已施工工程)完成了实体工程质量验收"。加之双方从2014年年底至2016年上半年,为工程资料的完善、工程交工验收等争执不下,无法达成一致。鉴于此,双方合同关系已无继续保持的必要,如果继续维持双方的合同关系,只会使此种僵持局面持续;中建五局已经明确表达了解除合同的意愿,因此,从解决争议、保护交易的角度出发,本案建筑工程施工合同可予解除。

【判决要旨】

关于认定扁担河桥停工窝工损失582,021.90元及G205项目停工窝工损失2,672,009.14元是否依据不足的问题。

关于扁担河桥停工窝工损失的问题。中建五局主张扁担河桥部分的停工窝工损失1,060,796.90元。一审中,芜湖公路中心对中建五局在准备扁担河桥施工中发生停工窝工损失的事实没有异议,对具体索赔项目和金额有异议,认为应采信监理单位出具的《初审报告》中确认的扁担河桥停工窝工损失545,338.34元。根据鉴定意见附表4,鉴定机构对进场材料浪费损失、120t龙门吊租期延长、整理新梁场费用、梁转运费用、已进场花岗岩栏杆、桥梁桩基施工队索赔、老梁场租期延长55天、变压器租赁延长费用、新梁场安全维护费用、左幅桥自来水土方围堰等十项费用,鉴定得出582,021.90元损失数额。再审判决依据鉴定意见认定扁担河桥部分的停工窝工损失582,021.90元,并无不当。

关于G205项目停工窝工损失的问题。中建五局主张G205项目停工窝工损失2,863,568元,芜湖公路中心主张该项金额系中建五局在纠纷发生后的2016年3月14日上报,未经监理单位和芜湖公路中心审查确认,故对此项索赔资料的真实性、合法性、关联性不予认可,对该索赔金额不予认可。针对G205项目停工窝工费用,鉴定机构计取管理成本(含驻地房租费用、驻地水电费用、料场水电费用、管理人员工资、办公费)2,621,209.14元及其他费用(含桥梁专业分包劳务人员遣散费用、补偿银行同期贷款利息)50,800元,合计2,672,009.14元,计入争议造价。法院认为,案涉《G205芜湖市区段(K0+000-K9+870)改造示范工程合同文件》约定了工期延误的赔偿条款,合同专用条款"(二)双方一般权利和义务""8、发包人工作"约定:(1)施工场地具备施工条件要求及完成的时间:开工前满足施工要求。通用合同条款第8.1条款约定:发包人按专用条款约定的内容和时间完成以下工作:……办理土地征用、拆迁补偿、平整施工场地等工作,使施工场地具备施工条件,在开工后继续负责解决以上事项遗留问题。第8.3条款约定:发包人未能履行8.1条款各项义务,导致工期延误或给承包人造成损失的，发包人赔偿承包人有关损失，顺延延误工期。再审中，芜湖公路中心认可扁担河桥未施工是芜湖公路中心未能及时完成拆迁所致。鉴定意见记载："扁担河处障碍物（房建、过河管道）仍未拆除，扁担河桥左幅桥不具备施工条件。"双方当事人对该记载均无异议。综上，现有证据足以认定，因为场地拆迁等原因导致扁担河桥左幅桥不具备施工条件、扁担河桥未能依约完成全部施工，中建五局产生停工窝工损失。基于部分扁担河桥工程不具备施工条件导致不能施工的实际情况，中建五局发生管理成本等损失具有合理性，鉴定机构相关鉴定计价亦有相关证据支持，芜湖公路中心虽不认可相关证据的真实性，但在合同履行中，对中建五局提出的停工窝工损失一直未回应或联系核实，在诉讼中也未举证否定中建五局所举证据及鉴定意见。再审判决对鉴定意见关于 G205 项目停工窝工损失为 2,672,009.14 元的意见以及相应证据予以采信，将该费用计入鉴定造价，并无不当。

综上，芜湖公路中心关于 C30 水泥混凝土面板修补工程量错误，争议造价 1,028,876.34 元不应计入工程造价，以及扁担河桥停工窝工损失 582,021.90 元及 G205 项目停工窝工损失 2,672,009.14 元不应认定的主张，均不能成立。再审判决根据鉴定意见认定案涉工程已完工程造价及停工窝工损失合计 94,355,008.55 元，并无不当，法院予以维持。

【点评分析】

本案涉及由于发包人原因所导致的工期延误的违约责任的承担问题。《民法典》第八百零三条规定，发包人未按照约定的时间和要求提供原材料、设备、场地、资金、技术资料的，承包人可以顺延工程日期，并有权请求赔偿停工、窝工等损失。第八百零四条规定，因发包人的原因致使工程中途停建、缓建的，发包人应当采取措施弥补或者减少损失，赔偿承包人因此造成的停工、窝工、倒运、机械设备调迁、材料和构件积压等损失和实际费用。从以上法律规定可以看出，实践中，工期的影响因素主要有以下几方面：因发包人过错而导致的工期延误；因施工人过错而导致的工期延误；其他原因所导致的工期延误；第三人原因所导致的工期延误。由于发包人原因所导致的工期延误，可能导致的法律后果是：赔偿窝工、停工、倒运、机械设备调迁、材料和构建积压等损失和实际费用，合同有违约金条款的，承担违约金责任，甚至会导致承包人解除合同，向发包人索赔的法律后果。

就本案而言，由于属于发包人义务的场地拆迁工作没有全部完成，导致个别项目承包人无法施工，造成停工损失，发包人理应承担这部分损失。2016 年 3 月 14 日，中建五局向芜湖公路中心发出《律师函》，称工程主路面通车，视为该部分工程竣工验收合格，且目前已满 2 年的保修期，应办理工程价款的结算、审计。由于无法提供满足施工条件的施工场地，中建五局窝工两年有余，何时能提供满足施工条件的施工场地等遥遥无期，中建五局合同目的已无法实现。"自贵局收到本函之日起，即时解除与贵局签订的G205芜湖市区段(K0+000-K9+870)改造示范工程施工合同,对剩余工程不再施工。"

工程主路面2013年8月已经建成通车,在其后较长的一段时间内,双方一直就某些附属工程施工条件的具备、有关工程项目不再施工等进行协商,而且芜湖公路中心在诉讼中也认可未施工的项目除两座人行天桥外,其余的不再施工,故中建五局主要合同义务已经履行完毕;芜湖公路中心答辩中认可"(已施工工程)完成了实体工程质量验收"。加之双方从2014年年底至2016年上半年,为工程资料的完善、工程交工验收等争执不下,无法达成一致。鉴于此,双方合同关系已无继续保持的必要,如果继续维持双方的合同关系,只会使此种僵持局面持续;中建五局已经明确表达了解除合同的意愿,因此,从解决争议、保护交易的角度出发,本案施工合同可予解除。

中建五局关于扁担河桥停工窝工索赔的费用为1,060,797元,其中545,338.34元仅是监理单位和芜湖公路中心认可的金额,再审法院将鉴定机构列入争议项的545,338.34元损失计入应付工程价款中并无不妥。其他停工窝工损失2,672,009.14元系因芜湖公路中心拆迁、市政自来水管道施工及施工方案变更造成,芜湖公路中心依据合同约定亦应赔偿中建五局该部分损失。2016年3月1日,中建五局向芜湖公路中心报送了《关于G205芜湖市区段改造施工工程窝工索赔的报告》及补偿明细表和凭证,索赔金额为2,863,568.15元。后经司法鉴定确认损失最终为2,672,009.14元,再审法院将其计入应付款有事实和法律依据。

【实务提示】

在确定工期延误的法律后果时,弄清导致工期延误的原因非常重要。很多情况下,如不可抗力、意外事件、设计变更等可以导致工期顺延,双方或一方不需要承担工期延误的不利法律后果。在实践中,往往要根据监理报告、发包方与承包方之间的来往文件(特别是工程师的监督记录)或其他证据(如连续下雨无法施工证据等)来判断是否属于工期延误,继而判断是否应该承担法律责任。

2. 中国建筑第×工程局有限公司、哈尔滨凯×源置业有限责任公司建设工程施工合同纠纷案①

【案例要点】

因承包人缺乏证明窝工损失名目的证据,所示证据不足以证实窝工损失的具体内容。在因双方纠纷导致工程停工既成事实的情形下,对可能发生窝工损失承包人

---

① 案号:(2017)最高法民终730号。

应当有预期,应当采取相应措施减少损失。事实上,停工后,承包人已经较大限度地减少损失的发生。考虑以上情况,承包人主张窝工损失的诉讼请求不予支持。

【案情简介】

2012 年 5 月 27 日,中国建筑第×工程局有限公司(以下简称中建×公司)、哈尔滨凯×源置业有限责任公司(以下简称凯×源公司)签订了《施工协议书》,主要内容:开工日期 2012 年 6 月 10 日,竣工日期 2013 年 6 月 30 日。按施工形象进度每月拨付一次工程进度款,工程进度截止到每月的 25 日为准,工程竣工验收合格后 30 日内支付工程总造价 85%。中建×公司承诺本工程全部管理人员及施工人员均来自中建×公司江苏管理团队及完全的江苏施工队。任何情况下不得出现转包现象的发生,否则由中建×公司负全责。

中建×公司于 2012 年 7 月 15 日开始施工。通过资料记载,中建×公司将案涉工程或基础或主体或基础与主体全部转包给天津洪天建筑工程有限公司等。甚至部分楼房的主体或基础由两个施工单位共同施工。

2012 年 9 月凯×源公司对案涉工程进行招投标。2012 年 10 月 8 日签订《建设工程施工合同》。2012 年 12 月 7 日签订《情况说明》约定:2012 年 10 月 8 日签订的施工合同仅作备案之用,不作为工程结算等经济往来依据,实际履行仍按 2012 年 5 月 27 日签订的《施工协议书》执行。2012 年 12 月 19 日,办理了 2012 年 10 月 8 日签订《建设工程施工合同》备案手续。

2013 年 6 月 2 日至 22 日期间,工程监理部门陆续给中建×公司下达 10 份《联检整改通知》。要求中建×公司对工程存在的大量质量问题进行整改。2013 年 7 月末,中建×公司以凯×源公司拖欠工程进度款为由停止施工,施工人员陆续撤离施工现场,但留守人员"占置"施工现场。

2013 年 12 月 19 日,中建×公司向法院提起诉讼;请求凯×源公司支付工程款并赔偿窝工损失。2014 年 1 月 10 日,凯×源公司向一审法院提起诉讼,请求赔偿因工程质量造成的损失、停工损失、逾期竣工违约金。法院审理期间,凯×源公司请求责令中建×公司留守人员撤离施工现场,便于其他施工企业进入施工现场继续施工,以减少双方当事人及数千户购房人的经济损失。中建×公司拒绝退出施工现场。2015 年 10 月,法院组织双方协调中建×公司留守人员撤场事宜。中建×公司主张凯×源公司应先行交付一定数量的工程款,否则不同意撤离施工现场。后凯×源公司向一审法院提存人民币 1000 万元,用于中建×公司撤场期间及之后支出的相关费用。2016 年 2 月 1 日,法院将凯×源公司提存款 1000 万元转付给中建×公司。

【判决要旨】

最高人民法院认为,2013 年 7 月,双方发生纠纷后,中建×公司将大部分施工人员撤离施工现场,仅留少部分人员对施工现场进行"占置"。在此期间,凯×源公司一直无法进入施工现场进行施工。2016年2月1日将案涉施工现场交还给凯×源公司。中建×公司“占置”施工现场长达两年半之久,超出合同约定一年施工期的两倍多。因长时间停工,导致凯×源公司终止部分供货合同并向供货方支付违约金,因无法按时交房对购房业主构成迟延交房违约并已实际支付部分购房业主违约金和利息。同时,因案涉工程建设项目为房地产开发项目,需投入大量资金滚动开发,凯×源公司因工程长期停工从而可能增大融资成本及减损开发资金运营效益。

在工程停工既成事实的情况下,双方当事人应尽量友好协商解决纠纷,中建×公司长时间“占置”施工现场,没有合法依据,明显存在过错,同时导致凯×源公司的损失不断扩大。在此种情况下,中建×公司理应赔偿凯×源公司由中建×公司“占置”行为导致的停工损失;但考虑到凯×源公司确实存在开发建设手续不全,凯×源公司对案涉合同无效应承担主要缔约过错责任,凯×源公司确实存在拖欠一定比例的工程进度款,因此凯×源公司的停工损失由其自行承担。

凯×源公司之所以将案涉工程交由中建×公司施工,主要基于中建×公司是具有特级施工资质的大型建筑企业,中建×公司将案涉工程转包给低施工资质等级的建筑施工企业施工,是导致案涉工程质量存在严重缺陷的主要原因。原理上讲,发包人拖欠施工总承包人工程进度款,应当优先考虑通过沟通、协调及违约、索赔、洽商变更合同相关约定等法定、约定途径予以救济,而非通过停(怠)工行为抗辩。如拖欠工程进度款数额较大、比例较高、时间较长,对施工人财务安排产生不良影响,可能与施工总承包人窝工损失存在一定的因果关系。凯×源公司对案涉施工合同无效承担主要的缔约过错责任,中建×公司也应承担次要责任。因诉争建设项目已被中建×公司转包给实际施工人施工,缺乏证明窝工损失名目的证据,所示证据不足以证实窝工损失的具体内容。在因双方纠纷导致工程停工既成事实的情形下,对可能发生窝工损失中建×公司应当有预期,应当采取相应措施减少损失。事实上,停工后,中建×公司随即将大部分施工人员撤离施工现场,仅由少部分留守人员“占置”施工现场,已经较大限度地减少损失的发生。综合考虑上述情况,中建×公司主张凯×源公司赔偿窝工损失的诉讼请求不予支持。

【点评分析】

本案涉及合同无效情形下法院对工期延误责任的审理和认定问题。

本案中,凯×源公司与中建×公司双方签订的合同被认定为无效合同,法院仍对承包方中建×公司要求发包方凯×源公司承担工期延误责任问题进行了审理。法院认定工期延误系发包方责任,虽未支持承包方请求窝工损失赔偿的请求,但原因在于承包方未能提供相应证据。

按照法律规定,如果合同无效,有关工期以及工期延误的违约条款均属无效,但是解决争议的条款是有效的。发包人及承包人仍然可依据法律规定,要求对工期延误之责任进行认定。发包方可向承包方主张工期延误之赔偿,承包方亦可向发包方主张窝工、停工之赔偿。

【实务提示】

实务中,工期延误既可能是承包人的原因造成的,也有可能是发包人的原因造成的。要成功防范工期延误违约责任的风险,须加强施工过程中的组织管理,对标合同约定倒排工期,防止因管理不当延误工期。承包人应当注意,自投标及合同订立阶段就要充分预估工期延误的风险。在合同履行期间,针对发包人因素以及其他不利事件导致工期延误的,承包人要及时收集、固定证据;如果出现工期延误情况,及时按照程序向发包人提出明确的顺延工期请求,从而将因工期延误给承包人带来的违约责任风险降到最低。

第二节　工程质量的法律风险与防范

工程质量,是指在国家现行的有关法律、法规、技术标准、设计文件和合同中,对工程的安全、适用、经济、美观等特性的综合要求。工程质量关系人民群众切身利益、国民经济投资效益与建筑业可持续发展,国家对建设工程质量历来要求十分严格。为规范建筑市场秩序,有效保障工程质量,2014 年住房和城乡建设部先后发布了《建筑施工项目经理质量安全责任十项规定(试行)》《建筑工程五方责任主体项目负责人质量终身责任追究暂行办法》等文件,并发布了《工程质量治理两年行动方案》,要通过两年治理行动,规范建筑市场秩序,落实工程建设五方主体项目负责人质量终身责任,遏制建筑施工违法发包、转包、违法分包及挂靠等违法行为多发势头,进一步发挥工程监理作用,促进建筑产业现代化快速发展,提高建筑从业人员素质,建立健全建筑市场诚信体系,使全国工程质量总体水平得到明显提升。

工程质量问题通常分为工程质量缺陷、工程质量通病、工程质量事故三类。工程质量缺陷是指建筑工程施工质量中不符合规定要求的检验项或检验点,按其程度可分为严重缺陷和一般缺陷。严重缺陷,是指对工程质量有决定性影响的缺陷;一般缺陷,是指工程质量非决定性影响的缺陷。工程质量通病是指各类影响工程结构、使用功能和外形观感的常见性质量损伤。工程质量事故是指对工程结构安全、使用功能和外形观感造成影响和损失较大的质量损伤;按造成损失严重程度划分为:一般质量事故、严重质量事故和重大质量事故三类。常见工程质量问题包括:(1)基础工程:桩基偏位、离析等;(2)混凝土工程:柱、梁、板出现鼓凸、翘曲和断裂等;(3)砌体工程:墙体出现下沉、裂缝主形等;(4)脚手架,模板工程:脚手架、模板倒塌等;(5)屋面防水工程:治、漏水等。

实务中,建筑工程质量条款是建设工程施工合同上的主要条款和必备条款,工程质量经常是建设工程施工合同纠纷的争议焦点。

一、主要风险

(一)约定质量标准过低或降低标准施工,会有通不过验收的风险

我国《建筑法》第五十八条规定,建筑施工企业对工程的施工质量负责。建筑施工企业必须按照工程设计图纸和施工技术标准施工,不得偷工减料。工程设计的修改由原设计单位负责,建筑施工企业不得擅自修改工程设计。第五十九条规定,建筑施工企业必须按照工程设计要求、施工技术标准和合同的约定,对建筑材料、建筑构配件和设备进行检验,不合格的不得使用。第六十一条规定,交付竣工验收的建筑工程,必须符合规定的建筑工程质量标准,有完整的工程技术经济资料和经签署的工程保修书,并具备国家规定的其他竣工条件。建筑工程竣工经验收合格后,方可交付使用;未经验收或者验收不合格的,不得交付使用。如果约定质量标准过低或降低标准施工,会有通不过验收的风险。

(二)因过错与发包人共同承担质量责任的风险

《最高人民法院关于审理建设工程施工合同纠纷案件适用法律问题的解释(一)》第十三条规定:"发包人具有下列情形之一,造成建设工程质量缺陷,应当承担过错责任:(一)提供的设计有缺陷;(二)提供或者指定购买的建筑材料、建筑构配件、设备不符合强制性标准;(三)直接指定分包人分包专业工程。承包人有过错的,也应当承担相应的过错责任。"

(三)可能面临无法向实际施工人全额追偿的风险

承包人作为与发包人签订合同的建筑施工企业,除依法可以分包外,应当亲自完成合同任务,对工程进行施工。实务中,承包人往往会将工程违法分包、转包他人,出现质量问题时,第一责任人是承包人。承包人在向发包人承担赔偿责任后,才能对实际施工人进行另诉追偿。当承包人存在转包、违法分包、出借资质的情形时,其向实际施工人的追偿可能无法实现。

二、防范措施

(一)根据自身履行能力确定合同的质量标准

结合自身能力,承包人在签订建设工程施工合同时,首先要明白约定的工程质量标准不仅要符合国家标准的要求,而且要根据自身的履行能力确定质量标准;对发包人提出不能达到的质量标准,要坚决拒绝适用。另外,约定的标准应该明确,不能产生误解。建议约定的质量标准指标要在合同附件中详细阐述。

（二）对发包人提供的技术资料、建筑材料，要进行严格把关

发包人提供的材料到达工地时，承包人应要求发包人有关人员共同参与签收，并要求提供合格证明。承包人要保存好材料进场记录、质量检验记录等证据材料；当发现发包人提供的材料不合时，要坚决拒绝使用。

（三）加强分包管理

承包人将工程转包、分包给他人，或者工程由他人挂靠施工的，承包人应当让实际施工人签订承诺书，对工程质量、维修义务、修复费用进行约定。另外，施工过程中要对实际施工人的施工工程进行监督管理，避免因专业分包或劳务分包原因而承担质量违约责任。

（四）办理工程质量保险

工程质量保险主要针对的是建筑工程质量保证期存在的质量风险，重点为工程质量潜在缺陷责任时期的风险保障。如有资金能力，应当办理建筑工程质量保险，避免重大质量事故导致的巨额反索赔。

三、典型案例

1. 浙江极×通信科技股份有限公司与陕西鸿×建设工程有限公司、陕西鸿×建设工程有限公司义乌分公司建设工程施工合同纠纷案①

【案例要点】

承包单位进行违法分包、转包的，对因转包工程或者违法分包的工程不符合规定的质量标准造成的损失，与接受转包或者违法分包的主体承担连带赔偿责任。

【案情简介】

2017年3月10日，浙江极×通信科技股份有限公司（以下简称极×公司）将公司科技项目厂区工程（厂房一、二、三、四、五、六）发包给陕西鸿×建设工程有限公司（以下简称鸿×公司），双方签订《建设工程施工合同》，约定：工程承包范围为土建、水电、消防、道路等，暂定合同总价145,398,816元（竣工后据实结算）；鸿×公司承诺不进行转包及违法分包，并在缺陷责任期及保修期内承担相应的工程维修责任。

2017年5月18日，鸿×公司注册成立鸿×公司义乌分公司并建立项目部负责该工程施工。2017年5月20日，鸿×公司在承接工程后又将四、五、六厂房部分分包给

---

① 案号：(2019)浙0782民初21301号。

马某强施工，并签订承包协议。此后，马某强又将该工程转包给吴某强施工。

2019年1月15日，鸿×公司义乌分公司与马某强签订过厂房四、五、六的工程结算单，该结算单12、13条明确四、五、六厂房的屋面等地方存在质量问题，2019年1月26日的结算单12、13条也明确说明屋面等地方存在质量问题，结算单签订后极×公司多次要求鸿×公司、马某强、吴某强对屋面工程进行修复，但均未将屋面修复。2019年12月9日，极×公司将鸿×公司、鸿×公司义乌分公司、马某强、吴某强诉至法院，要求四被告共同赔偿修复四、五、六厂房屋面的维修费用753,658.39元。

【判决要旨】

法院认为，鸿×公司义乌分公司擅自将涉案工程分包给没有相应施工资质的马某强，马某强将涉案工程转包给没有相应施工资质的吴某强，均违反法律的强制性规定，应认定相关合同为无效合同。因吴某强承包的建设工程四、五、六厂房屋面存在质量问题，承包人鸿×公司根据与极×公司之间的《建设工程施工合同》应当承担维修或赔偿修复费用的责任，现极×公司要求赔偿修复费用662,741元，鸿×公司无异议，法院予以采纳，但应扣除在2019年1月26日结算暂扣的10万元，实际应赔偿修复费用562,741元。鸿×公司义乌分公司为鸿×公司的分支机构，其民事责任先以该分支机构的财产承担，不足以承担的，由鸿×公司承担。鸿×公司和其义乌分公司应赔偿修复费用562,741元。根据《最高人民法院关于审理建设工程施工合同纠纷案件适用法律问题的解释》（已失效）第二十五条规定的"因建设工程质量发生争议的，发包人可以以总承包人、分包人和实际施工人为共同被告提起诉讼"，承包单位进行违法分包转包的，对因转包工程或者违法分包的工程不符合规定的质量标准造成的损失，与接受转包或者分包的单位承担连带赔偿责任。马某强为违法分包人和转包人，吴某强为实际施工人，因为合同无效，他们均应对涉案工程的质量与承包人鸿×公司一起向业主极×公司承担连带责任。综上所述，极×公司要求鸿×公司、鸿×公司义乌分公司、马某强、吴某强承担连带责任，法院予以支持。

【点评分析】

本案涉及的是对于质量责任违法分包人和转包人与实际施工人是否连带责任的问题。

在建筑市场普遍存在工程转包、违法分包的情况下，《建筑法》《最高人民法院关于审理建设工程施工合同纠纷案件适用法律问题的解释（一）》均对禁止将工程转包、违法分包等行为作出了限制性规定及处罚办法。我国《建筑法》第六十六条规定，建筑施工企业转让、出借资质证书或者以其他方式允许他人以本企业的名义承揽工程的，责令改正，没收违法所得，并处罚款，可以责令停业整顿，降低资质等级；情节严重的，吊销资质证书。对因该项承揽工程不符合规定的质量标准造成的损失，建筑施工企业与使用本企业名义的单位或者个人承担连带赔偿责任。《最高人民法院关于审理建设工程施工合同纠纷案件适用法律问题的解释(一)》第七条规定,缺乏资质的单位或者个人借用有资质的建筑施工企业名义签订建设工程施工合同,发包人请求出借方与借用方对建设工程质量不合格等因出借资质造成的损失承担连带赔偿责任的,人民法院应予支持。因此,总承包单位将建设工程转包、违法分包的情况下,总承包单位与实际施工人共同向发包人就工程质量缺陷问题承担连带赔偿责任。

本案中,鸿×公司义乌分公司擅自将涉案工程分包给没有相应施工资质的马某强,马某强将涉案工程转包给没有相应施工资质的吴某强,均违反法律的强制性规定,应认定相关合同为无效合同。马某强为违法分包人和转包人,吴某强为实际施工人,对涉案工程的质量与承包人鸿×公司一起向业主极×公司承担连带责任。法院的判决符合上述法律规定。

【实务提示】

总承包单位在选定施工主体时应当审查其是否具备相应企业资质以及良好的施工能力。在施工过程中,总承包单位应当派驻项目经理、材料员、质检员等到项目现场进行实际监督和管理,并对施工主体购买的建筑材料质量进行查验,同时做好对工程技术资料的收集和整理。总承包单位对隐蔽工程和分部分项工程及时做好验收工作,如出现验收不合格情况应要求施工方及时完成整改,最终保质保量地将合格工程交付至发包人。否则,若总承包单位仅为了收取一定管理费,从而疏忽对工程质量的把控,放任施工方的混乱施工行为,一旦出现与本案例的类似情况,总承包单位对工程质量缺陷问题需承担连带赔偿责任,并且对因工程质量不合格所产生的维修费用承担过错责任并分担维修费用,得不偿失。

2. 上诉人中×建设开发总公司与被上诉人兰州科×投资控股股份有限公司建设工程施工合同纠纷案①

【案例要点】

对于因未按标准施工导致的工程质量问题,承包人不得仅以发包人已实际使用未经竣工验收的工程为由,拒不承担质保责任。

【案情简介】

2014年1月25日,兰州科×投资控股股份有限公司(以下简称科×公司)与中×建设开发总公司(以下简称中×公司)签订《建设工程施工合同》(合同编号:2014字0125号)约定,科×公司将其位于兰州新区货站北路与经十三路交会处的"兰州科

① 案号:(2020)最高法民终485号。

×投资控股股份有限公司水性科技产业园项目”总承包给中×公司承建。工程分为两期，一期工程开工日期为2014年3月15日，竣工日期为2014年11月30日，工程质量标准达到国家现行的《工程质量验收规范》、甘肃省和兰州市有关验收规范和程序要求，质量等级为合格。合同价款暂定人民币15亿元；专用条款第七条17.31约定："本工程的材料由承包人自行采购。"第十条违约、索赔和争议20.2(2)约定："若因承包人原因工程达不到合格，由承包人承担返修费用，直到达到合格。"同日双方签订《房屋建筑工程质量保修书》约定，地基基础工程和主体结构工程为设计文件规定得合理使用年限；屋面防水工程、房间和外迁面的防渗漏为5年，供热与供冷系统为2个采暖期、供冷期，其他工程均为2年。合同签订后中×公司进场施工。2014年8月15日，双方就项目厂前区室内装修工程施工签订《补充协议》(2014字0125号补1号)作为主合同《建设工程施工合同》的一部分，约定将主合同项下工程中的装修工程由中×公司施工，合同价款为1亿元。同年11月15日签订《补充协议二》，对报送结算等事项进行了约定。11月25日双方形成《会议纪要》，协商解除合同，中×公司施工至2014年11月30日。

双方对工程是否存在施工质量问题发生争议。根据科×公司申请，一审法院委托甘肃省建筑科学研究院(以下简称甘肃建筑研究院)对科×公司主张的200、300、400区进行质量检测。甘肃建筑研究院经过现场勘验作出《检测报告》，显示200区202－1#淋浴室、204原料预处理车间、207水性聚氨酯包装车间、210水性聚氨酯综合库工程、215水性树脂动力车间，300区301水性涂料生产控制楼、304－1#水性真石漆车间、305－2#水性真石漆车间、306水性乳胶漆车间、307彩砂库工程、308水性乳胶漆综合库、309－1#水性真石漆成品库、310－2#水性真石漆成品库、311水性乳胶漆成品库、330－1#聚氨酯保温板车间、331－2#聚氨酯保温板材车间、332－1#聚氨酯保温板材原料库、333－2#聚氨酯保温板材原料库、334－1#聚氨酯保温板材成品库、335－2#聚氨酯保温板材成品库、360水性涂料机修及五金库，400区404合成革配料车间、405－1#湿法合成革车间、406－2#湿法合成革车间、407－干法合成革生产车间、408－1#后处理车间、409－2#后处理车间、411－1#合成革成品库、412－2#合成革成品库。上述共计29部分工程内容主要存在：未发现基础超深换填、混凝土超深换填部位混凝土抗压强度满足设计混凝土强度等级C20的要求、室内地面混凝土面层厚度均不满足设计要求、室内地面以下砂石垫层处理厚度不合格，内地面以下3:7灰土垫层的处理厚度不合格、室内地面以下3:7灰土压实系数不合格，未按设计要求涂刷沥青冷底子油、地面以下柱表面均按设计要求涂刷沥青冷底子油；所检查的22个基础表面均按设计要求涂刷沥青冷底子油。岩棉夹芯板的填充材质均采用玻璃棉，有15处检查点填充不完整。窗户气密性等级不满足设计4级的要求等施工不合格、不满足设计要求的质量问题，并根据上述问题对29个单体工程作出相应的《维修方案》。一审法院委托甘肃荣诚工程造价咨询有限责任公司（以下简称荣诚公司）针对上述《维修方案》进行造价预算。荣诚公司作出29份工程维修造价《预算书》，合计金额为145,592,833.99元。2019年12月26日，科×公司根据荣诚公司的造价预算，申请追加诉讼请求37,494,633.99元，共计145,592,833.99元。

【判决要旨】

一审法院认为，本案双方争议的焦点问题为：案涉工程是否存在施工质量问题；如存在质量问题，中×公司应否承担维修费用。本案科×公司与中×公司签订的《建设工程施工合同》及《补充协议》是双方当事人的真实意思表示，内容不违反法律、行政法规的强制性规定，为有效合同，双方均应依约履行义务。《建设工程施工合同》第四条约定："工程质量标准达到国家现行的《工程质量验收规范》、甘肃省和兰州市有关验收规范和程序要求，质量等级为合格。"根据甘肃建筑研究院的《检测报告》，案涉工程存在检测超深换填部位混凝土抗压强度不满足设计要求、室内地面混凝土面层厚度均不满足设计要求、室内地面以下砂石垫层处理厚度不合格，内地面以下3:7灰土垫层的处理厚度不合格、未按设计要求涂刷沥青冷底子油、岩棉夹芯板的填充材质填充不完整、窗户气密性等级不满足设计要求等诸多质量问题。中×公司和科×公司对上述《检测报告》经过质证，并提出了异议，甘肃建筑研究院对双方的异议进行了书面答复，鉴定人员也出庭接受了双方当事人的质询。甘肃建筑研究院作出的《检测报告》和《维修方案》程序合法，结果并无不当之处，能够作为认定本案的依据。因此，中×公司辩称工程不存在施工质量问题的辩解无事实依据，不能成立。其提交的证据不能对抗工程实际存在质量问题的客观事实，对关联性不予确认。

关于中×公司以《最高人民法院关于审理建设工程施工合同纠纷案件适用法律问题的解释》（已失效）第十三条规定为由，辩称工程未经竣工验收科×公司已实际使用，其不再承担责任的问题。一审法院认为，该条规定的实质是指因擅自使用后工程质量问题的责任和原因难以判断。而本案工程质量问题的原因，根据甘肃建筑研究院的《检测报告》证明是中×公司施工不规范，没有按照合同约定和规定标准施工所致；原因和责任清晰，不存在无法判定的情形。所以，中×公司以工程实际使用为由主张不承担责任的理由不能成立，不予支持。

二审法院认为，《建筑法》第七十五条规定："建筑施工企业违反本法规定，不履行保修义务或者拖延履行保修义务的，责令改正，可以处以罚款，并对在保修期内因屋顶、墙面渗漏、开裂等质量缺陷造成的损失，承担赔偿责任。"根据该条规定，建筑施工企业应履行保修义务，不履行或者拖延履行的，应承担相应的责任。

本案中双方当事人系于2014年11月25日协商解除合同，约定了维修的义务。科×公司发函要求中×公司履行保修义务以及起诉时均在案涉工程质保期内，中×公司迟延履行保修义务，应对工程质量缺陷承担质保责任。根据甘肃建筑研究院出具的《检测报告》,案涉工程质量问题系因中×公司未按标准施工所致,一审法院据此认定中×公司应就整体工程质量缺陷承担责任,并无不当。中×公司关于科×公司已实际使用未经竣工验收的工程,主张依据《最高人民法院关于审理建设工程施工合同纠纷案件适用法律问题的解释》(已失效)第十三条的规定不应就地基基础工程、主体结构之外的部分承担责任的上诉理由依据不足,法院不予支持。

【点评分析】

本案涉及的是工程未经竣工验收发包人已实际使用情形下承包人对质保责任的承担问题。

对于发包人使用未经竣工验收的建设工程,承包人应否承担工程质保责任问题,《最高人民法院关于审理建设工程施工合同纠纷案件适用法律问题的解释(一)》第十四条(原《最高人民法院关于审理建设工程施工合同纠纷案件适用法律问题的解释》第十三条)规定:"建设工程未经竣工验收,发包人擅自使用后,又以使用部分质量不符合约定为由主张权利的,人民法院不予支持;但是承包人应当在建设工程的合理使用寿命内对地基基础工程和主体结构质量承担民事责任。"目前司法实践中对此也存在一定的争议,但主流的观点认为,未经竣工验收擅自使用,只是推定工程质量合格,并不能免除承包人对案涉工程质量保修义务。因为施工单位依法应对施工的建设工程质量负责。《建设工程质量管理条例》第三十二条规定,施工单位对施工中出现质量问题的建设工程或者竣工验收不合格的建设工程,应当负责返修。该条例第四十条第三款规定,建设工程的保修期,自竣工验收合格之日起计算。第四十一条规定,建设工程在保修范围和保修期限内发生质量问题的,施工单位应当履行保修义务,并对造成的损失承担赔偿责任。

上述规定表明,施工方对建设工程应承担的质量责任,包括对工程施工中出现的质量问题及经验收不合格工程应承担的质量返修责任,以及对经验收合格的工程在使用过程中出现的质量问题应承担的保修责任。前者系基于建设工程施工合同约定及相关法律法规等规定对工程质量应承担的责任;后者系基于双方签订的保修合同或建设工程施工合同中约定的保修条款及相关法律法规等规定对工程质量应承担的责任。

本案双方当事人系于2014年11月25日协商解除合同,约定了维修的义务。科×公司发函要求中×公司履行保修义务以及起诉时均在案涉工程质保期内,中×公司迟延履行保修义务,应对工程质量缺陷承担质保责任。根据甘肃建筑研究院出具的《检测报告》,案涉工程质量问题系因中×公司未按标准施工所致,一审、二审法院据此认定中×公司应就整体工程质量缺陷承担责任,并无不当。

【实务提示】

1.《最高人民法院关于审理建设工程施工合同纠纷案件适用法律问题的解释

(一)》第十四条(原《最高人民法院关于审理建设工程施工合同纠纷案件适用法律问题的解释》第十三条)并未言及因发包人擅自使用未经竣工验收的工程可以免除承包人保修期内的保修责任,且保修责任是承包人的法定义务,不能因发包人擅自使用而免除。

2. 承包人对建设工程应承担的质量责任,包括对工程施工过程中出现的质量问题及工程经验收不合格应承担的质量返修责任,以及对经验收合格的工程在使用过程中出现的质量问题应承担的保修责任。保修责任是承包人应承担的法定责任及合同义务,保修期自竣工验收合格之日起计算。发包人擅自使用未经竣工验收工程的,承包人仍应对保修期内出现的属于保修范围的质量缺陷承担保修责任。

第五章

劳动用工与安全事故法律风险与防范

第一节　劳动用工的法律风险与防范

《劳动合同法》于2008年1月1日起正式施行,该部法律在《劳动法》的基础上进一步加大了对劳动者的保护力度,加大了用人单位人力资源管理的成本。这将促使用人单位更加谨慎地处理好相关的劳动管理事务和劳动争议事宜,以避劳资纠纷,减少用工风险。

目前,我国建筑施工企业劳动用工的现状及特点主要表现为:短期性、流动性、分散性、阶段性、穿插作业、流水作业,不签订劳动合同、间接用工、个人承包、工资不按月支付、不参加社会保险、不缴纳住房公积金等。

自《劳动合同法》及其实施条例实施以来,建筑施工企业在劳动用工管理及风险防范领域面临诸多新的挑战,随着相关法律法规的深入贯彻和不断完善,建筑施工企业劳动用工方面的问题也逐渐显露出来。同时建筑施工企业自身发展也使一些问题呈现多样化的趋势,其面临的法律纠纷大多是用工法律风险所致。为使建筑施工企业的劳动用工问题得到妥善解决,就必须对我国的建筑施工企业劳动用工中存在的法律风险问题进行详细分析,并结合实际探索相应的防范措施。

建筑施工企业本身具有以下几个特点:

首先,流动性强是建筑施工企业雇员最显著的特点,由于工程项目存在一定的周期性及工作地点的不固定性,致使劳动用工方面也同样具有流动性、分散性,且多工种、多专业配合的特点,施工企业的劳动用工形式的特殊性与多样性,从而导致了建筑施工企业用工管理难度较大。

其次,建筑施工企业组织结构动静结合,绝大多数企业的领导层和管理层是固定的即常设的,而从事施工活动的项目经理部则是变动的。一个项目结束时这个项目经理部随即解散。一个新项目开始时,新组建的项目经理部也即组成并开始运转。

虽然项目经理部的基本组织结构可能保持,但管理人员和施工人员的变动则经常发生。这种变化表现在组织结构、人员规模等各个方面,每个工程项目根据其具体情况灵活地变化其组织管理机构来适应地域情况和规模。其生命周期仅限在这个项目施工期间,这些都决定了施工企业人员的流动性。

最后,施工条件一般较为恶劣。一般的建筑工程生产周期较长,整个施工工程需要耗用大量的原材料,购置和调配相应的施工机械设备,需要大量人力。施工活动通常是露天进行,受自然界因素的影响;在大范围内分散进行施工,控制难度大。

一、主要风险

就建筑施工企业而言,在劳动用工方面主要存在以下风险。

(一)未按规定与劳动者签订劳动合同的风险

实务中,有的建筑施工企业往往基于所谓自身利益的考虑,没有与其聘用的劳动者签订劳动合同,认为不签订劳动合同更加有利于用人单位。这种做法是错误的,不与劳动者签订劳动合同,会给企业带来以下几种用工风险:

1. 未签订劳动合同的需支付劳动者双倍工资。自劳动者到用人单位工作超过1个月,用人单位不与劳动者签订书面劳动合同,用人单位需依照《劳动合同法》第八十二条的规定向劳动者支付每月2倍的工资,并需与劳动者补签书面劳动合同。

2. 劳动者随意辞职风险。由于用人单位未与劳动者签订劳动合同,无法与劳动者之间建立一个稳定的劳动关系,对劳动者无法进行相应的约束,劳动者极易出现辞职现象,严重影响企业正常的生产经营。

3. 支付经济补偿金风险。劳动者以企业未签订劳动合同为由,要求解除劳动合同的,企业需向劳动者支付经济补偿,经济补偿按劳动者在用人单位工作的年限,每满1年支付1个月工资的标准向劳动者支付。

(二)未按规定与劳动者缴纳社会保险的风险

1. 根据《劳动合同法》第三十八条的规定,用人单位未依法为劳动者缴纳社会保险费的,劳动者可以解除劳动合同。根据第四十六条的规定,劳动者以此为由解除劳动合同的,用人单位应当向劳动者支付经济补偿。《社会保险法》第八十六条规定:"用人单位未按时足额缴纳社会保险费的,由社会保险费征收机构责令限期缴纳或者补足,并自欠缴之日起,按日加收万分之五的滞纳金;逾期仍不缴纳的,由有关行政部门处欠缴数额一倍以上三倍以下的罚款。"由此可见,企业如果未为员工缴纳社保,员工不仅可以以此为由提出辞职,企业还要赔偿其经济补偿金并且仍应为该员工补缴社会保险。另外,需要注意的是,企业以商业保险代替社会保险是违法的,也要承担上述法律责任。

2. 企业不为劳动者缴纳社会保险,劳动者一旦出现工伤事故,所有的赔偿责任均由企业自行承担。比如,若产生工伤导致的一次性伤残补助金、伤残就业补助金,缴纳了社保的就由社保基金来支付;但若没有缴纳,就由企业来代为承担。

3. 企业未依法给员工缴纳社会保险,企业有被社会保险行政部门处罚的法律风险。根据《劳动合同法》第八十四条的规定:"用人单位不办理社会保险登记的,由社会保险行政部门责令限期改正;逾期不改正的,对用人单位处应缴社会保险费数额一倍以上三倍以下的罚款,对其直接负责的主管人员和其他直接责任人员处五百元以上三千元以下的罚款。"

(三)被认定为工伤赔偿主体,进而承担赔偿责任,且可能无法向实际施工人全额追偿的风险

在建设工程施工过程中,小包工头或者个人分包老板等实际施工人不对遭受工伤的农民工予以赔偿,受伤员工的矛头往往会指向建筑施工企业。建筑施工企业通过调解等形式垫付赔偿款后,若没有妥善的处置机制,向实际施工人追偿则比较困难;如果被法院、仲裁机构认为其亦存在过错,则其需要承担部分甚至全部的赔偿责任。

(四)拖欠员工工资的风险

虽然《保障农民工工资支付条例》已自2020年5月1日起施行,但在实务中,也有部分企业没有完全遵照执行,加之由于资金回笼时间较长,建筑施工企业出现资金周转困难时,就会拖欠员工的工资;情况严重的,建筑施工企业将被政府管理部门调查处罚、列入"黑名单",并面临不能投标以及降低建筑资质的风险。

二、防范措施

(一)严格进行入职审查,要求员工提供解除劳动关系的证明

招聘录用新人员时,在录用条件中阐明,尚未与其他单位办理劳动关系解除(终止)手续的情形属于不符合录用条件,用人单位可随时在试用期内解除劳动合同;在人员录用面试过程中,应询问对方是否与其他单位存在劳动关系,是否还存在未了结的债权债务情况;要求劳动者正式入职前提交其与前用人单位解除(终止)劳动关系的证明材料,并进一步电话核实。

(二)依法与劳动者签订劳动合同

1. 先签合同后用工,最迟应在用工之日起1个月内签订劳动合同。

2. 原有劳动合同到期后续签的,也应在1个月内签订劳动合同。

3. 员工故意不配合签订劳动合同的,企业应通过有据可查的方式将签订劳动合同通知送达给劳动者,并保留相关证据。

4. 自用工之日起1个月内,经用人单位书面通知后,劳动者仍不与用人单位订立

书面劳动合同的，用人单位应当书面通知劳动者终止劳动关系。注意保留以下证据：留存两次书面通知及签收回执的凭证；留存支付劳动报酬的凭证。

（三）依法给劳动者缴纳社会保险

缴纳社会保险是企业的法定义务，即使企业与员工签订放弃缴纳社保的承诺书，在司法审判中，法院也可能会认定无效。该缴纳社保的还得补缴；因未缴纳社保给员工造成损失的，还要承担损失赔偿责任。应全面梳理企业员工缴纳社会保险的情况，对没有缴纳的要及时补缴纳。

（四）对劳务派遣用工时注意防范风险

1. 要切实审查劳务派遣公司主体资格，避免连带风险。建筑施工企业要就劳务派遣机构的执行力度及信誉度进行合理调查，确保劳务派遣机构后续服务能力能够满足企业基本需求，并有能力承担相关法律后果。

2. 要及时与劳务派遣公司签订劳务派遣合同，明确约定双方的权利义务。派遣合同应对派遣内容、劳动条件和劳动保护、人员管理、用工关系、社保与法定福利、费用结算时间和方式、赔偿或补偿方式、派遣工作关系的解除和终止等进行明确约定。

（五）建立工资支付保障合规机制

1. 建筑施工企业进行工程分包时，要求分包单位提交农民工工资支付专项履约保证金，在分包单位无力支付工程款时能够有所保障。

2. 建筑企业在结算支付工资时，农民工工资必须划入其本人工资账户，落实和确保由建筑企业将劳务工人劳务费直接打入劳务工人的个人银行卡，避免“包工头”卷款而逃。

（六）注意企业工伤保险责任风险之防范

1. 建筑施工企业与受伤工人签订工伤赔偿协议应公平合理，赔偿金额与法定标准存在偏差对受伤工人造成不公的，赔偿协议存在被撤销或变更之风险。工伤保险待遇所涉三项一次性补助金计算标准亦与伤残等级关联，因此赔偿协议应在劳动能力鉴定完成后签订，否则亦存在被撤销或变更之风险。

2. 建筑施工企业应通过多渠道分散工伤风险。可由总包企业按照项目参加工伤保险，或投保雇主责任险、团体意外险。应特别注意，团体意外险不同于其他险种，虽可对受伤工人进行救济，但保险人的赔付并不当然减免建筑施工企业的工伤保险责任，施工企业可与受伤工人或家属进行协商，达成解决方案。

3. 保险理赔过程中可能需要进行工伤认定、劳动能力鉴定，而进行工伤认定、劳动能力鉴定往往需要提供建筑施工企业与受伤工人劳动合同。建筑施工企业与班组长（实际施工人）招用工人不存在劳动关系自然未签订劳动合同，为保险理赔而补签劳动合同会给企业带来劳动关系风险，而且依据是否存在劳动关系，工伤保险责任赔偿范围也可能不尽相同。建筑施工企业应注意防范此类风险，至少应留存证据证明双方真实的法律关系。

三、典型案例

何某与广东润×建设工程有限公司劳动争议案①

【案例要点】

建筑施工企业给员工签订的入职登记表不可以替代书面劳动合同，员工以没有签订书面劳动合同主张双倍工资，可获得法院支持。

【案情简介】

东莞市太×湾建设工程有限公司于2019年8月13日变更名称为广东润×建设工程有限公司（以下简称润×公司）。

何某于2018年5月21日入职润×公司，任经营部职员一职，负责标书制作。双方未签订书面劳动合同。何某入职时有填写入职登记表，该表有约定试用期为2018年5月21日至2018年8月20日；聘用时间为2018年8月20日至2021年8月19日；试用期工资为3600元/月，正式工资为4000元/月，入职部门为经营部，职位为文员。

经法院庭审查明，入职登记表中当事人的个人信息系何某书写，部门及职位有打印“经营部文员”；关于薪资情况处有打印“试用期时间2018年5月21日至2018年8月20日及试用期工资为3600元/月”，聘用时间及正式工资处有手写“2018年8月20日至2021年8月19日；正式工资为4000元”字样。工资调整申请表中何某申请将工资3600元调整至4000元。何某对入职登记表及工资调整申请表的真实性予以确认，但表示入职登记表没有记载劳动合同应具备的必要条款，包括工作内容、地点、工作时间及休息时间等，不能简单等同于已经签订劳动合同。

双方确认，何某2018年6月至2019年6月应发工资为3600元、3600元、3600元、3704.37元、4000.37元、4000.37元、4000.37元、4000.37元、2857.37元、3810.37元、4200.37元、4200.37元、4200.37元。2018年7月至2019年6月平均工资为3847.89元/月。

之后，何某向东莞市劳动人事争议仲裁院提起仲裁，请求：(1)确认双方在2018年5月21日至2019年7月23日存在劳动关系；(2)润×公司支付2018年7月1日

---

① 案号：(2020)粤19民终5616号。

至2019年5月21日未签订劳动合同双倍工资差额40,670.77元。

东莞市劳动人事争议仲裁院南城仲裁庭作出东劳人仲院南城庭案字[2019]1110号仲裁裁决书,不支持何某关于双倍工资的诉求。对于裁决结果,何某不服,向广东省东莞市第一人民法院提起民事诉讼。对一审判决结果,何某与润×公司均不服,向广东省东莞市第一人民法院提起上诉。

【判决要旨】

一审法院认为,双方对入职登记表的真实性没有异议,一审法院予以采信。该表并非劳动者对个人信息、工作经历等内容的简单描述;从入职登记表上的内容可见,双方对入职部门、职位、试用期时间及工资、聘用期时间及正式工资均已知晓并通过书面形式进行了固定,该事项已基本具备劳动合同的本质特征。综上,一审法院视为双方已签订书面劳动合同。因此,对于何某关于双倍工资的主张,一审法院不予支持。

二审法院认为,润×公司提交的入职登记表及工资调整申请表,主张上述表格已经包含了劳动合同要素,可以替代书面劳动合同。但是,上述表格并无涉及工作时间及休息休假、劳动保护、劳动条件和职业危害防护方面的内容。也完全未见任何显示入职公司为润×公司或东莞市太×湾建设工程有限公司的内容。根据《劳动合同法》第十七条第一款的规定:"劳动合同应当具备以下条款:(一)用人单位的名称、住所和法定代表人或者主要负责人;(二)劳动者的姓名、住址和居民身份证或者其他有效身份证件号码;(三)劳动合同期限;(四)工作内容和工作地点;(五)工作时间和休息休假;(六)劳动报酬;(七)社会保险;(八)劳动保护、劳动条件和职业危害防护;(九)法律、法规规定应当纳入劳动合同的其他事项。"由于上述入职登记表及工资调整申请表中缺乏劳动合同必备要素中的第(一)(五)(八)项内容,因此,上述表格不能视同于书面劳动合同。

润×公司未与何某签订书面劳动合同,根据《劳动合同法》第八十二条第一款的规定,应当向何某支付2018年6月21日至2019年5月21日未签订书面劳动合同的双倍工资差额。但何某仅诉请2018年7月1日至2019年5月21日未签订书面劳动合同的双倍工资差额,属于对自身权利的合法处分,法院对此予以确认。

综上,二审法院最后判决润×公司于本判决发生法律效力之日起5日内向何某支付2018年7月1日至2019年5月21日未签订书面劳动合同的双倍工资差额40,483.87元。

【点评分析】

本案的争议是未签订书面劳动合同是否承担双倍工资差额的问题。

根据《劳动合同法》第十七条第一款的规定,"劳动合同应当具备以下条款:(一)用人单位的名称、住所和法定代表人或者主要负责人;(二)劳动者的姓名、住址和居民身份证或者其他有效身份证件号码;(三)劳动合同期限;(四)工作内容和工作地点;(五)工作时间和休息休假;(六)劳动报酬;(七)社会保险;(八)劳动保护、劳动条件和职业危害防护;(九)法律、法规规定应当纳入劳动合同的其他事项"。由此可见,其他不包含上述内容的其他形式的文件,均难以认定为劳动合同,依据《劳动合同法》第八十二条之规定,用人单位自用工之日起超过1个月不满1年未与劳动者订立书面劳动合同的,应当向劳动者每月支付双倍的工资,故二审法院的判决是有法律依据的。

【实务提示】

1.2022年《建筑工人实名制管理办法(试行)》进行了修改,不再要求建筑施工企业一律与建筑工人签订劳动合同,对不符合劳动关系情形的可订立用工书面协议。尽管现在实践中对用工协议的法律性质不明,但建筑施工企业进行条款设计时,需参照劳动合同的基本、必备条款,可能避免司法实践中劳动者提出因未订立书面劳动合同而要求支付双倍工资的法律风险。

2.根据法律规定,建筑施工企业与班组长(实际施工人)招用建筑工人并无建立劳动关系之合意,建筑施工企业应重视用工管理,避免被认定成立事实劳动关系从而承担劳动关系之风险。工程领域推行总包企业代发工人工资,劳务分包企业也可能代班组长(实际施工人)发放工资,转账凭证中虽备注代发,仍为单方之意思表示,并不足以否定劳动关系之成立。班组长(实际施工人)与建筑工人签订用工协议,是排除与建筑施工企业成立事实劳动关系最直接的证据。建筑施工企业均应与班组长(实际施工人)签订书面承包协议,并要求班组长(实际施工人)将其以个人名义与建筑工人签订的真实用工协议提交项目部备案,可以最大限度防范劳动关系之风险。

第二节 安全事故的法律风险与防范

安全事故,是指生产经营单位在生产经营活动中突然发生的,伤害人身安全和健康,或者损坏设备设施,或者造成经济损失的,导致原生产经营活动暂时中止或永远终止的意外事件。建筑领域的安全事故,较常见的是房建工程事故,如在模板支撑系统和脚手架搭拆及使用过程中的事故、建筑起重机械设备的安拆使用过程中的事故、基坑坍塌、钢结构坍塌、物体打击及场内交通事故等。

建筑行业是高危行业,安全事故频发。加上建筑行业存在大量的转包、违法分包、挂靠等违法现状,导致承建项目安全隐患大量存在。需要说明的是,发生安全事故对于施工单位来说并不是简单的赔钱了事,而是可能被限制投标、限制生产,甚至吊销资质。

建筑施工行业作为安全事故多发的高危行业，历来都是安全生产监管的重中之重。为严格责任追究，督促责任落实，防范遏制施工安全事故的发生，2019 年 12 月，住房和城乡建设部联合应急管理部出台了《住房和城乡建设部、应急管理部关于加强建筑施工安全事故责任企业人员处罚的意见》。随后，为贯彻落实该文件精神，各地纷纷出台相关政策，如 2020 年 1 月 16 日，河南省住房和城乡建设厅下发关于推广使用《河南省房屋建筑和市政工程施工安全风险隐患双重预防体系建设指导手册（试行）》的通知；2020 年 5 月 7 日，江苏省住房和城乡建设厅发布《江苏省住房和城乡建设厅关于切实加强建筑施工安全管理的通知》等，把安全生产的重要性提到了极高点。

安全生产是建筑施工企业的法定义务，《建筑法》《安全生产法》《建设工程安全生产管理条例》《安全生产许可证条例》《生产安全事故报告和调查处理条例》等对其均有详细的规定。

《建筑法》第三十六条至第五十一条均为关于建筑安全生产管理的规定。其中第三十八条要求建筑施工企业在编制施工组织设计时，应当根据建筑工程的特点制定相应的安全技术措施；对专业性较强的工程项目，应当编制专项安全施工组织设计，并采取安全技术措施。第三十九条规定建筑施工企业应当在施工现场采取维护安全、防范危险、预防火灾等措施；有条件的，应当对施工现场实行封闭管理。施工现场对毗邻的建筑物、构筑物和特殊作业环境可能造成损害的，建筑施工企业应当采取安全防护措施。第四十四条规定建筑施工企业必须依法加强对建筑安全生产的管理，执行安全生产责任制度，采取有效措施，防止伤亡和其他安全生产事故的发生；建筑施工企业的法定代表人对本企业的安全生产负责。

《住房和城乡建设部、应急管理部关于加强建筑施工安全事故责任企业人员处罚的意见》明确要求建筑施工企业推行安全生产承诺制，即建筑施工企业法定代表人和项目负责人应当分别代表企业和项目向社会公开承诺下述事项：严格执行安全生产各项法律法规和标准规范，严格落实安全生产责任制度，自觉接受政府部门依法检查；因违法违规行为导致生产安全事故发生的，承担相应的法律责任，接受政府部门依法实施的处罚。除此之外，该意见同时要求建筑施工企业应当建立完善安全生产管理制度，建立健全安全生产责任制，建立安全生产考核和奖惩机制，严格安全生产业绩考核。

根据《建设工程安全生产管理条例》第二十四条的规定，建设工程实行施工总承包的，由总承包单位对施工现场的安全生产负总责。总承包单位和分包单位对分包工程的安全生产承担连带责任。再结合《房屋建筑和市政基础设施项目工程总承包管理办法》第三条“本办法所称工程总承包，是指承包单位按照与建设单位签订的合同，对工程设计、采购、施工或者设计、施工等阶段实行总承包，并对工程的质量、安全、工期和造价等全面负责的工程建设组织实施方式”的规定，无论工程施工是否分包，一旦出现安全事故，工程总承包方均会承担相应的责任。

一、主要风险

(一)经济损失风险

根据《安全生产法》第九十五条的规定：“生产经营单位的主要负责人未履行本法规定的安全生产管理职责，导致发生生产安全事故的，由应急管理部门依照下列规定处以罚款：(一)发生一般事故的，处上一年年收入百分之四十的罚款；(二)发生较大事故的，处上一年年收入百分之六十的罚款；(三)发生重大事故的，处上一年年收入百分之八十的罚款；(四)发生特别重大事故的，处上一年年收入百分之一百的罚款。”

(二)投标受限制的风险

发生安全事故后，除有可能被吊销或暂扣安全生产许可证外，还有可能被地方政府列入“黑名单”而被限制投标。《建筑施工企业安全生产许可证动态监管暂行办法》第十八条规定，建筑施工企业安全生产许可证被暂扣期间，企业在全国范围内不得承揽新的工程项目。发生问题或事故的工程项目停工整改，经工程所在地有关建设主管部门核查合格后方可继续施工。国家发展改革委等18部门联合印发的《关于对安全生产领域失信生产经营单位及其有关人员开展联合惩戒的合作备忘录》规定，在发生安全事故后，政府主管部门有权限制施工单位参与建设工程招投标，即拉入当地建设工程“黑名单”。

(三)安全生产许可证暂扣、吊销风险

《建筑施工企业安全生产许可证动态监管暂行办法》第十四条规定：“依据本办法第十三条进行复核，对企业降低安全生产条件的，颁发管理机关应当依法给予企业暂扣安全生产许可证的处罚；属情节特别严重的或者发生特别重大事故的，依法吊销安全生产许可证。暂扣安全生产许可证处罚视事故发生级别和安全生产条件降低情况，按下列标准执行：(一)发生一般事故的，暂扣安全生产许可证30至60日。(二)发生较大事故的，暂扣安全生产许可证60至90日。(三)发生重大事故的，暂扣安全生产许可证90至120日。”

《建筑施工企业安全生产许可证动态监管暂行办法》第十五条规定了建筑施工企业在12个月内多次发生生产安全事故的处罚标准。第十九条更是规定了建筑施工企业安全生产许可证被吊销后，自吊销决定作出之日起1年内不得重新申请安全生产许可证。

(四)刑事责任风险

根据《安全生产法》第九十条的规定：“负有安全生产监督管理职责的部门的工

作人员,有下列行为之一的,给予降级或者撤职的处分;构成犯罪的,依照刑法有关规定追究刑事责任:(一)对不符合法定安全生产条件的涉及安全生产的事项予以批准或者验收通过的;(二)发现未依法取得批准、验收的单位擅自从事有关活动或者接到举报后不予取缔或者不依法予以处理的;(三)对已经依法取得批准的单位不履行监督管理职责,发现其不再具备安全生产条件而不撤销原批准或者发现安全生产违法行为不予查处的;(四)在监督检查中发现重大事故隐患,不依法及时处理的。负有安全生产监督管理职责的部门的工作人员有前款规定以外的滥用职权、玩忽职守、徇私舞弊行为的,依法给予处分;构成犯罪的,依照刑法有关规定追究刑事责任。"根据《刑法》第一百三十四条第一款的规定:"在生产、作业中违反有关安全管理的规定,因而发生重大伤亡事故或者造成其他严重后果的,处三年以下有期徒刑或者拘役;情节特别恶劣的,处三年以上七年以下有期徒刑。"第一百三十七条规定:"建设单位、设计单位、施工单位、工程监理单位违反国家规定,降低工程质量标准,造成重大安全事故的,对直接责任人员,处五年以下有期徒刑或者拘役,并处罚金;后果特别严重的,处五年以上十年以下有期徒刑,并处罚金。"由此可见,发生安全事故后,相关人员很可能因触犯刑法而承担刑事责任。

二、防范措施

(一)高度重视安全生产,落实安全生产责任制

安全生产是企业的底线管理,是企业可持续发展的必要条件。对安全生产的管控能力是企业的核心竞争力。安全事故的发生不仅让若干个家庭陷入不幸,也导致企业严重损失甚至禁标、停业或关闭。因此,必须要从思想上重视安全生产。同时,"预防为主"是保证安全生产的精髓,也是安全生产立法的基本方针,而企业踏踏实实地贯彻和落实安全生产责任制,则是实现"预防为主"的基本保障。企业落实安全生产责任制,就是要把保证生产安全的各项责任落实到位。对于总承包单位来说,总承包单位不因将工程分包给具有相应资质的分包人而当然免责,不因与分包人之间通过合同约定而当然免责,也不因分包人存在违法分包行为而当然免责。保证施工现场具备安全生产条件,是总承包单位的法定义务。总承包单位则应从思想上转变,重视安全生产,做好施工现场的安全生产管理工作,建立健全安全生产制度,包括总包安全交底制度、分包施工安全交底、工人安全教育制度、工人安全施工交底制度等一系列制度,并在施工现场配备安全员,负责项目安全生产的监督。在建立相关制度后,要严格落实,将安全生产放在第一位。

(二)认识安全生产责任主体,提高安全生产意识

根据《建设工程安全生产管理条例》第二十四条的规定,建设工程实行施工总承包的,由总承包单位对施工现场的安全生产负总责。总承包单位应当自行完成建设

工程主体结构的施工。总承包单位依法将建设工程分包给其他单位的,分包合同中应当明确各自的安全生产方面的权利、义务。总承包单位和分包单位对分包工程的安全生产承担连带责任。由此可见,施工单位是项目安全生产第一责任人,其对总包范围内的项目负有全部安全保障责任。实务中,总包方往往忽略业主指定分包工程的安全,认为与自身无关,这种认识是错误的,总包方应清楚安全生产责任主体,做好总包范围内所有工程的安全防护工作。

(三)加强施工现场管控工作,认真履行安全生产管理职责

在施工过程中,作为现场工作负责人,必须要事事考虑在前,要严守现场安全底线,找准工作的平衡点,发现问题及时指出,不放过每一处现场安全风险隐患,杜绝现场违章行为。

(四)现场及时交接,注意安全生产保证问题

对于长期停工项目、中途解除合同的项目,承包人应当与业主办理施工现场的移交手续,并记录在案,避免对成品以及半成品的交付事实得不到对方的确认,也利于与后续承包人之间的界限划清。如果涉及安全生产的问题,首先应当注意的是移交设备的承包者、承租者的资质、条件等。

(五)厘清特殊设备的管理责任,严格管理安全设备

特殊设备包含甲供设备以及特种设备(塔吊、施工电梯等)。实践中,一部分安全事故是特殊设备导致的。因此,总包方应厘清特殊设备的管理责任:

一是对甲供设备的管理责任。甲供设备由谁进行管理、质量责任由谁承担都需要由总包合同约定。一般来说,若甲供设备由总包方或施工单位负责安装,那么业主将甲供设备运进现场交接给总包方后,总包方就需要承担管理责任;若甲供设备由业主负责采购、安装、保管以及运行,在此情况下,总包方应与业主划清甲供设备的管理责任,由业主或者业主指定单位进行管理,总包方不负有管理责任。

二是对特种设备的管理责任。根据《建筑起重机械备案登记办法》,总包方需要审慎地审核建筑起重机械安装、拆卸单位的资质以及相关材料,以防因审核不严导致发生安全事故后承担责任;若特种设备的使用单位为总包方,那么总包方应负责管理,发生安全事故后由总包方承担相应责任;特种设备的使用单位是业主指定分包单位或者业主平行发包单位,总包方应做好审核工作,并于使用单位签订安全使用协议,明确总包方不对因使用单位造成的安全事故负责。

(六)积极稳妥地处理生产安全事故

企业生产经营中如果发生了造成人身伤亡或者直接经济损失的生产安全事故,首先应当立即启动事故应急预案或采取有效措施,组织抢救,防止事故扩大,减少人员伤亡和财产损失。同时,应当按规定及时将事故上报;事故报告后出现新情况的,

应当及时补报。

（七）必要时投保强制险

根据《安全生产法》的规定，及时关注建筑行业是否纳入高危行业，必须投保强制险，建筑施工企业应做好投保准备，一是避免行政处罚，二是避免因用工伤亡风险造成的损失扩大，降低经济风险。

三、典型案例

赵某某、卓某某与杨某工程重大安全事故罪案[①]

【案例要点】

未按图纸施工、降低工程质量标准，导致发生重大安全事故，施工单位技术负责人、监理人均构成重大安全事故罪。

【案情简介】

2011年5月，齐某某（已判刑）、陈某某（已判刑）挂靠江西有×工程有限公司（现更名为江西有×建设集团有限公司，以下简称江西有×公司）和四×东北岩土工程有限公司，以其联合体的名义中标世行优惠紧急贷款江油市青莲镇城镇基础设施灾后恢复重建项目（第一批）工程（以下简称青莲项目），包括桥梁工程（维修加固老盘江大桥）、防洪工程（恢复重建防洪堤位于通口河青莲河段）、道路工程（恢复重建三条道路，分别为粉竹路、明贤路和牌坊街）。后齐某某、陈某某将其中“桥梁工程”转包给赵某某、江某、林某、张某某四人承建。四人约定，赵某某为桥梁施工现场负责人兼技术负责人。2011年12月7日江西有×公司发文增补赵某某为青莲项目桥梁施工技术负责人。美国哈×尼公司和中国成×工程有限公司联合体系青莲项目监理单位。2011年12月26日上述监理单位任命卓某某为青莲项目工程现场施工总监理工程师，同时又派遣杨某为维修加固老盘江大桥工程项目现场监理。工程开工后，卓某某、杨某进场监理。2012年7月该工程完工。在施工过程中，赵某某未按设计单位中铁二院工程集团有限责任公司设计的施工图，指挥下属班组按图施工，卓某某、杨某均未履行监理职责，主要表现在以下几个方面。

一、调治构造物方面

1. 调治构造物的作用为防止江水直接冲刷桥墩，保护桥墩基础。设计方案调治构造物应为深度5米、底部3.5米、顶部2米的直角梯形状构筑物，迎水面为斜面，靠近桥墩方向为垂直面。实际施工中施工方修筑的调治构造物不是直角梯形状且调治

---

① 案号：(2014)绵刑终字第142号。

构造物下挖深度仅有25～145厘米。

2. 调治构造物设计方案灌注C15毛石混凝土，施工过程中应当采用支模灌注的方式进行，支模的目的是阻挡浇筑的混凝土外溢，防止浇筑的混凝土强度降低，起保护桥墩基础的目的。实际施工却为原槽灌注C15毛石混凝土。

3. 根据设计方案要求和《公路圬工桥涵设计规范》(JTGD61—2005)规定，混凝土中加入的毛石体量不得多于20%。实际施工掺入的毛石体量高达35%～60%，且毛石粒径较大、颗粒级配不合理。

4. 调治构造物设计方案混凝土方量应为4757.50立方米。实际施工浇筑的混凝土方量不超过940立方米，施工方偷工减料达3817.50立方米。

二、桥墩基础防护方面

1. 1号至6号桥墩加固情况。设计方案采用桥墩表面植入钢筋，并外包厚度为30厘米的C30混凝土。实际施工时5号桥墩上部外包只有20厘米，下部外包只有26厘米，3号桥墩钢筋还存在外露现象，桥墩保护层未达到设计要求。

2. 1号至6号桥墩加固用钢筋情况。1号至6号桥墩加固用钢筋混凝土构件钢筋直径设计值为16毫米，实际使用钢筋1号桥墩12.2毫米，2号桥墩11.8毫米，3号桥墩12.4毫米，4号桥墩12.9毫米，5号桥墩11.8毫米，6号桥墩12.5毫米，均未达设计方案要求。

3. 1号、2号桥墩加固情况。设计方案为沿1号、2号桥墩基础以上用浆砌片石做成四周外延5米高出桥墩基础顶面的防冲刷构造物，再从防冲刷构造物顶面按1∶2比例铺砌锥体斜面与河床顺接，其设计目的是防止江水对桥墩基础的直接冲刷。实际施工中，施工方未按1∶2的比例铺砌斜面。

三、主拱圈加固方面

对拱脚6.6米长范围内的主拱圈设计方案采用加大截面(加宽加厚)法进行加固，对拱圈L/4～3L/4范围内拱肋下缘粘贴1厘米厚钢板进行加固，钢板采用螺栓和U形箍加以锚固。每个拱有6个拱肋，每个拱肋等间距布置5个U形箍，中间用B型U形箍，两端用A型U形箍，以增加桥的承载能力。实际施工时，主拱圈只进行了加厚处理未加宽，加固用钢板厚度为8毫米，每跨也只有两个拱肋有U形箍，U形箍数量严重不足。

盘江大桥维修加固工程总监理工程师卓某某和现场监理杨某在巡视和旁站过程中，未按设计图纸和技术规范，对调治构造物断面尺寸、毛石粒径、毛石参合体积比例、钢板厚度、桥墩基础防护延伸坡度、钢筋直径等均达不到设计标准和相关规范的施工行为，未予以制止、未要求返工、也未要求停工整改，且未在监理日志、地基验槽记录等相关文件中如实记载施工情况，从而使存在重大安全隐患的维修加固后的盘江大桥顺利完工并交付使用。卓某某在竣工验收报告上签署“同意验收”字样。

2013年7月4日，盘江大桥正式启用。同年7月9日，该大桥垮塌（以下简称“7·9事件”），致5人死亡、7人下落不明、6辆汽车坠江。2013年9月22日，经四川省安全生产监督管理局安全技术中心对盘江大桥垮塌原因进行司法鉴定：盘江大桥垮塌是由调治构造物及桥墩基础防护未按设计施工要求和国家相关规范进行施工和监理而造成的责任事故。“7·9事件”发生后，江油市民政局向被害者亲属发放代偿金计4,667,630.70元；2013年10月23日，江油市价格认证中心鉴定：坠江的6辆汽车价值203,990元；2013年11月7日，绵阳勤德资产评估有限责任公司评估盘江大桥维修加固前的价值为72.32万元。

【判决要旨】

赵某某身为受江西有×公司委派的青莲项目维修加固老盘江大桥工程的技术负责人，在施工过程中，违反国家规定，不按设计施工图施工，指使工人偷工减料，使用不合格建筑材料，降低工程质量标准，致使维修加固后的盘江大桥工程质量严重低劣。卓某某作为青莲项目总监理工程师、杨某作为维修加固老盘江大桥工程现场监理，对老盘江大桥维修加固工程施工中出现的严重违反国家规定和背离设计图的施工行为，视而不见，既不按照监理规范和设计施工图复核、送检，也不责令施工方整改、返工、停工或向相关单位和部门报告，放纵违规施工行为的存在，致使大桥存在重大安全隐患。由于以上三人的失职行为使维修加固后的盘江大桥在2013年7月9日抵御未达设计值的洪峰时垮塌，造成5人死亡、7人下落不明、6辆汽车坠江的严重后果。以上三人的上述行为与大桥垮塌之间具有直接的因果关系。以上三人的行为给国家和人民的生命、财产造成了重大且不可挽回的损失，后果特别严重，其行为构成工程重大安全事故罪。遂依照《刑法》第一百三十七条、第六十七条第三款、第五十二条的规定，判决如下：赵某某犯工程重大安全事故罪，判处有期徒刑7年，并处罚金人民币300,000元；卓某某犯工程重大安全事故罪，判处有期徒刑6年零6个月，并处罚金人民币200,000元；杨某犯工程重大安全事故罪，判处有期徒刑6年，并处罚金人民币150,000元。

【点评分析】

《刑法》第一百三十七条规定了工程重大安全事故罪，即“建设单位、设计单位、施工单位、工程监理单位违反国家规定，降低工程质量标准，造成重大安全事故的，对直接责任人员，处五年以下有期徒刑或者拘役，并处罚金；后果特别严重的，处五年以上十年以下有期徒刑，并处罚金”。《刑法》作为调整社会关系的最后一道屏障，虽然对打击犯罪具有一定震慑作用，但案件起诉时，往往事故已经发生，已经给人民群众的生命财产和国家集体利益造成重大损失，且从案件审理过程中，也可以看到，被告人往往意识不到其行为的社会危害性，且在事故发生后，建设、设计、施工、监理四个单位常会踢皮球，互相推诿责任，在本案中就体现得比较明显，上诉人将责任推给设计单位、施工单位,对自己的责任避而不谈,但造成事故发生的根本原因在于各方过度追求经济利益最大化,降低质量成本,建设过程中监管缺失,相关政府部门验收检查程序不严,形成管理漏洞,一旦造成事故,就是非常严重的后果。虽然该法条规定了两个量刑档次,但在实践中很少适用第二档次,而且由于系过失犯罪,本罪名在实践中缓刑适用率较高,与重大事故发生所造成的严重危害后果有时不相称,对预防事故发生缺乏震慑效果。如果要避免此类事故的发生,还要加强政府部门对工程质量的监管,同时准入、验收等各个环节加大把关力度,并对工程质量实时跟踪,发挥科技的力量,及时监测,定期排查险情,最大限度地避免此类事故的发生,这才是解决此类问题的根本出路。本案中,赵某某身为技术负责人,卓某某作为青莲项目总监理工程师、杨某作为维修加固老盘江大桥工程现场监理,致使大桥存在重大安全隐患。由于以上三人的失职行为造成了严重后果,具有直接的因果关系。以上三人的行为给国家和人民的生命、财产造成了重大且不可挽回的损失,后果特别严重,其行为构成工程重大安全事故罪。因此,法院这样判决是正确的。

【实务提示】

工程重大安全事故罪系单位犯罪,即本罪的犯罪主体为建设单位、设计单位、施工单位、工程监理单位,而行为主体则为直接责任人员,即建设单位、设计单位、施工单位、工程监理单位中具体实施违反国家规定、降低工程质量标准行为而导致重大安全事故发生的直接责任人员。也就是说,触犯本罪的刑罚后果将由直接责任人员予以承担。因此,建设单位、设计单位、施工单位、工程监理单位的直接责任人员应当严格遵守工程建设质量标准,以实现有效避免刑事责任风险之目的。

就工程施工单位的直接负责人而言,为规避相应风险,应当做到以下三方面:

1. 严格按照工程建设标准、施工设计图纸以及施工技术标准进行施工,不能为降低造价而在施工中偷工减料、降低工程质量,不能故意使用不合格的建筑材料。

2. 在施工过程中发现技术文件和图纸有差错的,应向相关责任部门及时反馈,并提出具有可行性的意见和建议。

3. 按照工程设计要求、放工技术标准和合同约定,对建筑材料、构配件、设备和商品混凝土等进行检验;未经检验或者检验不合格的,不得擅自使用。

第六章

签证索赔法律风险与防范

如果建设工程实施过程中,合同条件和合同内容不发生任何改变,则合同的履行鲜有纠纷。纵使有纠纷,也因证据充分、事实清楚,不难裁判。

然而,由于建设工程的特殊性,尤其是对于大型野外工程,如公路、铁道、矿山、大型水利水电工程等,干扰因素众多,受各种条件的影响,合同的履行条件、合同内容呈现多变之特性。对于变化部分,如不及时给予确认,则纠纷不断。

对于合同履行过程中发生的,对原来合同中约定的双方权利义务产生影响的事件,以及该事件对合同权利义务影响的程度,为了留存证据、减少纠纷,则往往通过书面形式及时给予载明、确认。

这种载明、确认的载体,即为“工程签证”。工程签证具有广义和狭义之分,广义上的签证,泛指对上述事件和权利义务影响程度的确认信息,一般而言,以书面形式为主。狭义的工程签证,在我国具有显著的特点,形式和种类繁杂,一般指“工程签证单”“现场签证”“工程量签证”“工程单价确认”等书面材料。

就工程签证的内容而言,可大致分为两类。一是对事件客观状态的载明、确认,如对不良地质情况的描述、暴雨情况的记录、停工期间闲置设备清点汇总统计情况的确认。二是形成合同的“补充协议”,如发包人、监理人发出变更指示,对变更单价的确认。

工程签证的作用,对工程管理来说,是合同双方确认费用变化、工期变化的关键依据;对仲裁、诉讼来说,则是查明事实,解决纠纷的关键证据。故对签证的基本要求包括:程序性、规范性、真实性、客观性、全面性、准确性、合法性。如果签证不同时符合以上要求,则签证难以反映全面而真实的情况,甚至可能不具有法律效力,致使承包人处于不利境地。

工程签证,与工程索赔密不可分。从工程索赔的角度看,签证基本可分为三类,即:影响工期索赔的签证;影响费用的签证;混合型的签证。

实务中,工程签证主要是对以下事件的确认:

1. 发包人未能按照约定提供施工条件,如未按合同规定的时间和要求提供材料、场地、设备资料等。

2. 能够引发索赔的社会环境事件,如法律、政策的重大变化、暴动。

3. 能够引发索赔的自然客观事件,如恶劣气候、地震。

4. 情事变更事件,如物价的不正常波动,或者材料价格超出合同约定的风险范围。

5. 发包人、监理工程师改变原合同内容的指示,如要求扩大或者减小工程规模,或者要求赶工。

6. 发包人雇用的第三人之行为或者过错,如设计变更、设计错误、地勘结果错误。

7. 多方共同行为,如发包人、设计方、地勘方、监理方、承包人等在现场或者会议中,共同同意的技术方案变化、工期的改变,或者费用的增减等。

就承包人而言,工程索赔是在合同履行过程中,合同履行条件、合同内容发生了非因承包人原因导致的对承包人的不利改变,而这种改变为合同中约定的和/或工程惯例中认为的"索赔事件",承包人依据法律的直接规定或者合同的约定,向发包人要求工期顺延和/或费用补偿的行为。

需要注意的是,工程索赔与合同违约责任具有相似性,故在工程实践和司法实务中,可能造成两者的混淆。事实上,两者存在明显区别。例如,发包人不按期支付工程进度款,属于违约行为,承担的是违约责任;而由于不及时支付工程进度款,导致承包人停工,则停工期间的损失和工期延误属于工程索赔的内容。区分索赔和合同违约最为简单的方法是,如果事件为合同中列明的索赔事件,则为索赔,否则可认为属于违约。区别两者,在实务中最为重要的作用是确定法律适用:违约责任纠纷适用民法诉讼时效制度;而工程索赔则适用合同中关于索赔期限的约定。超过诉讼时效,丧失的是"胜诉权";未能在合同约定的索赔期限内提出索赔意向的,丧失的是"实体性权利",即"视为放弃工期或/和费用索赔的权利"。

对承包人来说,索赔条件的要素为:(1)合同履行过程中,发生了由合同约定和/或工程惯例认可的索赔事件;(2)索赔事件非由承包人原因所导致;(3)承包人受到了实际不利影响;(4)法律规定、合同约定或者工程惯例认为应当由发包人承担责任。在工程实践中,具体的索赔事件或者原因,千差万别、种类繁多,故理解和掌握工程索赔条件的要素,是理解和把握索赔条件的"内功心法"。

常见的索赔事件,大致如下:(1)合同自身存在遗漏、冲突或者条文理解争议。(2)外部社会环境因素不利改变,如法律、政策的变化。(3)特殊的自然原因,如不良地质、恶劣气候。(4)项目周边环境的变化,如对外交通条件的恶化。(5)发包人的过错或者主观要求的变化,如发包人提供的施工条件未能达到合同约定的条件,包括征地移民滞后、开工推迟、缩短工期,提供的图纸延迟等。值得注意的是,引发索赔的事件是繁多的,不仅仅是设计变更。

索赔可分为三类:(1)工期索赔;(2)费用索赔;(3)混合索赔。当然,工期索赔也可能转化为费用赔偿要求,如地震影响了工期,发包人不愿意工期顺延,要求承包人按照原定工期完工,而承包人提出了赶工费的要求。

索赔处理的原则是补偿性,而不是惩罚性,即赔偿不高于受到的实际损失。违约处理的原则是,以补偿性为主,兼具一定的惩罚性,即违约赔偿可以高于实际损失。

工程索赔争议的解决方式,一般为如下几种:(1)双方协商解决。(2)引入争议评审机制解决,称为 DRB(Dispute Review Board),我国译文一般为"争议评审委员会"。在工程中,这种方式由中国二滩水电站工程开始,目前为国际工程所广泛常用。这种方式类似于仲裁,但是与仲裁不同的是,DRB 的意见仅为建议性意见。虽然 DRB 给出的是建议性意见,然而合同双方一般会接受 DRB 的意见。(3)仲裁,国际工程中常见。(4)诉讼,在我国常见,国际工程中少见。

过去,建设工程合同中,工程索赔只涉及承包人向发包人提出,而目前建设工程合同中也涉及了发包人向承包人提出的索赔。但是工程实践中,发包人通过索赔手段向承包人要求赔偿的很少。

国内承包人工作现状是重生产、轻合同,不善于索赔;为了维护切身利益,应当逐步改变这种情形。

第一节 发包人拒绝书面签证的法律风险与防范

一、主要风险

工程签证,对工程建设来说,是重要的基础资料,是确定工程量、合同价款(单价或者总价)、工期影响、停工损失影响等的基础依据;对仲裁、诉讼来说,是直接证据。正是因为签证存在以上重要性,故如果在合同履行过程中,施工承包人缺乏签证,其将面临难以估量的风险。

理论上,对于工程建设过程中所遇到的非正常情形,均应当以能够事后查证的形式进行记录,而最为常见的即为书面形式。随着社会的发展,以电子文件形式为载体的资料越来越多,而这些形式的载体已经为司法所认可,故签证的形式不再局限于过去的"书面记录"。如此一来,在发包人拒绝书面签证时,承包人则应当以其他形式收集、固定证据,以便纠纷发生时,能够还原纠纷事项的真实情况。

发包人拒绝书面签证的原因千差万别,但是目的则相同——不愿意对需要签证的事项承担责任。

之所以需要签证，正是由于工程在建设过程中，发生了原合同之外的非正常情况，需要通过签证的方式，对非正常情况的客观状态或者主观意见予以载明、确认。虽然发包人拒绝签证给承包人带来的风险多种各样，但可基本归为如下几个方面。

(一)难以证明索赔事件是否发生

索赔的前提是实际发生了非因承包人的原因给工期、费用带来不利影响的客观事实。如果发包人拒绝签证，而承包人没有其他证据能够充分证明索赔事件的实际发生，不仅不能进行索赔，甚至可能会导致发包人向承包人提出工期反索赔或者要求承包人承担违约责任。

(二)原因、责任不能区分

工程建设过程中，非正常情况的发生，对承包人的影响，无非是工期和费用两方面。而要进行工期、费用索赔，则首先应当对影响工期、费用的事件发生的原因、责任予以区分。

发包人之所以拒绝签证，实则为拒绝对原因、责任进行区分。

(三)难以证明索赔事件对工程影响的范围、内容、程度、结果

即使能够证明索赔事件已经实际发生，但是如果不能证明索赔事件对工程影响的范围、内容、程度、结果等，则不能确定具体损失，通常造成下列后果：

1. 变更的工程部位、内容、工程量不能确定

工程建设过程中，特别是大型野外工程，诸如公路、铁道、矿山、水利水电工程，工程变更繁多。工程变更，必然需要明确变更的部位、内容、工程量、施工顺序、施工方法等。如果发包人拒绝签证，实则为拒绝确认变更。如此一来，产生纠纷时，承包人难以证明变更的部位、内容、工程量，必然难以确定对工期、工程价款的影响。

2. 施工措施、方法不能确定

影响工程价款和工期的，不仅仅是工程量。不同的施工措施、方法，施工成本不同，施工效率有别。如未对特殊的施工措施、方法给予确认，同样难以确定对工程价款、工期的影响。这是承包人容易忽略之处，故需格外注意。

例如，在公路施工中，由于发包人不能及时完成拆迁工作，导致公路开挖时，为避免造成公路邻近房屋损害、人员伤亡等，不能进行常规爆破，而必须改变爆破方式，甚至只能进行“静态爆破”，无论工程进度还是施工成本，均发生较大变化。

3. 工期影响不能确定

广义的签证，不仅仅是对工程变更的确认，还是对合同已经明确的权利义务之外的事项的确认，或者对影响工程建设的客观事项的确认。

例如，直接影响工期的征地拆迁进展情况，包括异常气候、不良地质、林地审批、政府原因、设计图纸延迟等。未对影响工期的事件，以及该事件的发生对工期的影响事实进行签证，则对工期的影响原因、影响程度不能确定。

4. 承包人损失不能确定

非正常事件给承包人造成的损失，为工期损失和费用损失两个方面。发包人拒绝签证的，可能导致承包人的具体损失不能确定。

工期损失、费用损失不能确定，则承包人利益无法保证，索赔当然也无法正常进行。

二、防范措施

发包人拒绝签证，已经表明发包人不愿意承担责任，此时承包人更应当收集、固定相关证据。签证于纠纷解决的法律程序而言，就是"直接证据"，既然不能获得直接证据，则应当通过"间接证据"证明相关事件的发生以及影响程度、影响结果。

为了获取能够证明事件的发生以及影响程度的证据，应当做好以下两个方面的工作：

（一）承包人建立及时、完善的资料收集和管理制度，及时收集和固定与索赔相关的资料

承包人应当建立、健全完善的索赔制度，需要收集的资料主要包括三个方面：(1)非正常情况信息的收集和固定；(2)变更指示的来源和作出指示的具体文件；(3)索赔程序相关材料，包括事件发生后，与索赔事件施工相关的详细证据材料，以及承包人已经按照合同中约定的索赔程序，及时提交了索赔资料的证据。

1. 索赔相关资料的收集和固定

索赔事件是广泛的，承包人应当详细收集引起或者可能引起索赔事件的详细信息，如恶劣气候、不良地质、交通条件、窝工期间的闲置设备和人员窝工、设计图纸迟延、设计变更、发包人指示、工程款支付不及时等对承包人不利影响的详细资料。

应当建立、健全索赔资料的收集和管理制度，确保资料的及时性、系统性、准确性，以及资料保管的安全性等。目前的实际情况是，不少承包人的资料保管安全性很差，打官司时才发现资料散乱，重要资料缺失、遗失。

2. 变更信息的接收和变更实施

索赔事件已经发生，或者可能造成索赔事件发生时，对于客观事件，应当及时以正式、统一的方式通知监理工程师、发包人，并且按照监理工程师、发包人的书面指示行事。

对于监理工程师、发包人要求进行的变更或者对非正常情况的处理，原则上需要接到书面通知之后方可行动。对于紧急事态的处理，应当做好录音等，事后及时要求以书面方式确认。

3. 索赔的程序

及时、严格依据合同约定的程序提出索赔要求。承包人的不少索赔失败，正是未

能严格按照合同约定的程序,在规定的时间之内进行估价、索赔而造成的。

(二)证明承包人已经按照合同要求,及时将索赔相关的资料送达发包人、监理工程师,并提出了索赔要求

在工程管理和司法实务中,承包人并不惧怕发包人拒绝签字,而是惧怕不能证明承包人将相关信息、文件已经实际送达发包人。因为合同往往约定,收到文件之后一定时间内不予答复的视为同意或者放弃权利。司法实务中,一般认为如果承包人已经按照合同要求尽到告知义务,向发包人、监理工程师实际已经送达了合同约定的与索赔相关的资料、报告等行为,且确有损失发生,则应当由发包人承担相应的责任。故如何证明相关资料已经实际送达发包人、监理工程师,异常重要。

对于发包人拒绝确认的情况,承包人除了收集与索赔相关的资料之外,还应当证明已经按照合同约定的要求,向发包人、监理工程师送达了相关资料,并且及时提出索赔要求。方法主要如下:

1. 明确电子信息联系方式

在合同中明确约定,或者合同履行初期,以会议纪要或者其他今后可以证明的方式,与发包人、监理人明确工程联系的电子邮箱。

合同履行过程中,承包人所有的函件,均通过该电子邮箱发出,即使是已经实际送达的书面函件,也应当通过该电子邮箱发送扫描件。这是可以避免发包人、监理工程师拒收、拒签的有效方式。

2. 发挥微信群的作用

微信群已经成为日常交流的主要方式。对于零散的信息,及时通过微信群发出。由于微信群信息的杂乱、零散,故应当及时整理,然后通过确定的电子邮箱,再统一发出。

3. 收集会议相关资料

发包人、监理工程师的指示,承包人的要求,往往通过会议的方式反映。容易存在的问题的是会议纪要往往由监理工程师、发包人作出,故对其不利的信息可能未能在会议纪要中载明。

解决的方法是:对承包人参加的会议,承包人均应当留下视频、照片、音频记录。

4. 日常视频、通话录像、录音

对施工现场的非正常情况,以及监理工程师、发包人的特殊要求,承包人应当留存视频、音频记录。

报送监理工程师、发包人的书面函件,应当要求收件人签收。如经历几次不签收,甚至拒绝收取函件,则函件送达时,承包人应当同时留存已经收件或者拒绝收件的视频、音频证据。

5. 公证送达

对于极其重要的函件,必要时可通过公证机关送达发包人。

6. 确认变更之后,才进行施工

对于发包人、监理工程师指示的设计变更,或者提出的原合同之外的要求,坚持在收到书面通知并且确定价格之后,才进行施工。

三、典型案例

西南某县级公路项目中,发包人、监理工程师拒绝签收文件和拒绝签证

【案例要点】

发包人、监理工程师拒绝签收对发包人不利的文件,拒绝对发包人不利事件签证,承包人未能及时通过其他方式收集和固定证据,导致巨大损失。

【案情简介】

西南某省一个县级公路项目,发包人为县交通局。承包人进场之后,由于征地移民问题一直不顺利,导致承包人不能正常进行施工。承包人向发包人多次递交工作联系函,反映征地移民问题造成承包人窝工等问题,发包人拒绝接收文件。同时发包人通知监理工程师拒绝接收承包人的该类函件。

承包人多次反映该项问题,但是没有就索赔事件以及影响的后果收集和固定证据,也没有通过其他方式向发包人送达函件。

工程完工,承包人要求发包人给以补偿,但是由于严重缺乏证据,导致其无法获得补偿。

【点评分析】

本案例是一个相当典型的发包人拒绝签证的案例。由于发包人对承包人递交的对发包人不利的函件拒绝接受,还要求监理工程师不接收任何与影响工期有关的资料,而承包人缺乏警惕性,未能及时通过其他方式收集和固定有效证据,从而导致不能索赔的后果。

工程实践中,类似本案的情况不时发生,因为工程签证涉及工程价款的变更和工期的变更,关系发包人的根本利益。发包人为避免工程造价的增加、工期的顺延,通常会采取不签证、少签证、拖延签证,甚至拒绝接收来自承包人的资料等方式来应对。

就本案的承包人而言,由于合同管理经验不足,其虽然积极向发包人与监理工程师反映问题,但在发包人、监理工程师已经拒绝接受对发包人不利的资料之后,仍然没有通过其他方式收集与固定对自己有利的证据,进而导致无法主张索赔,甚为可惜。

【实务提示】

对于发包人、监理工程师拒绝签证等问题,承包人应当及时通过其他手段收集证据,并采用其他方法将资料送达发包人、监理工程师。遇此情况,说明发包人、监理人已经失去信誉,应当迅速采取相应的减损措施,并且聘请有工程纠纷处理经验的律师尽早介入。

第二节 发包人不规范签证的法律风险与防范

长期进行工程项目建设的发包人一般不存在签证不规范的问题,但可能存在拒绝签证的问题。签证不规范的问题一般属于一些缺乏工程建设经验的发包人常犯的错误,当然也包括了监理工程师签证不规范的问题。

关于是否规范,可由如下几个方面判定:(1)是否按照合同约定的程序进行签证;(2)签证中记述的内容是否全面、准确、详细;(3)签证中是否由合同约定的具有签字权限的人签字;(4)签证的主体是否齐全;(5)是否加盖了印章。请注意,一些项目尤其是国际工程中,签证不存在加盖印章的要求。

造成签证不规范的原因,往往是发包人、监理工程师、承包人三方的不规范管理共同形成的。在目前的工程实践中,签证对于承包人具有重要意义,但是不少承包人对索赔管理不熟悉,就连承包人自己也不清楚什么才是规范的签证,导致自己报送的签证资料本身就不规范,也不能发现发包人、监理工程师的签证不规范的问题。目前的监理市场上,因为各种原因,部分从业人员未经过严格的培训,又缺乏工程实际管理经验,导致监理工程师签证不规范。不少发包人并非专门的工程行业从业主体,并不熟悉工程管理,更不清楚签证的规范性。

承包人要改变签证不规范的问题,首先应当对其全体人员进行项目管理正规培训,特别是工程索赔培训,促使项目管理人员知晓签证与索赔的关系,对签证问题进行规范化管理。其次,合同履行过程中,定期检查签证情况,对发现的问题及时处理。

签证不规范,给承包人、发包人均带来风险。以下仅述及承包人的风险。

一、主要风险

就承包人而言,不规范的签证存在的主要风险如下。

(一)签证程序违反合同约定的风险

未能严格按照合同规定的程序、期限、格式进行的签证,在司法实务中,这类不规范的签证可能不会得到人民法院的认可。

建设工程合同对于由于发包人、监理工程师指示的变更,一般会约定详细的变更程序与变更估价程序,如"承包人接到变更指示之后 14 天内,提出估价申请,报送监理工程师审核。如在 14 天内未提出变更估价申请的,视为价款不变更"的条款。所以,如果承包人未能在合同约定的时限之内,提出变更估价申请,则在诉讼过程中,可能被认为"视为价款不变更",承包人因此不能获得变更部分应当增加的工程款。

(二)签证中记述的内容不详尽的风险

签证分广义和狭义两种。广义上的签证,不仅限于对工程量、价款的确定,更多的是对某种事实状态的记述和确认。狭义的签证,往往特指"工程签证单"或者类似单证。

对于事实状态记述和确认的签证,不但需要载明事实状态,而且需要载明原因。对于狭义的"工程签证单"或者单证,应当至少载明:原因、状态、要求。对于专门确认价格的签证,应当明确价格或者计算的依据、方法。

签证中记述的内容不详尽,则会导致责任、工程量、工程价款等不能具体确定之问题。

(三)签证中不是授权人签证的风险

如果建设工程施工合同中已经明确了某些特别的事项,只有特定人员签字的签证方为有效,则该事项的签证,若非合同中指定的人员签字,就面临无效的风险。

(四)签证的主体不齐全的风险

在我国的工程实践中,对于某些签证,已经由相关规范性手册、指导性书籍,或者基于工程习惯,形成了比较通用的模板,如通常所见的发包人、设计人、监理工程师、承包人的"现场四方签证"。

签证的主体不齐全,存在两方面的风险:(1)造成质量、安全事故的,承包人、发包人均可能承担行政处罚甚至是刑事处罚的责任。例如,对于基础开挖,如果进行验收或者变更时,没有设计人员、地勘人员的签字,出现工程质量、安全问题的,承包人将承担相应的责任。(2)如果合同中已经明确,签证必须几个主体签字才生效,则主体不全可能导致签证被认为无效。

(五)没有加盖印章的风险

根据我国的工程习惯,签证一般需要加盖单位印章。虽然司法实务中大家大多认为,只要是具有相应权利的人所为,是否加盖印章并不影响其效力。

实践中存在某些特殊情况,签字人是监理工程师的编外人员、发包人的临时外聘人员,发生纠纷之后,监理人、发包人主张签字人并非其工作人员,而承包人又不能证明签字的是监理人、发包人的工作人员。此种情形下,如果签证没有加盖印章,可能导致签证不被认可。

另外,如果合同中约定,除签字外,必须同时加盖印章才生效,则没有加盖印章的,人民法院一般会认为签证无效。

二、防范措施

(一)重视合同,严格依合同行事

合同是确定双方权利义务的依据,对于合同中与签证有关的条款,应当严格依照执行。尤其是与变更、签证、索赔的有关的条款中已经明确的程序、限期、特定授权人的规定,应当格外注意,否则可能导致签证不被认可。

(二)熟悉并遵行建筑行业的要求及习惯

建筑行业中,通过多年的实践,各种规定、示范性文件、规范性文件已经对工程签证的规范性作出了要求或者示范,这已经足以应对大多数情形下的规范性要求问题。故学习和掌握与所承包工程相关的规范、标准、指导用书,是避免不规范签证快速而有效的手段。

(三)及时复核签证的规范性、对不规范的签证及时补正

建设工程中,由于各种原因,可能导致签证不规范。承包人应当定期复查签证,对于发现的不规范签证,应当及时补正,避免日后纠纷。

重视合同,对于合同中约定的签证的程序,以及对特别事项指定签证人的条款,格外注意;熟知建筑行业规则和习惯,严格按合同约定、行业规则及习惯办理、补正签证。

三、典型案例

1. 西南某水电站工程对外公路清坡施工方法纠纷案

【案例要点】

签证信息不全,无法证明清坡施工方法,导致分包人巨额损失。

【案情简介】

西南某大型水电站工程,地处崇山峻岭之中,发包人为水电行业的某大型央企,对外公路的施工承包人为中铁某工程局。承包人将其中一高边开挖工程分包给某民营施工企业。

施工过程中,由于地质原因,造成了边坡滑移、坍塌,设计变更方案为需要进行二次放坡开挖。二次放坡开挖,首先必须进行清坡,即清除滑移、坍塌的边坡上的松散的浮渣或者不稳定的土体、岩石等。

该边坡施工完成后,分包人与承包人结算,承包人和分包人对清坡的工程量进行

结算，根据已有的相关签证材料，双方对清坡工程量没有争议。由于清坡过程中，双方未对清坡的施工方法进行签证确认，导致双方对清坡的施工方法存在争议，分包人认为是人工清坡，而承包人认为是机械清坡。不同的清坡方案，单价相差甚大。

分包人与承包人双方就清坡方法产生纠纷，协商不成，分包人将承包人诉至人民法院。经分包人申请，人民法院委托工程鉴定机构对清坡方法进行鉴定。鉴定机构两次到现场进行实地踏勘，认为依据双方提供的资料和鉴定机构踏勘时的现场情况，无法分析和确定当时的施工方法，不能确定是人工清坡还是机械清坡。

鉴定机构无法进行鉴定，退鉴之后，由于无法确定当时的清坡方式是人工还是机械清坡，分包人向法院申请撤诉。

【点评分析】

本案涉及的是承包人与分包人因签证不规范导致分包人遭受巨大损失的问题。

工程建设过程中，监理工程师、发包人只对承包人进行签证，而在本案中，分包人当时未要求承包人对清坡施工方法进行确认，导致了分包人的巨大损失。这表明无论是承包人还是分包人，均存在签证问题，只不过分包人与承包人之间的签证，与监理工程师无关，而是承包人与分包人双方之间对特定事件或者协议的一种确认。所以，“签证”问题，不仅仅存在于发包人与承包人之间，而且存在于承包人与分包人之间。

由于分包人对工程索赔经验不足，在清坡过程中，与承包人进行清坡工程施工内容签证时，忽略了清坡的施工方法对单价的重大影响，签证中遗漏了对清坡施工方法的确认，造成签证内容不完整。

另外，本案也反映了另一个问题，即分包人及其律师对水利水电行业不熟悉。实际上，对于大型水利水电工程，具有严密的档案管理制度，只要调取当时的档案，即可以基本查明当时清坡的施工方法情况。

【实务提示】

关于规范的签证，除程序正确及相关人员具有签证权限外，承包人还应当注意签证的客观性、真实性、及时性、完整性，即可能与索赔有关的信息均应当在签证中载明。

2. 发包人甘肃宁×房地产开发有限公司与实际施工人(挂靠人)苏州市湘×建筑有限公司、被挂靠人(一审第三人)江苏华×建设工程有限公司建设工程施工合同纠纷案[①]

【案例要点】

实际施工人提供的工程签证单中没有发包人、监理工程师、被挂靠人的签章,法院因此对签证不予认可。

【案情简介】

2016年6月21日,实际施工人苏州市湘×建筑有限公司(以下简称湘×公司)与发包人甘肃宁×房地产开发有限公司(以下简称宁×公司)签订的《协议书》约定:施工过程中如发生工程量增减等情况,经双方及监理单位书面认可,在项目竣工结算时一次性调整,按照合同工程量清单计价方式进行结算。

之后,由于湘×公司不具备"进甘施工资格"(外省施工企业,没有取得甘肃省建设主管部门的行政许可,没有进入甘肃省承包建设工程的资格),无法在工程所在地建设管理部门备案,故借用了被挂靠人江苏华×建设工程有限公司(以下简称华×公司)的资质与宁×公司签订合同。

由于湘×公司借用了华×公司的名义签订合同,因此在建设主管部门的"备案合同",承包人的名称不是湘×公司,而是华×公司。同时施工过程中的资料、签证,承包人的名称不是湘×公司,而是华×公司。

工程施工过程中,存在工程变更。但是承包人只是单方对工程变更情况进行了记录,而没有及时要求发包人、监理工程师进行签证。

实际施工人(挂靠人)湘×公司与发包人宁×公司因在工程价款结算过程中产生纠纷,湘×公司向甘肃省高级人民法院提起诉讼。其中一项争议就是工程变更价款的问题。

一审期间,经实际施工人湘×公司申请,一审法院依法委托鉴定机构对工程造价进行了鉴定。鉴定机构的鉴定报告中,对实际施工人湘×公司提供的签证未进行计量,原因是湘×公司提供的与主要工程变更价款的证据中,没有宁×公司及监理工程师的签字。

甘肃省高级人民法院审理后作出(2018)甘民初123号民事判决,宁×公司因其他事项向最高人民法院提起上诉。

---

① 案号:(2021)最高法民终371号。

【判决要旨】

对于工程变更的价款问题,一审法院认为:实际施工人湘×公司提供的签证单上施工单位名称为湘×公司,但没有备案合同中的华×公司、监理单位和宁×公司的签字盖章,也无湘×公司的签字盖章,签证的真实性无法确认,故对签证不予认可,从而对实际施工人湘×公司主张的工程变更价款不予支持。

对一审法院对签证的认定,二审法院予以认可。

【点评分析】

本案所谓的"签证",其实根本就不是"签证",只是湘×公司在实际施工过程中的单方记录。一些公司提供的所谓"签证"连自己的印章都没有,可见合同管理混乱程度。

本案中,对于根本就不属于签证的实际施工人单方记录,无论是律师、鉴定机构,还是人民法院实际上均是按照"签证不规范"进行处理的。这反映了律师、鉴定机构甚至审判人员,对"签证"与"单方记录"未能清晰区分的一种现状。

本案中,湘×公司对工程变更价款要求不能得到人民法院支持的原因是根本就没有签证,而不是签证不规范的问题。

【实务提示】

签证其实就是一种多方对客观事实或者特定协议的确认,故签证需要两个以上的主体签字、盖章,方为"签证"。承包人对于与索赔相关的事项,不但需要进行签证,而且需要进行规范签证,以证明事实真相。

在工程发生变更时,承包人应当及时要求发包人、监理工程师给予规范签证。

3. 承包人浙江国×建设集团有限公司与发包人泰州开×汽车城发展有限公司、发包方连带保证人上海欣×投资(集团)有限公司建设工程施工合同纠纷案①

【案例要点】

因承包方提供的签证中,签字人与合同特别约定的具有签字权限的人不一致,导致签证不被法院认可。

【案情简介】

2012年9月27日,发包人泰州开×汽车城发展有限公司(以下简称开×公司)与承包人浙江国×建设集团有限公司(以下简称国×公司)签订《建设工程施工合

① 案号:(2019)最高法民终314号。

同》。合同专用条款约定:发包人派驻的工程师为周某圣,职权为按照合同的约定行使发包人的权利和义务。同时约定,凡需要发包人确认的内容均须由该工程师签字确认,并加盖发包人有效印章方才生效。

施工过程中,存在多项变更。其中,1~3号楼铝合金门窗品牌的变更,在承包人自行变更品牌之后,得到了发包人工作人员的签字,但是发包人的签字人并非合同中特别指定的人员。

工程竣工验收合格之后,承包人国×公司认为由于铝合金品牌发生了变更,依据合同约定,对应价款应当上浮12%,但遭到发包人开×公司拒绝。

由于双方存在多项纠纷,其中就包括了铝合金品牌变更的纠纷,协商不成,国×公司就工程价款纠纷问题,以开×公司、上海欣×投资(集团)有限公司为被告,向江苏省高级人民法院提起诉讼。

因原告、被告双方均不服江苏省高级人民法院(2016)苏民初15号民事判决,向最高人民法院提起上诉。

【判决要旨】

对于1~3号楼铝合金门窗品牌的变更部分的工程价款是否应当上浮12%的问题,法院观点如下。

一审法院认为:由于承包人国×公司提交的签证单只有发包人的工作人员"李某才"的个人签字,所以其提供的签证单虽然能够证明铝合金门窗的品牌变更得到了发包人开×公司的认可,但由于该签证单只有"李某才"个人签字,与合同专用条款中关于凡需发包人确认的内容,均需发包人在合同中特别指定的人员周某圣签字并加盖发包人有效印章后,才能生效的约定不符,故对于承包人要求铝合金门窗上浮12%的主张,不予支持。

二审法院的观点与一审法院相同。

【点评分析】

本案涉及的是签证不规范的一种典型情况,即签证上的签字人与合同中特别指定的签字人不相符,而被人民法院认定为无效签证。

在建设工程实践中,发包人为了控制合同风险,有时会在建设工程施工合同中,对风险较大的特定事项,作出专门约定。比如,特别约定某些事项的特定程序、特定的授权人,而且约定违反程序或者并非特定授权人签字,则对发包人不产生约束力。

承包人应当对这些特别约定格外注意,一旦违反合同中的此类特别约定,人民法院一般会认定其结果对发包人不具约束力。

【实务提示】

在项目管理中,承包人应当以合同管理为核心,熟知合同内容,尤其是合同对特定事项做出的程序和特定授权人问题,应高度重视,严格依据合同约定进行特定事项的处理。

国内建设工程施工合同中,对涉及工程变更的事项,往往不但进行了严格的程序约定,有的合同还进一步对签字人以及签证的形式进行了严格约定。对于这类约定,承包人应当严格依照合同约定执行,否则可能导致签证无效。

第三节　索赔的法律风险与防范

一、主要风险

承包人索赔纠纷中,风险类型较多,主要风险如下。

(一)承包人不重视合同,导致索赔管理混乱

索赔的基础是合同,重视合同、熟读合同是索赔的基础工作。目前的现实是,承包人往往"重生产、轻合同"。不重视合同管理,甚至在施工过程中忽视了索赔管理,导致索赔管理混乱,这是造成承包人丧失索赔权利或者索赔失败的根本原因。

(二)未严格按照合同约定的期限索赔,导致索赔失权

正规的建设工程合同中,一般均约定了严格的索赔程序及索赔期限,如正规的施工合同中,一般有类似"索赔事件发生之日的28天内,承包人应当提交索赔意向通知书,逾期未提交索赔意向通知书的,视为放弃索赔权利"的约定。

实践中,索赔期限经常为承包人所忽视,直到工程完工,进行结算时,承包人才想起索赔。逾期索赔,会导致索赔权利的丧失。

(三)不了解司法现状,导致索赔纠纷诉讼失败

一些建设工程合同虽然没有明确约定索赔失权的限期,但是并不等于没有期限。对司法实务中的下列两个问题,应当重视。

1. 承包人由于对合同不熟悉,没有及时发现合同中存在的问题,有时虽然已经发现合同条款存在矛盾或者对承包人不利的合同缺陷,但是承包人未能及时提出合同条款争议或者合同缺陷处理要求,而是在较长时间内,一直按照对承包人不利的条款履行合同。这样一来,在诉讼过程中,审判人员可能认为:承包人以实际行为认可了对自己不利的条款、合同缺陷,故不应当支持承包人在诉讼中提出的,基于合同条款争议或者合同缺陷获得赔偿的请求。

2. 实践中,存在结算文件由双方签字之后,承包人才对结算之前的事件提出费用索赔的情形。无论合同中是否约定了索赔期限,一旦双方完成结算,则承包人对结算之前的任何事件提出的索赔,均不能得到人民法院的支持。

(四)索赔证据不充分,导致索赔难以得到支持

正是由于"重生产、轻合同"的原因,造成承包人索赔证据不充分,从而导致索赔

失败。

无论是工期索赔，还是费用索赔，对于具体的工期索赔时间、费用金额，均需要充分的证据支持。众多的索赔难以得到支持，正是由于索赔证据不充分所致。

(五)索赔内容顾此失彼，遗漏了某些索赔

这是目前我国承包人索赔时容易出现的问题，主要表现在设计变更或者工程量增加时，索赔要求中，往往只提出了费用索赔，而未能同时提出工期索赔。

例如，房屋施工过程中，开挖基槽之后发现地质情况与原地勘资料存在较大差异，设计要求加深了开挖深度并且进行专门的地基处理。承包人可能只对工程量的增加部分提出了费用索赔要求，而未能对为等待新的方案造成的工期影响和部分设备闲置、人员窝工问题，提出工期和费用索赔。

造成这一问题的原因，一般是承包人索赔经验不足。

二、防范措施

(一)重视合同与法律，改变项目管理中"重生产、轻合同"的习惯

众多项目中，项目部甚至没有放置完整的合同文本，项目经理或者项目负责人甚至不看合同文本。项目部的合同管理人员也不全面研究、分析合同。

承包人应当改变项目管理"重生产、轻合同"的习惯，这是最为重要的防范措施。

(二)以索赔为合同管理的核心，建立健全合同管理制度，制定索赔实施方案

建设工程施工合同纠纷，多数与索赔关联。因为对于合同中已经约定明确，合同履行过程中不存在合同条款理解争议，合同履行条件不存在改变，合同内容没有变更的，则纵然存在纠纷，也往往为承包人的工程质量纠纷、发包人不结算或者未按照合同约定支付结算工程款，这些纠纷并不属于真正意义上的承包人向发包人索赔纠纷。

正是由于出现了合同条款的争议，或者合同条件、合同内容的改变，方才发生索赔事件。一旦发生索赔事件，则合同管理难度陡增。所以索赔管理是合同管理的难点。

在国际工程中，一般施工索赔额可达到合同价款的10%～15%，由此可见索赔对承包人获利的重要性。

基于以上原因，索赔应当成为合同管理的核心。处理具体索赔时，对资料的完整性、规范性要求极为严格，以索赔的要求标准进行合同管理，有助于提高合同管理水平。因此，承包人应当以索赔管理为导向，建立健全合同管理制度，进而针对项目特点，制订工程索赔实施方案。

(三)严格按照合同明确的程序、期限及时索赔

由于索赔对发包人和承包人利益关系密切，影响甚大，故合同条文一般会对索赔

程序、索赔期限作出严格的要求，一旦违反程序或者不在合同约定的期限内提出索赔的，权利人则可能丧失索赔权利。

故应当熟读合同，对索赔相关要求了然于胸，严格依据合同约定、法律规定进行索赔。

（四）规范索赔管理流程

与律师事务所合作，聘请专业团队对索赔部分进行专项服务，针对具体的工程项目，制定规范的索赔管理流程，避免在索赔管理流程方面出现错误。

制定索赔管理流程之后，对相关人员进行培训，安排专业人员、专门人员对索赔事项进行管理。

三、典型案例

1. 发包人鲁布革工程管理局提供的施工道路条件与招标文件不符，承包人日本大成公司提出费用索赔案

【案例要点】

发包人提供的场内施工道路与招标文件不符，承包人因此提起索赔，获得赔偿。

【案情简介】

中国建设工程体制的改革，源于鲁布革水电站工程。20 世纪 80 年代，中国鲁布革水电站工程，引入“世界银行”贷款，对全长 9.38 千米的圆形引水隧洞实行了国际招标，引入了建设工程三项制度，即“建设工程业主负责制、招投标制、监理制”。经过国际招标，日本大成公司中标。

招标之前，场内前期三通一平工程已经由中国水电第十四工程局完成，场内施工道路绝大部分为混凝土道路，故招标文件明确：业主提供的场内道路为混凝土路面。

场内道路绝大部分为混凝土路面，但是有一段长度大约为 1.5 千米的施工支线道路，不是混凝土路面，而是普通碎石路面（泥结石路面）。承包人日本大成公司认为，这影响了开挖料的运输效率，而且对在该段道路上运行的工程运输车辆的轮胎磨损加剧，故提出支付 400 条轮胎购买费用的索赔。

世界银行特别咨询团认为，承包人的索赔具有合同和事实依据。（说明：对于世界银行贷款的大型项目，世界银行同时组织“特别咨询团”，为工程项目提供技术和商务方面的咨询。这是世界银行大型项目的特点）发包人鲁布革工程管理局接受了世界银行的意见，对承包人的索赔给予赔偿，向日本大成公司补偿了 200 条轮胎的费用。

【点评分析】

本案例为中国第一个工程索赔案例,是经典案例。在国内工程实践中,很少见到承包人直接依据"招标文件"而提出索赔要求的。通过本案例可以看出,建设工程合同组成包括了一系列的文件,因此工程索赔所依据的合同文件,具有广泛性。

能够引起工程索赔的事件是广泛的,不仅仅限于设计变更等。发包人未能提供招标文件或者合同中约定的施工条件,如交通条件不符、不能及时提供施工场地、周边乡民阻止施工等,是目前国内常见的情形,而这些情形一般可以成为索赔事件。

【实务提示】

建设工程施工合同是一套体系文件,除合同文本外,招标文件、投标文件等均属于合同的组成部分。所以合同履行过程中,不仅需要对"合同文本",而且对招标文件文本、投标文件及其附件等也应当熟悉。

与国际上有经验的承包人相比,国内的承包人对合同重视不够,在工程项目部,几乎找不到招标文件、投标文件等,甚至合同文本也难以找到。建议承包人向有经验的国际承包人学习合同管理,提高索赔水平。笔者认为,即使不能实际接触国际工程管理,也可以通过收集国际工程索赔的一些资料,并对这些资料认真学习,提高合同管理的水平。

承包人应当重视合同管理,跟踪施工情况,一旦发现索赔理由,就收集、固定证据,为索赔做准备。

2. 中国二滩水电站工程中,国际著名承包人就法律的变化以及领导视察工地提出索赔

【案例要点】

法律、政策的变化是工程常见的索赔事件,另外发包人、监理工程的特别指示,也可能成为索赔事件。

【案情简介】

20 世纪 90 年代,继鲁布革水电站工程项目的建设模式试点取得成功之后,中国进一步改革开放。位于四川省的二滩水电站工程,需投资 300 多亿元,完全使用世界银行贷款,全面实行国际化管理。

招标文件要求,国外承包人必须与国内水电施工企业组成联合体投标,责任方为外国承包人。投标之前,投标人德国霍尔兹曼公司对中国当时水电行业工地劳动作业情况进行了调查,得知当时中国水电工程施工现场,作业时间实际多数为两班制,每班作业时间为 12 小时。故其在投标文件中,按照调查的结果做出了人员组织计划。

地下工程标为德国霍尔兹曼公司和中国某水电大型施工企业组成的“中德二滩联营体”(当时翻译为联营体,现在国内习惯称为“联合体”)中标。工程师(类似于监理工程师)于1991年年底下达开工令。工程施工期间,我国颁布了《劳动法》。承包人在《劳动法》实施的前一天,改变了施工现场作业时间管理制度,严格按照《劳动法》的要求调整了作业时间,每天三班制,每班作业时间为8小时。承包人向发包人提出了索赔,理由是:由于中国法律的变化,承包人必须增加作业人员,以及增加相应的劳工宿舍、食堂、上下班通行工具等。

二滩水电站是当时中国工程建设改革的旗帜,因为重要领导来视察水电站工程的建设,监理工程师指示:领导人视察工地期间,不得进行爆破作业等。领导人离开之后,承包人提出了索赔,理由是:承包人按照监理工程师的指示,暂停了部分施工作业,同时增加了其他投入。

以上两次索赔,发包人与承包人通过友好协商得到解决,发包人对承包人给予了合理补偿。

【点评分析】

引入本案例的目的是扩展承包人的思路,让大家了解索赔的广泛性。

就建设工程施工合同而言,只要是非因承包人的原因,发生对承包人产生不利影响的事件即可能成为索赔事件。发生了索赔事件,承包人均可提出索赔。通常认为,法律、政策的重大改变战争、暴动、疫情、不良地质变化、恶劣气候、发包人要求、监理工程师指示等为索赔事件。

另外,值得注意的是,在国际工程中,合同双方都应当严格依据合同行事,大家认为“Contract is the Bible”(合同就是圣经),承包人的义务就是按照合同要求进行施工。为了承包人的施工免受干扰,这就要求承包人所接受的指示应当“来源唯一、要求明确、处理及时”,所以承包人只接受“工程师”(类似于国内监理工程师)的指示,建设方、设计方、地方政府等不得直接对承包人做出要求,更不参加由工程师组织的会议(类似于《监理会议》)。“工程师”以外的组织、人员进入施工区,由“工程师”提前通知承包人,如果因此而对承包人原来的工期计划(承包人依据月进度计划,每周向工程师报送每周的详细施工进度计划)、施工安排、现场作业造成影响的,承包人将提出索赔。

主要使用世界银行资金的工程,需要进行国际招投标。这类工程项目中,对于工程索赔问题,几乎没有通过诉讼方式解决的,笔者所见的几个工程项目,都是约定仲裁,仲裁机构为瑞典斯德哥尔摩商会仲裁院。即便约定如此,实际上也很少通过仲裁解决纠纷。解决索赔的大致情况为:(1)承包人提出索赔之后,由工程师提出初步处理意见,将工程师意见送达发包人、承包人。(2)发包人与承包人协商解决。(3)如果双方不能协商,也不同意工程师处理意见,则提交DRB,DRB定期到工程项目所在地,对索赔进行处理,处理程序与仲裁基本一样,但是DRB的处理意见仅仅为一种"建议"。(4)同时世界银行特别咨询团也会定期到项目所在地,对双方索赔争议进行处理,处理意见也属于"建议"性质的。(5)如果合同双方对DRB意见、世界银行处理意见不接受,即由合同约定的仲裁机构进行仲裁。

一般情况下,多数索赔往往是在工程师意见的基础之上,发包人和承包人通过协商解决的。对于争议较大的、复杂的索赔,发包人、承包人往往都能够接受DRB、世界银行特别咨询团的意见。

【实务提示】

承包人应当深入学习合同,理解和掌握索赔事件的构成要素,借鉴国际著名承包人的合同管理和索赔管理经验,从而对索赔事件的广泛性有充分的认识,及时提出索赔要求。

应当对国际工程合同管理的要求、索赔要求及国际惯例进行了解,因为我国的承包人在一些国际工程项目中,就是因为对国际工程合同管理要求、索赔要求及国际惯例不熟悉,索赔失败,实在可惜。

由于工程索赔纠纷,专业性很高,又涉及工程方面的大量专业知识,所以索赔纠纷由擅长工程纠纷处理的仲裁机构进行仲裁,更为适合。承包人在今后的工程索赔纠纷中,可以考虑仲裁方式解决双方纠纷。

3. 承包人江苏省第×建筑安装集团股份有限公司与发包人唐山市昌×房地产开发有限公司建设工程施工合同纠纷案①

【案例要点】

确实发生了索赔事件,但是由于承包人的索赔证据不充分,导致部分请求不能得到人民法院支持。

【案情简介】

经过招投标程序,承包人江苏省第×建筑安装集团股份有限公司(以下简称江苏×建)与发包人唐山市昌×房地产开发有限公司(以下简称昌×公司)签订了建设工程施工合同。建设过程中,由于发包人昌×公司的原因,造成了窝工。承包人江苏×建向监理工程师发出工程联系单,主要内容为请求发包人昌×公司及监理工程师确认因发包人昌×公司原因导致工程窝工81天,应给予顺延工期81天及合理补偿。监理工程师签字"情况属实,请甲方与施工单位协商合理解决",并盖有监理部印章。

---

① 案号:(2017)最高法民终175号。

由于承包人江苏×建未向监理工程师提供窝工期间人员窝工详细情况和设备闲置详细情况的资料，并没有要求昌×公司、监理工程师对具体损失给予确认，为后来的纠纷埋下了隐患。之后，双方因停工窝工损失等问题发生纠纷，承包人江苏×建将发包人昌×公司诉至法院，要求昌×公司赔偿停工窝工损失375万元。

一审判决后，江苏×建不服提起上诉，二审由最高人民法院审理。

【判决要旨】

关于江苏×建主张的停窝工损失问题，人民法院观点如下：

一审法院认为：(1)对于停工问题，在2011年7月20日的工程联系单中监理单位已经签章确认，确实存在因昌×公司原因导致江苏×建窝工81天的事实，但签证单中并未确定损失数额，也没有涉及停工损失的计算方法。(2)江苏×建虽就该损失数额也申请进行鉴定，但因其提供的停窝工损失证据相当一部分是其自己记载、单方提供的工人数量、名单、工资数额、现场机械数量等，昌×公司对此不予认可，一审法院对上述证据的客观真实性难以确定，以此为依据得出的鉴定结论能否采信也存疑，故未对此委托鉴定。(3)鉴于此前双方在施工过程中也曾发生过8天停窝工，双方协商的补偿数额为7万元，基本可以反映出停窝工给江苏×建造成的损失程度，在此基础之上，可以酌定该81天停窝工损失为70万元。

二审法院认为，一审法院鉴于此前双方在施工过程中也曾发生过8天停窝工，双方协商的补偿数额为7万元，基本可以反映出停窝工江苏×建造成的损失程度，酌定81天停窝工损失为70万元并无明显不当。

【点评分析】

无论工期影响的具体计算，还是费用的具体计算，均需充分的证据予以证明。本案中，由于承包人江苏×建不能提供充分的证据，证明其在81天窝工期间的具体损失，导致人民法院无法确定其费用实际损失，故人民法院在考虑确实存在81天窝工的情形下，并未支持承包人请求的375万元的赔偿，只能酌情考虑赔偿其70万元。

承包人江苏×建的费用索赔未能得到全部支持的原因，是窝工期间未能及时提供工地窝工期间的人员窝工、设备闲置详细统计资料，并由监理工程师确认，导致证据不充分。由此可知，承包人江苏×建在窝工期间对于索赔存在顾此失彼的问题——当时只考虑到了工期顺延签证，没有考虑到费用索赔签证。究其原因，是没有以索赔管理为导向进行合同管理，同时也是缺乏索赔经验。

【实务提示】

合同管理的核心是索赔管理。索赔管理是合同管理的导向。索赔管理中，索赔证据是极其重要的，承包人应当以索赔证据真实、及时、充分的标准，收集、固定证据，促进合同管理的系统性、规范性。

索赔事件一旦发生，承包人就应当对索赔进行全面考虑，依据索赔的具体情况，拟定索赔的内容,进而制定需要收集的索赔材料清单,按照制定的索赔材料清单逐项收集材料,否则可能导致顾此失彼,导致索赔证据不充分。

4. 承包人宏×建设有限公司与发包人兴义市威×公路投资建设有限公司建设工程施工合同纠纷案①

【案例要点】

工程实践和司法实务中,部分人容易将工程索赔与违约责任混淆,从而将合同约定的索赔期限与民法的诉讼时间混淆。

索赔事件引发的索赔适用“索赔期限”。违约责任适用民法的“诉讼时效”期限。

未在合同约定的索赔期限内提出索赔意向通知的,可能丧失索赔权利。

【案情简介】

承包人宏×建设有限公司(以下简称宏×公司)与发包人兴义市威×公路投资建设有限公司(以下简称威×公司)签订的建设工程施工合同中,“合同通用条款”的第22条为违约责任条款,第23条为索赔条款。分别约定如下:“22.2.1 发包人违约的情形:……(2)发包人原因造成停工的……(4)发包人无法继续履行或明确不履行或实质上已停止履行合同的……22.2.3 发包人违约解除合同:(1)发生第22.2.1(4)目的违约情况时,承包人可书面通知发包人解除合同……22.2.4 解除合同后的付款:因发包人违约解除合同的,发包人应在解除合同后28天内向承包人支付下列金额,承包人应在此期限内及时向发包人提交要求支付下列金额的有关资料和凭证……23 索赔:23.1 承包人索赔的提出。根据合同的约定,承包人认为有权得到追加付款和(或)延长工期的,应按以下程序向发包人提出索赔:(1)承包人应在知道或应当知道索赔事件发生后28天内,向监理人递交索赔意向通知书,并说明发生索赔事件的事由。承包人未在前述28天内发出索赔意向通知书的,丧失要求追加付款和(或)延长工期的权利……”

合同履行过程中,由于发包人威×公司的原因,双方解除了合同,就威×公司违约赔偿一事,双方发生争议,承包人宏×公司诉至人民法院。争议焦点之一是宏×公司未在合同通用条款中约定的28天内提出索赔,是否丧失要求发包人承担违约责任的权利。

【判决要旨】

对于承包人没有在28天内提出索赔,是否丧失要求发包人承担违约责任的权利

---

① 案号:(2018)最高法民终373号。

问题。人民法院观点如下。

一审法院认为,承包人并未丧失要求发包人承担违约责任的权利,理由如下:第一,"通用合同条款"约定:因发包人违约解除合同的,发包人应在解除合同后28天内向承包人支付下列金额,承包人应在此期限内及时向发包人提交要求支付下列金额的有关资料和凭证。该条款并未明确约定超过期限提交有关资料和凭证,就丧失索赔权利,因此即使超过索赔期限索赔,承包人宏×公司并不当然丧失索赔权利。第二,根据查明的事实,工程全面停工后,双方就结算等事宜一直有往来的函件、短信等,发包人威×公司还在黔西南日报上发出要求威鲁公路各标段进行清算移交等事宜的公告。而且到2016年9月,威×公司的领导还联系宏×公司的代理人,要求宏×公司来做工程结算。说明双方一直就结算等事宜在进行协商,与威×公司主张的宏×公司已丧失索赔权利不符。

综上,发包人威×公司应当依据合同违反责任条款的约定,赔偿承包人宏×公司相应的损失。

二审法院支持了一审法院这一观点。

【点评分析】

本案的纠纷属于发包人违约导致合同解除之后的违约赔偿问题,本身不属于工程索赔问题,当然不适用工程索赔的程序和期限的约定。故人民法院在裁决本案时,直接适用了民法的"诉讼时效"规定。

本案的判决是正确的。可惜的是,在说理之时,法院未能阐明为什么不适用"工程索赔期限"的条款,而是直接适用民法的"诉讼时效"规定。

目前的工程实践和司法实务中,确实存在将工程索赔期限与民法诉讼时效相混淆的情况。混淆的原因,一方面涉及理论,另一方面涉及工程索赔的观念的引入与历史问题。笔者从便于工程人员理解的角度,简述如下。

违约责任与索赔问题具有联系又有明显的区别:

1. 索赔的赔偿不等于违约赔偿,两种责任发生原因及后果不同,故分别列明于合同不同的条款之中,即"合同违约责任条款""工程索赔条款"之中。要求违约方承担违约责任,不等于向对方提出索赔;反之亦然。

2. 索赔事件的范围比违约的范围广泛得多,除一部分违约事件外,尚包括不可抗力、意外事故、法律和政策变化、周边环境变化、对外交通条件的变化等。一般而言,凡是非因承包人的原因导致的,在合同中明确约定或者工程惯例认为属于索赔的事件,造成承包人实际受到不利影响的,承包人均可以提出索赔。

3. 违约责任时效问题,由民法诉讼时效制度规定,当事人不得改变。工程索赔条款中的索赔期限,当事人可自行约定,国际上通常为28天,目前国内施工合同的通用条款中也为28天,是当事人约定放弃实体权利的期限,这是由工程合同的特殊性决定的。承包人往往具有丰富的工程经验,而建设方往往没有工程经验,如果没有索赔期限的规定,则具有经验的承包人故意隐瞒索赔事件的发生及其影响的严重程度,恶意扩大建设方损失的行为,就不能得到阻止。

4. 索赔事件的范围和结果,由合同列明。合同未列入索赔事件的,一般按照违约或者不可抗力、意外事故等处理。

5. 工程索赔的原则是严格的"填补性",即赔偿不应高于实际损失。违约赔偿,除填补性外,还具有"惩罚性",所以违约赔偿可以适当高于实际损失。

索赔期限与诉讼时效的区别如下:

1. 索赔期限是在合同中约定的,"提出索赔意向通知书"的期限,是固定不变的。超过索赔期限,丧失的是"实体性权利",这与诉讼时效没有关系。民法诉讼时效是法律规定的,当事人主张"诉讼权利"的期限,是程序性的期限。超过诉讼时效,并不丧失"实体性权利",只是"实体性权利"已经不能通过诉讼的方式实现,即已经丧失了"胜诉权"。

2. 两者的设立的目的不同:(1)约定索赔期限的目的,是要求承包人遵守"诚实信用原则"及时通知发包人,让发包人及时知晓已经发生了索赔事件,从而可以让发包人采取措施,减少损失。否则由于工程合同履行时间很长,承包人往往有丰富的工程管理经验,而发包人往往是没有工程管理经验的,承包人可能为了获得更多赔偿,违背"诚实信用原则",故意不通知发包人已经出现了索赔事件,造成发包人巨大的损失。故在工程合同的索赔条款中,还同时会作出类似"如果索赔事件持续性存在,则承包人应在每间隔一定合理的时间内(国际工程中习惯为28天),再次通知发包人,同时提交从索赔事件发生以来的累计费用索赔金额情况,并附上详细资料""在索赔事件结束之后的28天内,承包人向发包人提交全部索赔资料"的约定。(2)诉讼时效的设立目的,是法律促使当事人尽快行使民事权利,通过诉讼确定对方责任,使对方履行义务。

3. 提出索赔意向通知书的期限,是索赔事件发生之日的28天内(一般如此约定),是固定的,不能因为承包人已经以其他方式(如口头通知过发包人想要索赔),而重新计算索赔期限。而在诉讼期间,只要当事人向对方主张过权利,就重新计算时效期间。

对于索赔期限问题,应当特别注意司法实务的现状。基于我国建设领域的实际情况考虑,最高人民法院的观点大致如下。

1. 如果索赔失权的期限条款,只是在合同通用条款中列明,而未在合同专用条款中写入,则人民法院一般对失权条款不予适用,即没有在合同约定的28天内提出索赔要求的,并不丧失索赔权利。原因是目前国内的施工承包人合同意识不强,没有强烈的工程索赔的意识和索赔经验,如果严格按照国际工程索赔管理要求,则国内的施工承包人明显处于不利境地,故需要对施工承包人给予一定的特别保护。

2. 由于客观原因,承包人未能在合同约定的索赔期限内提出索赔,但是客观条件消除后,及时提出了索赔要求的,视为没有超过索赔期限。

3. 即便合同专用条款中已经约定索赔失权条款,索赔方虽然未在约定的期限内正式提出索赔要求,但是已经以其他方式表明具有索赔的意思的,如在会议中、联系函等中表示希望得到一定的补偿,则认为已经提出索赔要求。

4. 虽然没有提出索赔主张,或者没有在索赔期限内提出过索赔主张,但是发包人曾经同意过对索赔进行协商处理的,则认为不受失权条款的限制。

5. 结算完成之后,就结算之前的事件提出的索赔要求,人民法院不予支持。

应注意:在国际工程中,对索赔的期限要求极为严格,一旦在28天内未能提出索赔意向通知书,则必然失去索赔权利,此与国内不同。在国际工程中,我国施工企业因为未能在28天内提出索赔意向通知书,从而丧失索赔权利,遭受巨大损失的情况,并不鲜见。

另外,通过本案也可知道,一些承包人的项目管理能力不足,合同管理能力明显存在问题,未能在合同解除之后的28天内向发包人提交约定的相关资料,甚至长期不能提供完整的与结算相关的资料。

【实务提示】

工程索赔应当与合同违约责任进行区分,避免将两者混淆。如果承包人将索赔期限问题错误认为属于诉讼时效问题,就可能错过了索赔期限,导致索赔失败。反之,对于诉讼时效问题,发包人为了不赔偿,可能会故意将诉讼时效问题主张为索赔期限问题。

对工程索赔的期限问题,应当高度重视,严格按照合同要求,在索赔期限内提出索赔意向通知书。注意,是书面形式的“通知书”,而不是其他的方式,如电话通知。

第七章

停工与竣工验收法律风险与防范

第一节　停工的法律风险与防范

建设工程中所指的停工具有特殊性,即出于某种原因,承包人对其承包的合同范围内的工程,全部或部分暂停或者停止施工活动。

因停工的原因不同,停工基本可以分为以下几类:(1)发包人原因导致的停工;(2)承包人原因导致的停工;(3)发包人、承包人共同原因导致的停工;(4)客观自然条件、社会环境条件导致的停工;(5)法律、政策、当地政府部门的临时指示导致的停工。

一旦停工,除可能对总工期产生不良影响外,还产生一定的窝工损失、施工机械闲置费用,而且停工时间较长可能带来材料价格大幅波动的风险。

停工在合同上产生的直接后果是工程索赔。如果合同双方无法协商,甚至导致民商事仲裁或者民事诉讼。所以,承包人应注意如下几个方面:(1)停工的原因;(2)及时向发包人、监理人提出索赔意向通知;(3)收集、固定详细的施工现场的设备、人员、损失方面的信息,并且要求发包人、监理人对这些信息进行确认;(4)为诉讼做准备,虽然不一定诉讼。

一、主要风险

停工与工程索赔无法分割,因为停工意味着工程索赔,所以承包人应当具备工程索赔的意识,关注停工的风险问题。对于承包人而言,停工的主要风险如下。

(一)停工原因不明,导致责任不清

停工的原因不同,责任的承担主体也将不同,故停工原因的确定,是确定责任应当由谁承担的前提。为解决停工纠纷,首先需要查明停工原因。

一般而言,凡是非承包人原因导致的停工,原则上由发包人承担责任,除非双方

在合同中有特别约定。而特别约定,一般体现在建设工程施工合同中的"专用条款"部分。

除发包人和承包人的混合过错造成的停工原因外,其他的停工原因一般是容易区分的。但工程实践中经常遇到的问题是,合同双方未及时对停工的原因给予书面确认,从而导致在司法实务中出现"停工原因不清"的情形,这对承包人极为不利。

对停工的原因未能及时书面确认,主要是由于:(1)承包人缺乏合同风险意识,重生产、轻合同。(2)承包人过分相信与发包人的人情关系,顾及发包人感受,担心影响与发包人的关系,导致本项目及未来合作机会的丧失以及业内名声受影响。(3)发包人对对自己不利的原因导致的停工,不愿意确认,甚至拒绝签收承包人的相关函件,也要求监理人不得签收或者确认有关停工原因或者损失方面的相关函件。

(二)未及时确认停工的范围、内容,导致停工后果难以确定

工程项目全面停工的情况一般并不常见。常见的是工程部分停工。工程部分停工期间,承包人往往只是口头反映,而未能及时将停工的范围、工程内容的详细情况形成书面资料,要求监理人、发包人签字确认。这是我国承包人目前的常见问题。

停工的范围、内容不清,就难以确定停工对工期和费用的具体影响。一旦诉讼,由于承包人不能充分证明停工的具体范围、内容,导致因停工造成的工期和费用的具体损失难以确定,使得承包人陷入极为被动的境地甚至败诉。

(三)未及时提出索赔要求,导致丧失索赔权利

除非双方合同具有特别约定,否则停工属于工程索赔事件。现行的施工合同通用条款中,一般具有"在索赔事件发生的28天内,承包人不提出索赔意向通知书的,视为放弃索赔权利"等类似条款。如果合同专用条款中未能排除这类条款的适用,承包人未能在合同约定的期限内,向发包人、监理人提出工程索赔意向通知书的,在诉讼中,人民法院有可能认为承包人已经丧失了索赔权利。

(四)停工对工期的影响难以确定

对于发包人、监理人明确发出的停工指令,或者承包人依据合同程序向发包人、监理人发出停工通知之后的停工,停工时间、停工范围易于确定,故其对工程的影响易于确定。

工程实践中,多数的停工、半停工状态,往往没有明确的停工指令或者停工通知,加之承包人未能及时、准确收集资料,也未及时计算停工事件对工期的影响,或者承包人没有能力计算停工对工期的影响(局部停工、半停工状态下,对工期的影响计算极其复杂),导致停工对工期的影响难以确定。不少情况下,就连承包人自己也难以清晰地确定特定事件对工期的具体影响。例如,在公路土石方开挖阶段,雨季施工期间,承包人没有收集到每次降雨时间、降雨量、雨过之后继续施工的准备和恢复时间的详细资料,或者虽有详细记载,但仅仅是承包人单方记录,未经发包人、监理人确

认,即使能够证明停工是暴雨造成的,也难以证明实际的停工时间。

再者,在工程建设中,如果整个工程停工,则不难确定停工对总工期的影响,但如果只是部分范围、部分内容停工,则极难确定停工对总工期的影响,因为这涉及复杂的工期分析、计算问题。目前的实际状况是,多数中小施工企业、鉴定机构都没有良好的工期影响分析、计算能力,故部分范围、部分内容停工对工期的具体影响,是难以确定的。

目前我国司法实践中,工期的鉴定是由工程造价咨询方面的机构进行的,如果工程造价机构没有能力进行工期鉴定,则会导致鉴定结果偏颇,甚至重大错误。但因为工期管理与造价分别属于不同的专业,让造价机构对建设工程的工期进行鉴定,类似于让会计师事务所对大型工厂中的产品生产周期影响进行计算,其结果不言而喻。

确定停工对工期的影响时,不应当寄希望于工期鉴定,而应当强化实际影响天数证据的收集。如果承包人在停工期间,没有及时收集、固定详细的资料,并且及时确认对工期的影响,则事后难以确定。

(五)停工造成的费用损失难以确定

停工造成的费用损失,主要有三个方面:(1)停工期间的人工费、机械闲置费等直接损失。(2)复工时,复工准备工作的相关费用。(3)停工时间较长时,材料价格可能发生较大波动而需要增加的费用。合同约定材料价格不予调整的,必然就此发生争议。

人工费和机械闲置费的确定先决条件有二:(1)现场实际人员的实际工资发放情况;(2)现场实际闲置的机械设备所对应的实际费用。工程项目中,由于常常存在层层分包、转包情况,承包人又疏于管理,承包人甚至对现场窝工的实际人员以及机械闲置情况,自己也不清楚,从而难以确定具体损失。

二、防范措施

(一)及时收集资料,确认停工原因

停工原因的确定,是划分责任承担的先决条件,不能确认停工原因,则必然导致承包人陷入被动。停工引发的问题,就是工程索赔。故承包人在项目管理中,应当以索赔管理为核心,本着工程索赔的观念,制定相应的规章制度、实施办法。工程实践中,导致停工的具体原因多种多样,项目进场初期,就应当依据项目的特点,制定针对不同原因停工的应对措施。

停工原因的证据异常重要。对于发包人、监理人要求的停工,应当要求给出书面指示。对于不能给出书面指示的,则应当及时通过其他方式收集能够证明发包人、监理人要求停工的证据。对于发包人的过错或者违约行为,如不能及时提供施工场地、未能及时提供设计图纸、未能完成施工许可证审批等可能造成停工的行为,承包人应当及时以正式函件通知发包人、监理人;函件中应当表明停工的原因。对于客观原因,如不良地质条件、恶劣气候影响,应当及时书面向发包人、监理人汇报,并且严格按照发包人、监理人的指示行事。对于法律、政策、当地政府的临时指示停工的,如市政工程中,由于大型活动的需要,政府要求临时短期停工,应当保存能够证明停工要求来源的证据。在具有以上资料的基础之上,要求发包人、监理人及时对停工原因予以确认。

实践中,对于不利于发包人的原因造成的停工,存在发包人、监理人不确认停工原因的情形。故承包人应当从多方面收集、固定、保存资料,克服一旦发包人、监理人不确认停工原因,则没有其他资料能够证明停工原因的问题。

(二)依据合同约定的程序、期限,及时提出索赔通知

即使停工原因明确,停工责任由发包人承担,也应当在合同约定的索赔期限内,严格依照合同约定的索赔程序、索赔相关要求,及时提出索赔意向通知。目前通行的正规合同中,几乎均约定索赔程序、期限、方式、索赔的资料要求等,如承包人违反以上要求,则可能导致索赔无效。经常出现的问题,是承包人未在合同约定的期限内向发包人、监理人送达索赔意向通知书,从而导致索赔权利丧失。

虽然国内司法判例中,对于超过索赔期限的索赔权利人是否必然丧失索赔权利,存在不同判决的情形,但趋势是越来越倾向于认定:超过索赔期限,则丧失索赔权利,故承包人应当严格按照合同要求,及时索赔。

(三)充分收集和及时确认能够确定工期影响和费用影响的资料

明确了停工原因,划分了承担责任的主体,也确定了未丧失索赔权利,则必然需要确定停工对承包人工期、费用的具体影响。如果缺乏充分的资料,则难以确定工期损失、费用金额。所以,系统、详细、充分的资料,是确定工期损失、费用金额的必要条件。在工程管理中,往往是工程完工,双方进行结算甚至进行诉讼时,承包人才发现资料大量缺失。这正是在事件发生时,未能及时充分收集资料、固定资料、良好保存资料造成的。所以承包人项目管理过程中,应当制定专门的资料收集、固定、保存、管理制度,保证承包人所掌握的资料不仅能够证明停工的原因,还能证明对工期、费用的具体影响。

三、典型案例

1. 承包人浙江环×建设集团有限公司与发包人唐山市南×房地产开发有限公司建设工程施工合同纠纷①

【案例要点】

由于发包人不按照合同约定支付工程进度款,承包人迫于经济压力,放弃主张停

① 案号:最高人民法院(2015)民一终字第9号。

窝工损失的承诺,发包人并不因此免于承担责任。

【案情简介】

2010 年 5 月 31 日,承包人浙江环×建设集团有限公司(以下简称环×建设公司)中标承建发包人唐山市南×房地产开发有限公司(以下简称南×房地产公司)开发的龙庭时代商住楼项目。施工过程中,发包人南×房地产公司因资金困扰,没有按合同约定支付工程进度款。承包人环×建设公司为此多次发函催告,但发包人南×房地产公司均未能履行其付款义务。

2011 年 5 月 11 日承包人环×建设公司被迫停止施工,原因是发包人南×房地产公司长期拖欠工程进度款。

2011 年 5 月 18 日,发包人南×房地产公司支付工程款 800 万元。承包人环×建设公司收到该 800 万元后向南×房地产公司出具承诺书,认可收到了 800 万元预拨款,并承诺凡以前和今后无论因何种原因导致该项目停工、误工等一切损失由承包人环×建设公司单独承担。

2011 年 8 月 22 日,承包人环×建设公司发函解除与发包人南×房地产公司签订的《建设工程施工合同》,发包人南×房地产公司在 2011 年 8 月 25 日收到该通知。解除合同的原因是停工后,发包人南×房地产公司虽然陆续支付了部分工程款,但仍未达到合同要求。在政府部门的调解下,多次协商无果。

2011 年 11 月 12 日,发包人南×房地产公司纠集百余人强行将承包人环×建设公司项目部人员驱赶出施工现场,后发包人南×房地产公司组织的其他施工队伍进场开始施工。

承包人环×建设公司向河北省高级人民法院提起诉讼,一审法院作出(2012)冀民一初字第 4 号民事判决。承包人环×建设公司不服一审判决,向最高人民法院提起上诉。

【判决要旨】

就停工损失问题,人民法院观点如下。

一审法院认为:发包人南×房地产公司并未按照合同要求全额支付进度款是导致承包人环×建设公司停工的根本原因。尽管在承包人环×建设公司收到 800 万元后,承诺凡此前和今后无论因何种原因导致该项目停工、误工等一切损失由承包人环×建设公司单独承担。但由于发包人南×房地产公司欠款在先,承包人环×建设公司迫于经济压力,为索要工程款作出的该承诺不能作为发包人南×房地产公司免责的理由。对承包人环×建设公司主张的停工损失,发包人南×房地产公司应给予补偿。

二审法院认为:(1)具体到本案中,发包人南×房地产公司未按照合同的约定全额支付进度款,导致环×建设公司停工,因而环×建设公司存在停工、窝工损失。(2)虽然环×建设公司在2011年5月18日收到800万元进度款时承诺，此前和今后无论因何种原因导致该项目停工、误工等一切损失由环×建设公司单独承担。但从双方往来的函件可以看出，环×建设公司的上述承诺系在迫于发包人南×房地产公司的压力下作出的，不是环×建设公司的真实意思表示。(3)而且此后发包人南×房地产公司仍然未能及时支付工程款。

因此，发包人南×房地产公司不能免除赔偿环×建设公司停工、窝工损失的责任。

【点评分析】

本案具有典型性，在发包人不按照合同约定支付工程进度款时，承包人迫于经济压力，对发包人做出了对承包人自己不利的承诺，放弃某些利益。人民法院考虑到承包人做出承诺，实际上并非承包人的真实意愿，故认为该承诺不具法律效力。

司法实务中，一般而言，如果承包人承诺放弃某些权利，审判人员则认为放弃权利的行为有效。但在本案中，人民法院充分考虑到承包人环×建设公司放弃停工损失主张的行为，是由于发包人南×房地产公司严重违约，未按合同约定及时支付工程进度款，造成承包人环×建设公司在“不得已”的情况下做出承诺。

最高人民法院认为承包人环×建设公司做出的承诺无效，背后的法理，应当是考虑了民法的公平原则，认为对停工事件的发生，发包人南×房地产公司具有重大恶意，如果因为该承诺而导致承包人环×建设公司丧失获得赔偿的权利，则必然有违民法之公平原则。

关于本案中承包人环×建设公司放弃主张停工损失的承诺是否有效，在司法实务中应当存在较大争议，故本案中，承包人环×建设公司获得了停工损失赔偿，实为“险胜”。

【实务提示】

为了确保自身的合法权利得到有效维护，遭遇停工的，承包人应当及时、充分收集资料，及时主张工程索赔，不应当以任何方式放弃自身索赔的权利。

发包人恶意不支付工程款，或者已经有迹象表明发包人可能陷于财务危机的，承包人应当及时采取相应措施，如向发包人、监理工程师发出停工通知等，必要时应当及时进行诉讼。

如果承包人迫于某些实际压力，不得不放弃某些利益时，应当附条件放弃，如“如果发包人在6个月内支付清工程款，承包人愿意放弃利息”等。

2. 承包人中×二十二局集团第四工程有限公司与发包人安徽瑞×交通开发有限公司、后来业主安徽省高速公路控股集团有限公司建设工程施工合同纠纷案①

【案例要点】

能够证明停工原因是发包人所致，承包人依照合同约定的程序，在合同约定的期限内主张索赔，而且有详细资料能够证明具体损失的，获得法院支持。

停工原因是发包人造成的，如果合同明确约定"不在索赔期限内主张，即丧失索赔权利"，则承包人逾期提出的索赔，不能得到支持。

对延误工期双方都有过错的，依据具体情况，酌情分担损失。

停工期间材料价格上涨的，依据停工原因，划分承担责任的主体。

【案情简介】

2003 年，发包人安徽瑞×交通开发有限公司（以下简称瑞×开发公司）与承包人中×二十二局集团第四工程有限公司（以下简称中×工程公司）签订高速公路施工合同，合同总价为 201,901,950 元，工期 22 个月。

2008 年 12 月 22 日，安徽省人民政府决定由安徽省交通运输厅收回高速公路建设经营权，交由安徽省高速公路控股集团有限公司（以下简称安徽高速公司）作为项目新业主负责建设和经营。安徽高速公司作为项目新业主，承担复工进场新施工单位的组织协调责任，项目原业主瑞×开发公司承担原施工单位及处理此前项目债权债务的责任。

施工期间，发生了两次停工。第一次停工时间为 2004 年 3 月至 2005 年 3 月；第二次停工期间为 2006 年 11 月至 2009 年 4 月。

【判决要旨】

一审法院认为：(1) 对承包人主张的 2004 年 3 月至 2005 年 3 月的停窝工损失中确定部分，予以支持；对不确定部分，不予支持。(2) 对于停窝工期间原材料及油料价格的上涨费用，因为承包人和发包人均有过错，酌定承包人与发包人平均负担。(3) 承包人 2006 年 11 月至 2009 年 4 月的停窝工损失，由于没有在合同约定的期限提出过索赔，故不予支持。

二审法院认为：(1) 关于第一次停工损失，即 2004 年 3 月至 2005 年 3 月的停窝工损失问题。

---

① 案号：(2014) 最高法民一终字第 56 号。

①承包人在合同约定的索赔期限之内,向监理人提交了相关资料并且抄送发包人,停工记录等资料得到了监理人的确认。对于能够确定具体损失的部分,最高人民法院给予了支持。对于既有现场监理人员签字确认的每日停窝工情况具体统计表,也有现场监理人员签字确认的每月停窝工情况统计表的部分,由于具体损失能够确定,所以予以支持。

②对于只有现场监理人员签字确认的每月停窝工情况统计表,没有现场监理人员签字确认的每日停窝工情况统计表部分,停窝工损失款项虽然有每月的总统计表,但没有与此总统计表一一对应的每日索赔签证统计表,这同案涉工程针对确定部分停窝工损失的通常做法不符。由于这部分损失不能确定具体金额,所以不予支持。

③关于2004年3月至2005年3月停工导致的原材料及油料价差损失问题,最高人民法院认为,由于双方均有过错,所以一审法院判决承包人和发包人平均负担,并无不当。

(2)关于第二次停工损失,即2006年11月至2009年4月的停窝工损失问题。由于承包人并未依据合同约定的程序,提出过索赔,因此对这一部分索赔不予支持。

【点评分析】

本案反映了人民法院处理停工损失的基本原则。

(1)非因承包人的原因导致停工,承包人因此确实受到了损失,也不一定能够获得赔偿。

(2)如果具有充分证据,能够证明具体损失的部分,可能获得赔偿。

(3)虽然确有损失,而且也能证明确实存在一定损失,但是没有充分证据证明具体损失的,不能获得赔偿。应注意的是,不同审判人员处理方式不同,有的审判人员对于此种情形,会酌情考虑给予一定的赔偿。

(4)虽然确有损失,但是没有严格按照合同约定的程序及时提出索赔要求的,不能获得赔偿。

(5)对于损失,双方均有一定过错的,人民法院酌情分配责任比例。

通过本案,不仅可以知道人民法院对停工损失案件审理的原则,而且由此可知承包人进行工程停工索赔的具体要求。承包人应当做到:①证明停工原因;②提供经过发包人、监理人确认的详细资料;③严格按照合同约定的程序、时间向发包人、监理人提出索赔主张;④造成损失双方都有过错的,酌情分配责任承担的比例。

【实务提示】

承包人应当具备较强的索赔意识,关注工程的进展情况,预测到可能发生停工事件时,就应当提前准备收集停工事件的相关证据。发生停工时,承包人应当及时收集与停工相关的详细资料,不但需要能够证明停工的事实、原因,而且还需能够证明损失的具体金额，并由发包人、监理人确认。

对于索赔，承包人应当严格依照合同约定的程序，并且在合同约定的索赔期限内及时主张，否则其将极可能丧失索赔权利。

第二节 竣工验收的法律风险与防范

在目前的工程实践中，竣工验收一般具有以下两种意思。

第一，合同工程竣工验收，即建设工程项目中，发包人将整个项目的不同部分或者不同专业，分别发包给了不同承包人；承包人完成合同约定，包括合同履行过程中变更的内容之后，对已经完成的工程，按照合同约定的程序或者按照国家、行业相关规定，进行检测、复核。合同工程验收，在国内就目前而言，一般是由发包人组织的，参建方参与即可。

第二，工程整体竣工验收，即整个工程项目或者整个工程枢纽完成之后，对工程整体的验收。工程整体验收的程序、验收的主体，往往具有国家强制性，这与合同工程验收存在明显区别。对于某些特定的工程，需要在工程整体完工，并且投入运行一段时间之后，才由特定的主管部门组织进行工程竣工验收。例如，对于大型水利水电工程，需要在整个工程枢纽完工，并且实际投入运行 2 年之后，由国家有关部门组织进行竣工验收。验收的内容不仅是工程建设本身，而且包括运行效果、工程安全影响、工程环保、经济效益评定等，并对工程项目的技术性、经济性、社会性综合复核、评定。

由于在工程实务和司法实务中，承包人与发包人的纠纷，几乎都是“合同工程竣工验收”纠纷，所以在本书中，如果没有特别指明，则竣工验收即指“合同工程竣工验收”。

对工程承包人来说，竣工验收，实际上是指“合同工程验收”。合同工程验收与合同工程交付，是两个不同的概念，既有联系又有区别。验收，是对合同工程是否符合要求的检查、复核，强调的主要是技术性，施工内容的完整性，一旦通过验收，则表明承包人已经完成了所承包的工程内容，而且合同工程符合合同约定的技术要求。交付，是工程实际管理、掌控权的变动，强调的是权利的变动及风险承担主体的变动，一旦交付，工程的管理、掌控就由承包人转移到发包人，工程风险也由发包人承担。

需要注意的是，就司法实务而言，合同工程存在事实上的交付与法律上的交付，验收也存在事实上的竣工验收和法律上的竣工验收。法律上的交付，即发包人和承包人双方协商，由承包人将合同工程的全部或者一部分移交给发包人管理、使用，而与合同工程是否完工没有直接关系。事实上的交付，即发包人未经承包人同意，擅自占用、使用合同工程的全部或者一部分。法律上的合同工程竣工验收，即依据合同约定、法律规定的程序进行竣工验收。事实上的竣工验收，即工程未经验收，发包人擅自占用、使用的事实。在司法实务中，事实上的验收被"视为"法律上的验收，依据是《最高人民法院关于审理建设工程施工合同纠纷案件适用法律问题的解释(一)》明确：工程未经验收，发包人擅自占用、使用的，视为通过验收。在工程实践中，在竣工验收与交付方面，发包人与承包人容易出现的纠纷的点往往是事实上的交付和事实上的验收以及相应后果。

与竣工验收和工程交付有关法律规定主要如下。

《民法典》第七百九十九条规定，建设工程竣工后，发包人应当根据施工图纸及说明书、国家颁发的施工验收规范和质量检验标准及时进行验收。验收合格的，发包人应当按照约定支付价款，并接收该建设工程。建设工程竣工经验收合格后，方可交付使用；未经验收或者验收不合格的，不得交付使用。

《建筑法》第六十一条规定，交付竣工验收的建筑工程，必须符合规定的建筑工程质量标准，有完整的工程技术经济资料和经签署的工程保修书，并具备国家规定的其他竣工条件。建筑工程竣工经验收合格后，方可交付使用；未经验收或者验收不合格的，不得交付使用。

一、主要风险

在建设工程竣工验收方面，一般而言，发包人面临的风险众多，而承包人承担的风险则较少。对于承包人而言，其主要的风险有以下几个方面。

(一)工程质量存在严重问题的风险

工程验收一般是指承包人已经完成了合同约定的全部工程，但在特殊情形下，合同中约定的工程尚未全部完工，发包人也可能对已经完工的一部分工程进行提前验收，目的是将一部分工程提前投入使用。无论何种情况，法律上，验收的前提均是质量合格。质量存在严重问题，或者质量资料不全的，工程将不能通过验收。不能及时通过验收，承包人至少面临如下风险：(1)返工、修补、拆除重建，增加了承包人的成本；(2)金钱赔偿，如不少合同中约定"不能通过一次性验收的，发包人有权对承包人罚款"；(3)因为质量等问题不能及时验收，承包人承担工期延误的责任；(4)未能通过验收，则导致推迟交付工程，承担工程尚未交付期间的风险。

即使工程已经通过了竣工验收，承包人对发包人提起工程款纠纷诉讼时，发包人往往就质量问题提起反诉。因为在法律上通过竣工验收，并不必然证明质量合格，一旦在诉讼过程中经质量鉴定查明存在质量不合格的情况，承包人仍然要承担责任。

增加了保修费用，工程通过竣工验收之后，如果工程质量不良，则在工程保修期间，承包人不但需要承担保修费，还可能面临工程保修问题的纠纷。

（二）发包人故意拖延工程质量遗留问题验收的风险

如果质量控制不良，则可能虽然通过了竣工验收，但是需要对质量遗留问题在一定时间内完成整改。这可能带来三个方面的问题：(1)某些工程中，初步验收后，要对遗留的质量问题整改完成并经检测合格，才进行正式验收。发包人可能故意使遗留问题难以通过验收，恶意造成承包人工期违约，令其承担工期违约责任，违约金充抵一部分工程款。(2)延长工程保修期。(3)发包人为了延迟通过竣工验收才支付的那部分款项的支付时间，故意不及时对遗留的质量问题进行验收。

（三）工程资料散乱、缺失的风险

工程验收的另一个条件是工程资料齐全。工程资料缺失、散乱，直接影响工程验收，甚至可能导致不能通过竣工验收的结果。特别是某些工程项目中，合同约定承包人将竣工资料提交工程主管部门，竣工资料备案通过之后，作为最终竣工验收条件的，如果资料缺失，则长期不能完成"最终竣工验收"。

工程资料散乱、缺失的另一个风险是，由于竣工验收之后，不能提交完整的工程资料，承担相应的违约责任。在目前的工程实践中，这一情况较为常见。

（四）竣工验收时，未能与竣工结算统筹考虑的风险

在工程实务中，竣工验收不仅是质量方面的验收，而且涉及已经实际完成的内容是否涵盖了合同约定的全部内容，包括变更的部分内容，是否存在"甩项验收"，这就涉及"工程量"的问题。对于合同履行过程中的变更部分或者补充协议等，如果承包人在施工过程中管理不善，未能及时收集、固定相关资料，或者遗失了相关资料，则难以证明工程变更的详细情况以及重要的补充协议的情况，从而导致承包人难以证明工程变更所对应的工程款以及影响工期的结果。

在工程竣工验收期间，应当趁此机会对工程变更事件以及变更事件对工期、费用的影响予以确认。如在工程竣工验收过程中，仍然未对涉及工程变更的事件予以确认，则工程验收实成之后，很难再进行确认。需要注意的是，工程变更不仅是工程量的变更，而且包括施工方式、施工顺序的变更。

如果发包人急于使用工程，则发包人就会在竣工验收时，验收从简。验收之后，发包人以种种借口不对变更部分进行确认，拖延工程款结算。

（五）重要资料移交时原件未留存的风险

存在一种特殊情况，虽然并不多见。竣工验收或者结算过程中，应发包人的要求，承包人将重要的工程资料原件移交给了发包人，而承包人未制作资料移交清单并且要求发包人签字确认。在这种情形下，若双方发生纠纷，承包人可能由于缺乏重要证据遭受巨大经济损失。

二、防范措施

（一）严把质量关

质量是工程的生命，承包人应当高度重视质量问题，严格把关质量，确保质量合格。对施工过程中发现的质量问题，及时处理，避免工程验收时，仍然存在较多的质量问题。

工程接近完工时，承包人应当自行对已经完成的工程进行全面、严格的检测、复核，对发现的问题及早处理。

（二）做好资料收集和保存

资料管理工作是承包人极易忽视的，资料管理不善导致的纠纷也是在司法实务中很常见的。资料管理工作的重要性不仅限于工程竣工验收，而且及于工程索赔、工程结算、诉讼。

在法律诉讼中，对资料的要求是极为严格的。承包人应当以法律诉讼资料的标准要求，收集、固定、保存资料，以避免双方纠纷时，承包人由于不能证明事实真相，难以维护自身合法权益。

（三）做好资料安全性管理

对工程资料的安全性管理，也应当给予重视。资料安全性管理方面，常见的问题是：(1)已经收集、固定、保存资料，但由于承包人自身的原因，致使重要资料遗失。(2)客观原因导致资料毁损灭失，如洪水、暴雨等造成资料的损毁。(3)将资料移交发包人或者特定部门时，没有留下原件，也没有留下双方签字确认的资料移交清单。

承包人应发包人竣工验收要求、双方结算要求、工程审计要求提交资料时，建议提供副本，而非原件。确需提交原件的，应当制作详细的资料移交清单，并经双方核对后，签字确认。同时，应当保存经双方签字、确认“与原件核对无异”的副本。

重要资料的原件，不应当保存于工程项目部，而应当保存于安全的地方，如公司本部。笔者实际处理过的部分案件中，保存于项目部的重要资料遗失甚至被直接抢劫，致使承包人极其被动。

（四）了解发包人的情况，在验收过程中争取权益

承包人应当深入了解发包人的情况，了解工程验收对发包人的影响，从而争取权益。例如，发包人要求提前对部分工程进行验收、提前投入使用，则承包人可以要求发包人支付工程进度款、承包人不再对提前使用部分的质量问题承担责任等。对于发包人急于对合同工程验收的，则要求发包人对结算中将会出现的重大争议问题，给予对承包人有利的确认等。

三、典型案例

1. 承包人中国华×科工集团有限公司与发包人新疆昆×钢铁有限公司建设工程施工合同纠纷案①

【案例要点】

虽然工程已经通过竣工验收，但实际上仍然存在质量问题的，承包人应承担修复费用。

【案情简介】

2012年1月5日，发包人新疆昆×钢铁有限公司（以下简称昆×钢公司）与承包人中国华×科工集团有限公司（以下简称华×公司）签订《系统工程合同》，约定由承包人华×公司对发包人昆×钢公司的一系列土建及安装工程进行施工。工程虽然通过了竣工验收，但是仍然存在一部分质量问题，长时间未能整改合格。

由于双方迟迟未能完成工程结算，为了索要工程款，承包人华×公司以发包人昆×钢公司为被告向新疆维吾尔自治区高级人民法院生产建设兵团分院提起诉讼，随之发包人昆×钢公司就工程质量问题提出反诉。

新疆维吾尔自治区高级人民法院生产建设兵团分院经审理后作出（2016）兵民初5号民事判决书。当事双方均不服上述判决，向最高人民法院提起上诉。

【判决要旨】

对于工程质量问题，人民法院观点如下。

一审法院判决认为：（1）虽然涉案工程通过了竣工验收，但通过查明的事实可知，一些部位依然存在质量问题，未达到合同约定标准及要求，双方的来往函件亦证实工程存在质量缺陷，承包人华×公司亦认可。（2）对于有的质量问题，承包人华×公司认为并非其施工行为导致，系发包人昆×钢公司变更原施工设计、强行要求冬季施工和赶工期等原因造成，其所提意见证据不足。（3）承包人华×公司应当承担维修费用4,943,211.28元。

二审法院认为：（1）案涉部分工程存在质量问题，未达到合同约定标准及要求，双方当事人的来往函件亦证实工程存在质量缺陷。（2）承包人华×公司认为，有一部分工程质量问题，非其施工行为导致，系发包人昆×钢公司变更原施工设计、强行要求冬季施工和赶工期等原因造成，但未能提交证据予以证明，故法院不予采信。（3）经鉴定人鉴定并核算，承包人华×公司施工的工程存在工程质量问题，需要维修的费用

---

① 案号：（2021）最高法民终304号。

为4,943,211.28元,承包人华×公司应当承担。

【点评分析】

质量是工程的生命。工程经验收合格,仅仅是依据验收时的资料,认为质量已经合格,但是绝非表明验收合格之后,质量就一定不存在问题。所以不能因为工程已经通过竣工验收,承包人就不再承担工程质量责任。

我国法律明确规定,对于主体结构和基础部分,在工程的合理使用期限内,承包人承担保修责任,即通俗所说的“终身保修”;其他部分,在质量缺陷责任期内,承包人承担保修责任。

本案说明,即使通过了竣工验收,对于存在的质量问题,承包人仍然需要承担相应的法律责任。所以,虽然工程已经通过了竣工验收,但人民法院仍然判决承包人承担质量责任,支付发包人合理的质量处理费用。

【实务提示】

工程接近完工时,承包人应当自行组织对工程进行全面、详细的复核和整改,确保质量合格,以防难以通过竣工验收。未在竣工验收之前对存在质量问题处理合格的,即使在竣工验收之后,承包人仍然承担质量责任,而且可能给承包人造成巨大经济损失和声誉损害。

工程实践中,工程竣工验收一般分为两次,第一次为“初验”,第二次为“正式验收”。如果工程虽然存在一些质量问题,但是仍然能够满足使用要求,则一般可以通过“初验”。“初验”之后,由承包人对存在的局部质量问题进行整改,整改合格之后,再进行“正式验收”。

个别发包人可能会故意通过“初验”,以便需要投入使用时,可以很快投入使用。但是对“初验”存在的遗留问题,故意加大整改和验收的难度,目的是故意拖延最终验收的时间,造成承包人工期违约,也可以达到推迟支付工程款的目的。

另外,为了工程尽快能够投入使用,发包人可能故意简化竣工验收的要求,在投入使用之后,以工程质量存在问题提起诉讼,从而要求承包人承担质量责任,对发包人进行赔偿。

综上所述,承包人应当坚持“百年大计,质量第一”的方针,否则不但需要承担相应的民事责任,而且可能因为质量问题承担刑事责任。

2. 发包人(再审申请人)沈阳中×房地产开发有限公司与承包人(被申请人)江苏南通×建集团有限公司建设工程施工合同纠纷案[①]

【案例要点】

承包人未向发包人交付竣工资料构成违约,应承担交付资料、赔偿违约金的责任。

【案情简介】

发包人将工程项目分为多个标段,本案承包人只承包了其中一部分工程。

2010年6月9日、2011年9月26日,发包人与承包人分别签订了两份补充协议,对竣工资料做出了约定:承包人除了负责自己施工范围内的竣工资料以外,还需负责整个工程竣工资料的汇总、整理和组卷。

工程于2012年10月全部完工,并已交付使用。2013年2月5日,发包人沈阳中×房地产开发有限公司(以下简称中×公司)与江苏南通×建集团有限公司(以下简称南通×建)签订《工程结算协议书》,约定:(1)结算工程款总价为7585万元。(2)承包人南通×建应于2013年4月15日将其自己施工部分的竣工备案所有资料移交发包人中×公司,其他标段的竣工资料不再由承包人负责。(3)竣工资料每逾期一日,承包人南通×建应向发包人中×公司支付结算总价0.5%赔偿金。

因承包人南通×建未能按照合同约定完成竣工资料的交付,双方发生纠纷。之后,发包人中×公司将承包人南通×建诉至法院,诉讼请求:(1)判令承包人南通×建移交其施工范围内的竣工资料;(2)判令承包人南通×建支付逾期移交竣工备案资料违约金(以7585万元为基数,自2013年4月16日起至实际交付判决主文第一项确定的竣工资料止,按照中国人民银行规定的同期同类贷款利率的4倍计算)。

【判决要旨】

三级人民法院均认为承包人存在违约行为,需要承担违约责任:(1)移交竣工资料;(2)同时承担违约金。但是对违约金的承担金额问题,三级人民法院的判决存在明显不同。

一审法院认为,承包人存在违约行为,应当承担违约金。一审法院支持了发包人的全部诉讼请求。

二审法院认为,因为承包人违约,发包人为此遭受的已经付出的实际损失仅仅约

---

① 案号:(2018)最高法民再326号。

为 100 万元,发包人要求的违约金明显高于该公司因未获取竣工备案资料产生的损失,应当调整。所以依据当时的《最高人民法院关于适用〈中华人民共和国合同法〉若干问题的解释(二)》(已失效)第二十九条,调整为承包人承担约为 130 万元的违约金。

最高人民法院认为:

(1)承包人未将竣工备案资料交给中×公司,已构成违约。二审判决生效后,承包人南通×建仍未按生效法律文书判项内容向发包人履行移交施工资料的法定义务。再审审查期间,承包人南通×建仍未移交全部竣工资料给发包人。据此,在具备移交施工资料条件的情形下,承包人南通×建无正当理由拒绝向发包人依约履行移交施工资料义务,有违诚信原则,主观恶意明显,与建筑业执业准则相悖,依法依约应当承担相应的违约责任。二审判决裁量幅度明显失当,裁判结果未能体现本案是非。

(2)关于承包人南通×建应以何种标准向发包人支付违约金问题。从约定内容看,双方显系明确施工结束后各自应当履行的主要义务,防止出现违约行为。故违约条款内容惩罚性明显。当事人双方签约时对违约可能承担的后果是明知且应当预见到的。二审判决以发包人的实际损失上浮 30% 的标准调整违约金,与合同当事人订立违约条款意图达到的合同目的不相符,与发包人因缺少竣工备案资料而不能办理竣工备案手续所承受的不良商誉影响及实际损失不相当,与承包人南通×建恶意拒绝移交施工资料的违约行为不匹配。

(3)施工合同履行中,作为施工合同甲方的发包人,在建设项目经营管理方面存在疏漏,疏于履行合同监管职责。就竣工资料备案一节,经法院多轮协调,双方数次前往沈阳市城建档案馆办理工程档案备案手续,均因缺乏必备施工资料及双方相互推诿和埋怨,配合协调不畅,导致备案未果。

(4)发包人请求支付的违约金数额过高,发包人对承包人南通×建逾期履行合同存在协调、配合不力的过错。法院酌定,承包人南通×建向发包人支付违约金 1000 万元。

【点评分析】

本案涉及的是承包人未按合同约定交付竣工资料是否构成违约,及如何计算违约金的问题。

我国《民法典》第五百八十五条规定,当事人可以约定一方违约时应当根据违约情况向对方支付一定数额的违约金,也可以约定因违约产生的损失赔偿额的计算方法。约定的违约金低于造成的损失的,人民法院或者仲裁机构可以根据当事人的请求予以增加;约定的违约金过分高于造成的损失的,人民法院或者仲裁机构可以根据当事人的请求予以适当减少。当事人就迟延履行约定违约金的,违约方支付违约金后,还应当履行债务。

本案中，发包人和承包人在《工程结算协议书》中明确约定了承包人“提交竣工资料”的义务，并对违约责任、违约金计算方法进行了明确约定，基于此，三级法院都支持了发包人要求承包人继续移交竣工资料的诉讼请求，虽然三级法院对违约金的判决的金额相差很大，但都支持了发包人关于违约金的诉讼请求，最终承包人为此承担了高达1000万元的违约金。

提交竣工资料是承包人的法定责任，所以不提交竣工资料或者提交的竣工资料不符合要求，必然是承包人违约。但是，由于承包人不及时交付竣工资料或者交付的竣工资料不符合要求，给发包人造成的具体损失很难确定，所以不同的审判人员判决的结果可能相差很大。

本案对违约金的判决具有典型性。笔者认为：二审法院的判决，看似具有法律依据，但是却未能综合考虑承包人违约的恶意，以及发包人因此遭受的巨大的名誉损失和相关的经济损失，虽然这些损失难以证明，但确实是存在的。一审法院的判决和最高人民法院的判决强调了对恶意违约行为的“惩罚性”，最高人民法院的判决的措辞尤其体现了对恶意违约行为的“否定性评价”。

【实务提示】

近年来，因承包人不能及时提交竣工资料产生的纠纷有增长之势。承包人应当给予注意，及时完成并且提交符合要求的竣工资料是承包人的法定义务。

目前，不少工程项目中，存在资料缺失、散乱直接影响竣工验收的问题。

在目前的司法实务中，如果双方没有约定承包人不及时交付竣工资料应当承担的违约金具体金额或者计算方式，则人民法院一般不支持发包人要求违约金的主张，或者是判决承包人仅仅承担“象征性”的违约金，这往往与发包人遭受的实际损失不相当。但是如果合同中明确约定了竣工资料不合格或者不及时交付的违约金具体金额，或者约定了具体的计算方式，则人民法院会支持发包人要求违约金的主张。

承包人在合同履行过程中，应当遵守诚实信用原则。恶意违约的，将面临“惩罚性赔偿”判决。

第八章

工程结算法律风险与防范

工程结算，是指在一定时期内，将一个单项工程、单位工程或分部工程完工，经监理部门审核，建设单位确认并办理验收手续后，建筑施工企业根据施工过程中的现场实际情况的记录、设计变更通知书、现场工程更改签证、实际完成的并按合同有关计量规定计量的工程量清单、预算定额、材料预算价格和各项费用标准等资料，在批准预算范围和年度实施计划的基础上，按投标书和合同规定向建设单位办理的工程价款的结算。

工程结算纠纷一直是建设工程领域的高发问题，目前我国每年有大约15万件建设工程施工合同纠纷案件，其中绝大部分都是涉及工程结算的纠纷。因而在司法实践中，除单纯的工程款欠款纠纷外，大部分工程纠纷都和结算有关或者最终体现为结算纠纷。对建筑施工企业而言，只有工程价款如数结算，才能取得相应的利润和创造效益，故结算阶段往往是建设单位与建筑施工企业矛盾凸显和最终爆发的“重灾区”，也是长期困扰建筑施工企业的问题，尤其近年来受整体经济环境影响，工程拖延结算、工程款拖欠问题更为凸显，对建筑施工企业正常经营造成极大阻碍。因此在建设工程结算过程中，要正确辨识风险，并做好防范措施，这样才能有效保证建筑施工企业的利益。

第一节　发包人不按约定支付工程款的法律风险与防范

发包人不按约定支付工程价款是建设实务中常见的纠纷。在建设工程合同法律关系中，支付工程价款是发包人的法定义务，虽然发包人不按约定支付工程款时，依法应承担违约责任，但未支付工程价款的结果也会给承包人带来巨大的经济压力和风险。

一、主要风险

(一)前期垫资款、后期工程款无法正常回收的资金压力与商业风险

垫资施工是目前建筑市场行业比较常见的模式,部分建筑施工企业为了顺利承接工程,往往选择垫资。而且施工期间发包人对工程进度款根据完成产值节点支付,对竣工结算款则在施工合同约定的期限内付款并预留质保金,导致建筑施工企业很难在短时间内通过一次性回收全部工程款项,尤其在发包人出现信用状况及实际偿还能力不佳,以及受整体外部环境影响融资渠道急剧紧缩的双重压力下,将直接给建筑施工企业带来极为明显的资金压力及信用商业风险:一是使垫资扩大难以为继;二是对外应付的材料款、人工费等无力支付,影响施工质量、进度等;三是可能危及整个企业的现金流,直接关乎企业的日常经营秩序。此外,垫资施工模式下,还可能引发建筑企业与发包人之间、与第三人之间的民间借贷关系,使工程价款结算、支付产生更为复杂的争议。

(二)合同对款项支付方式、期限约定不明确或施工资料不完整的风险

对建筑企业来说,获得工程款是其核心利益。实践中,由于发承包双方法律意识不强或管理不善等原因,在施工合同中未明确约定支付工程款方式、期限,或对方式、期限仅作了原则性约定,或者是对工程款支付设置前置条件等,在产生争议时,对施工单位主张工程款非常不利。而且发包人也常以此约定为由拖延支付或不支付工程款。

除合同先天缺陷外,施工过程中还存在资料不规范甚至缺失,施工竣工后不及时提交竣工结算资料或者提交竣工结算资料存在瑕疵,结算依据移交随意,不注重提交施工及结算资料证据的保留甚至长期不进行结算审计,后续工程验收、结算无法推进,发包人以不符合结算审计、行政审计要求为由迟延支付,造成工程款迟迟无法到账等问题。

(三)不当行使停工权或合同解除权的风险

停工是对原来缔结合同的破坏,停工需要依据。没有法律依据或者合同依据停工的,会给承包人带来违约风险。因此,在发包人未按约定支付工程款的情况下,承包人首先需要关注施工合同对此种情形下承包人的停工权利是否进行了约定,合同对承包人采取停工措施是否有明确要求,如有约定并按该要求做了,承包人提出停工不构成对合同的违约。如果合同对因发包人违约承包人是否有权停工未明确约定的,那么承包人需要在履行充分的工程款主张义务并进行证据收集和固定后,方能采取停工措施。若承包人未在充分准备、充分评估是否具备停工条件的情况下,依据合同约定和一定的程序行使停工权,即不当行使或擅自、盲目行使的,往往会招来风险,给自己带来不利后果。

同样,因发包人不按约支付工程款,承包人行使合同抗辩权或主张解除合同的,也要依照合同约定进行。合同未约定的,严格按照法律规定实施,并注意固定和保留相关证据。不要因为自己不当行使权利,将本是己方主动的权利变成被动而蒙受不必要的损失。

(四)遭受下游分包人、供应商或实际施工人诉讼的风险

发包人未按约在规定的时间、用合同约定的支付方式支付进度款的,将直接影响施工企业的资金流,增加垫资成本和商业风险。施工企业除了需要面对发包人诸多"发难"之外,更多的还需要面对下游分包、供货商,如材料供应商、设备出租商、劳务分包商、各类作业班组等。向上要钱,向下付钱。向上要不了钱,项目回款难,将会导致系列问题,因为施工企业向下付钱分文不能少。向上要不了钱,但各下游单位等着施工企业付款,付不了款就会触发各类违约金条款,除了面临诉讼不断、查封不断等问题,还要面临承担各种高额违约金。严重的造成资金流出现问题,进而因银行基本账户及其他账户被保全导致新的工程项目无法承接,账户资金无法正常使用。如此恶性的连锁反应,涉及大的方面可能会影响施工企业的生存和发展,关乎单个项目的则直接影响施工效率,甚至影响工程的质量、安全和工期等。

发包人不按约定向施工企业支付工程款,也导致施工企业不能向实际施工人付款,实际施工人得不到应收工程款,就可能起诉发包人和施工企业,这时施工企业面临的最大风险是,实际施工人通过法院保全发包人财产或账户,让其不能向施工企业付款,使发包人更"理直气壮"不付工程款,施工企业眼睁睁承受更大的不利后果。

(五)丧失优先受偿权或因未发函催告无法行使优先受偿权的风险

发包人不及时支付工程竣工结算款时,施工企业未按法律规定及时催告,导致工程款优先权行使的前置程序缺失,并存在优先受偿权因此超出行使期限而完全丧失的法律风险。

二、防范措施

(一)慎重对待垫资施工

垫资行为虽未被法律所禁止,但从实践来看,若对发包人的付款能力未进行充分的调查和评估就盲目垫资施工,就会增加工程款清欠的难度。因此,对要求垫资的项目,除调查了解发包人单位信用状况、分析其是否具备足够资金保障工程进度款外,还应综合分析建筑施工企业自身的经济实力,分析垫资比例,充分考量工程的盈利情况,量力而行而非盲目抢占市场、盲目垫资负债经营。同时,垫资施工后应重视工程资金的清收与质保金回收,根据约定付款节点、支付条款等收集整理汇总的付款资料,第一时间与发包人对接,出现发包人不付款的情况的,要及时了解其不付款的原因或理由,审查自身是否存在履行不当,及时补正手续、弥补瑕疵并固定证据,敦促发

包人完成付款。针对账龄较长的工程应收账款,除与发包人展开有效对接沟通外,还应考虑准备尽早通过法律程序实现资金回笼。

(二)通过分阶段合规施策予以精准预防、应对

为防止发包人不按约支付工程款的风险,施工企业要自始至终树立合规意识,实施精准预防与应对。具体而言,在合同签署前,应对工程项目的真实性和可行性进行调查,调查发包方的实力和信誉;在合同签订阶段,应当明确支付方式并对违约责任进行约定,争取为己方更为有利的合同条款,切忌出现承包人放弃停工权的约定;在催收过程中,应当注意保留证据,如付款申请表、请款函、催款函以及邮寄回执等;在协商过程中,应当从法律、人情等方面进行不卑不亢有效的沟通;协商如果不成的,或经过函件催款超过2次,发包人仍不予回复或付款的,及时发送律师函。以上步骤仍不能发挥作用的,经风险考量后,可以暂时停工按照合同约定的索赔条款向对方进行索赔或要求解除合同,甚至诉讼或者仲裁。

(三)提供工程款支付担保和加强施工过程(中间)结算

2019年12月,国务院发布《保障农民工工资支付条例》,明确要求建设单位应当向施工单位提供工程款支付担保。2022年6月,《财政部、住房城乡建设部关于完善建设工程价款结算有关办法的通知》发布,对施工过程结算的定义和效力进行了进一步明确。通过落实建设单位首要责任、加快推行工程款担保制度、推行施工过程结算、规范工程款支付、强化失信联合惩戒,加强对工程建设项目拖欠工程款和农民工工资问题的源头治理,有效整治建筑行业乱象,切实维护建筑企业的合法权益和社会稳定。

(四)适当行使停工权或解约权,防止损失进一步扩大

防范工程款拖欠风险的关键是加强工程建设项目施工过程管理。在工程款发生拖欠初期,除了口头催讨,更要善于运用书面函告催款方式;在连续催款无果或拖欠渐增的情况下,对在建项目应及时分析,采取相应自我维护措施,如放慢施工进度、对后继资金明显不落实的则在催要无果的情况下可依据《民法典》第五百二十七条的规定行使不安抗辩权并按照合同约定的停工程序启动停工,直至依法解除合同。而不宜继续垫资施工,以免损失扩大。

一旦发生停工,作为承包人必须及时做好如现场签证单、来往文件、停工期间机械设备租赁费、人工费等停工的费用支出、停工时间、停工原因等证据的固化工作,并按照合同约定的索赔条款规定及时提出索赔报告。同时,承包人应当采取一定措施避免损失进一步扩大,保证不会因为停工影响现有工程质量、不会出现工程事故和安全事故等。

同样,行使解约权也应依照合同约定或法律规定的条件和程序进行,对解除合同的条件和风险等予以评估后慎重而为,尽量通过协商解除。协商成功的,由双方签订

解除合同协议，明确职责；做好已完工程结算工作、清场和交接工作；如协商不成，则准备保存好证据，确定好已完成的工作界面或工程量，及时通过诉讼或仲裁解决。

（五）及时行使工程价款优先受偿权

工程价款优先受偿权是法律赋予承包人的一项权利，《民法典》第八百零七条规定，发包人未按照约定支付价款的，承包人可以催告发包人在合理期限内支付价款。发包人逾期不支付的，除根据建设工程的性质不宜折价、拍卖外，承包人可以与发包人协议将该工程折价，也可以请求人民法院将该工程依法拍卖。建设工程的价款就该工程折价或者拍卖的价款优先受偿。但应注意行使优先受偿权的期限——依据《最高人民法院关于审理建设工程施工合同纠纷案件适用法律问题的解释（一）》第四十一条的规定，"承包人应当在合理期限内行使建设工程价款优先受偿权，但最长不得超过十八个月，自发包人应当给付建设工程价款之日起算"。承包人应在法定时间内通过诉讼或仲裁方式行使，自行发函、折价抵偿的优先权的行使方式尽量慎用，以避免司法实践中的争议。

（六）必要时坚决采取法律途径解决

发包人拖欠的工程款，若已丧失行使优先权的条件或该工程属于不宜行使优先权的对象，应及时提起诉讼。同时，为使胜诉债权得以实现，应申请法院对发包人的适宜采取保全措施的其他财产采取诉讼保全措施。

三、典型案例

1. 发包人宁夏瑞×房地产开发有限公司与承包人浙江宏×建设集团有限公司建设工程施工合同纠纷案①

【案例要点】

因发包人欠付工程款导致工程停工的，发包人应当赔偿由此给承包人造成的窝工损失。

【案情简介】

2013年至2016年，发包人宁夏瑞×房地产开发有限公司（以下简称瑞×公司）与承包人浙江宏×建设集团有限公司（以下简称宏×公司）就案涉工程一组团、二组团、三组团、四组团项目分别签订《建设合同》，上述合同对工程造价、竣工时间、付款时间等作出了约定。合同签订后，宏×公司对案涉工程进行了施工，案涉工程一组

① 案号：（2020）最高法民终1310号。

团、二组团、三组团项目均已验收备案。

2018年4月25日，瑞×公司与宏×公司签订《4·25协议》，对工程进度款和结算作出安排。经双方核对，案涉工程已付款包括现金和以房顶账，总计为260,137,348元。因瑞×公司欠付工程款，案涉四组团工程于2018年6月停工。

宏×公司起诉请求：(1)解除四组团《建设合同》；(2)判令瑞×公司支付工程款、利息及违约金并赔偿窝工损失。

瑞×公司辩称窝工损失应当由宏×公司自行承担。

【判决要旨】

宁夏回族自治区高级人民法院一审认为，瑞×公司未按照约定足额支付工程款导致后续工程停工，应当承担合同解除的责任，并赔偿因停工给宏×公司造成的窝工损失。一审判决：(1)解除案涉合同；(2)瑞×公司支付工程款及利息，并赔偿宏×公司的窝工损失。瑞×公司不服，提起上诉。

最高人民法院二审认为，瑞×公司未付款导致停工，构成违约；工程款利息与逾期付款违约金性质不同，可以同时适用。二审判决驳回上诉，维持原判。

【点评分析】

本案涉及因发包人欠付工程款导致工程停工的责任承担问题。

本案的核心争议在于窝工损失的认定问题，围绕该争议焦点分析如下。

第一，瑞×公司欠付工程款构成违约。本案中，瑞×公司没有按照协议约定的时间支付进度款，其行为已经构成违约，应当向宏×公司承担违约责任。案涉四个组团工程均是针对同一项目，合同主体相同，建设工程均由瑞×公司发包、宏×公司承包，应当将各组团工程订立的合同作为整体认定违约金。

第二，瑞×公司应当承担窝工损失。本案中，因瑞×公司未按《4·25协议》约定支付工程款，导致停工。瑞×公司上诉主张停工损失系宏×公司所致，应由宏×公司自行承担，但其提供证据不足以证明。瑞×公司应当承担由此给宏×公司造成的窝工损失。

第三，不支持解除合同后扩大的损失应当由宏×公司自行承担的主张。本案中，瑞×公司上诉主张宏×公司通知解除合同后扩大的损失应当由宏×公司自行承担。经最高人民法院核查，双方当事人一直在就合同履行进行磋商，未达成终止合同的合意。瑞×公司主张宏×公司通知其解除合同的事实不成立，合同亦未经协商得以终止履行。

根据以上理据，一审、二审均判决支持发包人向承包人承担窝工损失，符合事实和法律规定。

【实务提示】

施工实践中，因发包人原因停工的现象非常普遍，一旦出现，承包人也应积极作为，采取相应的防范措施，如做好证据收集和索赔工作；采取措施避免损失的扩大；停工原因消除后，及时进场恢复施工等。

2. 再审申请人（承包人）河南省某县建筑安装工程公司二公司清算小组与被申请人（发包人）某市公安局建设工程施工合同纠纷再审案①

【案例要点】

发包人欠付工程款超过 5 年，承包人主张工程款利息按银行 5 年期贷款利率（LPR）计算的，应予支持。

【案情简介】

1989 年，河南省某县建筑安装工程公司二公司（以下简称某建筑公司）承建某市公安局第二看守所工程。1997 年，某建筑公司完成某市公安局第二看守所工程，同年投入使用。2009 年 2 月 12 日，因某市公安局未支付某建筑公司 1989 年至 1997 年承建山西省某市第二看守所工程的工程款，某建筑公司清算组向法院起诉。

【判决要旨】

本案在计算工程欠款利息时适用银行 1 年期还是 5 年期贷款利率的问题。法院认为，中国人民银行发布的同期同类贷款利率，存在 6 个月（含）、1 年（含）、1 年至 3 年（含）、3 年至 5 年（含）、5 年以上，共计五档次贷款利率。原审判决适用中国人民银行 1 年期流动资金贷款利率计算涉案欠付的利息，虽然并不违反"中国人民银行发布的同期同类贷款利率"的司法解释规定，但案涉欠款发生在 1990 年至 1994 年间，1997 年某建筑公司已完成涉案工程并投入使用，距离双方 2001 年汇总结算，欠款发生的时间均已超过 5 年期限。尤其是 2009 年某建筑公司以起诉的方式主张相应工程款，已经过十余年，客观上存在利益失衡的问题。故某建筑公司清算组关于"按照银行五年同期贷款利率计算利息"的意见，应予以支持。

【点评分析】

本案涉及的是欠款时间较长的工程款利息计付标准如何适用问题。

发包人欠付工程款是建设工程施工合同纠纷频发的最大原因之一，而欠付的工程款数额往往高达上千万元，且拖欠时间长，使承包人利益严重受损。为平衡各方利益，惩戒发包人欠付工程款行为，《最高人民法院关于审理建设工程施工合同纠纷案件适用法律问题的解释（一）》第二十六条明确规定，当事人对欠付工程价款利息计

---

① 案号：(2019) 最高法民再 128 号。

付标准有约定的,按照约定处理。没有约定的,按照同期同类贷款利率或者同期贷款市场报价利率计息。而中国人民银行发布的同期同类贷款利率,存在6个月(含)、1年(含)、1年至3年(含)、3年至5年(含)、5年以上,共计五档次贷款利率;全国银行间同业拆借中心公布的贷款市场报价利率,存在1年期、5年期两个档次贷款利率,两种贷款利率均为逐档递增,5年期贷款利率最高。在实务中,计算工程欠款利息时是适用1年期还是5年期贷款利率?笔者认为,欠付工程款时间在5年以下的,一般适用1年期的贷款利率计算欠付工程款利息。欠付工程款时间5年以上甚至更长的,为有效维护承包人合法权益,减少承包人损失,建议适用5年期贷款利率计算欠付工程款利息。

【实务提示】

支付工程价款及利息是发包人的法定和合同义务;其不履行义务时,应依法承担民事责任。实务中,承包人维权的,工程款利息起算一看约定,二看交付时间,三看提交竣工结算文件时间。对计算标准合同未约定的,要注意选择合理的标准,以实现利益的最大化。

3. 再审申请人(发包人)陕西太×山投资集团有限公司与被申请人(承包人)江西省中×景观工程安装有限公司建设工程施工合同纠纷案①

【案例要点】

即使发承包双方约定"工程价款以发包人/行政机关审计的价格为准",但发包人恶意拖延审计,并以未经审计为由主张工程款支付条件未成就,且要求按照约定的审计方式确认工程价款的,不予支持。

【案情简介】

2014年1月19日,陕西太×山投资集团有限公司(以下简称太×山投资公司)作为甲方(建设方)与乙方(施工方)江西省中×景观工程安装有限公司(以下简称中×公司)、丙方(投资方)宝鸡太×山生态发展有限公司(以下简称太×山生态公司)签订一份《陕西省建设工程施工合同》,约定由被告太×山投资公司将陕西太白山旅游区××段发包给原告中×公司施工。合同主要约定:工程竣工验收后,根据宝鸡市人民政府令第68号《宝鸡市政府投资建设项目审计监督办法》甲、乙、丙三方达成一致,本工程必须经审计后方可办理工程结算;工程实行先审计后结算制度;未经竣工

① 案号:(2021)最高法民申1175号。

决算审计,建设单位不能办理工程价款最终结算。2014 年 4 月 20 日工程竣工。中×公司于 2014 年 4 月 20 日向太白山旅游产业管理委员会、太×山投资公司、陕西中×工程管理咨询有限公司(监理单位,被告投资公司委托)提交工程竣工验收申请。2014 年 4 月 26 日,由设计单位、监理单位及施工单位在该工程竣工验收申请报告书上加盖公章。现案涉工程项目已经投入使用。但太×山投资公司、太×山生态公司一直无正当理由拖延审计,致案涉工程至今未予审计。

承包人中×公司起诉后,经一审法院委托,2019 年 12 月 19 日,陕西正×项目管理咨询有限公司出具陕正咨(2019)造价鉴定第 1240 号工程造价鉴定意见书,鉴定结论为:(1)陕西太白山旅游区××段的已完工程含税造价为壹仟捌佰肆拾伍万零肆佰壹拾壹元柒角捌分(¥18,450,411.78 元)。(2)鉴定造价不含争议项金额。

由于鉴定造价不含争议项金额,一审法院依据《工程量签证单》确认争议部分金额为 992,333.50 元,合计案涉工程总造价为 19,442,745.28 元。

【判决要旨】

再审法院认为,原审法院业已查明,太×山投资公司、中×公司、太×山生态公司三方当事人于 2014 年 1 月 19 日签订《陕西省建设工程施工合同》后,中×公司开始施工,设计单位、监理单位及施工单位于 2014 年 4 月 26 日在工程竣工验收申请报告书上加盖公章。在案涉工程项目已经投入使用至今长达 6 年,施工方中×公司仍未能得到工程款的情形下,一审法院结合陕西正×项目管理咨询有限公司于 2019 年 12 月 19 日出具的陕正咨(2019)造价鉴定第 1240 号工程造价鉴定意见书确定的案涉工程总造价,确认案涉工程款为 19,442,745.28 元。鉴于案涉工程竣工后经太×山投资公司验收,并且已经投入使用,太×山投资公司并未提交证据证明系中×公司的原因导致付款条件不能成就,故原审判决由太×山投资公司承担审计不能并承担支付工程款责任并无不当。太×山投资公司以案涉当事人约定优于法定,请求案涉工程的结算应该按照双方的约定进行处理,不仅与其验收并且已经将案涉工程投入使用的行为相悖,且与上述鉴定结论不符。故太×山投资公司的该项再审请求,法院不予支持。

【点评分析】

本案涉及的合同约定工程款需要审计后支付,但发包人拖延审计的,是否可认定视为付款条件成就的问题。

根据《民法典》第一百五十九条的规定,附条件的民事法律行为,当事人为自己的利益不正当地阻止条件成就的,视为条件已经成就;不正当地促成条件成就的,视为条件不成就。发包人支付工程款的前提条件是发承包双方已完成结算,在发包人约定"工程价款结算以发包人/行政审计机关的审计结论为准"的情况下,结算的前提是发包人或行政机关完成审计,此时审计是发包人付款的附条件,审计工作未完成,结算无从谈起,付款也不具备依据。但是,若发包人故意拖延审计,或迟迟不将竣工结算资料提交审计机关审计的,属于恶意阻止付款条件的成就,应视为付款条件已成就。

本案中,因发包人恶意拖延审计,阻止付款条件成就,视为付款条件已成就的处理,解决了发包人该不该付款的问题,接下来应解决发包人付多少款的问题。《最高人民法院关于审理建设工程施工合同纠纷案件适用法律问题的解释(一)》第三十二条第一款规定,当事人对工程造价、质量、修复费用等专门性问题有争议,人民法院认为需要鉴定的,应当向负有举证责任的当事人释明。当事人经释明未申请鉴定,虽申请鉴定但未支付鉴定费用或者拒不提供相关材料的,应当承担举证不能的法律后果。故在当事人未就工程价款达成结算合意的情况下,针对发承包双方的工程款争议,法院启动工程造价司法鉴定程序并以造价鉴定结论确定工程价款,符合法律规定,并未有失公允。

实际上,在发承包双方约定"工程价款结算以发包人/行政审计机关的审计结论为准"且发包人又未能按照约定的程序出具审计结论的情况下,工程价款如何确定,是当事人"审计约定"下的意思自治与发承包双方之间的对价公平两个原则的博弈抗衡。法院的价值判断标准是,一方面,在承包人提交竣工结算文件、承包人交付建设工程、承包人发函督促发包人办理结算审计甚至发承包双方的结算争议刚进入诉讼阶段的时间节点,发包人本可以依照"审计约定"行使其意思自治权利,但发包人却拖延审计进度甚至不启动审计,此时法院可以认为,发包人不重视自身权利,淡化了"审计约定"的意思自治效果;另一方面,在发包人拖延审计的过程中,承包人合法的工程款债权受到侵害,尤其在建设项目已交付发包人使用的情况下,承包人无法接收发包人履行的对价义务,这对承包人来说不公平。据此,法院采用法定工程造价司法鉴定制度确定工程价款,既符合法律价值取向,并且通过否定"审计约定"效力的方式指责了发包人的"审计不作为"行为,同时兼顾承包人的合法债权利益,值得肯定。

【实务提示】

合同义务所附条件不得违反诚实信用原则。合同各方应遵循诚信原则进行合同履行,如果一方不当地阻止条件成就,其不应当得到司法的保护,应视为条件成就。

第二节　无效合同价款结算的法律风险与防范

建设工程实践中,因违法分包、转包、挂靠等导致合同无效的情形较多,根据《民法典》第七百九十三条的规定,建设工程施工合同无效,但是建设工程经验收合格的,可以参照合同关于工程价款的约定折价补偿承包人。但具体如何"参照合同约定",

除上述法律条款规定外并无更详尽的指引，造成实践应用中出现分歧，潜藏诸多法律风险。

一、主要风险

（一）法律后果不同，无效合同结算更复杂、更易产生争议的风险

施工合同无效结算与施工合同有效相比，会造成不同的法律后果，比如，施工合同无效，违约和付款条件及比例的约定亦无效；施工合同无效，合同有关工程价款认定的约定只能参照适用，而非必须适用。参照合同关于工程价款的约定折价补偿，对参照的范围是仅包括计价方式、计价标准，还是包括其他如支付条件、时间、比例等的，在司法实践中一直存在争议，各地法院对此的处理也存在不一。对折价补偿是否要考虑合同无效的过错责任问题，法官行使自由裁量权态度又不一样。因此，无效合同结算是实践中的难点，更容易发生争议，合同中哪些条款可以参照适用，哪些不能参照适用，根据对法律理解的专业程度的不同，其结果也会有差异。因此，在司法实践中，资深的工程专业律师与普通律师负责同样的案子，其结果可能会有很大的差别，无效合同的结算风险无疑因此加大了。笔者建议，进行无效合同工程款结算，承包人最好组织工程造价专业人员、管理人员与专业律师共同实施，把控好风险。

（二）无效合同结算中凸显的工程质量的风险

根据法律规定，无效合同的工程款结算与工程质量挂钩。施工合同无效，验收不合格且不能修复的工程，承包人不仅无权主张工程款，还面临拆除工程进行恢复原状的风险。

而且，施工合同无效时，因建设工程质量不合格所造成的损失，承发包人有过错的，各自按照过错情况对损失承担相应的民事责任。

（三）合同权利得不到保障，管理费等费用得不到法律支持的风险

施工合同及相关协议无效，合同条款对当事人没有约束力，意味着在合同有效前提下的合同相应权利将得不到保障，如主张违约金、补偿金或工程利润、主张继续履行义务等均无法得到支持。

施工合同因挂靠或者转包被确认无效的，挂靠方、转包方根据合同取得的管理费等利益，法院不予支持，并可司法建议行政部门对此依法予以没收。而且，责任者还会面临资质降级甚至吊销、停业整顿、没收违法所得、警告及罚款等行政处罚及导致投标限制、业务准入的风险。

（四）无效合同结算涉及的过错赔偿责任的风险

《最高人民法院关于审理建设工程施工合同纠纷案件适用法律问题的解释

(一)》第六条规定,建设工程施工合同无效,一方当事人请求对方赔偿损失的,应当就对方过错、损失大小、过错与损失之间的因果关系承担举证责任。损失大小无法确定,一方当事人请求参照合同约定的质量标准、建设工期、工程价款支付时间等内容确定损失大小的,人民法院可以结合双方过错程度、过错与损失之间的因果关系等因素作出裁判。

施工合同被认定无效必然会影响价款结算和司法裁判结果,无效合同价款结算纠纷处理中,如一方当事人主张无效合同造成损失,法院会根据以上规定予以审理和认定,有些案件还会进行司法鉴定。而一般工程类案件的审理周期已经足够长了,若如此,审理期限会更长,在此情况下发包人和承包人的实际损失会不断扩大。

二、防范措施

(一)依法签订有效的施工合同,避免因合同效力影响工程款的结算

尽管法律规定,施工合同无效后,可参照实际履行的合同关于工程价款的约定折价补偿承包人。但实务中,因为涉案合同效力、结算标准等问题发生争议而影响工程款项结算的案例很多,笔者曾办理一起工程合同纠纷,从施工单位与发包人双方开始合作起算,8 年后才最终由法院判决确定余下的工程款项金额 3000 万元,可谓“迟到的正义”。如果建设工程项目工程款项都需要这么长的时间才能收回,那么再强大的施工单位或总承包单位都可能会被额外增加的诉讼成本、诉讼时间、资金成本和现金流等问题拖垮的。因此,活生生的事实告诫我们,建筑施工企业一定要依法治企,树立合规意识,依法签订合法有效、条文内容权利义务清晰的建设工程相关合同。有效的合同对当事人具有约束力,可以追究相应法律责任;也是降低各方纠纷、保证工程款项及时结算的重要前提之一。

(二)提高管理水平,保证工程质量

根据《民法典》第七百九十三条的规定,建设工程施工合同无效,但是建设工程经验收合格的,可以参照合同关于工程价款的约定折价补偿承包人。所以,合同无效情形下,主张工程款最根本的前提就是工程质量合格。承包人必须加强质量管理,保证验收合格。一旦合同无效,工程又存在质量问题,承包人就会面临干了活却拿不到工程款的困境。

(三)应尽可能减少纠纷和诉讼的产生,通过协商签订结算协议方式结算工程款

建设工程领域本来就是法律诉讼的高发领域,建议承包人在承接项目时,提前做好相应法律风险费用的成本、预算准备,应预留一定金额的法律风险费用。重要的是,在建设工程合同签订和履行过程中,应当守法,依法、依约、全面履行合同。尤其

是承包人，一定要做好合同履行的管控工作，发现问题要及时协商解决，应尽可能降低建设工程纠纷和诉讼的产生。如合同无效，工程款结算对自己不是很有利，应尽量与发包人协商签订结算协议争取主动权，即使不能避免诉讼，结算协议也有助于推动诉讼的顺利进程。法律已明确，结算协议具有独立性，其效力不受施工合同效力的影响；即使施工合同无效，双方签订的结算协议有效。

（四）约定清楚工程款项的计价标准，减少因计价标准不清晰导致的争议或诉讼

《最高人民法院关于审理建设工程施工合同纠纷案件适用法律问题的解释（一）》第十九条规定，当事人对建设工程的计价标准或者计价方法有约定的，按照约定结算工程价款。因设计变更导致建设工程的工程量或者质量标准发生变化，当事人对该部分工程价款不能协商一致的，可以参照签订建设工程施工合同时当地建设行政主管部门发布的计价方法或者计价标准结算工程价款。为减少因合同各方对工程计价标准理解、认识不一致产生的争议，在建设工程合同签订前，应认真了解行业及项目所在地有关工程计价的相关法律规定，并在合同中约定清楚工程款项的计价标准。否则，一旦发生争议，双方将花费巨额的鉴定费用、较长的鉴定时间，工程款项结算时间也将大大推后。

（五）承包人应及时做好签证工作并保存完备，确保签证款项不因证据瑕疵或证据不足而得不到法律支持

《最高人民法院关于审理建设工程施工合同纠纷案件适用法律问题的解释（一）》第二十条规定，当事人对工程量有争议的，按照施工过程中形成的签证等书面文件确认。承包人能够证明发包人同意其施工，但未能提供签证文件证明工程量发生的，可以按照当事人提供的其他证据确认实际发生的工程量。据此，承包人在建设工程合同履行过程中，一定要及时做好签证资料制作签署工作，完善并保存好签证单件的原件，即使因为发包人或监理单位不配合导致没有签证单，但只要有证据（如视频、照片）证实发包人同意施工并且实际发生了工程量，该签证工程款项也是能够得到支持的。因此，做好签证工程的签证工作，保证签证手续完备并且保存好签证等资料的证据，对合同无效的工程款结算尤为重要，是顺利完成结算的重要保障。

（六）即使合同无效或没有约定利息的，仍可按照同期同类贷款利率或者同期贷款市场报价利率计息

《最高人民法院关于审理建设工程施工合同纠纷案件适用法律问题的解释（一）》第二十六条规定，当事人对欠付工程价款利息计付标准有约定的，按照约定处理。没有约定的，按照同期同类贷款利率或者同期贷款市场报价利率计息。第二十七条规定："利息从应付工程价款之日开始计付。当事人对付款时间没有约定或者约

定不明的,下列时间视为应付款时间:(一)建设工程已实际交付的,为交付之日;(二)建设工程没有交付的,为提交竣工结算文件之日;(三)建设工程未交付,工程价款也未结算的,为当事人起诉之日。”

笔者认为,一般来说,合同无效,利息的约定也无效。但司法实践的主流观点认为,利息属法定孳息,无效合同的工程款利息也应支持。因此,即使工程合同无效或没有约定欠付工程款利息,按照前述司法解释的规定,承包人仍可按照同期同类贷款利率或者同期贷款市场报价利率计息。

(七)要善于运用并及时行使工程价款优先受偿权

《最高人民法院关于审理建设工程施工合同纠纷案件适用法律问题的解释(一)》中,对承包人工程价款优先受偿做了比较详细的规定,该解释第三十五条规定:“与发包人订立建设工程施工合同的承包人,依据民法典第八百零七条的规定请求其承建工程的价款就工程折价或者拍卖的价款优先受偿的,人民法院应予支持。”第三十六条规定:“承包人根据民法典第八百零七条规定享有的建设工程价款优先受偿权优于抵押权和其他债权。”第三十七条规定:“装饰装修工程具备折价或者拍卖条件,装饰装修工程的承包人请求工程价款就该装饰装修工程折价或者拍卖的价款优先受偿的,人民法院应予支持。”第三十八条规定:“建设工程质量合格,承包人请求其承建工程的价款就工程折价或者拍卖的价款优先受偿的,人民法院应予支持。”第三十九条规定:“未竣工的建设工程质量合格,承包人请求其承建工程的价款就其承建工程部分折价或者拍卖的价款优先受偿的,人民法院应予支持。”第四十条规定:“承包人建设工程价款优先受偿的范围依照国务院有关行政主管部门关于建设工程价款范围的规定确定。承包人就逾期支付建设工程价款的利息、违约金、损害赔偿金等主张优先受偿的,人民法院不予支持。”第四十一条规定:“承包人应当在合理期限内行使建设工程价款优先受偿权,但最长不得超过十八个月,自发包人应当给付建设工程价款之日起算。”从这些规定可以看出,承包人享有的工程价款优先受偿权是承包人能更好保护自己合法权益的一项法定权利。

关于在合同无效的情形下,承包人是否享有优先受偿权,尽管在司法实践中存在争议,但根据最高人民法院的判例和许多各地法院的规定,承包人对优先权的行使不受工程合同效力的影响;合同无效的,承包人对工程款也享有优先权。建设工程价款优先受偿权对承包人债权的最终实现有很好的保障作用。但行使建设工程优先权具有一定的时效性,承包人应在法定时间内及时行使。

三、典型案例

1. 上诉人(承包人)苏×建设集团有限公司与被上诉人(发包人)黑龙江鸿基米兰热×有限责任公司建设工程施工合同纠纷案①

【案例要点】

建设工程施工合同无效不必然影响承包人参照相关合同条款请求支付工程款。案涉工程经验收合格,且工程已投入使用,可以以原建设工程施工合同的相关约定作为鉴定工程价款的取费依据。

【案情简介】

2013 年 5 月,发包人黑龙江鸿基米兰热×有限责任公司(以下简称热×公司)与承包人苏×建设集团有限公司(以下简称苏×公司)就双鸭山滨水北城集中供热工程签订施工合同。

2014 年 9 月,热×公司向苏×公司发出《承诺函》,称案涉工程已基本施工完毕,已进入竣工阶段,项目的最终结算及计算费率、款项支付按施工合同执行。

2014 年 11 月,苏×公司将竣工验收合格的工程资料移交至热×公司。但热×公司未向苏×公司支付工程款。苏×公司遂以热×公司拖欠工程款、违约金及利息为由提起诉讼。

黑龙江高级人民法院一审认为,虽然施工合同无效,但热×公司向苏×公司以《承诺函》的形式承诺案涉工程最终结算及计算费率、款项支付按施工合同执行,故本案工程价按合同执行,并无不妥。热×公司不服,上诉至最高人民法院。

最高人民法院二审认为,案涉工程经验收合格,且已投入使用,加之热×公司发函确认案涉工程的最终结算及计算费率、款项支付按施工合同执行,因此本案应以施工合同的相关约定作为工程款的取费依据。

【判决要旨】

本案的争议焦点为:建设工程施工合同无效,原合同的约定能否作为工程价款的取费依据。围绕上述争议焦点,最高人民法院的裁判要点如下:

(1)建设工程施工合同无效,但建设工程经竣工验收合格,承包人请求参照合同约定支付工程价款的,应予支持。因此,合同无效不必然影响承包人参照相关合同条款请求支付工程款。

---

① 案号:(2021)最高法民终 1075 号。

(2)案涉《建设工程施工合同》系各方当事人自愿订立,是案涉工程经验收合格的证据,该工程已投入使用。

(3)热×公司向苏×公司发出的《承诺函》中确认,案涉工程的最终竣工、质保、结算及计算费率、款项支付均按原合同执行。

综上,以案涉《建设工程施工合同》的相关约定作为鉴定工程价款的取费依据,符合各方当事人订立合同时的真实意思表示,没有超出其订立合同时的合理预期。

【点评分析】

本案涉及的是施工合同无效,承包人参照无效合同主张工程价款请求能否得到法律支持的问题。

实践中,施工合同无效,承包人能否参照无效合同主张工程价款,存在较大争议。施工合同无效不当然无法按照无效合同主张工程款、违约金及其他损失,但前提是已完工的建设工程合格。如果建设工程不合格,承包人不仅无法按照施工合同关于工程价款的约定主张工程款,也无法豁免对建设工程进行修复的责任。需要指出的是,如果按照施工合同结算工程价款更有利,承包人在适当的机会可以要求发包人提供书面的确认函或者与发包人形成书面的会议纪要,以便为主张工程款做好准备工作。

【实务提示】

本案告诉我们:建设工程施工合同无效,不影响发承包双方以《承诺函》等形式形成的结算协议的效力。在合同无效的情形下,建筑企业如认为按施工合同结算工程款对自己更有利,可以在结算前与发包人形成书面确认等文件,取得有利地位。

2. 上诉人(劳务分包人)郭某某与被上诉人(承包人)福建林×建筑劳务有限公司、张某某、泉州市协×工程建设有限公司(发包人)建设工程施工合同纠纷案[①]

【案例要点】

对"参照合同约定"应作严格的限制解释处理,仅限于合同中对工程价款计算标准的约定。建设工程合同无效,则付款条件条款也应认定为无效。

【案情简介】

2016年8月17日,泉州市协×工程建设有限公司(以下简称协×公司)作为发包方与福建林×建筑劳务有限公司(以下简称林×公司)作为承包方签订一份《劳务合同》,约定:由林×公司承包泉州市江南新区高山安置区项目第四标段的施工。

① 案号:(2021)闽05民终4519号。

2016 年 8 月 19 日，林×公司作为发包方与郭某某作为承包方签订一份《工程劳务合同》，约定：由郭某某承包泉州市江南新区高山安置区项目第四标段的模板（含内支撑架）制作安装工程。案涉工程于 2019 年 5 月竣工验收，高山安置区于 2019 年 9 月正式交房。在催讨工程款的过程中，郭某某在《施工班组/分包单位工程结算单》上签字，"承诺待业主方支付至工程款的总额 95% 时，甲方给予结清款项。郭某某"，并将该结算单交由林×公司持有。

双方因支付工程尾款等问题发生争议，郭某某向一审法院起诉，提出判令林×公司、张某某向郭某某一次性支付尚欠的工程款 343,023.36 元及利息损失、并由协×公司在欠付工程款的范围内对上述债务承担连带责任等诉讼请求。一审法院经审理认为，郭某某不具有建筑业企业资质，故其与林×公司签订的《工程劳务合同》无效。本案中，经张某某与郭某某结算确认其完成的工程量为 7,157,153.36 元（含签证部分 33,000 元），而林×公司及张某某仅向郭某某支付工程款 6,814,130 元，尚欠其工程款 343,023.36 元。因郭某某在向林×公司催讨工程款的过程中，在《施工班组/分包单位工程结算单》上签字，"承诺待业主方支付至工程款的总额 95% 时，甲方给予结清款项。郭某某"。郭某某向林×公司承诺待业主方支付至工程款的总额 95% 时，再与林×公司结清剩余工程款。现郭某某亦未能提供证据证明业主方已向协×公司支付合同总价款的 95% 以上。故郭某某承诺的新的付款条件尚未成就。因此，法院判决：驳回郭某某的诉讼请求。郭某某不服，认为案涉工程尾款的支付条件已经成就，向福建省泉州市中级人民法院上诉。

【判决要旨】

二审法院认为，关于案涉工程款支付条件是否成就的问题。郭某某虽在《施工班组/分包单位工程结算单》上确认："承诺待业主方支付至工程款的总额 95% 时，甲方给予结清款项。"但是，本案中，业主方是否向协×公司支付至工程款的总额 95%，与郭某某、林×公司之间的权利义务关系并不存在必然联系。林×公司亦未抗辩称协×公司未依约向其支付工程款。林×公司与郭某某签订的案涉《工程劳务合同》，因违反法律禁止性规定，应认定为无效。根据法律规定，除争议解决条款外，其他条款也应无效。而付款条件不属于争议解决条款的范畴，故林×公司与郭某某关于付款条件的约定，亦属无效。《最高人民法院关于审理建设工程施工合同纠纷案件适用法律问题的解释》（已失效）第二条规定，建设工程施工合同无效，但建设工程经竣工验收合格，承包人请求参照合同约定支付工程价款的，应予支持。因案涉工程已经竣工验收合格，现郭某某要求林×公司偿付尚欠的工程款 343,023.36 元并支付自起诉之日（2020 年 9 月 21 日）起按全国银行间同业拆借中心公布的贷款市场报价利率计算至实际履行完毕之日止的利息损失，符合法律规定，应予支持。

根据上述理由，二审判决撤销一审判决，林×公司应于判决生效之日起 10 日内向郭某某支付工程款343,023.36元及利息损失。

【点评分析】

本案涉及的是建设工程施工合同无效情形下,合同约定的付款条件的效力认定问题。

当事人往往在建设工程施工合同中约定工程款付款条件,但在诉讼中,关于付款条件的合同条款是否有效经常存在争议,特别是施工合同无效的情形下,付款条件条款效力的认定更是裁判不一。对此,首先,应当审查案涉建设工程施工合同是否有效。如果案涉建设工程施工合同因违反法律、行政法规强制性规定等而被认定无效,除争议解决条款外,其他合同条款也应无效。其次,从平衡双方当事人利益的角度出发,根据《最高人民法院关于审理建设工程施工合同纠纷案件适用法律问题的解释(一)》第六条的规定,虽然建设工程施工合同无效,但建设工程已完工并经竣工验收合格交付使用的,承包人有权依照该规定要求参照合同约定的工程价款计算标准赔偿损失。发包人通常也会以上述规定为据,抗辩付款条件也应参照合同约定。笔者认为,上述司法解释的规定实际上是针对合同无效后进行折价补偿的规定,在建设工程施工合同认定无效的情况下,"参照合同约定"是确定折价标准的一种方式而已,不等同于"按照合同约定",不是按有效合同处理。应对"参照合同约定"作严格的限制解释处理,即仅限于合同中对工程价款计算标准的约定,而付款条件、付款方式、付款时间以及工程款扣减等,则不属于《最高人民法院关于审理建设工程施工合同纠纷案件适用法律问题的解释(一)》第六条规定的参照范围。

【实务提示】

建筑企业在签订工程施工合同时,一定要确认该合同没有因违反法律法规的强制性规定而归于无效,否则会面临因合同无效而导致除争议解决条款外所有其他条款均无效的法律风险。

3. 湖北六×一建筑工程有限公司、四川可×建设工程有限公司与巴中市巴州区人民政府、巴中市巴州区交通运输局等建设工程合同纠纷案①

【案例要点】

BT项目中,建设工程施工合同无效及案涉工程尚未竣工验收,但工程已交工验收并投入使用,承包人可以请求发包人参照合同约定支付回购期利息。

---

① 案号:(2020)川19民初169号。

【案情简介】

2011 年 12 月,甲方巴州区政府通过公开招商与乙方湖北六×一建筑工程有限公司(以下简称六×一公司)就东门大桥、南杨大桥 BT 项目签订《巴中市巴州区东门大桥、南杨大桥投资合作协议书》(以下简称《投资合作协议书》)。《投资合作协议书》约定,六×一公司投资 3.3 亿元建设东门大桥、南杨大桥,投资回报率为 18%,回购总价款(A)=(投资额+建设期间的累计利息)×1.18。项目完工验收合格后,巴州区政府按合同约定及时支付回购资金。同时约定了回购资金的支付方式,即:(1)支付年限为 3 年。建成验收合格之日起,在一个月内,第一年 Al=A×0.4 一次性支付给乙方;第二年 A2=A×0.3+A×0.6×还款期年利率,一次性支付给乙方;第三年 A3=A×0.3+A×0.3×还款期年利率。A 为回购总价款,A1、A2、A3 分别为一、二、三年度回购额。(2)建成后年利率:按中国人民银行公布的同期同档基准贷款利率上浮 3 个百分点(×%+3%)。如果甲方未能按时支付合同回购款,甲方应承担延误期内乙方的融资费,并向乙方支付逾期违约金,违约应为逾期金额的 0.4%/天,由此造成的违约责任和损失由甲方承担。

六×一公司在巴中设立四川可×建设工程有限公司(以下简称可×公司)为项目公司,并由可×公司将案涉工程发包给中铁大桥局集团第六工程有限公司进行施工建设。

东门大桥于 2015 年 1 月 16 日交付使用,南杨大桥于 2013 年 12 月 27 日交付使用,但案涉梁桥至今未进行竣工验收。2014 年 5 月 26 日,巴中市巴州区审计局作出巴区审建报(2014)37 号审计报告,审定南杨大桥建设项目审计金额共计 85,804,160.44 元。2015 年 11 月 11 日,巴中市巴州区审计局作出巴区审外报(2015)35 号审计报告,审定东门大桥建设项目审计金额共计 256,186,501.78 元。两桥合计回购总价款为约 3.4 亿元。但因巴州区政府拖欠支付剩余 2000 万元回购价款及回购期利息、违约金等,六×一公司、可×公司诉至法院。

【判决要旨】

本案主要争议焦点为:(1)案涉《投资合作协议书》的效力。(2)六×一公司、可×公司主张的回购期利息能否得到法院支持。

一、关于案涉《投资合作协议书》的效力问题

我国《招标投标法》第三条规定:“在中华人民共和国境内进行下列工程建设项目包括项目的勘察、设计、施工、监理以及与工程建设有关的重要设备、材料等的采购,必须进行招标:(一)大型基础设施、公用事业等关系社会公共利益、公众安全的项目;(二)全部或者部分使用国有资金投资或者国家融资的项目……”本案诉争东门大桥、南杨大桥工程为巴州区基础设施工程,关系社会公共利益及公众安全,其回购款项的来源亦属于全部使用国有资金投资或者国家融资的项目,而案涉的《投资合作

协议书》约定六×一公司负责项目建设的勘察、设计、施工、监理、检测，后由巴州区政府回购，案涉《投资合作协议书》应当按照法定程序进行公开招标投标，但经审理查明，该《投资合作协议书》的签订并未经过公开招标投标程序，因此根据《最高人民法院关于审理建设工程施工合同纠纷案件适用法律问题的解释》（已失效）第一条“建设工程施工合同具有下列情形之一的，应当根据合同法第五十二条第（五）项的规定，认定无效：……（三）建设工程必须进行招标而未招标或者中标无效的”的规定，案涉《投资合作协议书》为无效合同。

二、关于六×一公司、可×公司主张的回购期利息是否应当支持的问题

虽案涉工程截至目前尚未竣工验收，但东门大桥于2015年1月16日交工验收后投入使用至今，南杨大桥于2013年12月27日交工验收后投入使用至今，根据《最高人民法院关于审理建设工程施工合同纠纷案件适用法律问题的解释》第十三条“建设工程未经竣工验收，发包人擅自使用后，又以使用部分质量不符合约定为由主张权利的，不予支持；但是承包人应当在建设工程的合理使用寿命内对地基基础工程和主体结构质量承担民事责任”的规定，现巴州区政府认为案涉两桥质量不符合约定的辩称理由，法院不予支持。根据《最高人民法院关于审理建设工程施工合同纠纷案件适用法律问题的解释》第二条“建设工程施工合同无效，但建设工程经竣工验收合格，承包人请求参照合同约定支付工程价款的，应予支持”的规定，案涉两桥已投入使用多年，六合一司、可×公司仍可请求参照《投资合作协议书》的约定支付回购价款。

关于六×一公司、可×公司主张的回购期利息问题。根据《投资合作协议书》第五章第三条回购价款支付方式约定，巴州区政府需向六×一公司支付建成后还款年利息，即六×一公司主张的回购期利息，该笔利息按照合同约定应当为：东门大桥256186501.78元×0.6×(4.75%+3%)+256186501.78元×0.3×(4.75%+3%)=17869008.5元，南杨大桥85804160.44元×0.6×(6.15%+3%)+85804160.44元×0.3×(6.15%+3%)=7065972.61元，上述回购期利息共计24,934,981.11元，法院予以支持。

【点评分析】

本案涉及的是BT项目中建设工程施工合同无效及案涉工程尚未竣工验收但已交付使用的情形下，承包人主张回购期利息能否得到法院支持的问题。

BT项目是“建设—移交回购”的模式，当事人一般会在合同中约定回购价款的组成，一般包括投资额、建设期利息及投资回报。至于回购期利息，有的当事人会在回购价款组成中进行说明；有的则是在回购款支付方式中进行体现，比如本案。因此，司法实践中对于回购期利息是否能得到支持以及按照什么标准支持存在争议。首先，针对回购期利息是否得到支持，需要先界定其性质。有的法院认为其属于欠付工程款的利息，属于法定孳息，有的法院认为其属于回购价款的范畴，但两种观点的

相同点均在于回购期利息可以予以法律保护。其次，针对利息标准的问题，不同的法院根据其认定回购期利息的性质的不同而采取不同的利息标准。认定回购期利息属于欠付工程款利息的法院一般根据《最高人民法院关于审理建设工程施工合同纠纷案件适用法律问题的解释(一)》第二十六条“当事人对欠付工程价款利息计付标准有约定的，按照约定处理。没有约定的，按照同期同类贷款利率或者同期贷款市场报价利率计息”的规定计算利息。认定回购期利息属于回购价款的组成部分的法院会按照合同约定计算利息，但是也有法院仍会按照《最高人民法院关于审理建设工程施工合同纠纷案件适用法律问题的解释(一)》第二十六条的规定计息。

在BT合同中约定回购期及回购期利息是行业惯例，回购期利息仍然属于承包方回购价款或者工程款的范畴，而不属于回购方欠付工程款而产生的法定孳息，其可以参照合同约定计息。首先，回购方可能在回购期内将工程款支付完毕，则此时便不存在欠付情形，而《最高人民法院关于审理建设工程施工合同纠纷案件适用法律问题的解释(一)》第二十六条是针对欠付工程款的规定，回购款利息并不一定适用。其次，在建设工程施工合同无效，案涉工程虽未竣工验收但已投入使用的情况下，根据《民法典》第七百九十三条第一款的规定，“建设工程施工合同无效，但是建设工程经验收合格的，可以参照合同关于工程价款的约定折价补偿承包人”。关于哪些和工程价款有关的约定可以被参照，最高人民法院诸多司法判例均认为仅限于工程款计价方式、计价标准等与工程款数额有关的约定，关于工程款支付条件的约定不属于可以参照试用的范围，而关于回购期利息的约定应属于工程款的计价方式，应该参照BT合同予以计算。

【实务提示】

建筑行业涉及多个单位，多个环节，错综复杂，通过本案主要提示以下几点：

1. 签订合同前需要审查企业资质、是否需要履行招投标手续及是否履行完毕、是否转包、违法分包等，避免此类建筑行业的禁止性规定导致合同无效。

2. 合同中将工程价款计算标准及计算方式约定、利息计算标准等约定清晰。

3. 严格按照合同约定履行，避免对方主张损失赔偿，如无法严格按照合同履行，及时补正、说明原因并固定证据。

4. 经济损失的组成及其证据收集保存好，合同无效可引发赔偿诉讼案件。

5. 及时进行项目竣工结算，签订结算协议。

6. 提前收集对方的银行账户、银行流水和重要财产，为财产保全提供帮助。

7. 考虑担保人及担保财产。

第三节　结算协议的法律风险与防范

结算协议，是指发承包双方为解决施工合同中工程价款结算、清算或支付等事宜而达成的合意，常以发承包双方签署或认可的结算审定单、补充协议、清算协议等形式出现，不仅是对工程价款的结算，还包括工期、质量、逾期付款责任等"一揽子"事项而形成的独立协议。因此，结算协议体现的是建设工程施工合同当事人的真实意思表示，在不存在其他无效或可撤销事由的情况下，其确定的结算价款更符合签订协议时的客观情况。实务中，依据结算协议确定工程款，有利于争议的解决，节省诉讼成本，但要注意结算协议签订时的相关风险。

一、主要风险

（一）结算协议被认定无效或被撤销的风险

实务中，建设工程价款结算协议被推翻的，常表现为两种情形：被确认无效或被撤销。

一般情况下，就结算协议而言，只要它体现的是双方真实意思的表示，内容不违反法律的禁止性规定，都是认定为有效的。但实际操作时，如结算协议背离了合同的实质性内容，或是双方恶意串通所为或者是相对人以虚假的意思表示实施的则会被认定为无效。无效的建设工程价款结算协议自始没有法律约束力。

而且根据规定，在结算协议存在以下情形时，当事人一方或各方均可依法定程序要求撤销之：（1）基于重大误解签订结算协议；（2）一方利用另一方危急之时签订的结算协议；（3）一方故意隐瞒项目实施，在另一方不了解真实情况下，签订的结算协议；（4）一方以不支付工程款、不提交工程资料等给对方造成不利影响的形式，胁迫对方签订的结算协议；（5）争议结算协议内容与第三方出具的结算内容明显不符，存在较大差距的。一旦结算协议被撤销的，当事人关于工程价款的真实意思就无法确定。因此，对于建筑施工企业来说，如不注意法律的有关规定，缺乏合规管理意识，极有可能出现上述风险而陷入更为不利的局面。

（二）结算协议对索赔等事项约定不明而可能丧失索赔权的风险

关于结算协议是否具有终局性，目前司法实践中仍存在争议。各地人民法院对此也存在不同的规定，如北京市高级人民法院在《北京市高级人民法院关于审理建设工程施工合同纠纷案件若干疑难问题的解答》第 24 问中回答，结算协议生效后，承包人以因发包人原因导致工程延期为由，要求赔偿停工、窝工等损失的，不予支持，但结算协议另有约定的除外。而广东省高级人民法院在《广东省高级人民法院关于审理建设工程施工合同纠纷案件若干问题的意见》(已失效)中规定,没有证据证明当事人已同意不计算结算前的违约金和垫资款利息,一方当事人在结算完毕后再主张结算前的违约金和垫资款利息的,可予支持。所以,对于结算协议的签订是否系合同双方默认协议包含违约金及索赔事项,法院可能会依据案情以及对法律规定的理解来裁量。

实务中,很多施工单位在与发包人签订结算协议时并未明确结算协议是否包含索赔事项,如工期延误、竣工验收。因此,建议施工单位尽可能在结算协议中对索赔事项予以明确,否则一旦产生争议,法院有可能会认定结算金额已包含索赔事项,承包人从而丧失索赔权,无法通过索赔来保护合法利益。

(三)结算协议未明确约定分包款项支付方,总承包人可能面临垫资风险

在存在分包项目的情况下,总承包人虽然与分包人会签订背靠背协议或条款,双方约定以发包人付款作为其向分包人支付工程款的前提条件。但如果施工单位的总承包人与发包人合意达成的结算协议中未明确约定分包款项的支付方,在发包人未按照结算协议如实按约支付工程款的情况下,总承包人仍需向分包单位支付工程款;出现垫资情况的,总承包人将面临一定的资金压力和风险。

(四)结算协议未明确约定结算时间,将面临被拖延审价或审核的风险

虽然《建设工程施工合同(示范文本)》(GF-2017-0201)通用合同条款第14.2条规定有关于工程结算期间的表述,但示范文本本身并不具有法律上的强制性效力。如果承发包双方签订的结算协议和《建设工程施工合同》中对于结算时间的约定不一致或冲突,施工单位将不能依照示范文本的结算期间来约束发包人,而造成发包人以此为由拖延审价或审核的局面,导致承包人难以实现及时回款。

(五)结算协议中发包人坚持主张以审计结论作为结算依据,从而延误工程结算的风险

建设工程领域中,越来越多的政府投资项目约定以审计结论作为最终工程结算价款的依据,而发包人与承包人在签订结算协议时也会主张以审计结论作为结算依据。但是,由于目前我国审计业务还存在诸多不规范之处,承包人就可能面临审计期过长、审计结论不合理等诸多不利问题。

而且在司法实践中,以审计结论作为工程结算依据引发的纠纷与争议非常多,如如果发包人未在约定的工程结算期间内及时审核或委托审价,导致工程结算延误,难以及时回笼资金,甚至导致工程款无法收回,承包人的经营风险陡增。

二、防范措施

(一)加强合规意识,避免结算协议无效

在司法实践中,对结算协议有两种不同的裁判观点:一是将结算协议作为独立的

协议，认为其不受施工合同效力的影响；二是将结算协议认定为施工合同的从合同，其效力受施工合同效力的影响。故为争取结算协议避免被认定为施工合同的从合同而无效，在结算协议引言部分，建议明确"本结算协议具有独立性，系双方当事人真实意思表示，完全是双方自愿的行为，任何一方不应以本结算协议无效为由主张权利"。

（二）结算协议签署的内容应清楚、完备，使其效力具有终局性

针对工程款结算，如承包人就整个工程的结算价款均与发包人能达成一致，则应在结算协议中明确，该金额为双方最终结算金额，双方就工程再无任何其他纠葛和争议，不再提出索赔；如发包人仅就部分工程款与承包人达成一致，承包人在签署有关协议时，应明确对于争议事项保留索赔的权利，并逐个列明另行结算的双方争议点，以免出现混淆情况。

在结算协议中，应尽可能明确工程款支付方式，并尝试在结算协议中约定发包人逾期付款违约责任，如认定结算协议有效，该违约责任也可以直接适用。

结算协议签署应充分考虑发包人索赔，包含工期、质量、工程交付、施工单位撤场、临时建筑的清理、工程资料的交付、分包闹事等事项。以工期事项为例，如工程存在工期延误，且工期违约责任方为承包人或者责任不明晰，承包人应该要求在结算协议中明确发包人放弃对工期责任的索赔或者双方相互放弃对工期责任的索赔，以此明确工期责任问题。

（三）签订结算协议应严守行业惯例，及时固定证据，约定例外情形

《建设工程施工合同（示范文本）》（GF－2017－0201）对索赔的期限规定，是在知道或应当知道索赔事件发生后28天内。对于施工单位来说，要在28天内完成向发包人递交索赔意向书及收集索赔事项相关证据，在时间分配上是十分紧凑的。所以，建议施工单位应在日常管理中进行合规建设，注意在施工过程中及时将相关证据固定下来，做好证据分类收集工作，以便在确定开展索赔工作时可以以最快的速度完成证据的收集、汇总工作。

另外，也需要在结算协议中对索赔期限的起算点予以明确。由于相关法律并未明确索赔期限的效力，对于索赔期限究竟是属于诉讼时效、除斥期间还是行业习惯有一定的争议性。所以，施工单位可以在结算协议中明确索赔期限是从工程竣工结算之日或工程竣工验收合格之日起算，以便减少双方争议，争取对自己有利的局面。

（四）施工中把好工程质量关，结算协议中明确约定工程质量已验收合格

质量跟工程款请求权挂钩，依照《最高人民法院关于审理建设工程施工合同纠纷案件适用法律问题的解释（一）》第二十四条的规定，一旦施工合同无效，只有工程质量合格的情况下施工单位才能享有工程款请求权。若结算协议中未明确工程质量已

验收合格，发包人可能会以质量问题为由提起反诉，要求进行质量鉴定，提出质量问题索赔。而工程质量鉴定的周期较长，将增加施工企业的诉讼成本，耗力、耗时又耗财。因此，施工单位应在结算协议中明确表示，工程质量已经验收合格，双方对此已认可无异。

（五）结算协议应尽量明确不得随意扣除其他款项

结算协议签订后，发包人付款时由于约定不明，仍出现发包人扣减费用的情况，如水电费、审计费等已发生的固定费用。所以承包人在签订结算协议时，应尽量与发包人明确，除质保金外，发包人不得扣留其他任何款项，也不得扣减任何款项。

（六）结算协议应考虑分包款结算方式

结算协议若与分包结算、付款相关，针对分包付款的风险，建议总承包的施工单位在结算协议中，一是明确约定各个分部分项工程的结算金额，明确结算额的组成部分，说明结算额已包含分包商已完工程量的一切费用；二是明确约定结算方式和支付办法，以免出现分包单位索要工程款而需要自行垫资的情形，造成自身损失。

（七）结算协议尽量避免或排除约定以审计结算为准

实务中，如《建设工程施工合同》未约定工程结算以审计结算为准，施工单位应尽量在结算协议中避免让发包人明确以审计作为结算的依据。如果在结算协议签订中发包人必须要求以审计作为结算依据，承包人无法争取排除，那么承包人至少要坚持约定一个审计的时间限制，如约定审计要在承包人提交竣工结算报告后几个月内完成。

（八）严格编制结算资料，建立内部检验制度

结算报告等资料是施工单位请求发包人支付工程款时必须要提交的竣工结算资料，竣工结算资料一般包括施工合同及补充协议、招投标文件、图纸会审纪要、签证单等。所以，建议施工单位严格按照施工合同约定编制完整的竣工结算资料，并在内部建立对结算资料的检验制度，避免错漏。

施工单位应在施工过程中建立完备的资料归档体系，确保结算资料准确、翔实、全面，并编制好相应的目录、装订成册。

对于提交的资料，让发包人做好签收记录，并在签收单或者相关收据当中注明结算资料的内容。同时，保存好签收记录，以防不测。

三、典型案例

1. 发包人广西防城港市腾×龙房地产开发有限公司与承包人中×海峡建设发展有限公司建设工程施工合同纠纷再审案[①]

【案例要点】

当事人诉讼前已经对建设工程价款结算达成协议,诉讼中一方当事人申请对工程造价进行鉴定的,一般情形下,人民法院不准予建设工程司法鉴定。

【案情简介】

2012年4月,广西防城港市腾×龙房地产开发有限公司(以下简称腾×龙公司)将涉案工程发包给中×海峡建设发展有限公司(以下简称中×海峡公司)。中×海峡公司进场施工。2016年,腾×龙公司与中×海峡公司签署了结算协议书,确认双方竣工结算总价。之后,涉案工程通过五方验收。因腾×龙公司未按照结算协议付款,中×海峡公司诉至法院。

诉讼过程中,腾×龙公司主张结算协议系其被迫签订,不认可该结算协议,并提出工程量鉴定申请。一审判决未支持腾×龙公司工程量鉴定申请。

腾×龙公司不服,上诉称:本案工程量事实认定错误,工程实际造价应以实际施工为准,案涉工程结算价款应在对工程进行审计鉴定后才能最终确认,腾×龙公司依法向一审法院提交工程量鉴定申请未得到回应,故请求撤销一审判决。

二审判决维持原判后,腾×龙公司不服,申请再审。

【判决要旨】

一审法院认为,结算协议是双方对中×海峡公司(承包人)已完成工程量的结算,该协议约定了合同内工程总造价金额,故合同内的工程总造价应以协议约定的为准,不予支持腾×龙公司(发包人)工程量鉴定申请。

二审法院认为,《最高人民法院关于审理建设工程施工合同纠纷案件适用法律问题的解释(二)》(已失效)第十二条规定,当事人在诉讼前已经对建设工程价款结算达成协议,诉讼中一方当事人申请对工程造价进行鉴定的,人民法院不予准许。故腾×龙公司(发包人)要求通过鉴定确定造价的主张不能成立。

再审法院认为,根据上述司法解释第十二条"当事人在诉讼前已经对建设工程价款结算达成协议的,诉讼中一方当事人申请对工程造价进行鉴定的,人民法院不予准许"的规定,腾×龙公司(发包人)不能否认涉案结算协议是其真实意思表示,故应当

---

① 案号:(2020)最高法民申3368号。

受上述协议的约束。原审法院未准许腾×龙公司(发包人)提出对案涉工程的鉴定申请,并无不当。

【点评分析】

本案涉及的是当事人在诉讼前已经对工程价款达成结算协议的,是否准予建设工程司法鉴定的问题。

对此问题,《最高人民法院关于审理建设工程施工合同纠纷案件适用法律问题的解释(一)》第二十九条有明确规定,当事人在诉讼前已经对建设工程价款结算达成协议,诉讼中一方当事人申请对工程造价进行鉴定的,人民法院不予准许。

法律之所以这样规定,是因为当事人在诉讼前已经达成了工程价款结算协议,通常视为双方已认可工程价款结算方式及结算金额,之后当事人一方又申请工程造价鉴定试图否定之前的协议,显然是一种不诚信的诉讼行为。而且,在当事人已经就结算工程价款达成协议的情形下,按照双方协议约定处理,既尊重了当事人的意思自治,也节约了司法资源,对争议解决显然更加有利。因此,当事人一方再申请鉴定,人民法院一般将其归入法律规定的"对证明待证事实毫无意义的"情形,不予准许。

此外,进一步值得思考的是,如果当事人在诉讼前已经对工期索赔、工程质量索赔等其他事项达成协议,诉讼中一方当事人又申请鉴定,人民法院应否准许?参考最高人民法院民事审判第一庭的观点,在当事人已经通过签订协议认定并接受相关事实的基础上,再委托鉴定已经没有必要,更有变相激励当事人不诚信诉讼的负面导向;而且,工程质量、工期损失等都应与支付工程价款数额直接相关,已经作为达成工程价款结算协议的考量因素,在工程价款结算中一并考虑,因此除特殊情况(如协议涉及欺诈、胁迫的)外,一般对此不予准许鉴定。

【实务提示】

该案启示我们,结算协议在司法实践中一般作为对工程价款、工期、质量等"一揽子"解决的协议,具有终局性效力。因此,承包人必须慎重签署。在签订结算协议时,如有未决事项的,应逐个列明,以免纷争而拖延结算时间。

2. 发包人重庆澄×建设工程有限公司与承包人重庆万×建筑劳务有限公司建设工程施工合同纠纷再审案①

【案例要点】

结算协议具有独立性;建设工程施工合同无效,不影响结算协议的效力。

---

① 案号:(2022)最高法民再204号。

【案情简介】

2013 年 11 月 5 日，重庆万×建筑劳务有限公司（以下简称万×公司）作为乙方，重庆澄×建设工程有限公司（以下简称澄×公司）作为甲方，双方共同签订《设备、周材、辅材劳务合同》，澄×公司将贵定县委片区改造项目 A 区 3#－4#楼劳务分包给万×公司。2014 年 11 月 25 日，澄×公司与万×公司补充签订《设备、周材、辅材劳务合同》，澄×公司将贵州开元嘉德城市广场综合楼劳务分包给万×公司。

因建设单位开元公司的原因，万×公司在施工过程中多次停工。2014 年 11 月 22 日，澄×公司与万×公司签订《补充协议书》，载明：在 2014 年 11 月 22 日以前，由于澄×公司项目部未按合同约定支付项目部确认的工程进度款，给两家劳务公司造成一定的经济损失，项目部向两家劳务公司各补偿人民币 30 万元整；各类大小型施工机械、外架、各类周转材料、劳务公司管理人员工资的停工损失补偿标准：项目部按建设单位认定的实际损失价款的 80% 支付给两家劳务公司。2014 年 11 月 22 日起，两家劳务公司上报的工程进度款，由项目部审核签字后，按照劳务合同约定支付，项目部应在应付工程进度款之日起 1 个月内支付。如果项目部超过了工程进度款支付期限，项目部和两家劳务公司协商解决，按照工程进度款月利率 3% 计息作为补偿。上述价款的补偿，在甲乙双方工程结算时支付。

《补充协议书》签订后，万×公司继续施工，但又遭遇再次停工、复工等，直至万×公司退场。后因工程款纠纷，诉至法院。

【判决要旨】

贵州省高级人民法院认为：

1. 关于三份《设备、周材、辅材劳务合同》的效力问题，虽然双方签订的合同名为《设备、周材、辅材劳务合同》，但结合合同约定、合同履行情况、万×公司工程价款在澄×公司工程价款中的占比等的实际情况，本案实为澄×公司将承包的工程肢解后分包给万×公司，违反《建筑法》第二十八条"禁止承包单位将其承包的全部建筑工程转包给他人，禁止承包单位将其承包的全部建筑工程肢解以后以分包的名义分别转包给他人"的规定，应属无效。此外，关于澄×公司提出李某系挂靠万×公司与澄×公司签订合同的观点，基于澄×公司并未提出证据予以证明，对该项主张，二审法院不予采信。

2. 关于《补充协议书》的效力问题，澄×公司提出《补充协议书》系《设备、周材、辅材劳务合同》的从合同，主合同无效，从合同也应无效。二审法院认为，案涉《补充协议书》是各方当事人针对案涉工程停工之后造成的停工损失、工程款迟延支付后的违约责任、工程款支付时间等内容进行协商后形成的一致意见，是建设工程施工合同中的结算和清理条款，根据原《合同法》第九十八条"合同的权利义务终止，不影响合同中结算和清理条款的效力"的规定，虽《设备、周材、辅材劳务合同》无效，但不影响结算和清理条款的效力。又根据原《民法总则》第一百四十三条“具备下列条件的民事法律行为有效:(一)行为人具有相应的民事行为能力;(二)意思表示真实;(三)不违反法律、行政法规的强制性规定,不违背公序良俗”的规定,本案中《补充协议书》满足上述构成要件,故其并不当然因《设备、周材、辅材劳务合同》被认定无效而随之无效。

最高人民法院认为:案涉三份《设备、周材、辅材劳务合同》虽被认定无效,但《补充协议书》系澄×公司和万×公司对万×公司施工范围内工程进度款逾期支付的损失、停工损失、后期工程进度款支付等进行的约定,涉及万×公司损失数额及澄×公司损失赔偿承担方式的确定。二审法院将《补充协议书》认定为结算和清理条款并无不当,澄×公司主张因《设备、周材、辅材劳务合同》无效而导致《补充协议书》无效的观点不能成立。

【点评分析】

本案涉及的是施工合同无效,但据此签订的具有结算性质的《补充协议书》是否有效的问题。

根据《民法典》第七百九十三条第一款的规定,建设工程施工合同无效,但是建设工程经验收合格的,可以参照合同关于工程价款的约定折价补偿承包人。根据该款规定,建设工程施工合同无效,但是建设工程经验收合格的,发包人与承包人就工程价款(折价补偿款)的数额、支付方式和时间作出约定,是当事人的权利,是自愿原则的体现,并不违反法律的强制性规定。最高人民法院民一庭法官会议意见是:当事人有权通过协议方式确定合同无效后的权利义务,建设工程施工合同无效并不必然导致建设工程施工合同关系终止后当事人就工程价款(折价补偿款)支付方式、支付时间、未按约定支付的违约责任所签订的合同无效。故对于结算协议、结算审定单、结算会议纪要等直接认定工程款的证据法院一般会优先参照。其中,对于名为补充协议,实为结算协议,并不影响其效力,并不当然因主合同被认定无效而随之无效。

【实务提示】

前述案例表明,具有结算和清结债权性质的补充协议不因施工合同无效而无效,突破了以往“主合同无效,从合同亦无效”的僵化理论。因此,在实务中,施工单位若遇到签订施工合同后又另行签订补充协议的情形,要仔细区别其性质,是不具有独立性质的补充协议还是独立的具有结算和清结债权债务性质的协议,从而准确判断协议的效力,作出有利的应对,依法维护自己的合法权益。

第四节　商票支付的法律风险与防范

商票是商业承兑汇票的简称，是指出票人签发的，委托由银行以外承兑的付款人在指定日期无条件支付确定金额给收款人或持票人的票据。在发包人（主要是房地产企业）面临资金压力的情况下，以商票方式向施工单位支付工程款的现象并不鲜见。商票作为一种远期支付工具，即使有票据法保障，仍因其带有信用支付的性质而天然存在到期兑付的风险。因而施工单位应当慎重对待这种收款方式。

一、主要风险

（一）商票的效力与操作风险

票据具有文义性、要式性的特征，票据背书转让、提示付款、拒付追索等流程事项均由法律明确规定，都有严格的操作规范和时效规定，参与者因受限于自身业务经验、专业知识等因素的限制，可能会有不符合规范的操作，影响票据权利的行使。如果施工单位在接收商票时没有尽到注意义务，可能会面临商票到期后承兑人拒绝承兑或无力承兑的风险；此外，如果施工单位将商票以背书的方式流转给后手，那么后手在票据到期不能兑付的情况下，有权对前面任何一手进行追索。所以施工单位还可能面临被后手追索票据债务的风险。

（二）商票兑付不能的信用风险

商票作为一种企业价款支付的工具，市场认可度较低，缺乏必要的监管。归根结底是建立在开票人商业信用的基础上，是基于企业双方的良好信用进行交易。商票兑付受票据承兑主体信用状况变化的影响，其到期能否兑付与开票人的资金状况、商业道德等方面因素密切相关，具有很大程度的不确定性，故合法有效的商票亦存在兑付不能的信用风险。

（三）商票的贴息损失承担风险

商票是一种约定承兑日到期的债权，提前承兑应给付贴现利息。笔者认为，从某种意义上说，如果双方签订的建设工程施工合同未明确约定施工单位接受商票方式付款，那么建设单位在付款到期之日提出以商票方式支付，实际上是一种逾期付款的违约行为，应当承担与之相应的贴现利息。如果施工单位实际接受了建设单位以商票方式付款，可视为双方达成了补充协议。这时，如果对商票支付的贴息问题未达成一致意见，施工企业将承兑期限未届满的商票提前承兑而产生贴息损失，就该损失向建设单位行使追偿权会存在法律风险。

（四）商票的市场利率风险与政策风险

票据市场是货币市场的重要子市场。宏观调控政策、票据监管政策、银行间同业市场拆借利率和回购利率、信贷规模、市场流动性、特殊时点因素、市场风险偏好等不确定因素会导致商票贴现利率出现波动，从而直接影响商票价值。

同时，商票交易场景是根据当前的相关法律法规和监管政策设计的。如票据市场相关部门规则制定方发生政策变化，可能会影响商票的背书流转等票据行为的规则变化，从而影响降低商票流通或融资。

（五）商票流动性风险

商票具有流动性差的特点，主要体现在以下几点：第一，商票存在一定的付款期，施工单位需要等商票到期后去承兑；第二，施工单位下游企业一般不愿意接受以商票的方式支付工程款，商票很难背书给下游单位；第三，施工单位在商票到期前很难办理贴现。因此，在商票市场流动性不足的情况下，参与者可能会因市场成交量不足或缺乏愿意交易的对手方，未能在合适的时点完成交易而蒙受损失。

（六）商票票据丧失风险

承兑汇票一旦丧失，失票人又未及时采取救济措施的，则可能导致失票人无法行使票据权利而遭受包括票据金额所对应款项无法收回等损失。

（七）可能丧失优先受偿权及原基础合同的其他权利的风险

工程结算完成后，若建设单位以商业承兑汇票支付工程款，施工单位便有可能丧失优先受偿权。原因如下：第一，商票本身存在一定的付款期限，有可能影响优先受偿权的行使。第二，建设单位以商票的方式支付工程款后，在没有特别约定的情况下，建设单位已经完成了工程款的支付，施工单位与建设单位之间形成票据关系。若商票到期无法承兑，施工单位只能追究建设单位因票据无法承兑的责任，而不能依据《建设工程施工合同》向建设单位索要工程款，即丧失了优先受偿权。第三，在合同明确约定以商票的方式支付工程款的情况下，同样施工单位与建设单位之间形成票据关系。若商票到期无法承兑，施工单位也只能追究建设单位票据无法承兑的责任，而不能向建设单位索要工程款，也就丧失了优先受偿权。

此外，若商业承兑汇票到期之后，有些施工单位为了最大限度回收款项，多选择承担责任的被告主体，往往选择票据纠纷进行诉讼，将出票人、收款人、承兑人，以及全部前手、票据上的保证人均作为共同被告承担连带责任。但施工单位选择票据纠纷进行诉讼则只能要求支付票据本金及票据金额自到期日或者提示付款日起至清偿日止，按照中国人民银行规定的利率计算的利息，而不能主张原基础合同约定的资金垫资费、赔偿金、违约金等。

二、防范措施

(一)增强对商票支付的风险认识,从源头上防范、规避风险,原则上不接受商票支付

如前所述,商票是以承兑人的商业信用为基础的。商票兑付受票据承兑主体信用状况变化的影响,商票价值可能会减损或拒付。因此,从源头上杜绝商票风险的角度出发,笔者建议建筑施工企业在招投标阶段、合同谈判磋商阶段就应该考虑不接受建设单位采用商票方式支付工程款。如果万不得已接受商票方式支付工程款,建筑施工企业就应当做好相关风险评估、担保、风险分摊等风控措施。

(二)在接受商票支付情形下,建立起强有力的风控体系和措施

1. 接受前,对承兑人开展资信调查等风险评估

票据承兑人直接关系到持票人票据权利的最终实现。建筑施工企业在接受建设单位商票支付前,建议进行相关风险评估。对商票的承兑人的资信情况进行调查、评估:调查承兑企业的资信状况及支付能力,评估对方到期兑付的风险,避免商票到期不能及时承兑而产生的风险。尽可能只接收有良好商业信用的大型企业的商票。对于商业信用无保障的建设单位开具的商票,尽量不接收。

2. 严格审查商票的效力

建筑施工企业在接受商票付款之前,应由财务等专业人员依据相关规定对承兑汇票进行效力审查,严格审查商票的真实性、有效性、是否存在其他前手等问题,以保证商票的如期、足额兑付。对效力存在疑义、权利存在瑕疵的商票一律不予接受;后续进行商票流转时,需要严格按照《票据法》规定的形式与流程完成相关程序性事项,保证商票流转过程无程序瑕疵。

3. 及时做好相关合同的补充与完善

建筑施工企业即使接受建设单位的商票支付,也应从担保、贴息、延期付款利息损失、保留建设工程价款优先受偿权等方面考虑补充、完善之前的合同约定。避免因合同约定不明或没有约定,在将来发生商票兑付不能时,减少企业维权时的举证成本和争议事项的不确定性。为此,笔者建议从以下几个方面考虑合同内容:(1)要求提供担保。建设单位以商票支付工程款时,建筑施工企业如发现或觉得建设单位资信状况不良,可以要求建设单位提供担保或者第三人担保,以此来保证在商票发生承兑不能或商票诈骗时,可以通过其他方式收回工程款。(2)约定发生商票无法承兑或商票诈骗时,继续支付工程款。明确约定发生商票无法承兑或逾期承兑时,建筑施工企业有权选择要求继续承兑或者继续支付工程款,以保留建筑施工企业在商票无法承兑或商票诈骗时,要求对方承担继续支付工程款的权利。(3)约定分摊商票成本。可在合同中约定,由建设单位承担或者分摊商票成本。一是资金成本。商票作为远期

支付工具,其兑付期一般分为1~3个月,最长为6个月,电子商票的承兑期可长达1年。承兑期等于给了建设单位延期付款的利益。因此,在合同中约定商票到期付款前,建设单位要承担的资金成本,以此帮助减少建筑施工企业的垫资压力,更好地维护自身权益。二是贴现成本。明确约定贴现费用的承担。持票人在票据到期前贴现的,需要支付一定的贴息费用,对于此类风险,笔者的建议是:第一,尽量要求对方出具见票即付的承兑汇票,减少提示承兑手续,同时也可规避贴现风险。第二,对于付款期限较长的承兑汇票,应当在交易合同中明确贴息费用的承担,约定由出票人来承担贴息费用,规避贴现资金成本增加的风险。(4)约定保留建设工程价款优先受偿权。《最高人民法院关于审理建设工程施工合同纠纷案件适用法律问题的解释(一)》第四十一条规定:"承包人应当在合理期限内行使建设工程价款优先受偿权,但最长不得超过十八个月,自发包人应当给付建设工程价款之日起算。"为此,建筑施工企业可与建设单位约定商票期满之日为应当给付建设工程价款之日,即将建设单位应当给付工程款之日延后,以确保建筑施工企业在商票无法承兑时,仍有权要求建设单位支付工程款并享有优先受偿权。

4. 注重流转过程中商票交付、接收、承兑等方面的风险防范

(1)关于商票的甄别、收取、交付及承兑等

在商票出票、背书转让、承兑、贴现、兑付等各个环节都可能存在票据诈骗的风险。因此,商票的交付、接收、承兑等应建立严格管理制度,确保商票真实、安全。相关经办人员要建立票据真伪意识并具备一定的甄别能力,避免在实际工作中收到伪造、变造、克隆的商票,给企业造成损失。为此,建议相关经办人登录上海票据交易所(全国统一的票据交易平台)网站查询,核实商票实时(票据状态)、是否是标记风险票据,票面信息与当前查询信息是否一致,当前商票是否被法院及上海票据交易所因票据纠纷冻结等信息。对于签章不合格的商票,应当直接拒收。另外,要避免因保管不善导致商票遗失、被盗。

(2)及时行使票据权利和相关救济

第一,发生票据丧失事宜的情况。根据《票据法》第十五条的规定,票据丧失的,失票人可以采取及时通知票据的付款人挂失止付,应当在通知挂失止付后3日内,也可以在票据丧失后,依法向人民法院申请公示催告,或者向人民法院提起诉讼。

第二,出现商票无法承兑的情况。《票据法》第六十一条第二款规定,"汇票到期日前,有下列情形之一的,持票人也可以行使追索权:(一)汇票被拒绝承兑的;(二)承兑人或者付款人死亡、逃匿的;(三)承兑人或者付款人被依法宣告破产的或者因违法被责令终止业务活动的"。对于汇票承兑过程中发生的到期无法付款、被拒绝承兑等问题,持票人可以依据此条规定,向背书人、出票人以及汇票的其他债务人行使追索权。

第三,按要求及时提示承兑和提示付款。持票人的票据权利应在法定期限内行使。《票据法》第十七条第一款规定:“票据权利在下列期限内不行使而消灭:(一)持票人对票据的出票人和承兑人的权利,自票据到期日起二年。见票即付的汇票、本票,自出票日起二年;(二)持票人对支票出票人的权利,自出票日起六个月;(三)持票人对前手的追索权,自被拒绝承兑或者被拒绝付款之日起六个月;(四)持票人对前手的再追索权,自清偿日或者被提起诉讼之日起三个月。”如确实发生因超过票据权利时效而丧失票据权利的情形,建筑施工企业可根据《票据法》第十八条之规定,向出票人或者承兑人主张返还与未支付的票据金额相当的利益,以维护自身合法权益。

(三)尽可能地合理转嫁、减少商票支付风险

除以上主要商票风险防范措施外,建筑施工企业还可以通过背书商票给下游分包单位、供货商,并要求建设单位缩短商票付款期、采用货币支付与商票支付相结合等方法,转嫁、减少因商票支付所产生的风险。需要提醒的是,向下游分供商背书转让商票的,建议最好在票据上注明“不得转让”,以规避对下游分供商的被背书人承担票据责任。

三、典型案例

1. 再审申请人(一审原告、反诉被告,二审上诉人)安徽三×工程有限公司与被申请人(一审被告、反诉原告,二审上诉人)东至县汉×置业有限公司建设工程施工合同纠纷再审案①

【案例要点】

债权的产生是基于双方之间的建设工程施工合同,商业汇票的出具只是一种支付方式,故在商业汇票没有得到兑付的情形下,不产生偿付承兑汇票对应数额的工程款效力,承包人有权要求发包人继续履行支付承兑汇票对应数额的工程款义务。若双方未约定商业汇票出具后原因债权就消灭,那么所产生的诉讼纠纷应按基础法律关系来处理。

【案情简介】

2014年12月、2016年6月,东至县汉×置业有限公司(发包人,以下简称汉×公司)与安徽三×工程有限公司(承包人,以下简称三×公司)签订《皖西南汉唐建材城一期建设工程施工合同》《皖西南汉唐建材城二期建设工程施工合同补充协议》,将

---

① 案号:(2021)最高法民申6965号。

皖西南汉唐建材城一期(B1# - B12#楼)、二期(A1# - A12#楼)主体及配套工程发包给安徽三×公司施工。2017 年 11 月 30 日,经汉×公司委托审价,一期 B1# - B12#楼工程造价审定金额为 37,927,134 元。2019 年 12 月 26 日,二期 A1#、A4# - A12#楼工程造价审定金额为 35,955,260 元。

2019 年 9 月 20 日,三×公司与汉×公司签订《还款计划书》,载明"债务人分别于 2018 年 7 月 26 日、2018 年 8 月 13 日、2018 年 8 月 21 日向债权人三×公司开具商票承兑汇票壹仟万元整、壹仟万元整、捌佰万元整,共计贰仟捌佰万元整,利率为 17.4%,期限为 12 个月"。由于债务人资金回笼困难等原因,未能按期承兑。

双方因工程结算问题产生争议,三×公司诉至安徽省池州市中级人民法院,请求法院判令汉×公司支付三×公司工程款及逾期付款利息;并且判令三×公司的工程款对皖西南汉唐建材城一期 B1# - B12#楼、二期 A1#、A4# - A12#工程折价或者拍卖价款享有优先受偿权。

【判决要旨】

本案的主争议焦点为:汉×公司拒付商票,施工方三×公司是否有权选择按施工合同行使工程款请求权,还是只能行使票据追偿权。

一审法院认为,三×公司认可该 2800 万元汇票背书转让给第三方,第三方持票领取了票据贴现款。由于三×公司已将票据权利背书转让给他人,且银行进行了贴现兑付,故应视为汉×公司已经支付该 2800 万元工程款。

二审法院认为,汉×公司出具商业承诺汇票后,三×公司将其中的 2000 万元背书转让,但汉×公司并未承兑,三×公司贴现后仍为该 2000 万元的权利人,有权要求汉×公司承兑;至于另外 800 万元,因汉×公司仍未承兑,故三×公司仍有权要求汉×公司承兑。因双方当事人同意对 2800 万元工程款支付采用商业承兑汇票形式支付,且汉×公司已实际支付该 2800 万元商业承兑汇票的部分利息,另基于票据行为的无因性,且票据法律关系与本案的建设工程施工合同关系不同,故该 2800 万元工程款应当视为汉×公司已按约支付。三×公司可依据票据法律关系,根据双方关于商业承兑汇票之约定,另行向人民法院起诉该 2800 万元商业票据款及相应承兑利息。

再审法院认为,该 2800 万元属于工程款的一部分,债权的产生是基于双方之间的建设工程施工合同,商业汇票的出具只是一种支付方式,故在商业汇票没有得到承兑的情形下,不产生偿付 2800 万元工程款的效力,三×公司有权要求汉×公司继续履行支付该 2800 万元工程款的义务。本案中,双方并未约定商业汇票出具后原因债权就消灭,故二审判决认定三×公司只能依据票据法律关系另行起诉,为适用法律错误。故再审法院裁定指令安徽省高级人民法院再审本案。

【点评分析】

本案涉及票据法律关系与相关的基础法律关系(建设工程施工合同等)竞合处理

问题,即发包人以商业承兑汇票支付工程款,到期未兑付,施工方是否有权按施工合同行使工程款请求权的问题。

解决上述问题的关键,是要看在汇票没有得到兑付的情形下,是否产生偿付汇票对应数额的工程款效力。本案中,我们需关注最高人民法院的观点:商业汇票的出具只是一种支付方式,在汇票没有得到兑付的情形下,不产生偿付汇票对应数额的工程款效力,承包人有权要求发包人继续履行支付汇票对应数额的工程款义务。在商业汇票未得到实际兑付,且双方并未约定商业汇票出具后原因债权消灭的情形下,承包人并非只能依据票据法律关系另行起诉。

票据法律关系和基础法律关系竞合时,当事人的票据权利(票据付款请求权和票据追索权,即与基础法律关系的原因债权请求权产生竞合关系,应当注意基础法律关系中,是否存在明确以票据交付(含签发、背书等)作为履行方式及原因债权是否消灭的约定。票据具有准货币的结算性质,在当事人的合同中就收款人是否同意接收票据往往不会明确约定,如果合同中并未约定明确以票据背书或者交付作为履行方式,接收票据的一方在票据无法兑付且还持有票据时,具有选择权,既可以选择主张票据权利要求票据付款人(承诺人、保证人、背书人等)承担票据责任,也可以选择基础法律关系主张原因债权。现行法律并未规定债务人为清偿债务而交付票据时,基础法律关系中原因债权因票据的交付而消灭,如没有明确约定交付票据后基础债权消灭,票据债务不履行时,原因债权很可能被认定为不消灭。

因此,当事人应注意基础法律关系具体的约定,根据自身需要在交易文件作出约定,当事人处理票据关系应遵循票据法规以免失权,在诉讼维权时可根据基础法律关系的证据,制定相应的诉讼策略。

【实务提示】

当商票被拒付时,建筑施工企业具备请求权基础的选择权的,可以优先考虑选择依据建设工程施工合同纠纷等合同关系主张权利,该种情形下可主张建设工程价款优先受偿权,使建筑施工企业的权利得到更有力的保障。

2. 再审申请人(分包人)银川鹏×劳务有限公司与被申请人(总包人)中×安装集团有限公司建设工程施工合同纠纷再审案①

【案例要点】

双方当事人约定了票据付款方式,但对双方由谁承担对商业承兑汇票贴现及保

① 案号:(2021)最高法民申 1286 号。

理费用的负担未进行约定,分包人已接受承包人以承兑汇票方式支付的工程款,且未提出新的证据证明其在接受承兑汇票时曾对承兑汇票可能产生的贴现费用提出异议和主张。分包人作为持票人承担票据贴现费用后,又向承包人主张追偿,与其当初接受承兑汇票时的意思表示相悖。其该项诉请不予支持。

【案情简介】

2015年7月18日,银川鹏×劳务有限公司(以下简称鹏×公司)与中×安装集团有限公司(以下简称中×公司)签订劳务分包合同,约定由鹏×公司承建中×公司分包的银川某项目;分包工程承包范围为施工图纸内所有主体结构工程,砌体、二次结构、初装修工程;分包工程承包方式采用包人工、零星材料及小型工机具、机械(中×公司供应以外的材料、机械机具)、安全文明施工等的劳务承包方式,合同综合单价一次性包死。

在施工过程中,双方形成了多份工程进度结算书、分包进度审核报告。鹏×公司自认涉案工程于2015年7月进场,2016年11月30日停工,2017年3月未复工,最终于2017年11月底退场。

鹏×公司一审请求依法确认鹏×公司与中×公司签订的《劳务分包合同》构成违法分包而无效,依法判令中×公司向鹏×公司支付拖欠工程款47,841,381.64元及利息,退还履约保证金300万元及利息,支付商业承兑汇票贴现费用及保理费用共计763,722.22元,停工期间给鹏×公司造成的经济损失3,881,141.78元及利息,中×公司承担本案诉讼费用。二审时,鹏×公司将工程款数额变更为33,778,864.5元,其他诉请未变。

诉讼中,鹏×公司主张涉案工程未进行最终结算,中×公司主张涉案工程已进行了最终结算。

【判决要旨】

本案其中一个主要争议焦点为:关于票据贴现和保理费用应否由中×公司负担的问题。

鹏×公司主张,按照交易习惯中×公司应以现金形式向鹏×公司支付工程款。中×公司向鹏×公司背书转让1000万元商业承兑汇票,因该票据贴现及保理产生费用763,722.22元,应由中×公司向鹏×公司支付该笔费用损失。

再审法院认为,第一,双方当事人签订的《劳务分包合同》中明确约定了票据付款方式,但对双方由谁承担对商业承兑汇票贴现及保理费用的负担未进行约定;第二,鹏×公司已接受中×公司以承兑汇票方式支付的工程款,且未提出新的证据证明其在接受承兑汇票时曾对承兑汇票可能产生的贴现费用提出异议和主张。鹏×公司作为持票人承担票据贴现费用后,又向中×公司主张追偿,与其当初接受承兑汇票时的意思表示相悖。因此,二审法院对其该项诉请不予支持,并无不当。鹏×公司该项再审申请理由亦不成立。

【点评分析】

前述案例中,当发包人、承包人未就商业汇票贴现利息如何承担进行约定或协商达成一致时,往往会因贴息问题产生较大争议,人民法院所审理的同类案件也有截然不同的判决结果,有的判决支持由承包人承担商票贴现利息费用;有的判决由发包人承担。因此,从减少争议、降低风险的角度,笔者建议承包人在签订施工合同时严格审查合同约定支付工程款的方式,必要时明确约定排除以商业汇票支付工程款。承包人若接受发包人以该方式支付工程款的,也应另行协商订立补充协议,来明确约定商业汇票抵扣工程款的金额、贴现利息的金额及承担主体、商业汇票无法承兑时的违约责任等。通过签订补充协议进行了详细约定,在案件审理过程中,该补充协议更有利于承包人达成诉讼目标。

【实务提示】

从前案裁判理由来看,在合同有效的前提下,尊重当事人的约定。这给我们以下启示:一是合同条款内容一定要约定清楚明白,根据自身的实操经验想得越多越好;二是想到的意思能够用别人听得懂的语言表达出来,形成书面材料。

第五节 发包人"以房抵债"的法律风险与防范

发包人"以房抵债",是指建设工程承包人承包工程后,发包人(主要是房地产开发企业)由于某种原因不能支付工程款,将其所有的或已建成尚未出售房屋折抵给承包人,代替货币的形式用以支付工程款,从而完成支付工程款的义务。

实务中关于"以房抵债"协议效力的认定,典型的裁判规则有以下三种情形:(1)工程款支付履行期间届满前达成以房抵款协议,一般认定违反禁止流押之规定,协议无效;(2)工程款支付履行期间届满后达成以房抵款协议的,属于以物抵债协议,基于合同诺成性,以房抵款协议成立即生效;(3)工程款支付履行期间届满后达成以房抵款协议的,属于代物清偿,基于合同的实践性,因缺乏交付而无效。笔者认为,以房抵款协议本质上是当事人对抵债物的协议变价,是当事人意思自治的体现,应根据尊重当事人意思自治原则,无须区别以房抵款协议是在工程款支付期间届满前还是届满后,只要以房抵款协议系双方真实意思表示,那么该协议一经成立即有效。

一、主要风险

(一)以房抵债协议被认定无效的风险

以房抵债协议一般会被认定为代物清偿或是让与担保,基于当事人的意思表示一般认定其是有效的。但是在一些情形下,如协议约定债务到期后房屋直接归债权人所有这样的协议,便会被法院认定为是流押条款而无效。

除此之外,若协议不满足《最高人民法院关于审理商品房买卖合同纠纷适用法律若干问题的解释》第二条之规定,也即在抵债房屋未取得预售许可证的情况下,发包人与承包人签订的以房抵债协议也会被认定无效。

协议被认定无效,除直接导致承包人无法及时回收该笔工程款债权外,还将导致承包人关于抵债协议作出的系列资金安排归于无效,产生诸多经营风险。

(二)因抵债房产难以变现可能危害企业现金流的风险

一般情况下,承包人接受发包人(开发商)以房抵款的债务清偿方式的,多是由于发包人资金紧张,或者是为了转移现金流风险进而采取的以物抵债清偿方式,对承包人来说,即便最终以房抵债的清偿方式得以顺利推行、承包人也依法取得抵债房屋产权,但若承包人所获抵债房产或无法及时变现,会使承包人在一定期间内存在一定比例的企业的固定资产无法发挥效用,对承包人的现金流转及对外支付能力影响较大。

(三)抵债房产无法登记过户的风险

通常承包人与发包人办理完成抵债房产的登记过户等手续后,以房抵债协议或约定才算被履行完毕。而根据《民法典》第二百零九条的规定,不动产物权的设立、变更、转让和消灭,经依法登记,发生效力;未经登记,不发生效力,但是法律另有规定的除外。由于法律对不动产物权实行登记生效主义,故而,即便承包人与发包人已经依据以房抵债协议签订了商品房买卖合同,但该协议是否最终履行完毕仍取决于双方当事人是否已就抵债房屋完成物权登记。实践中,在以房抵债协议签订后至最终办理房产过户手续前,需要一段时间准备各种过户资料和文件,而在此期间抵债房屋可能因已经被抵押、销售给第三人,或被法院查封等各种原因,最终房产无法交付和过户。

(四)协议约定不明易产生纠纷或因备案程序违法导致备案登记可能面临被撤销的风险

若承包人与发包人签订的以房抵债协议中对于抵款房屋约定不明,未写明具体的楼盘、地址、房号、价格以及面积大小等相关事宜,在协议履行过程中往往会因双方达不成一致而产生纠纷。

而且实务中,很多大型房产开发项目中,发包人与承包人实施以房产抵付工程款时,往往都是以多套房产或多栋房产批量抵付,双方签订以房抵债协议后,发包人即安排办理商品房预售合同登记或房产转让登记。开发商就城市商品房办理预售登记的,须提供:(1)与承购人签订商品房预售合同;(2)上传预售合同办理预售合同登记备案;(3)预售款收款凭证。但在以房抵付工程款交易中,实际上是涉及建设工程施工合同关系和房屋买卖合同关系两种不同的基础关系,其基础逻辑是承包人以建设工程施工合同中的债权抵销其在房屋买卖合同关系中的债务,所以原则上承包人不会再向发包人就抵债房款支付预收款,发包人在就抵债房屋办理预售登记时也无法提供预售款收款凭证,即便备案部门基于各项因素为此类批量房屋办理备案登记,但是如果备案部门接到外部人员情况反映或在内部自查过程中发现此类行政行为存在不当或错误,其极有可能依职权撤销其已经作出的商品房预售合同备案登记。

(五)承包人可能丧失工程价款优先受偿权的风险

《民法典》第八百零七条规定,发包人未按照约定支付价款的,承包人可以催告发包人在合理期限内支付价款。发包人逾期不支付的,除根据建设工程的性质不宜折价、拍卖外,承包人可以与发包人协议将该工程折价,也可以请求人民法院将该工程依法拍卖。建设工程的价款就该工程折价或者拍卖的价款优先受偿。因此,承包人可以通过受让折价工程的方式行使优先受偿权。同时,《最高人民法院关于审理建设工程施工合同纠纷案件适用法律问题的解释(一)》第四十一条规定:“承包人应当在合理期限内行使建设工程价款优先受偿权,但最长不得超过十八个月,自发包人应当给付建设工程价款之日起算。”即承包人优先受偿权的除斥期间为 18 个月。在发包人与承包人选择以房抵付工程款的债务清偿方式时,如发包人与承包人达成以房抵付工程款协议的时间临近优先受偿权除斥期满日,则承包人可能在协商过程中,或者以房抵债协议虽签订但尚未实际取得抵债房产的所有权的情况下即丧失工程款的优先受偿权。

(六)承包人或丧失按施工合同约定追究违约责任的权利的风险

一般而言,承包人在履行完毕建设工程施工合同后,如发包人未按合同约定支付工程款,则承包人可以行使合同抗辩权,即按合同约定追究发包人的逾期付款违约责任。但是,对承包人来说,以房抵债协议发生法律效力需要以完成房产过户登记为前提,如果发包人和承包人在工程款履行期限届满前达成了以房抵债协议,或在施工合同中约定将以房抵债作为工程款支付方式,但未明确发包人完成房产登记过户的具体时间及未按约过户的违约责任,则抵债房产是否可以过户、何时完成过户均难以客观判定,进而也无法判断发包人是否存在延期支付及违约的情况,如承包人主张逾期付款的违约责任,可能无法获得法院的支持。

二、防范措施

(一)在法律法规规定的限度范围内设计、签订合法有效的“以房抵债”协议

最高人民法院于 2019 年 11 月 8 日颁发的《全国法院民商事审判工作会议纪要》明确了以物抵债协议的效力基于债务履行期限是否届满而有所区分。根据《全国法院民商事审判工作会议纪要》第 44 条的规定,债务履行期限届满后达成的“以房抵债”协议,双方意思表示真实,未损害第三人合法权益的,该协议有效。但对于债务履

行期限届满前达成的“以房抵债”协议，以房抵债的内容属于流押条款，违反《民法典》物权编关于禁止流押的规定，系无效条款。因此，承包人应当避免在发包人的工程款债务履行期限届满前签订“以房抵债”协议，建议在履行期限届满后再签订“以房抵债”协议，以防止抵债协议被法院认定无效。在债务清偿期限届满前设计以房抵债条款或协议时，尽量避免约定抵债之物的所有权直接归债权人所有，而可以约定债务人无力清偿到期债务时，债权人可对抵债之物按照公平原则进行价值评估，并通过折价、拍卖、变卖等方式处置抵债房产。

（二）“以房抵债”协议中应尽量避免约定消灭原有债权债务关系

债务履行期限届满前达成的“以房抵债”协议，违反《民法典》物权编关于禁止流押的规定，系无效条款。虽然以房抵债条款无效，但可以将协议认定为让与担保，债务人（发包人）不履行付款义务时，债权人（承包人）可以通过对不动产折价、拍卖、变卖等方式进行清偿，不动产已经变更登记在债权人名下的，债权人（承包人）对拍卖所得价款享有优先受偿权。

《全国法院民商事审判工作会议纪要》对“以房抵债”协议采用了新债清偿说，即“以房抵债”协议生效后，同时存在新旧两债，新债即以房抵债协议之债，旧债即建设工程施工合同之债，旧债及其之上的担保不因新债的产生而消灭。故在“以房抵债”协议中不要约定消灭原有的债权债务关系。当发包人不配合履行以房抵债协议时，承包人既可以选择请求对方履行以房抵债协议及责任承担，也可以选择请求对方按照建设工程施工合同的约定履行给付工程款及利息的义务。

（三）签订抵债协议前应全面审查抵债房产的相关情况

房屋权利是否存在瑕疵是非常重要的，如房屋存在权利瑕疵，影响房屋的流转，导致合同目的最终无法实现，最终导致履行不能，对于债权人来讲是莫大的损失。因此，承包人在签订协议前，应全面审核抵债房产上是否已经取得预售许可证或房地产权属证明书、是否为可销售房产、是否已被抵押或被查封、是否存在其他共有权人、是否有租赁备案、是否有出租、是否设有居住权等情况，避免因抵债房屋存在权利瑕疵而引发新的纠纷。

（四）协议内容务必明确、具体，公允作价并约定清算条款，具有可履行性

“以房抵债”协议的内容要具有可履行性，协议不明确、不完整，则可能视为缔约双方的意思表示未能达成一致而合同不成立。应当将抵债的不动产、折抵的债权范围进行明确、具体的约定（最好是具有资质的专业房地产估价机构的估值报告，公允作价），使协议具有可履行性，建议以法定建筑安装工程费用项目确定用以抵房的债权总额，防止以房抵工程款协议因损害其他债权人或第三方的利益而被主张全部或部分无效。

同时，协议中应当详细标明抵债房屋的地址、房号、面积以及价格等内容，明确房

屋毛坯及装修情况、合同网签、合同备案、预告登记、过户登记的时间和方式、实际占有的时间和方式、各类税费承担方式、违约责任、存在权利障碍（如抵押权、租赁），应明确障碍消除的方式。并且最好在协议中约定工程款与抵债房屋之间存在差额的处理方式，以免产生纠纷。

（五）协议中承包人应考虑到建设工程价款优先受偿权期限

在签订"以房抵债"协议时，作为承包人的施工单位应当考虑到建设工程价款优先受偿权期限（施工单位应当在合理期限内行使建设工程价款优先受偿权，但最长不得超过18个月，自发包人应当给付建设工程价款之日起算），因此，承包人在与发包人约定"以房抵债"协议的履行期限时，应当尽量把发包人交付抵债房屋的最迟期限规定在工程价款优先受偿权的保护期限内，对房屋交付时间进行限制，以保证在确定建设单位无法按约过户的情况下可以解除合同并及时向建设单位主张建设工程优先受偿权以保护自身利益。

（六）协议中承包人应要求自主选择受让方的权利

在签订"以房抵债"协议时约定，承包人可自己购买本合同中约定的商品房，同时也有权指定其他施工单位或第三人作为购买人购买该商品房；施工单位在寻找实际购房人时可依据实际情况确定最终购买价格；以房抵债协议约定的房屋价格不受任何最终购买价格的影响，超出或低于部分，均由承包人负责；承包人在确定了购买人及购买价格后，需通知发包人，发包人在收到通知后同实际购买人签署《商品房买卖合同》。

承包人指定第三人作为购买人购买该商品房，则由于"债权人转让债权，未通知债务人的，该转让对债务人不发生效力"，所以在债权转让时，需签订三方协议，避免因未通知而使债权转让对发包人不产生效力。实际购买人将购房款支付给发包人后，发包人将发票开具给实际购买人，发包人按实际收到的售房款向承包人支付资金。

（七）协议生效后，应尽快办理完成抵债房屋的过户手续并及时主张权利

根据法律规定和司法实践，主流观点认为以房抵债协议应为实践性合同，只有在办理完毕房屋权属变更登记后，抵债行为才具有法律约束力。因此，为了避免一方当事人事后反悔，建议：(1)尽快办理合同网签、合同备案，办理预告登记、过户登记。(2)具备交房条件的应尽早履行交房手续，进而实际占有排除执行。(3)发包人不履行交付义务，不配合办理变更登记的，承包人既可以请求对方履行以房抵债协议，也可以选择请求对方直接履行主债的工程款给付义务。(4)在未办理完过户手续，且房地产企业破产的情况下，应积极主张建设工程价款优先受偿权，避免优先债权沦落为普通债权，以保证提高受偿比例。

三、典型案例

1. 再审申请人（发包人）南京澳×地产有限公司、宿迁澳×置业有限公司与承包人华×建设集团有限公司建设工程施工合同纠纷再审案①

【案例要点】

在债务履行期限届满前达成的以房抵工程款协议应属无效。

【案情简介】

2011年12月15日，华×建设集团有限公司（以下简称华×公司）与宿迁澳×置业有限公司（以下简称宿迁澳×公司）签订《住宅楼施工合同》。

2015年8月19日，华×公司与宿迁澳×公司、南京澳×地产有限公司（以下简称南京澳×公司）签订以房抵款协议一份，双方针对以商品房折抵工程款等事项作出约定。协议约定：南京澳×公司以坐落于南京市浦口区的山水云房第五期的商品房（期房）抵偿宿迁澳×公司应支付给华×公司的宿迁山水云房一期、二期工程剩余应付工程款；因南京澳×公司的山水云房五期项目尚在建设中，具体的工程款抵房的内容尚无法最终明确，因此协议各方仅就南京澳×公司的山水云房五期商品房的抵工程款事项达成原则性规定，所抵房屋为南京澳×公司开发的山水云房五期商品房，价格按同类户型或最相似户型实际成交价每平方下浮200元；双方一致约定在南京澳×公司开发的山水云房五期的商品房取得商品房预售许可证之日起，双方应立即就山水云房五期商品房协商确认具体的工程款抵房方案，抵房方案不得违反上述原则性规定，并且符合宿迁澳×公司与华×公司签订山水云房一期及二期土建合同约定的付款节点；双方同意本协议一经签订，即视为华×公司已支付相应房款总额，也视为宿迁澳×公司已向华×公司支付与房屋总价款等额的宿迁山水云房一期及二期工程的工程款。

【判决要旨】

再审法院认为，关于以房抵工程款协议问题。首先，案涉《商品房抵工程款协议书》属于在债务履行期限届满前达成的以物抵债协议，《全国法院民商事审判工作会议纪要》第44条适用对象为债务履行期限届满后达成的以物抵债协议，第45条并未对协议的效力作出规定，南京澳×公司、宿迁澳×公司据此主张协议有效并无法律依据。原判决认定协议无效并无不当。其次，在案涉《商品房抵工程款协议书》无效的

① 案号：(2020)最高法民申6153号。

情况下，不存在新债消灭旧债和该协议能否实际履行的问题，原判决认定宿迁澳×公司应当继续履行支付工程款及延期付款利息的债务并无不当。最后，由二审判决可知，南京澳×公司在上诉请求事实与理由中仅阐述了宿迁澳×公司不应当承担付款义务，而并未涉及若宿迁澳×公司应承担债务时南京澳×公司是否构成债务加入、是否对该债务承担连带责任的问题，未对连带责任的认定提出异议。《民事诉讼法》第一百六十八条规定，第二审人民法院应当对上诉请求的有关事实和适用法律进行审查。故二审法院对此未予以审查，维持一审判决，并无不当。

【点评分析】

本案涉及的是在债务履行期限届满前达成的以房抵工程款协议是否有效问题。

《全国法院民商事审判工作会议纪要》第45条规定："当事人在债务履行期届满前达成以物抵债协议，抵债物尚未交付债权人，债权人请求债务人交付的，因此种情况不同于本纪要第71条规定的让与担保，人民法院应当向其释明，其应当根据原债权债务关系提起诉讼。经释明后当事人仍拒绝变更诉讼请求的，应当驳回其诉讼请求，但不影响其根据原债权债务关系另行提起诉讼。"由此，《全国法院民商事审判工作会议纪要》倾向于认为履行期限届满前签订的以房抵工程款协议无效，当事人应当以原债权债务关系主张权利。本案中，债权人与债务人在债务履行期限届满前作出以物抵债的约定，由于债权尚未到期，债权数额与抵债物的价值可能存在较大差距，如果此时直接认定该约定有效，可能会导致双方利益显失公平。同时，当事人作出的以物抵债约定，本质是为了担保工程价款的实现，所以，在处理上一般认为应根据《民法典》第四百零一条关于禁止流押、流质的相关规定，不确认该种情形下签订的以物抵债协议的效力。

【实务提示】

目前在法院对以房抵债协议性质效力没有确切的统一裁判规则的局面下，签订以房抵款协议对于施工单位来说是一项巨大的风险。施工单位一旦认可以"以房抵债"形式支付工程款，协议签订时间尽量在工程款支付履行期限届满后，并且避免混淆使用"清偿""抵偿""抵付抵销"的词汇，尤其不要出现"担保"类的字词以防合同被认定为流质契约而无效。

2. 安顺市万×置业有限公司与湖南家×建设有限责任公司建设工程施工合同纠纷再审案①

【案例要点】

以房抵款协议属于新债清偿协议，除当事人特别约定外，当事人应优先履行基

① 案号：(2020)最高法民再197号。

于以房抵款协议产生的新债权，而不得要求履行基于施工协议产生的原工程款债权。

【案情简介】

2014年1月5日，湖南家×建设有限责任公司（以下简称家×公司）与安顺市万×置业有限公司（以下简称万×公司）签订《万邦建材城工程发包施工合同》，约定家×公司承包万×公司发包的万邦建材城土建施工。2015年3月21日，家×公司的代表（乙方）与万×公司的代表（甲方）开会并形成会议纪要：3月21日在万邦建材大市场会议室召开了关于万邦建材大市场项目建筑施工方（家×公司）提出以商铺抵充工程款事宜会议，双方讨论结果如下：(1)甲方同意以万邦建材大市场项目的部分铺面作为工程款抵充给乙方；万邦建材大市场22号楼的铺面101～137号共计37间为抵充工程款房源范围（除去已认购、销售房源）。(2)从上述房源中由101号往137号方向开始依次累加，凑够总值1200万元（除去已认购、销售房源）。(3)双方协定上述房源的计算单价为7500元/平方米。(4)甲方负责办理按揭过程中产生的费用（契税由乙方负责）。上述会议内容经与会人员全体协商并一致同意。后家×公司在一份落款时间为2016年3月25日的清单上盖章，该清单记载了18间房屋的合同编号、房号、备案档案编号、姓名，其中姓名处记载的名字为肖某等，房屋清单上还载明："以上十八间门面暂不办理手续。"万×公司为上述18间房屋办理了预售合同备案登记。

【判决要旨】

再审法院认为，关于万×公司能否以其所有的商铺冲抵工程款1200万元的问题。万×公司与家×公司于2015年3月21日达成的《会议纪要》载明，万×公司用其自有商铺依次冲抵工程款费用共计1200万元。其后，家×公司在房屋清单上盖章，对18间商铺分别备案登记在肖某等人名下的事实予以确认，房屋清单上还载明："以上十八间铺面暂不办理手续。"《会议纪要》及基于《会议纪要》中并未约定原支付工程款的旧债消灭，故该《会议纪要》在性质上应属于新债清偿协议，即约定债务人在不免除旧债的情况下向债权人负担新债，新债清偿时旧债一并消灭。除当事人有特别约定外，债权人或债务人对于履行新债或旧债均不具有选择权。新债应优先于旧债履行，只有新债不能履行，新债清偿协议目的不能实现，或者存在其他导致新债清偿协议无效、应予撤销的情形，才回到旧债的履行。若赋予债权人对于新、旧债的履行选择权，会使债务人应履行的债务内容处于无法预期的状态，不符合交易的稳定性要求，不利于平衡债权人与债务人的利益。本案中，18间商铺已经办理预售合同备案登记，暂未办理过户登记也是基于双方的约定。现并无证据表明上述房屋不能办理过户登记，或以物抵债协议无法履行，二审法院以物权尚未发生变动为由否定新债的履行，适用法律错误，应予纠正。家×公司无权在本案中要求支付冲抵的1200万元工程款。

【点评分析】

本案涉及的是关于以房抵款协议性质认定的问题。

实务中,"以房抵工程款"是发包人抵偿拖欠承包人工程款常用的方式,双方就此签订的协议(《会议纪要》)不违反法律行政法规强制性规定,应属合法有效协议。原则上,如发包人与承包人未约定原支付工程款的旧债消灭的,"以房抵工程款"协议应属于新债清偿协议。所谓新债清偿,是指债务人和债权人约定以负担新债作为旧债的清偿,新债务与旧债务并存。只有新债被履行的,旧债消灭;新债未履行的,旧债则不消灭。即不免除旧债的情况下向债权人负担新债,新债清偿时旧债一并消灭。而且,除当事人有特别约定外,新债应优先于旧债履行,只有新债不能履行或被认定无效、被撤销的情形下,才履行旧债。因此,本案中,发包人与承包人应当优先履行"以房抵工程款"约定,承包人要求发包人支付"以房抵工程款"约定冲抵的工程款,法院不予支持。

【实务提示】

在开发商现金流短缺的情况下,"以房抵工程款"可能成为施工单位普遍选择,但签约后工程款债权是否归于消灭,取决于双方的意思表示。从开发商角度,做成债的更改比较有利;从施工单位角度,则做成新债清偿比较有利。在"以房抵工程款"协议无法履行时,债权人需要根据双方合意内容慎重选择救济途径。

第六节　工程款诉讼时效的法律风险与防范

所谓诉讼时效,是指对在法定期间内不行使权利的权利人,使其丧失在诉讼中的胜诉权的法律制度。根据《民法典》第一百八十八条的规定,向人民法院请求保护民事权利的诉讼时效期间为3年。法律另有规定的,依照其规定。原则上,诉讼时效期间自权利人知道或者应当知道权利受到损害以及义务人之日起计算。工程款债权的诉讼时效,按照现在的法律规定应当适用3年的诉讼时效,通常从发包人应当支付工程价款之日开始计算。因此在实务中,因工程款债权纠纷起诉时建筑企业应格外注意诉讼时效和除斥期间,及时有效的诉讼往往会成为胜诉的关键。

一、主要风险

(一)不及时诉讼主张工程款的风险

工程实践中,通过诉讼追索工程款是承包人权利行使的重要方式,但工程款有诉讼时效,承包人若想提起诉讼则首要解决的问题就是工程款支付请求权是否超过诉讼时效,尤其是时间较长的项目更容易面临诉讼时效届满的问题。工程款支付请求权适用于普通诉讼时效,依照《民法典》第一百九十二条第一款的规定,诉讼时效期间届满的,义务人可以提出不履行义务的抗辩。这一规定实际上是对权利人权利的一种限制性规定。如果权利人不及时对自己受到侵害的权利进行主张,就要承担怠于行使权利而造成的不利后果,即超过了时效,可能导致败诉甚至工程款无法通过法律途径得到清偿的风险。

(二)逾期主张付款违约金超过诉讼时效丧失胜诉权的风险

实务中,施工企业经常有这样的情况,在主张支付工程款债权时,未同时主张逾期付款违约金,结果未主张部分的逾期付款违约金白白过了3年的法律诉讼时效期,最终因过了诉讼时效难获法律支持,而丧失实体救济的权利。

(三)诉讼时效中止、中断证据不足或不利的风险

实务中,有的施工企业对诉讼时效的法律规定缺乏明确的认识,在催款过程中也不注意保留相应的证据,导致在最终催讨无望的情况下准备启动诉讼等司法程序主张工程款时,猛然发现工程款债权的诉讼时效已过,要有证据证明诉讼时效中止、中断、延长事由,却无法提供。眼睁睁看着自己承担不利后果。

二、防范措施

(一)及时积极主张权利

建筑企业应对诉讼时效予以足够重视。在日常工程款债权管理过程中,注意诉讼时效的起算时间节点,并在法定期限内积极主张权利,防止因己方过失导致超过诉讼时效、丧失胜诉权。

(二)建立有效的管理措施,控制诉讼时效风险

在施工合同签订后,建议建筑施工企业指定专人根据施工合同付款时间的约定,列明工程款、保修金、违约金及利息的诉讼时效最后期限,进行实时监控。

在上述时间届满后、法律规定的3年诉讼时效期间内,通过合法方式主张诉权,以维护己方的合法权益。如果在合同文件中并未约定有明确的时间,则也应当在己方知道或者应当知道对方侵害我方合法权益之日起3年内通过合法方式主张诉权。

如考虑到各种因素确实没必要起诉,则在施工项目结束后,应每年采取发催收函等可以产生诉讼时效中断法律效果的方式进行催收,以保证诉讼时效的有效性。

(三)学会善用实现诉讼时效中止、中断的合法方式

对于未超过诉讼时效且尚无起诉必要的,要做的是让诉讼时效一直连续不届满。在实务中,常见的实现诉讼时效中止、中断的合法方式有:(1)向人民法院、仲裁委提起诉讼,即使起诉后再撤诉也可以重新起算;(2)在3年内通过发送催款函等权利文

书或委托律师发出律师函的方式主张权利，但要注意保留函件已经送达对方的相关证据，且邮寄的文件名称要注意写明项目名称；(3)召开相关会议并作出会议纪要，但要注意会议纪要需要对方代表(有书面原件授权委托书)或法定代表人的签字，同时会议签到表需要明确项目名称；(4)通过即时通信软件向对方主张权利，但要注意须明确项目名称，以及对方接收人员的身份，一般使用合同中约定的对方指定联系人的通信方式；(5)通过询证函的方式要求对方回函确认；(6)通过商务谈判或沟通等方式，让对方履行一部分合同义务等。

(四)工程款超过诉讼时效的，需要在起诉前获得义务人同意履行的证据

对于超过诉讼时效的工程款，《民法典》第一百九十二条第二款规定，诉讼时效期间届满后，义务人同意履行的，不得以诉讼时效期间届满为由抗辩；义务人已经自愿履行的，不得请求返还。同时《民法典》和适用诉讼时效相关司法解释也规定了诉讼时效是义务人的一种抗辩权利，如果诉讼中另一方当事人未提出诉讼时效抗辩，则视为其自动放弃该权利，法院不得依照职权主动适用诉讼时效。因此，在这种情况下建筑施工企业若提起诉讼需要在起诉前获得发包人同意履行的证据，即让发包人作出分期履行、部分履行、提供担保、请求延期履行、制定清偿债务计划等的承诺或者行为，如双方就原债务达成新的协议并签字确认，让发包人在公司出具的对账函、还款协议上签字，发包人在电话、短信或微信中认可欠款并有还款的意思表示但时间待定的也可构成其对时效抗辩的放弃。值得注意的是，这需要将同意履行的证据固定下来，以此达到诉讼时效重新起算的效果。具体采取的方法为：(1)协商对账法：通常通过协商对账，双方重新签署对账单、欠条、还款协议等，则表明双方形成了新的债权债务关系。(2)故意主张法：若欠款5万元已超过3年诉讼时效，建筑企业可以特快专递方式致函发包方，故意要求其清偿10万元欠款。有时发包人觉得冤枉，回函只承认其中的5万元，相当于发包人重新出具了欠付款项的书面文件。

(五)诉讼时效超过后发包人起诉的，承包人一定要积极应诉，提出诉讼时效抗辩

如前所述，需要注意的是，诉讼时效的抗辩不属于人民法院主动释明和审查的范畴，且只能由当事人在一审阶段提出。因此，在超过诉讼时效后发包人提起诉讼或仲裁的，建筑施工企业一定要积极应诉并在一审阶段明确提出诉讼时效抗辩，否则将丧失诉讼时效抗辩权，且也不能以已经超过诉讼时效为由提出上诉。

三、典型案例

1. 再审申请人（承包人、一审被告、二审上诉人）中×冶集团有限公司与被申请人（发包人、一审原告、二审上诉人）青海三×房地产开发有限公司建设工程施工合同纠纷再审案[①]

【案例要点】

承包人上报的结算书中包括案涉工程的工程量、工程价款、延误工期损失及工程质量问题加固维修等事宜，由此可证明，发包人与承包人一直在就案涉工程质量问题造成的损失进行协商。因双方未能就案涉工程结算达成一致意见，承包人在向发包人主张工程款后，发包人另行提起诉讼要求承包人支付工程加固费用及工期延误损失的诉讼时效并未届满。

【案情简介】

2011 年 10 月 4 日，青海三×房地产开发有限公司（以下简称三×公司）通过招投标与青海×新建筑工程有限公司签订了案涉工程结构加固的合同，合同工期总天数为 55 天，工程按照 1,919,491.96 元的总造价包干。合同签订后，青海×新建筑工程有限公司对主体部分进行加固、维修，三×公司以转账支付及以房抵债的形式实际支付维修费合计 1,915,000 元。

2019 年 1 月，承包人中×冶集团有限公司（以下简称中×冶公司）提起诉讼，要求发包人三×公司支付涉案工程的欠付工程款及利息等。2019 年 4 月，三×公司另行提起诉讼，主张质量索赔违约金及工期延误违约金。对三×公司的起诉，承包人中×冶公司答辩称，三×公司的诉讼请求已过法定诉讼时效，应依法不予支持。为此，双方对发包人三×公司另行提起诉讼要求承包人支付工程加固费用及工期延误损失的诉讼时效是否届满产生争议。

【判决要旨】

本案的主要争议焦点是：发包人三×公司主张工程加固费和工期延误损失是否已超过诉讼时效。本案工程质量修复发生在 2011 年 10 月 4 日，工期延误损失发生在 2011 年 10 月 4 日至 30 日，三×公司于 2019 年 4 月起诉请求中×冶公司支付相关费用，是否已超过诉讼时效期限成了双方当事人的主要争议。

二审法院认为，中×冶公司认可 2011 年 6 月 22 日的上报结算书包括案涉工程

---

① 案号：(2020)最高法民申 6334 号。

的工程量、工程价款、延误工期损失及工程质量问题加固维修等事宜，且上报结算书已加盖中×冶公司印章，虽该上报结算书没有得到三×公司签字盖章认可，但此可证明，三×公司和中×冶公司一直就案涉工程质量问题造成的损失进行协商、处理。故三×公司向一审法院提出的诉讼请求并未超过诉讼时效。

再审法院认为，因双方未能就案涉工程结算达成一致意见，三×公司于中×冶公司起诉其支付工程款后，提起诉讼要求中×冶公司支付工程加固费用及工期延误损失，原审判决认定三×公司的请求未超过诉讼时效并无不当。

【点评分析】

本案涉及的是承包人与发包人双方未能就工程结算完成的情况下，诉讼时效如何起算的问题。

本案中，承包人在2011年6月向发包人移交了项目现场，发包人在2019年才提起关于质量违约金以及工期违约金的诉讼，原则上来说，根据《民法典》第一百八十八条的规定，发包人知道或者应当知道权利受到损害之日应该是案涉工程加固完成的日期，此时工期延误的时长以及质量责任的违约事实已基本确定，而不再延续。也就是说承包人认为发包人主张工程加固费和工期延误损失已超过诉讼时效的观点存在一定的法律依据及事实依据。但最终法院未采纳承包人观点的核心原因在于，发承包双方存在将工程款、工期违约金、质量违约金等一并予以结算的意思表示，而目前结算尚未完成，发承包双方就案涉工程最终应付款的金额还未确定，诉讼时效也就不应起算。

此时需关注的重点问题在于辨析工程款与结算款的区别。工程款，即工程造价，是指建设施工过程中物化到项目中的费用总和，根据《建筑安装工程费用项目组成》的规定，工程造价由人工费、材料费、施工机具使用费、企业管理费、利润、规费和税金组成。结算款，是指发承包双方在合同中约定的包括工程款在内的在结算时需一并确认的款项，对于具体的结算内容发承包双方可以自行约定，可以包括施工过程中的罚款、工期违约金、停窝工损失以及质量违约金等。而本案中法院认定工期、质量违约金未超过诉讼时效的关键就在于发承包双方具有将工期、质量违约金一并予以结算的意思表示。反过来讲，如果发承包双方没有明确约定工期、质量违约金在结算时一并扣除，那么此时发包人的主张则存在超过诉讼时效的可能性。因此，实践中，承包人在订立合同时或签订结算协议时需特别注意，是否将工期、质量违约金等非工程款事项约定纳入结算范围，应根据实际情况做全面考量。

【实务提示】

建筑企业追索工程款过程中遇到诉讼时效问题，不宜简单地引用法律条文对诉讼时效的规定，也不宜简单地按法条规定计算3年时间，而应当从发包人、承包人双方是否已结算，有无明确约定付款时间，是否存在诉讼时效中止、中断的证据三个方面进行综合分析。

2. 上诉人(原审原告)宁波润×节能科技有限公司因与被上诉人(原审被告)盛某某、原审被告中国建筑××工程局有限公司建设工程施工合同纠纷案①

【案例要点】

承包人的起诉超过诉讼时效,对其诉讼请求依法不予支持。

【案情简介】

2014年3月5日,盛某某与宁波润×节能科技有限公司(以下简称润×公司)签订《气泡混合轻质土施工合同》,合同抬头处发包单位(甲方)为"中铁某局罗蒙环球城市政外网壹队项目部",承包单(乙方)为"润×公司";落款处甲方处盛某某签名确认,乙方处润×公司盖章确认。该合同约定:甲方决定将罗蒙环球城市政外网壹队工程范围内的气泡混合轻质土工程分包给乙方施工;本单项工程采用水、电由甲方提供,根据设计图施工,普通硅酸盐水泥42.5#、发泡剂(稳定剂、助剂)、施工设备、人工等由乙方全部包含;气泡混合轻质土300元/平方米,工程量按实际计算;完成工程款每达到30万元付一半,工程完工后付到工程款总价的90%,余款2014年年底前结清。

上述合同签订后,润×公司开始安排人员进场施工,合同约定的"单项工程"于2014年完工。盛某某陆续支付润×公司工程款合计332万元,最后一笔款项7万元于2016年2月4日支付。2019年5月29日,润×公司员工通过微信联系盛某某称:"盛总你好。款安排一下。"盛某某未做答复。

【判决要旨】

一审法院认为,涉案《气泡混合轻质土施工合同》约定,"完成工程款每达到30万元付一半,工程完工后付到工程款总价的90%,余款2014年年底前结清",合同约定的工程于2014年完工,盛某某于2016年2月4日支付最后一笔款项7万元,而根据润×公司提供的现有证据,润×公司直至2019年5月29日才通过微信向盛某某催讨,且盛某某亦未予认可,故润×公司现起诉主张已超出诉讼时效期间,一审法院不予支持。

二审院认为,润×公司与盛某某签订的合同中约定余款2014年年底前结清,润×公司在起诉状中确认其于2014年3月完成全部工作内容,盛某某亦对其完成的工作量及工程款项予以核算,现尚有工程款298,700元未支付。后盛某某于2016年

① 案号:(2022)浙02民终2365号。

2月4日作了最后一次付款7万元。从润×公司提供的其与盛某某的联系内容看，对于其他余款，其于2019年5月29日向盛某某发送微信联系，但该微信聊天中，盛某某并未作出同意付款的意思表示，后续的聊天记录中，也不足以认定盛某某对余款作出同意支付的意思表示，故一审法院认定润×公司的起诉超过诉讼时效，于法有据。综上，润×公司的上诉请求不能成立，应予驳回。

【点评分析】

本案涉及的是承包人主张已超过诉讼时效，其要求工程款的请求能否得到法律支持的问题。

本案中，人民法院以润×公司的起诉超过诉讼时效为由，驳回润×公司的诉讼请求。

笔者认为，工程款债权的诉讼时效，按照现在的法律规定应当适用3年的普通诉讼时效，通常从发包人应当支付工程价款之日开始计算。承包人提起诉讼后，发包人认为其诉讼已超过诉讼时效的，可以就诉讼时效提出抗辩，人民法院应当予以审查，如经审查已过诉讼时效，又无证据证明存在诉讼时效存在中止、中断、延长的事由，应该认定其诉讼请求已丧失胜诉权，驳回其请求。

需要注意的是，诉讼时效的抗辩不属于人民法院主动释明和审查的范畴，且只能由当事人在一审阶段提出。

【实务提示】

“法律不保护躺在权利上的人”，对于诉讼时效，承包人应给予充分的重视，避免工程款因诉讼时效问题而泡汤。

第九章

工程价款优先受偿权法律风险与防范

建设工程价款优先受偿权，是指承包人在发包人不依约支付工程价款时，可以与发包人协议将该工程折价或申请人民法院将该工程拍卖；对折价或拍卖所得价款，建设工程价款有优先受偿的权利。

建设工程价款优先受偿权是一种法定优先权，即其基于法律的直接规定而产生，无须当事人约定。这是基于我国建筑行业的特性，为对施工企业进行特别保护而设立的，从而间接保护了建筑业从业人员的报酬得以优先受偿。

建设工程价款优先受偿权，其优先性体现在优先于银行抵押权和其他债权，但不得对抗为了满足生活居住需要而购买商品房且已交付全部价款的消费者。根据《最高人民法院关于商品房消费者权利保护问题的批复》第二条的规定，商品房消费者以居住为目的购买房屋并已支付全部价款，主张其房屋交付请求权优先于建设工程价款优先受偿权、抵押权以及其他债权的，人民法院应当予以支持。

一、工程价款优先受偿权的适用规则

（一）建设工程价款优先受偿权为法定优先权，且承包人不得随意放弃

建设工程价款优先受偿权的法律依据是《民法典》第八百零七条，以及 2020 年 12 月 29 日颁布的《最高人民法院关于审理建设工程施工合同纠纷案件适用法律问题的解释（一）》第三十五条、第三十七条、第三十九条、第四十二条的直接规定，故属于“法定优先权”，这表明承包人无须通过约定即享有该项权利。而且承包人不得随意放弃。

法律具体规定如下：

《民法典》第八百零七条规定，发包人未按照约定支付价款的，承包人可以催告发包人在合理期限内支付价款。发包人逾期不支付的，除根据建设工程的性质不宜折价、拍卖外，承包人可以与发包人协议将该工程折价，也可以请求人民法院将该工程依法拍卖。建设工程的价款就该工程折价或者拍卖的价款优先受偿。

《最高人民法院关于审理建设工程施工合同纠纷案件适用法律问题的解释(一)》第三十五条规定,与发包人订立建设工程施工合同的承包人,依据民法典第八百零七条的规定请求其承建工程的价款就工程折价或者拍卖的价款优先受偿的,人民法院应予支持。第三十七条规定,装饰装修工程具备折价或者拍卖条件,装饰装修工程的承包人请求工程价款就该装饰装修工程折价或者拍卖的价款优先受偿的,人民法院应予支持。第三十九条规定,未竣工的建设工程质量合格,承包人请求其承建工程的价款就其承建工程部分折价或者拍卖的价款优先受偿的,人民法院应予支持。第四十二条规定,发包人与承包人约定放弃或者限制建设工程价款优先受偿权,损害建筑工人利益,发包人根据该约定主张承包人不享有建设工程价款优先受偿权的,人民法院不予支持。

(二)工程价款优先受偿权的权利主体仅限于与发包人具有直接合同关系的承包人

工程价款优先受偿权的设立,根植于我国建筑市场的实际情况,基于对施工人的特殊保护,但又秉承了合同的相对性原则,故《最高人民法院关于审理建设工程施工合同纠纷案件适用法律问题的解释(一)》第三十五条、第三十七条将"承包人"限制为"与发包人订立建设工程施工合同的承包人",从而排除了转包人、分包人、材料供应商、勘察人、设计人、监理人等。

(三)仅限于施工合同

根据《民法典》第八百零七条的规定,享有工程价款优先受偿权的主体是"承包人"。但因工程价款优先权设定的目的是强调对施工企业的特殊保护,故《最高人民法院关于审理建设工程施工合同纠纷案件适用法律问题的解释(一)》第三十五条和第三十七条进一步对承包人的范围进行了限缩,明确只适用于"与发包人订立建设工程施工合同"的施工承包人。同时,在建设工程领域,认为"装饰装修"本身也属于"施工"的范畴。

设计—采购—施工(Engineering Procurement Construction,EPC)项目合同本身是一种特殊的施工合同形式,因此承包人对 EPC 合同中的施工部分,理应享有工程价款优先受偿权。

对于销售建筑构件、建筑材料但合同内容又同时包括了施工的复合型合同,如出售建筑防水材料,同时要求材料出售人对防水材料进行施工,合同价款实际包括了材料价款、施工价款两部分,则必然争议甚大,难成定论,应当依具体合同中的情形而定。

(四)仅适用于工程款,不及于违约金、利息等

《最高人民法院关于审理建设工程施工合同纠纷案件适用法律问题的解释(一)》第四十条明确规定:"承包人建设工程价款优先受偿的范围依照国务院有关行

政主管部门关于建设工程价款范围的规定确定。承包人就逾期支付建设工程价款的利息、违约金、损害赔偿金等主张优先受偿的,人民法院不予支持。”

工程款的具体内容,由工程造价方面的规范、标准给予明确。不同行业的造价组成和具体计算略有区别,但大同小异。

(五)权利行使期限是应当给付工程款之日起的18个月内

《最高人民法院关于审理建设工程施工合同纠纷案件适用法律问题的解释(一)》第四十一条规定:“承包人应当在合理期限内行使建设工程价款优先受偿权,但最长不得超过十八个月,自发包人应当给付建设工程价款之日起算。”对“应当给付建设工程款之日”的理解,应当注意是特指工程结算款的应当付款日期,或者类似于工程完工结算款的应当付款日期,诸如双方解除合同时应当支付之工程款,工程客观上已经终止应当支付的工程价款,视为通过工程竣工验收时应当支付的工程价款。

应当付款日期,分如下三种情形分别确定:

其一,工程正常完工,双方有约定的,依其约定。

其二,双方没有约定或者约定不明的,依法定。对于双方没有约定或者约定不明的,依照《最高人民法院关于审理建设工程施工合同纠纷案件适用法律问题的解释(一)》第二十七条的规定:“利息从应付工程价款之日开始计付。当事人对付款时间没有约定或者约定不明的,下列时间视为应付款时间:(一)建设工程已实际交付的,为交付之日;(二)建设工程没有交付的,为提交竣工结算文件之日;(三)建设工程未交付,工程价款也未结算的,为当事人起诉之日。”

其三,施工合同中途解除或终止履行情况下,双方协商一致解除合同并在协议中约定结算款支付日期的,以协议约定的结算款支付日期作为应付款日期。对付款日期双方未达成协议、未约定或约定不明的,应当以合同解除、合同终止之日作为应当给付工程款之日。

(六)权利行使方式

对工程款优先受偿权的行使方式,即应当以何种方式行使权力,才能达到行使工程款优先受偿权之法律效果问题,现行法律并未明确。

对目前工程款受偿优先权争议的案件进行分析,可以将工程款优先受偿权的行使方式分为两种类型:主动行使方式;被动行使方式。所谓主动行使方式,即承包人主动向发包人主张工程款优先受偿权,如承包人提起仲裁或诉讼,在仲裁和诉讼中主张工程款优先权。所谓被动行使方式,即因发包人向第三人负有债务,在第三人申请人民法院对发包人进行强制执行时,承包人以执行异议方式主张工程款优先受偿权。

对于主动方式行使工程款优先受偿权问题,以诉讼、仲裁方式行使工程款优先受偿权,能够达到主张权利之效果,自不待言。然而,诉讼之外的其他方式,如口头通知、函告等方式,是否能够达到行使权力之法律效果,多存争议。书面函告方式,有判决支持者,而其他方式则至今未见。

关于被动方式行使工程款优先受偿权,一般认为,执行法院依其他债权人的申请,对发包人的建设工程强制执行时,承包人向执行法院主张其享有建设工程价款优先受偿权且未超过除斥期间的,视为承包人依法行使了建设工程价款优先受偿权。[①]

(七)工程款优先受偿权的受偿顺位

对于地产商身负多个债务时,债权人实现债权的先后顺序依次为:(1)拆迁补偿安置房,(2)为满足生活需要的唯一性居住房,(3)工程款优先受偿权,(4)其他债权。

拆迁补偿安置房的优先性,虽然没有法律的明文规定,但是从拆迁补偿安置房的目的来说,其应当具有最为优先的性质。最高人民法院(2021)最高法民申 31 号民事裁定书即为此观点。

商品房债权优先于工程款优待受偿权的法律依据是:《最高人民法院关于人民法院办理执行异议和复议案件若干问题的规定》第二十九条,《全国法院民商事审判工作会议纪要》第 124 条至第 127 条,《最高人民法院关于商品房消费者权利保护问题的批复》第二、三条的规定。

(八)工程款优先受偿权的特别要求

主张工程款优先受偿权还必须满足如下要求:(1)工程质量不低于国家强制标准;(2)建设工程适宜折价或拍卖。

对于不适宜折价或者拍卖之工程部分,当然不能通过折价或者拍卖变现为金钱,故无法实现工程款优先受偿权。

二、主要风险

承包人在主张工程价款优先受偿权时,主要风险如下。

(一)未及时行使工程价款优先受偿权

实践中,承包人常因各种原因,未能在法律规定的,从应当付款之日起算的 18 个月内行使工程价款优先受偿权。常见情形是,承包人基于维系与发包人的关系考虑,常常是通过口头、电话、微信等方式索要工程款,而未以书面方式追索,到仲裁、起诉之时,已经远远超过了 18 个月。或者即便在 18 个月内提出诉讼或者仲裁,也没有提出工程价款优先受偿权的主张。

工程价款优先受偿权规定的期限,法律性质上属于“除斥期间”,无论何种原因,此期间不得中止、中断,合同双方也不得通过约定改变。故合同双方不得以协议或者其他任何方式对其缩短或者延长,也不得以向发包人主张过工程款优先受偿权而重

---

① 参见最高人民法院指导案例 171 号“中天建设集团有限公司诉河南恒和置业有限公司建设工程施工合同纠纷案”。

新计算工程价款优先受偿权期限。

实践中存在两个问题。(1)对于约定分期支付的情形,以第一期支付日期,还是以最后一期应当支付日期作为起始日期,计算工程价款优先受偿权的期限。(2)双方通过协议方式,推后应当付款日期。譬如,接近18个月时,双方重新约定延期支付工程款,此时工程款优先受偿期间是否以重新约定的应当付款日期为起始日期计算。

对以上两个问题如何处理,法律没有明确规定。(1)对于约定了工程款分期支付的情形,最高人民法院有裁判文书认为,工程款优先受偿权行使期限,应当自最后一期工程款应当付款之日起计算。[①] (2)出于工程款优先受偿权的设立目的,以及平衡各方利益的考虑,应当认为:工程款优先受偿权的起始计算日期,不得因双方重新约定延后付款日期而改变,因为如允许延后工程款优先受偿权日期,则将可能妨碍第三人债权之实现。

(二)承包人未在诉讼中主张工程款受偿优先权的,其不能通过申请强制执行确认享有工程款优先受偿权

承包人在诉讼中没有提出工程价款优先权请求,在申请强制执行过程中发现发包人存在多个债权人时,才提出工程价款优先受偿权主张。一般认为,承包人在申请强制执行阶段不能主张工程款优先受偿权,因为执行必须以生效的裁判文书为依据,不能通过执行程序确认承包人是否享有工程款优先受偿权。[②]

需要注意的是,对于第三人申请对房地产商强制执行时,在工程款优先受偿权期限内,承包人可以通过执行异议主张工程款优待受偿权。

(三)合同无效情形下,承包人是否享有工程价款优先受偿权存在争议

关于承包人与发包人之间的施工合同无效,承包人是否仍享有工程款优先受偿权,存在争议。《民法典》及《最高人民法院关于审理建设工程施工合同纠纷案件适用法律问题的解释(一)》实施之后,尚未见对这一问题的统一观点。

《全国民事审判工作会议纪要》(2015年4月征求意见稿)第53条对合同无效情形下,能否主张工程价款优先受偿权,存两种观点。其一,建设工程施工合同无效,但建设工程经竣工验收合格,实际施工人仍享有工程款优先受偿权。其二,建设工程施工合同无效,实际施工人不享有工程款优先受偿权。

《民法典》及《最高人民法院关于审理建设工程施工合同纠纷案件适用法律问题的解释(一)》实施之前,各地人民法院对于合同无效情形下是否享有优先受偿权,意见有别,致使判决相异。部分观点如下。

《杭州市中级人民法院民一庭关于审理建设工程及房屋相关纠纷案件若干实务

---

① 参见(2021)最高法民申4949号民事裁定书。

② 参见(2021)最高法民申4731号民事裁定书。

问题的解答》明确："建设工程价款优先受偿权，是立法对承包人应得工程价款的优先保护，属于承包人的法定权利。即使承包合同被认定无效，但承包人所享有的工程价款请求权依然存在，相应的其优先受偿权也应一并受到保护。"

《广东省高级人民法院关于在审判工作中如何适用〈合同法〉第 286 条[①]的指导意见》第 7 条规定，"在建设工程承包合同无效的情形下，承包人主张建设工程价款优先受偿权的，人民法院不予支持"。

《深圳市中级人民法院关于建设工程合同若干问题的指导意见》第 30 条规定："建设工程合同无效，承包人主张建设工程价款优先受偿权的，不予支持。"

《河北省高级人民法院建设工程施工合同案件审理指南》第三十三条规定："建设工程施工合同无效、但建设工程质量合格，承包人主张建设工程价款就该工程折价或拍卖的价款优先受偿的，人民法院应予以支持；分包人或实际施工人在总包人或非法转包人怠于主张工程价款时，主张建设工程价款就该工程折价或拍卖的价款优先受偿的，人民法院应予支持。"

（四）挂靠关系中，实际施工人是否享有工程价款优先受偿权，因情况而异

建设工程价款优先受偿权的主体是"与发包人签订了施工合同的承包人"，在挂靠关系中，由于合同无效，故挂靠关系中的实际施工人可能因此不享有工程款优先受偿权。

在认为合同无效，承包人仍享有工程款优先受偿权的前提下，应区分由挂靠人还是被挂靠人享有工程款优先受偿权。对于发包人明知挂靠，仍然愿意签订合同的，或者在签订合同时不知道是挂靠关系，但是在合同履行过程中，明知或应知是挂靠关系之后，仍然继续与挂靠人履行合同的，则因为发包人的"真实意思"是与挂靠人形成合同关系，双方建立了"事实上的合同权利义务关系"，故挂靠人享有工程款优先受偿权。反之，则由被挂靠人享有工程款优先受偿权。

（五）建设工程价款优先受偿权不能对抗已经交付全部或者大部分商品房房款的居住性消费者

《最高人民法院关于商品房消费者权利保护问题的批复》第二条规定，商品房消费者以居住为目的购买房屋并已支付全部价款，主张其房屋交付请求权优先于建设工程价款优先受偿权、抵押权以及其他债权的，人民法院应当予以支持。只支付了部分价款的商品房消费者，在一审法庭辩论终结前已实际支付剩余价款的，可以适用前款规定。第三条规定，在房屋不能交付且无实际交付可能的情况下，商品房消费者主张价款返还请求权优先于建设工程价款优先受偿权、抵押权以及其他债权的，人民法院应当予以支持。由此可见，消费型购房人所主张的房屋交付请求权或房屋不能交

---

① 对应《民法典》第 807 条。

付且无实际交付可能情况下主张的价款返还请求权，均优先于建设工程价款优先受偿权。故承包人的优先受偿权优于抵押权，而次于已经交付大部分房款的消费者的债权，如工程标的物是商品住房，则承包人实现工程款优先受偿权时可能受到一定障碍。

（六）工程已经完成的部分，质量低于国家强制标准，导致不能折价或者拍卖

建设工程具有社会公共属性，质量低于国家强制标准，则基于社会公共安全要求，不能投入使用，当然也不得进行交易环节，导致工程款优先受偿权在法律上无法实现。

需要注意的是，对于可以通过修复满足质量要求的，如果承包人已经承担了修复费用，则承包人仍然享有工程款优待受偿权。①

（七）工程在性质上不宜折价或者拍卖

对于不宜折价或者拍卖的工程，是指在性质上不宜折价或者拍卖的工程。在性质不宜折价或拍卖的，主要为两类：(1)违法建筑；(2)特殊性质的建筑，主要为军事建筑、公益性建筑、特殊的历史性建筑等，如军事工程、水利工程、市政工程、公益性学校、政府公用建筑、博物馆、宗教建筑。

有观点认为，即使工程不宜折价、拍卖，若工程具有一定营利性，则工程款优先受偿权及于此工程对应的收入，因为工程款优先受偿权实质是一种担保物权，可以物上收益偿还工程款。深研工程款优先受偿权的目的，结合法理，此观点应为正确，但在司法实务中，一部分司法人员可能对此不予接受。

三、防范措施

（一）依法承揽工程，确保合同有效

依法承揽工程，确保合同有效，既是法律要求，也是确保享有工程款优先受偿权的基本要求。否则，承包人可能会因为合同无效而不能享有工程款优先受偿权，因为司法实务中对合同无效时承包人是否享有工程款优先受偿权问题，存在争议。

（二）严格控制工程质量，确保符合要求

质量不符合要求，则不具备要求发包人支付工程款的条件，何言工程款优先受偿权？而且如若工程质量低于国家强制标准要求，则无法折价、拍卖，当然无法实现工程款优先受偿权。

（三）在规定期限内行使优先受偿权

实践中，最为常见的是，承包人未能清晰知晓“应当付款日期”，或者虽然知晓应当付款日期，但是却未能在法律规定的 18 个月内行使工程款优先受偿权，从而丧失

---

① 参见(2017)最高法民终 730 号民事判决书。

优先权。承包人应当重视法律规定,对工程应当付款日期清晰知晓,并及时行使工程款优先受偿权。

(四)起诉或仲裁是行使工程优先权的可靠方式

虽然对通过起诉、仲裁以外的其他方式行使工程款优先受偿权,确实存在认可的判例,但毕竟存在争议,故起诉、仲裁方式是最为稳妥之方式。

四、典型案例

1. 施工总承包人浙江国×建设集团有限公司与发包人泰州开×汽车城发展有限公司、担保人上海欣×投资(集团)有限公司以及担保人NGU有限公司建设工程施工合同纠纷案①

【案例要点】

即使建设施工合同无效,只要建设工程验收合格,承包人仍享有工程价款优先受偿权。

【案情简介】

2012年5月9日,发包人泰州开×汽车城发展有限公司(以下简称开×公司)、承包人浙江国×建设集团有限公司(以下简称国×公司)、发包人的担保人上海欣×投资(集团)有限公司(以下简称欣×公司)三方签订《泰州"皇家花园"工程承发包框架协议》(以下简称《框架协议》),主要内容为:开×公司为发包人,国×公司为承包人,工程项目为位于江苏省泰州市"皇家花园"。欣×公司为工程款支付担保人。

2014年11月8日,NGU有限公司向承包人国×公司出具担保书一份,主要内容为:如发包人开×公司及担保人欣×公司均不向国×公司支付工程款,NGU有限公司同意对工程款承担担保责任。

2015年12月18日,合同工程竣工验收合格,但开×公司未按约支付工程款,国×公司于2016年2月2日以开×公司、欣×公司为被告,向江苏省泰州市中级人民法院提起诉讼,其中一项诉讼请求为:确认国×公司就诉争工程折价或者就拍卖、变卖所得价款享有优先受偿的权利。一审判决支持了承包人国×公司工程款优先受偿权的诉讼请求。

承包人国×公司、担保人欣×公司、发包人开×公司均不服一审判决,上诉至最高人民法院。发包人开×公司上诉认为:承包人国×公司对工程价款不享有优先受

① 案号:(2019)最高法民终314号。

偿权，理由是只有施工合同有效才能适用法定优先受偿权。而由于案涉工程施工合同无效，故国×公司对案涉工程不享有优先受偿权。

【判决要旨】

一审法院认为，原《合同法》第二百八十六条规定，发包人未按照约定支付价款的，承包人可以催告发包人在合理期限内支付价款。发包人逾期不支付的，除按照建设工程的性质不宜折价、拍卖的以外，承包人可以与发包人协议将该工程折价，也可以申请人民法院将该工程依法拍卖。建设工程的价款就该工程折价或者拍卖的价款优先受偿。国×公司的主张工程款优先受偿权符合法律、司法解释规定。故一审法院对国×公司该项诉讼主张予以支持。

最高人民法院认为，原《合同法》第二百八十六条并未规定只有施工合同有效才能享有工程款优先受偿权。从工程款优先受偿权的立法本意来看，优先受偿权也不受到合同效力的影响。该条和相关司法解释均未明确规定施工合同有效才能主张工程价款优先权。开×公司、欣×公司上诉主张，只有施工合同有效才能适用法定优先受偿权，案涉工程施工合同无效，故国×公司对案涉工程价款不享有优先受偿权。开×公司、欣×公司的此项上诉理由缺乏法律依据，法院不予支持。

【点评分析】

本案涉及的是建设施工合同无效，承包人是否享有工程价款优先受偿权的问题。

我国《民法典》第八百零七条规定，发包人未按照约定支付价款的，承包人可以催告发包人在合理期限内支付价款。发包人逾期不支付的，除根据建设工程的性质不宜折价、拍卖外，承包人可以与发包人协议将该工程折价，也可以请求人民法院将该工程依法拍卖。建设工程的价款就该工程折价或者拍卖的价款优先受偿。《最高人民法院关于审理建设工程施工合同纠纷案件适用法律问题的解释(一)》第三十八条规定，建设工程质量合格，承包人请求其承建工程的价款就工程折价或者拍卖的价款优先受偿的，人民法院应予支持。需要说明的是，我国法律及相关司法解释对建设工程施工合同无效时承包人是否享有工程款优先受偿权，没有明确规定。

由本案判决结果可见，建设工程施工合同无效不影响承包人享有工程款优先受偿权。即只要建设工程验收质量合格，即使建设工程施工合同无效，承包人依然享有建设工程价款优先受偿权。

【实务提示】

司法实务中，对合同无效时承包人是否享有工程款优先受偿权问题存在争议。因此建议承包人在签订合同时应注意合同效力问题，避免在诉讼中因为合同无效导致优先受偿权不能得到支持。

另外，在施工过程中应保证施工质量，避免因质量问题导致工程款优先受偿权不能得到支持。

2. 工程款债权受让人中建海×建设发展有限公司与发包人厦门兴×伟业房地产开发有限公司、陈某滚建设工程施工合同纠纷案①

【案例要点】

债权人受让承包人的建设工程价款请求权的,基于建设工程价款请求权的法定优先权随之转移至债权受让人,故债权受让人享有工程款优先受偿权。

【案情简介】

2010 年 8 月 30 日,发包人厦门兴×伟业房地产开发有限公司(以下简称兴×伟业公司)与承包人中国建筑第七工程局有限公司(以下简称中建七局)签订《建设工程施工协议书》,将工程发包给中建七局施工。

2014 年 6 月 30 日,工程竣工验收合格。

2016 年 4 月 25 日,兴×伟业公司与中建七局签订了工程结算协议。

2016 年 12 月 6 日,中建七局与中建海×建设发展有限公司(以下简称中建海×公司)签订《债权转让协议书》,中建七局将其享有的到期工程款债权转让给中建海×公司。

2017 年 2 月 18 日,中建七局将该债权转让情况以书面形式通知发包人兴×伟业公司,兴×伟业公司于 2017 年 2 月 20 日签章确认收到该通知书。

后中建海×公司为实现受让的债权向福建省高级人民法院提出诉讼,在诉讼中主张工程款优先受偿权。

【判决要旨】

一审法院依据当时生效的法律,认为:根据《最高人民法院关于审理建设工程施工合同纠纷案件适用法律问题的解释(二)》(已失效)第十七条的规定,与发包人订立建设工程施工合同的承包人,根据《合同法》第二百八十六条规定请求其承建工程的价款就工程折价或者拍卖的价款优先受偿的,人民法院予以支持。即依法享有工程价款优先受偿权的主体必须与发包人存在直接的施工合同关系。本案中,中建海×公司系通过债权受让的方式取得本案讼争工程款债权,并非与兴×伟业公司存在直接的施工合同关系,依照前述法律规定,依法不享有工程价款优先受偿权。

最高人民法院认为,《最高人民法院关于审理建设工程施工合同纠纷案件适用法律问题的解释(二)》(已失效)第十七条规定:“与发包人订立建设工程施工合同的承

---

① 案号:(2021)最高法民终 958 号。

包人,根据合同法第二百八十六条规定请求其承建工程的价款就工程折价或者拍卖的价款优先受偿的,人民法院应予支持。”建设工程款债权转让后,中建七局享有的建设工程价款优先受偿权可以随之转让予中建海×公司,理由如下:第一,建设工程价款优先受偿权为法定优先权,功能是担保工程款优先支付,系工程款债权的从权利,不专属于承包人自身,可以随建设工程价款债权一并转让。原《合同法》第八十一条规定,债权人转让权利的,受让人取得与债权有关的从权利,但该从权利专属于债权人自身的除外。《最高人民法院关于审理建设工程施工合同纠纷案件适用法律问题的解释(二)》(已失效)第十七条虽然规定由承包人主张优先受偿权,但是并不能得出建设工程价款优先受偿权具有人身专属性。故建设工程价款债权转让的,建设工程价款优先受偿权随之转让并不违反法律规定。第二,本案建设工程价款优先受偿权与工程款债权的一并转让,既不增加兴×伟业公司的负担,也不损害兴×伟业公司其他债权人的利益。综上,中建七局将案涉工程款债权转让给中建海×公司后,中建海×公司可以享有建设工程价款优先受偿权。

【点评分析】

本案涉及的是建设工程价款转让后,建设工程价款优先受偿权是否一同转移的问题。

关于工程款债权转让时,工程款优先受偿权是否一同转移问题,一审和二审法院观点不同。一审法院认为,优先受偿权不能随工程款主债权同时移转,而二审法院认为,优先受偿权一同移转。这也是目前司法实务中的两种不同观点。

笔者认为,一审法院的观点存在不妥之处,其未能区分权利的“原始取得”与“继受取得”。当时的《最高人民法院关于审理建设工程施工合同纠纷案件适用法律问题的解释(二)》(已失效)第十七条“与发包人订立建设工程施工合同的承包人,根据合同法第二百八十六条规定请求其承建工程的价款就工程折价或者拍卖的价款优先受偿的”的规定,指的是工程款优先受偿权的“原始取得”,其并非不能随同工程款债权一同转让。

我国《民法典》第五百四十七条规定,债权人转让债权的,受让人取得与债权有关的从权利,但是该从权利专属于债权人自身的除外。受让人取得从权利不因该从权利未办理转移登记手续或者未转移占有而受到影响。第五百四十六条第一款规定,债权人转让债权,未通知债务人的,该转让对债务人不发生效力。根据《最高人民法院关于审理建设工程施工合同纠纷案件适用法律问题的解释(一)》第三十五条的规定,由承包人享有工程款优先受偿权,但是并不能得出建设工程价款优先受偿权具有人身专属性。由上述法律及司法解释可见,建设工程价款优先受偿权不专属于承包人自身,可以随建设工程价款债权一同转让。

本案中,中建七局于2016年12月6日向中建海×公司转让案涉债权,并于2017

年2月20日将工程款债权转让的通知送达兴×伟业公司,这表明债权转让对兴×伟业公司已发生法律效力。中建七局将案涉工程款债权转让给中建海×公司后,中建海×公司可以享有建设工程价款优先受偿权。

【实务提示】

建设工程施工合同的承包人转让工程款债权,工程款对应部分的工程款受偿优先权一同转让,两者不可分离。另外,承包人转让债权时,应当及时通知债务人,否则对债务人不发生效力。

3. 施工承包人辽宁北×建设(集团)有限公司与商品房买受人赵某、沈阳农村商业银行股份有限公司大东支行、发包人辽宁宏×商业地产开发有限公司等案外人执行异议之诉案①

【案例要点】

工程价款优先权不能对抗已经支付大部分房款的商品房买受人,但是对于在人民法院对房产查封之后才签订购房协议的,则不受此限制。

【案情简介】

2012年5月21日,辽宁宏×商业地产开发有限公司(以下简称宏×公司)与沈阳农村商业银行股份有限公司大东支行(以下简称农商行大东支行)签订了《借款合同》,约定宏×公司向农商行大东支行借款2.5亿元,用于房地产开发。

2012年9月11日,双方又签订一份《最高额抵押合同》,宏×公司用包括案涉房产在内的在建工程向农商行大东支行做贷款抵押。因宏×公司到期未全部偿还欠款本息,农商行大东支行诉至法院,申请查封案涉房屋。

2014年10月29日,法院对案涉房屋进行了查封。

2014年10月31日,赵某与宏×公司签订《商品房买卖合同》;2015年11月27日赵某向宏×公司交清所有房款。

2016年,承包人辽宁北×建设(集团)有限公司(以下简称北×建设公司)因工程纠纷起诉发包人宏×公司,法院判决确认北×建设公司对宏×公司欠付的工程款,就案涉房屋折价或拍卖的价款享有优先受偿权。

2016年5月24日,法院再次查封了案涉房屋。

2017年3月10日,北×建设公司申请,人民法院轮候查封了案涉房屋。

之后,商品房购买人赵某提出书面执行异议,人民法院裁定驳回异议请求。商品

① 案号:(2021)最高法民终988号。

房购买人于是向一审法院提起执行异议之诉。赵某认为,自己已经支付了全部房款,并且已经实际入住,承包人北×建设公司的查封时间于2017年3月10日,晚于其购房时间2014年10月31日,故其商品房的物权期待权可对抗工程款优先受偿权。

一审法院认为,应当排除对商品房购买人房屋的执行。

承包人北×建设公司不服,提起上诉。二审法院认为,不能排除执行,理由是:工程款具有法定优先权,而且房屋是在查封之后才购买的。

【判决要旨】

赵某的商品房是在查封之后才购买的,其对商品房的物权期待权不可对抗北×建设公司的工程款优先受偿权。

一审法院认为:

1.《最高人民法院关于人民法院办理执行异议和复议案件若干问题的规定》第二十九条规定:"金钱债权执行中,买受人对登记在被执行的房地产开发企业名下的商品房提出异议,符合下列情形且其权利能够排除执行的,人民法院应予支持:(一)在人民法院查封之前已签订合法有效的书面买卖合同;(二)所购商品房系用于居住且买受人名下无其他用于居住的房屋;(三)已支付的价款超过合同约定总价款的百分之五十。"

2. 具体到本案:(1)赵某与宏×公司签订了《商品房买卖合同》,支付了全部房款,已入住案涉房产。(2)赵某名下没有用于居住的房屋。(3)2014年10月29日,法院查封了房产。虽然签订合同的日期为2014年10月31日,晚于法院对本案房屋的查封时间。但鉴于本案赵某属于消费者购房,其享有的权利有特殊保护的必要,且其与宏×公司签订房屋买卖合同只是稍晚于法院查封后几日,不宜因此而简单否定赵某作为普通老百姓购买案涉房产所享有权利的优先性。

3. 因个案具体情况不同,司法实践中应当灵活掌握上述法律规定,避免僵化适用法律,造成利益失衡。鉴于赵某已经交纳全款,实际占有案涉房产多年,虽然案涉房产没有办理产权登记,但赵某并不存在主观过错,故赵某对案涉房产享有物权期待权,案涉房产所有权应当归赵某所有,赵某起诉确认案涉房产归其所有的请求有事实依据,其提出的执行异议符合《最高人民法院关于人民法院办理执行异议和复议案件若干问题的规定》第二十九条的情形,其权利能够排除执行。

二审法院认为:

1. 本案中,农商行大东支行对案涉房产享有抵押权,北×建设公司对案涉房产享有工程价款优先受偿权,赵某如主张其作为商品房购买者就本案争议执行标的享有足以排除强制执行的权利,应适用《最高人民法院关于人民法院办理执行异议和复议案件若干问题的规定》第二十九条的规定。

2. 案涉房产在沈阳市房产局预查封日期为2014年10月29日,应以该日期作为人民法院查封案涉房产的日期。虽然北×建设公司对案涉房产轮候查封的时间为

2017 年 3 月 10 日，晚于赵某与宏×公司签订《商品房买卖合同》的日期，但北×建设公司享有的建设工程价款优先受偿权属于法定优先权的范畴，其本质是以建设工程的交换价值担保工程款债权的实现，该权利优于农商行大东支行对案涉房产享有的抵押权和其他债权。

3. 并且，北×建设公司可以在本案中主张以 2014 年 10 月 29 日为案涉房产首次查封时间。而赵某与宏×公司签订《商品房买卖合同》的日期为 2014 年 10 月 31 日，晚于人民法院对案涉房产的查封时间。

4. 故赵某不符合《最高人民法院关于人民法院办理执行异议和复议案件若干问题的规定》第二十九条第（一）项规定的情形，就本案执行标的不享有足以排除强制执行的民事权益。

【点评分析】

本案涉及的是商品房买受者的所有权（所有权期待权）能否排除建设工程价款优先权执行的问题。

《最高人民法院关于人民法院办理执行异议和复议案件若干问题的规定》第二十九条规定："金钱债权执行中，买受人对登记在被执行的房地产开发企业名下的商品房提出异议，符合下列情形且其权利能够排除执行的，人民法院应予支持：（一）在人民法院查封之前已签订合法有效的书面买卖合同；（二）所购商品房系用于居住且买受人名下无其他用于居住的房屋；（三）已支付的价款超过合同约定总价款的百分之五十。"可见，商品房买受人在人民法院查封房产之后，才与开发商签订买卖合同的，不满足上述第（一）项规定，不能排除法院的强制执行。

本案中，赵某与宏×公司签订《商品房买卖合同》的日期为 2014 年 10 月 31 日，但一审法院于 2014 年 10 月 29 日对案涉房屋进行了查封，由于《商品房买卖合同》签订的日期晚于人民法院对案涉房产的查封时间，故赵某不符合《最高人民法院关于人民法院办理执行异议和复议案件若干问题的规定》第二十九条第（一）项规定的情形，对本案执行标的不享有足以排除强制执行的民事权益。另外，由于北×建设公司享有的建设工程价款优先受偿权属于法定优先权的范畴，该权利优于农商行大东支行对案涉房产享有的抵押权和其他债权，故赵某对商品房的物权期待权不可对抗北×建设公司的工程款优先受偿权。

【实务提示】

工程价款优先权为法定优先权，无须双方约定。工程款优先受偿权的受偿顺位先于抵押权等其他债权，后于已经支付了大部分房款的商品住房买受人，但在房屋被人民法院依法查封之后才签订买房协议的除外。

故承包人提起工程款诉讼时，应及时查封案涉房屋并主张工程款优先受偿权，以防发包人出售房屋。

第十章

工程变更法律风险与防范

建设工程施工合同中的“工程变更”与普通民事合同中所指的“合同内容变更”有所区别，这是建设工程的特性决定的。二者主要区别在于，对于普通民事合同的变更，经合同当事人双方协商一致，方得变更。然而，“工程变更”，尤其是工程技术参数的变更，则无须经承包人同意，发包人或者监理工程师单方即拥有变更权利，而承包人不得拒绝，但需对承包人的费用、工期进行相应的调整。

何为“工程变更”？简言之，施工合同签订之后，合同在履行过程中，工程所发生的变更，即为工程变更。而工程变更，无外乎工程范围、工程量、工程技术特性指标、工期、工程施工顺序等变化。

根据2002年《工程造价咨询业务操作指导规程》的定义，“工程变更”是指设计变更、进度计划变更、施工条件变更以及原招标文件和工程量清单中未包括的“增减工程”。根据2013年《建设工程工程量清单计价规范》，“工程变更”是指合同工程实施过程中由发包人提出或由承包人提出经发包人批准的合同工程任何一项工作的增、减、取消，或施工工艺顺序时间的改变；设计图纸的修改；施工条件的改变；招标工程量清单的错漏从而引起合同条件的改变或工程量的增减变化。根据《建设工程施工合同（示范文本）》（GF－2017－0201）通用合同条第10.1条，“工程变更”是指增加或减少合同中任何工作，或追加额外的工作；取消合同中任何工作，但转由他人实施的工作除外；改变合同中任何工作的质量标准或其他特性；改变工程的基线、标高、位置和尺寸；改变工程的时间安排或实施顺序。

工程变更的原因，有主观原因和客观原因两方面。诸如地质情况、法律、宏观政策、城市规划调整等导致的，则为客观原因所致的变更。而建设方主观方面的改变，譬如装修工程中材料、风格、色彩方面之变更，即为主观原因。

一、主要风险

(一)承包人不能证明变更指示或者变更同意的信息来源的风险

变更指示、变更同意的各种信息,是变更信息来源的有效证明资料。

在国际工程中,变更的信息来源单一、明确,一般而言,变更信息只来自工程师(类似于国内的监理工程师),而且变更指示或者同意变更,均以正式书面文件方式载明。

而在国内工程实践中,由于建设方、监理方、承包人往往没有经过严格的项目管理培训,没有严格的工程索赔管理程序,加之其他原因,导致变更的信息来源往往繁杂凌乱,常见的有会议纪要、工程联系函、现场签证、四方现场处理会签、微信群、口头通知等。另外,往往存在发包人口头指示或者口头同意变更,而迟迟不发出书面变更确认函,甚至事后不承认其要求变更的情形。同时承包人常缺乏严格、安全的档案管理制度。这就造成承包人难以证明变更信息来源。不能证明变更信息来源,则可能导致索赔失败。

承包人难以证明或者不能证明变更信息来源的常见情形如下。(1)发包人口头要求,而不发出书面函件;(2)变更文件内容不明确;(3)承包人对变更相关资料保存不善,导致资料遗失;(4)特殊情形下,现场处理特殊问题,承包人未能要求各方签署书面文件。

众多的工程纠纷表明,正是由于承包人不能证明变更的信息来源,导致承包人难以维护自身合法权益。

(二)变更证据保存不善导致举证不利的风险

国际工程中,变更均以书面函件确定,无论是工程师还是承包人,函件收发只有唯一进出口。但在国内的工程实践中,各方来往函件、信息往往没有统一的进出口。

国内工程建设过程中,变更的证据常常有如下形式:书面形式种类繁多的资料、电子邮件、微信及其他形式的资料。实务中,不少资料是个人与个人之间的沟通,散见于个人电子邮箱、手机微信之中。这导致了变更资料难以统一保存,极大增加了承包人的风险。

目前,不少工程项目上,大量的信息均分散保存于个人手机之中。由于手机的遗失、损坏、更换、垃圾清理、系统重装等,导致信息毁损灭失的情形时有所见。故承包人项目部应当定期对手机中的信息进行收集、汇总,必要时对手机中的重要信息进行公证,确保重要信息的安全。

变更证据保存不善,则难以证明变更的信息来源、变更的内容、变更造成的费用和工期影响、质量影响甚至是工程安全影响等。

民事诉讼举证的基本原则是“谁主张,谁举证”。变更证据保存不善,将导致承包人举证不能,从而承担不利的法律后果。

工程实践和司法实务中,因工程变更,承包人要求增加工程价款和/或工期索赔,常常由于没有充分证据能够证明工程变更及其影响程度,导致承包人索赔失败。

（三）对合同中变更签字权利人特别约定疏忽的风险

一般而言,只要是发包人、监理人指示、同意或者签认的变更,均为有效变更。但是有的工程合同文件则对工程变更的指示人、同意人、认可人作出了明确的限制,即只有合同文件中已经明确的变更权利人的指示、同意、认可才具有法律效力。在实际施工过程中,诸多原因会导致变更签字人员不是合同中明确指定的人员,从而引发纠纷,对此承包人需要格外注意。

在司法实务中,一般认为:法定代表人的签证,应当认定有效;发包人现场代表、承包人项目经理作出的签证,原则上应当认定有效,除非有证据证明对方明知该人员无相应权限。发包人或承包人的其他工作人员作出的签证,如果是与其职务相关的,原则上应认定有效,除非有证据证明对方明知该人员无相应权限。监理人员对工程量、工期和工程质量等事实所作的签证,原则上对发包人具有约束力。

（四）不重视合同约定的变更程序的风险

由于建设工程的复杂性、多变性,工程变更对合同双方均产生重大影响,故建设工程合同中,往往用专门的条款,对工程变更的程序、人员权限、时限进行严格的约定。但是承包人容易忽视合同中工程变更条款的详细要求,未能严格按照工程变更条款规定的程序,及时进行工程索赔处理,甚至存在直到完工之后才进行索赔的情况。

一方面,由于未及时主张权利,工程完工结算时才主张权利,容易引发纠纷,同时可能遭遇变更资料遗失之情形。另一方面,在司法实务中,未严格按照合同约定的变更程序履行合同可能导致承包人承担不利结果。

（五）变更文件对变更事项及对应的费用、工期约定不明的风险

会议纪要、工程联系函、微信等资料,虽然能够证明存在变更的事实,但是可能由于资料过于简单,难以证明变更的具体情况及责任承担。常见的情形是:未能明确变更的具体部位、内容、工程量;未能明确定变更内容对应的单价影响、工期影响。

（六）变更的原因和责任不明的风险

有的变更资料对造成变更的原因未能清晰陈述,对变更的责任划分不明。工程实践中,变更文件大多只能体现处理方法和解决措施,而未清晰列明变更的原因和责任划分。这将导致变更文件仅能作为证明事件发生的证据,不能有效证明责任承担主体、责任承担方式,从而增加了承包人主张权利的难度。

最为常见的是:工期压缩的变更之中,双方对应当承担的赶工费具体金额未能在

赶工变更文件中作出明确约定;工期延后,同意顺延工期的文件中,工程延后的原因、责任划分、费用承担未能明确。

(七)工程量大幅变化时,适用"变更估价三原则"的风险

《建设工程施工合同(示范文本)》(GF-2017-0201)通用合同条款第10.4.1条中的"变更估价原则",即"除专用合同条款另有约定外,变更估价按照本款约定处理:(1)已标价工程量清单或预算书有相同项目的,按照相同项目单价认定;(2)已标价工程量清单或预算书中无相同项目,但有类似项目的,参照类似项目的单价认定;(3)变更导致实际完成的变更工程量与已标价工程量清单或预算书中列明的该项目工程量的变化幅度超过15%的,或已标价工程量清单或预算书中无相同项目及类似项目单价的,按照合理的成本与利润构成的原则,由合同当事人按照第4.4款〔商定或确定〕确定变更工作的单价"。

施工合同专用条款中,往往作出类似约定:合同中有相同内容的,按照相同内容确定变更单价;合同中有类似内容的,按照类似内容确定变更单价;合同中没有相同或者类似内容的,重新组价。

以上约定,可能导致如下争议:工程量大幅增加时,"合理的成与利润"如何确定的问题,是以合同中的单价构成为标准还是以定额为标准;对于不平衡报价中,单价过低的部分工程量增加量超过15%的部分,发包人认为应当按照合同单价计价,承包人主张按照当地定额计算"合理的成本与利润";工程项目中,较高单价部分的工程内容大幅减少甚至取消,导致承包人经济损失。

二、防范措施

(一)选择复合型的人员为项目负责人、项目经理

变更管理属于合同管理和索赔管理的重要内容。

目前,国内无论是发包人还是承包人,选择承包人项目负责人、项目经理时考虑的重点与国际工程存在明显区别。国际工程中,极其强调项目负责人的合同管理经验。国内选择承包人项目负责人、项目经理的习惯是,往往过分强调其现场施工方面的经验和能力,而忽视其合同管理经验和能力,导致项目负责人"重施工、轻合同",进而造成项目部对合同管理重视不足。

项目管理应当以合同管理为核心,以索赔管理为导向,深入研究合同,及时解决合同问题,包括变更所涉及的相关问题。

(二)建立、健全工程变更管理制度

施工企业应当建立工程变更管理制度。作为合同管理的重要制度,对工程管理人员进行合同管理培训,并且定期检查和考核合同管理情况。对于具体项目,应当在施工企业变更管理通用制度的基础之上,结合具体项目的特点,制定具有针对性的

细则。

项目部进场后,应当结合项目进展情况,制定项目工程变更管理的实施细则。实施细则的重要内容至少应当包括如下几方面:(1)变更信息来源管理与反馈;(2)项目部对工程变更的外部联系;(3)项目部对变更的处理流程及时限;(4)变更证据的收集、保存;(5)变更证据资料的档案安全管理;(6)变更的索赔管理制度。

(三)项目部加强合同管理培训,对合同中约定的变更程序、变更权限需特别注意

建设工程施工合同中,对工程变更的具体约定,一般由合同专用条款予以明确。故应当对专用条款中与工程变更相关的条款进行深入研究,对于专用条款中"与众不同"的特殊约定,尤其需要重视,严格依照执行。

个别项目的专用条款中,可能作出如下的特别约定:"本项目中,只有发包人的项目负责人具有变更权利,变更指示、变更意见等非经发包人项目负责人签字确认对发包人不具法律效力。""变更部分的全部资料,须经总监、发包人工程部主任、设计代表、施工方项目经理共同签字,否则不得作为变更的证据。"

工程实践中,由于承包人对于合同专用条款对变更的特别约定不够重视,未能严格依照特别约定行事,导致工程完工之后,发包人不认可增加工程价款的要求,因此产生纠纷,造成承包人遭受损失的情况,时有所见。

(四)及时核定和签认变更的工程量和对应的费用等

对于工程变更,承包人应当及时要求发包人、监理人核定、确定、签认变更的范围、部位、内容、工程量、对应的价格等信息资料,避免纠纷。

实际工程中,变更纠纷最为常见的是,变更部分的工程量纠纷、变更的价格纠纷。故对于工程量以及变更对应的单价,尤其是单价问题,建议在变更实施之前给予明确。

(五)保证变更信息资料的完整性

变更信息资料应当完整,至少应当能够反映变更的原因、时间,以及变更实施过程中的具体情况。变更信息资料不但包括变更的指示,而且包括变更实施过程中的现场签证、处理卡、检测资料、工序验收和过程验收资料、价格签认单等,同时应当包括图纸、施工记录或照片、录像等,力求详尽。

应当以专业的工程术语详细叙述变更事件的全过程,包括实施过程中的施工艺、所用材料、投入的人力和机械、当时的工作环境等,并配以变更前后的图纸以便对照;若图纸无法表述,则应以照片、视频或其他形式记录。

(六)项目部应当高度重视合同档案安全管理制度

承包人的工程项目部人员变动较多,工程资料繁杂,特别是不少项目部,缺乏对

工程变更资料严密的收集、保存、借阅、备案等制度，导致工程变更资料散乱、遗失。特别是对于工期比较长的项目，此种情况甚为多见。

如此，在进行工程结算之时，变更资料散乱、遗失会导致缺乏变更部分对工程价款影响、工期影响的证据，使承包人处于不利境地，给承包人造成经济损失。

三、典型案例

1. 承包人四川兴×建设工程有限公司与发包人四川德阳×食油储备库建设工程施工合同纠纷案①

【案例要点】

施工合同中专用条款未对变更作出约定的，则按照合同通用条款执行。承包人未严格依照变更的程序性约定行事的，其要求增加变更工程价款的主张可能不能获得人民法院的支持。

【案情简介】

四川兴×建设工程有限公司（以下简称兴×公司）在投标函中承诺不因任何因素导致施工组织设计方案发生变更而增加工程造价。

2016年11月28日，兴×公司与四川德阳×食油储备库（以下简称×食油储备库）签订一份建设工程施工合同，合同中通用条款对工程变更程序的约定如下：(1)工程固定价格为14,545,273元。(2)变更估价程序：承包人应在收到变更指示后14天内，向监理人提交变更估价申请。监理人应在收到承包人提交的变更估价申请后7天内审查完毕并报送发包人，监理人对变更估价申请有异议，通知承包人修改后重新提交。发包人应在承包人提交变更估价申请后14天内审批完毕。在合同中专用条款未对工程变更作出特别约定。

在履行建设工程施工合同中，兴×公司于2017年3月2日在"质量、安全、生产会议"上提出保温部分工程由原设计的硬泡聚氨酯喷涂变更为双面水泥基硬泡聚氨酯复合板的建议。

2017年3月20日，发包人×食油储备库向四川省粮食工程设计院提交了变更设计申请的联系函。2017年6月6日，承包人、发包人、设计单位及监理单位四方签订了技术、经济签证核定单，核定了保温变更。

随后，承包人按照修改后的保温工程图纸进行施工，但其未严格依照合同中约定

---

① 案号：(2019)川0603民初1653号。

的变更估价程序进行估价和申请调整单价。

工程完工后，发包人委托四川华慧工程造价咨询有限公司鉴定对工程造价进行审核，出具了审核报告，该审核报告对保温部分工程按照投标价计取，未按兴×公司报送变更单价计取。该审核报告的编制人何某在庭审过程中接受各方质询，陈述审减的主要理由为设计变更的程序不对，不符合工程变更要求。何某认为，兴×公司在工程变更后若要调整金额，必须先向×食油储备库提交调增报告并附上材料金额，经×食油储备库同意后，方能实施变更，依据是《建设工程工程量清单计价规范》(GB 50500—2013)、2015年《四川省建设工程工程量清单计价定额》。

之后，承包人与发包人对工程结算及工程款支付发生争议，承包人遂诉至法院。

【判决要旨】

承包人主张因工程变更增加的保温部分价款1,457,671元计入工程款的诉讼请求，法院不予支持。理由如下：

1. 承包人的该主张违背其在投标函中承诺的不因任何因素导致施工组织设计方案发生变更而增加工程造价的内容。

2. 承包人的该主张违背综合单价均不作调整的专用条款。

3. 承包人未按照《建设工程工程量清单计价规范》(GB 50500—2013)规定的在出现合同价款调整事项后的14天内向被告提交合同价款调增报告并附上相关材料，承包人未在该期限内提交合同价款调增报告，应视为其对该事项不存在调整价款请求。

4. 承包人未按照通用条款变更估价程序规定的在收到变更指示后14天内，向监理人提交变更估价申请。

5. 承包人未按照《建设工程价款结算暂行办法》规定的在工程设计变更确定后14天内，设计变更涉及工程价款调整的，应当向被告提出。

6. 承包人未提供证据证明在规定的期限内向监理人或被告提交过合同价款调增报告或变更估价申请。

【点评分析】

本案涉及的是承包人虽然经发包人、设计单位及监理单位三方同意，但未严格按合同约定的工程变更估价程序，其要求增加变更工程价款的请求能否得到法律支持的问题。

笔者认为，本案审理过程中，被告委托的第三方造价咨询机构意见以及人民法院的判决，均有不当之处。具体阐述于下。

就造价机构而言，存在如下不当之处：

1. 其职责是对“造价本身”的金额进行审核，而非认定是否符合变更程序。

2. 是否符合变更程序，只能依据双方签订的合同，而不能依据《建设工程工程量清单计价规范》、地方性定额。因为这些并非法律的"强制性"规定。

3. 造价机构明显存在"以鉴代审"的行为。

就人民法院而言,其判决存在不当的理由如下:

1. 既然发包人、承包人、设计方、监理方,共四方已经签订了技术、经济核定单,就证明发包人已经同意变更,不仅仅核定了"技术",而且核定了"经济",说明已经接受了"变更的费用""技术、经济核定单"的法律性质,实际为对之前合同的补充协议,故人民法院以投标文件、原来的施工合同为依据,认为承包人违背投标承诺、施工合同,这种认识明显错误。既然已经通过"核定单"方式,明确了变更的费用,当然也就无须再对工程变更价款向监理人、发包人提出估价申请报告。因为变更估价申请报告的目的和作用,正是确定变更价款。所以,本案判决的不予增加工程价款的理由不能成立。

2. 对于本案判决中的第1~2项理由,是人民法院混淆了工程上的不同概念所致。投标函中承诺的不因任何因素导致施工组织设计方案发生变更而增加工程造价的内容问题,承诺的是"施工组织设计方案变更"不增加价款,而非"设计变更"不增加工程价款。所谓"施工组织设计方案变更",是指承包人为完成施工任务而制定的一种"施工实施方案",其内容主要包括"人员组织方案、设备组织方案、技术方案、质量控制、安全管理"等。比如高层房屋的混凝土垂直运输方式,由泵送方式改变为塔吊方式和泵送方式结合,这是承包人施工组织设计方案的变更;而工程"设计变更",是指由于建筑设计方案的变化而导致的变更,如将房屋层高由2.8米变更为3.5米。两者截然不同。关于"违背综合单价均不作调整的专用条款"的问题。就本合同而言,综合单价不调整,指的是本合同采用"固定单价"计价方式,"固定单价"只及于"原来合同中已经具有单价的内容",其单价不能调整。如果设计变更之后的内容,在原来合同中没有对应的单价,则必然需要"重新组价"。既然发包人认可了"经济签证核定单",则从合同角度,表明双方就变更的经济问题,已经达成一致意见,在法律上形成了"补充协议"。

此案,虽然造价咨询机构的意见和人民法院的判决存在不当,但是却对承包人起到警示作用:对合同约定的工程变更程序,承包人应当格外重视,否则可能承担不利后果。

同时,也反映了目前司法实务中的一个问题,即审判人员不了解建设工程的特性。尤其是基层人民法院,在工作分工方面,没有专门审理建设工程的审判人员,加之建设工程纠纷的特点——纠纷复杂、涉及面广、专业性强。而且随着"审级"规定的变化,今后大量的工程纠纷案将由基层人民法院审理,更使建设工程案件的裁判结果难以预期。所以,承包人应当尽可能在合同履行过程中,及时处理问题,做到资料充分、程序符合合同要求,以便维护自身合法权益。

【实务提示】

在司法实践中，以承包人未在约定的期限内提交估价申请为由，裁判不支持变更费用的，甚为鲜见。一般情形是，法院对于与当事人密切相关的实体权益仍然会进行全面的审查并综合考虑，既然发包人已经接受了变更部分的工程，则其以实际行为认可了变更，当然需要支付对应的费用。

值得注意的是，如果合同中已经作出了类似"未在规定的时限之内，提出变更估价报告，视为不变更价款"的，则承包人未在合同约定的期限之内提出变更估价申请报告的，人民法院很可能会因此不支持承包人增加变更价款的要求。

通过本案可知，承包人应当重视工程变更与索赔管理，注重程序问题，否则可能遭受不利。

2. 发包人新疆腾×镁制品有限公司与承包人哈密市艳×科技发展有限公司建设工程施工合同纠纷案①

【案例要点】

变更签证上虽然有发包人、监理人的签字，但是其签字是否有效，应视其不同的身份，结合多项证据才能认定。承包人应当注意，如果合同中对发包人的变更签字人员进行了专门指定，则指定人员以外的其他人员对变更的签字一般无效。

【案情简介】

2010年6月开始，承包人哈密市艳×科技发展有限公司（以下简称艳×公司）与发包人新疆腾×镁制品有限公司（以下简称腾×公司）先后签订《35kV变电站及线路设计施工框架协议书》和《新疆腾翔镁制品35kV输电线路双回工程施工合同》，约定由艳×公司负责案涉项目的设计和施工，其中施工采取包工包料、包死价格的方式，工程总费用为138万元。2011年3月27日，腾×公司与艳×公司又签订《新疆腾翔镁制品有限公司35kV输电线路浮法玻璃回路工程施工合同》，增加的这部分工程仍采用包工包料、包死价格的方式，工程总费用为50万元。

2010年8月13日至2011年8月2日，艳×公司提供了11张工程项目施工（变更）签证单，涉及款项金额为633,671元，腾×公司指派的施工现场工作人员李某清、陶某道、杨某一分别在签证单上签字确认。

之后，双方由于工程款支付纠纷，艳×公司将腾×公司诉至法院。艳×公司主张合同固定价之外增加的工程款633,671元，并提供11张有腾×公司指派的工作人员

---

① 案号：(2014)哈中民二终字第23号。

签字确认的签证单作为证据。一审法院对于艳×公司要求腾×公司支付合同固定价之外增加的工程款的主张,予以支持。

一审法院宣判后,腾×公司不服原审判决,向二审法院提起上诉,认为:对艳×公司在原审中提供的11张签证单中的三张予以认可,即2010年8月13日和9月6日由陶某道、李某清签名的两张签证单,2011年4月15日由陶某道、杨某一签名的一张签证单。其余8张签证单没有授权陶某道、李某清签名,因此不予认可。故请求二审法院依法改判。

艳×公司答辩认为:陶某道、李某清、杨某一都是腾×公司的工作人员,在合同履行中,他们代表腾×公司在材料上签字,合同中也没有约定谁在签证单上签字才有效,因此,陶某道、李某清、杨某一的签名符合表见代理的特征。涉案工程的设计虽是艳×公司,但是转委托,设计成果都已交付给腾×公司,艳×公司仅是施工方,且在完工后已将所有资料交付给腾×公司。一审判决认定事实清楚,应予维持。

【判决要旨】

关于承包人主张的合同固定价之外增加的工程款问题法院观点如下。

一审法院认为,就合同固定价以外增加的工程价款问题,承包人提供了相关的11张签证单,而且签证单上均有发包人指派的工作人员签字确认,故对于承包人要求发包人支付合同固定价之外增加的工程款633,671元的主张,应当予以支持。

二审法院认为,根据发包人腾×公司的陈述,其认可陶某道、李某清、杨某一系其单位员工,并认可了三张签证单,而这三张签证单亦只有陶某道、李某清、杨某一,与其余的几张签证单形式一致,因而此三人在合同履行中存在代表腾×公司履行工程签证单签字的行为。判决确认变更事项的真实性,腾×公司应根据签证单约定予以支付。

【点评分析】

本案涉及的是建设工程施工合同履行过程中,发包方的工作人员未经授权在工程变更的签证单上签名的行为是否有效的问题。对这一问题,部分人民法院对此作出了相应的解释。其中,北京高级人民法院认为:对于工程变更事项的签证,合同中有明确约定的,应当依照约定履行,法定代表人进行的签证是企业的代表行为,除此以外的其他人员所做的签证确定对当事人不具有约束力。但是,签证人员显示出其职务代表性或者表见代表性,使相对方有理由相信该签证人员有代理权的,该签证有效。

一般而言,如果双方的合同中,没有专门约定变更必须是"特别指定的发包人的签字人员"签字才具有效力,则只要是发包人的工作人员,对与其工作相关内容进行的签字,均为有效。正是基于此,人民法院认为,本案中承包人提交的,经过发包人签字的签证,对发包人具有约束力。

【实务提示】

司法实务中，工程变更签证人员是否具有专门授权，其形成的变更签证是否有效，往往是诉争双方的重要焦点。

如果合同中没有专门约定"特别指定的签字人员"，一般而言，法定代表人签字的变更签证，因其身份具有法律赋予的天然代表权限，签证当然有效。在企业各部门任职的员工，代表企业进行的变更签证是履行职务行为的，也有效。但在工程施工过程中，临时聘用的技术人员、管理人员进行签字的签证是否有效，则应当考虑相对人是否具有合理的理由，相信签字人员具有相应的签字权限，进行综合考虑而作出评判。

建议承包人对于工程变更和工程中其他重大事项，应当注意发包方、监理方的签字人，是否具有签字的权限，避免因签字权限问题发生纠纷。除了上述要求外，承包人应当注意如下事项。

1. 对于重大事项、工程变更，要求发包人、监理人以书面文件形式确认。文件加盖发包人、监理人项目印章。

2. 对于微信、口头指示，要求以书面文件方式确认。

3. 承包人在对变更部分组织施工之前，以书面文件形式向发包人、监理人报告，并且写明"妥否，望给以指示"之类的文字。

4. 在对变更部分的施工过程中，申请发包人、监理人进行检查、验收，并且严格按照发包人、监理人检查和验收的意见处理存在的问题。

如此，可以依据这些资料，达到证明"发包人、监理人已经以实际行为认可了变更"的目的。

3. 承包人云南新同程建设集团有限公司与发包人临沧市公路建设开发有限公司建设工程分包合同纠纷案①

【案例要点】

发包人要求对施工方法进行变更，变更之后的单价，远远高于变更之前的单价。承包人按照要求对施工方法进行了变更，但是由于承包人不能证明其已经实际按照发包人的要求进行了施工方法的变更，以及不能证明变更部分对应的具体工程量，导致其承担举证不能的法律后果。

【案情简介】

发包人对"临沧市沿边二级公路小勐二级公路"分为多个标段进行招标，经过招

① 案号：(2022)云09民终453号。

投标程序，承包人与发包人签订了其中一个标段的“公路工程阶模式投资建设合同”。

在施工过程中，由于地貌特殊，施工难度较大、存在安全风险。2016 年 10 月 15 日，临沧市沿边二级公路小勐段建设分指挥部正式下发小勐分指发［2016］30 号文件，即《临沧市沿边二级公路小勐二级公路采用控制爆破方案的通知》，明确要求：“共 19 段特殊地段的石质地段按控制性爆破方案实施，要求各项目部严格按控制爆破要求组织施工和计量，并上报控制爆破单价分析。”其中有一个特殊地段，正位于本案承包人的标段施工范围之内，承包人按要求上报了专项施工方案报审表及实施方案。

公路全线于 2017 年 11 月施工完毕，于 2017 年 12 月 18 日举行通车仪式。

2019 年 4 月，发包人指挥部下发［2019］1 号《314 线临沧市双江小黑江桥至耿马勐省段公路工程新增单价批复的通知》。承包人依照合同条款，按照发包人上述通知中批复的单价和施工过程中确定的工程量与指挥部结算时，对承包人是否在其施工的特殊地段实际进行了控制爆破产生争议，因为普通爆破的单价为 30.36 元/立方米，而控制爆破的单价为 75.65 元/立方米。

发包人不认可承包人进行控制爆破，而承包人认为已经按照发包人的要求进行了控制爆破。经多次协商无果，承包人提起了诉讼，请求在控制爆破地段，按照控制爆破的单价计算工程价款。

【判决要旨】

一审法院认为，(1)该路段因特殊地质条件，确实需要采用控制爆破手段解决施工中的特殊问题，故此，2016 年 10 月 15 日临沧市沿边二级公路小勐段建设分指挥部才会下发《关于小勐二级公路采用控制爆破方案通知》，在 19 个路段实施控制爆破。承包人按要求上报了《专项施工方案审批表》，上报内容为路基开挖控制爆破专项施工方案。(2)承包人按要求进行爆破施工，但没有充分的证据证实发包人及监理工程师同意实施该方案，且承包人最终施工所采用的控制爆破所产生的方量也没有得到发包人及监理工程师的签字认可。所以，承包人是否采用控制爆破及控制爆破产生的方量多少无相关证据证实，无法予以确认。

二审法院认为，综合在案证据，虽然小勐分指发［2016］30 号文件对案涉工程按控制性爆破实施的具体段落作出规定，所涉路段是承包人施工范围，承包人亦按照文件要求上报专项施工方案报审表及实施方案。但［2016］30 号文件同时也要求严格按照控制爆破要求组织施工和计量，承包人所举证据并不能证明在实际施工中采用了控制爆破及控制性爆破所产生的方量，故其关于要求按照［2019］1 号文件批复的控制报单价 75.65/立方米进行结算支付的主张，应由承包人承担举证不能的不利的后果。

【点评分析】

本案的焦点是承包人是否按照发包人的要求，将爆破方案由“普通爆破”变更为

"控制爆破"。案件胜败的关键,也就是人民法院是否认为承包人确实进行控制爆破。

本案反映了如下几方面的问题。

1. 承包人存在的问题:承包人明显是"只低头拉车,不抬头看路",严重缺乏合同管理、工程索赔的意识。具体为:发包人要求改变爆破方法之后,虽然实际已经上报了"控制爆破方案"等,也实际按照发包人的要求进行了"控制爆破"。因为地质的特殊性,"普通爆破方案"无法满足要求,承包人应当预见到,控制爆破的单价必然远远高于普通爆破的单价,因此承包人在施工过程中,就应当收集、保存能够证明实际已经实施了控制爆破,以及控制爆破对应的开挖方量的证据。可惜承包人在施工过程中,忽视了证据的收集、保存工作。

2. 人民法院在举证责任分配方面存在不当,事实认定方面存在一定问题:既然判决书已经认可了三个事实,即(1)发包人正式发文要求将"普通爆破方案"变更为"控制爆破方案";(2)承包人已经按照要求上报了方案;(3)地质的特殊性,"确有必要采用"控制爆破方案。而发包人和监理工程师,不能证明承包人违反了发包人和监理工程师的要求,所以,从民法的"证据优势原则"角度出发,基于工程管理的基本常识,如果发包人、监理工程师不能证明承包人违反要求,则应当认为承包人已经按照要求进行了实际施工。因为从工程管理的基本常识可知,对于如此特殊的地质地段,发包人,特别是监理工程师,一定会进行严格的检查、监督,一旦发现承包人没有采用控制爆破,必然发出书面整改要求,甚至下发处罚决定书。笔者认为,举证责任分配不当问题,是由于审判人员缺乏工程管理知识所致。

笔者认为,本案判决是比较公正的,因为举证责任分配不当和事实认定存在的问题,仅仅是源于审判人员缺乏工程管理知识这一客观情况。而承包人缺乏合同管理、索赔的意识,造成没有充分的"直接证据"证明承包人已经实际实施了控制爆破,这才是本案中承包人的主张不能得到支持的根本原因。

【实务提示】

在合同履行过程中,由于建设工程合同的履行时间较长,工程规模较大、涉及面较广,所以承包人应当具有较强的合同管理、索赔意识,针对变更内容的特点,认真制订资料收集方案,才能够收集到足够证据。

实际上,本案中的承包人,可以通过下列方式证明承包人确实按照发包人的要求,实际实施了控制爆破。

1. 控制爆破方案上报之后,要求发包人、监理工程师给予审批。

2. 采购爆破器材前,向发包人、监理工程师上报"控制爆破器材采购计划报告",要求发包人、监理工程师对"控制爆破器材料采购报告"给予审批。

3. 爆破器材进场后,向发包人、监理工程师进行报告,要求监理工程师对"控制爆破进场器材"进行复核,填写复核意见。

4. 起爆之前，填写专门的“控制爆破检查申请”，要求监理工程师对现场控制爆破方案进行检查。

5. 准备好控制爆破的施工效果和技术总结资料，在监理会议上向发包人、监理工程师进行专门汇报，促使监理会议纪要反映控制爆破的实施情况。

6. 更重要的是，在月进度工程款支付申请中，专门列明控制爆破的开挖方量，并且要求对控制爆破的方量调整单价。

采取以上措施之后，可以促使发包人、监理工程师对控制爆破问题进行及时回应和处理，从而承包人可以获得充分的证据。尤其是在施工过程中，要求发包人对承包人列明的控制爆破的开挖方量确认和调整单价，发包人和监理工程师，必然会迅速作出回复。

第十一章

建材价格上涨法律风险与防范

自2020年年底以来，钢材、水泥、板材浆等主要建筑材料价格持续上涨，特别是2021年年初开始，建筑材料原材料和成品价格双向拉高，建材价格出现暴涨现象。这是建设单位、施工单位无法预料的。

2021年5月12日，时任国务院总理李克强召开国务院常务会议。会议要求，跟踪分析国内外形势和市场变化，做好市场调节，应对大宗商品价格过快上涨及其连带影响。随之，各地造价管理相关部门纷纷发布建材价格上涨预警告示并公布相应建材价格图表。如山西多地水泥价格每吨上调20~30元，沿江港口碎石均价102元每吨，苏浙沪混凝土价格持续上涨。

主要建筑原材料价格的持续上涨，将一些建筑施工企业拖入沼泽——部分建筑施工企业由于经验不足或在招投标项目中处于相对弱势地位，与建设方签订的建设施工合同对建材价格上涨风险约定不明或明显不利于施工方，在以年为单位的建设施工期间，建材价格不断上涨的风险不断积压到施工方，施工方若继续履行建材价格上涨之前的建设施工合同则会经济利益受损，严重的甚至会拖垮整个施工企业，使之面临破产的困境；部分建设施工企业因建材价格上涨与建设方协商风险分担相关事项时，为了降低损失、威逼建设方妥协而采取停工等手段，导致工期延长，承担更长时间的建材价格上涨风险，以此恶性循环；甚至部分企业面对建材价格不断上涨的压力，为了节约成本，以次充好，在施工过程中降低工程质量标准。

由上可知，建设工程中，主要材料价格的波动对承包人直接产生重大影响。

一、主要风险

（一）材料价格不变的约定是否及于合同外新增工程内容，存在争议

工程合同中，对材料价格不变的约定，往往没有特别明确是否及于合同外新增的工程内容。如果合同外新增工程内容很多、新增的工程量很大，而对应的材料价格涨幅又大，则必然对承包人产生很大的不利影响。此时，材料价格不变的约定是否及于

合同外新增工程,就成为双方争议的焦点问题。

(二)开工迟延或者工期延误期间,材料价格上涨的责任承担争议

开工迟延或者工期延误期间,材料价格大幅上涨。开工迟延多数为发包人的原因,但是开工之后的工期延误,原因众多,实践中由于承包人证据不足,难以证明施工过程中工期延误的原因和责任。

对于约定施工期间材料价格不变的,如果承包人不能证明开工迟延或者工期延误的责任不是承包人,则承包人需要承担这一期间材料价格上涨的风险。同时,如果不能在合同约定的期限内提出索赔要求,则可能因此丧失索赔的权利。

(三)市场正常风险与政策、法律、不可抗力导致建材价格上涨难以区分

对于约定材料价格不变的合同,一般有两种约定方式:一是在任何条件下,材料价格不变;二是根据材料价格的市场波动,调整材料价格。

1. 第一种方式,恐与《建设工程工程量清单计价规范》(GB 50500—2013)第3.4.1条的规定存在冲突。《建设工程工程量清单计价规范》(GB 50500—2013)规定,"建设工程发承包,必须在招标文件、合同中明确计价中的风险内容及其范围,不得采用无限风险、所有风险或类似语句规定计价中的风险内容及范围"。

2. 关于第二种方式,在我国目前的市场情形下,材料价格的上涨,难以区分是"市场原因",还是"政策、法律"或者不可抗力导致的。例如,由于环保政策的要求,关停了大量的采石场,导致砂石料、水泥、商品混凝土迅速大幅涨价。由于地震、水灾、疫情的原因,导致短期内材料价格急剧上涨。材料价格大幅上涨,往往是多种原因叠加的结果。如果没有充分的证据能够区分原因,则材料价格上涨的风险,将全部由承包人承担。

(四)承包价承担的建材价格上涨风险范围过大

在双方合同没有作出专门约定时,如何根据物价变化调整承包价款,《建设工程工程量清单计价规范》①给出了一般性的规定,但这不是强制性规定。具体如何调整,以双方签订的合同为准。

实务中,建设单位为了获取更多利益,利用其发包人的优势地位,可以通过在合同中,甚至在招标文件中,直接写明物价上涨幅度调整的要求,对承包人的利益进行限制。

---

① 由于工程的广泛性和不同行业的专业性,目前,我国的清单计价规范并不统一,除建筑行业广泛使用的GB 50500外,有的行业如交通工程行业、水利工程行具有自身持特点,实际工作中往往适用其行业内的清单计价规范。

二、防范措施

（一）签订合同之前，加强对市场调查，预测材料价格变化趋势

投标之前，不但需要认真、全面分析招标文件中的信息，特别是涉及材料价格方面的信息，更应当加强对工程所在地主要材料实际市场价格信息的了解，预测材料价格的大致变化趋势，从而对承包人可能承担的材料价格大幅上涨风险合理评估，对风险制定防控措施。

（二）加强合同管理，提高索赔能力

熟悉合同，对合同中的重大风险条文和可能存在争议的条文组织学习，进行分析，制定相应的对策。一旦发生索赔事件，则迅速收集资料，提出索赔。

例如，对于合同外新增工程量，而合同又没有明确约定，材料价格不变约定是否及于新增工程时，则对新增的工程部分积极与发包人协商签订补充协议，或者及时提出索赔。对于开工延迟、施工过程中延误工期时，无论合同中对材料价格如何约定，对其间的材料价格上涨问题，及时要求发包人给予补偿。

（三）合理组织施工，加快工程进度

合理组织施工，提高效率，提前完工。这对于降低材料价格大幅上涨的风险，实为重要手段。

（四）收集证据，证明材料价格上涨原因，明确责任承担主体

无论合同中是否约定材料价格是否可变，均应当收集充分的证据资料，以便双方争议时，能够区分材料价格上涨的原因、责任承担的主体。

对于工期较长，合同约定材料价格不变的情形，如果能够证明材料价格的上涨速度、幅度远远超过了正常的市场风险变化，导致承包人难以履行合同，则及时以“情势变更”为由，主张要求变更或者解除合同。

对于合同约定市场原因导致的材料价格不调整的，如果能够证明材料价格的上涨，含有政策、法律、不可抗力等原因，则及时主张材料价格上涨的风险由合同双方合理分担。

能够证明开工迟延、停工、工期延误的原因非承包人导致的，对应期间材料价格上涨的风险则不应由承包人承担。为了避免之后产生纠纷，承包人应当将材料价格波动情况及波动原因，及时通知发包人、监理工程师，同时表明价格上涨的部分不应当由承包人承担，并且应当积极与建设方协商处理。

（五）善用法律手段减轻风险

聘请具有丰富工程管理、工程索赔经验、工程诉讼经验的律师，让其积极参与项目管理，提高风险防控水平。

三、典型案例

1. 承包人东莞市金×达建筑有限公司与发包人东莞市南城街道办事处建设工程施工合同纠纷案[①]

【案例要点】

虽然《建设工程施工合同》明确约定案涉工程合同价款不因物价变化而调整，但对于发包人原因导致的工期延误期间的材料款上涨部分，发包人仍应承担相应责任。

【案情简介】

2017年9月27日，承包人东莞市金×达建筑有限公司（以下简称金×达公司）与发包人东莞市南城街道办事处签订《建设工程施工合同》。合同约定：合同工期总日历天数为180天，拟从2017年9月4日开始施工，至2018年3月2日竣工完成；工程合同价款不因物价涨落事件而调整，涉及物价涨落事件的相关条款不适用。

由于拆迁赔偿问题以及其他建筑的施工问题，案涉工程于2017年12月20日才开工，开工之后仍然难以正常施工。经双方确认，金×达公司累计误工9个月。工程直到2020年3月20日才通过竣工验收。

金×达公司因工程价款结算纠纷向广东省东莞市第一人民法院提起诉讼，第二审由广东省东莞市中级人民法院审理。

【裁决要旨】

一审法院认为，合同约定了"本工程合同价款不因物价涨落事件而调整，涉及物价涨落事件的相关条款不适用"，而且承包人金×达公司并不能举证证明案涉工程窝工期间的材料价格波动异常，超出发包人和承包人按以往经验所能预见与避免的范围和承担的风险，故不支持金×达公司要求调整材料价款的主张。

二审法院认为，虽然合同明确案涉工程合同价款不因物价而调整，但该约定系对正常施工工期内材料价格波动风险的承担作出的约定，该约定并不适用于因发包人原因导致的工期延误期间的材料款调差，以双方当事人可以预期的合理风险负担约定调整单方违约造成的损失扩大，显然有违公平原则。因此，支持金×达公司在造价中调整材料价款的主张，对一审法院的判决予以纠正。

【点评分析】

本案涉及的是在合同约定合同价款不调整的前提下，工期延误期间建筑材料价

---

① 案号：(2021)粤19民终1433号。

格上涨是否应该调整的问题。

我国《民法典》第八百零三条规定，发包人未按照约定的时间和要求提供原材料、设备、场地、资金、技术资料的，承包人可以顺延工程日期，并有权请求赔偿停工、窝工等损失。

笔者认为，一审法院的认识存在不当之处：首先，对“本工程合同价款不因物价涨落事件而调整，涉及物价涨落事件的相关条款不适用”的理解不全面，仅仅限于对这一条文的字面解释，而未能考虑到材料价格不变，是基于特定合同条件的，即在原来的合同工期之内。虽然合同中没有专门写明这一合同条件，但很明显，任何合同的报价，均必然基于签订合同时的基础条件。发包人原因导致了工程延长，发包人存在过错，对于工程延长期间内发生的物价上涨的风险，当然应当由发包人承担。其次，一审法院实际是将物价上涨问题当作民法中的“情势变更”进行处理的，所以才会有“而且承包人金×达公司并不能举证证明案涉工程窝工期间的材料价格波动异常，超出发包人和承包人按以往经验所能预见与避免的范围和承担的风险，故不支持金×达公司要求调整材料价款的主张”的认识。很明显，发包人造成的工期延长，在工期延长期间的物价上涨问题，与“情势变更”无关，而与过错责任有关。

二审法院对本案的处理是正确的，发包人东莞市南城街道办事处和承包人金×达公司虽然在合同中明确约定了案涉工程合同价款不因物价而调整，但是不调整材料价格是有条件的，即在原定工期之内。由于发包人东莞市南城街道办事处未按约定提供场地导致工期延误，依据法律规定，金×达公司在工期延误期间的损失应该由东莞市发包人事处承担。

【实务提示】

合同约定材料价格不予调整，是基于签订合同时的特定合同条件的，合同条件一旦发生重大变化，则原来的约定往往应当随之改变。合同条件的重大改变，应当区分原因。如果是合同当事人的原因造成合同条件发生重大改变的，应当由造成这种条件发生改变的一方承担责任。如果是由于合同双方的原因，造成合同条件发生重大改变的，应当按照双方过错情况，划分责任。如果合同双方均没有过错，由于市场原因的重大变化，造成合同条件发生重大改变的，则适用“情势变更”原则。

在合同履行过程中，发生了因非承包人的原因，对承包人履行合同造成不良影响的情况，如果承包人能够重视合同，及时收集资料，并及时要求发包人、监理人对情况进行确认，则调整材料价格的要求往往是能够得到支持的。

2. 实际施工人(转包人)重庆市基×工程有限公司、承包人新疆生产建设兵团建×工程集团有限责任公司与发包人(项目代建人)乌苏市卓×房地产开发有限公司、项目业主乌苏市园区投资建设有限责任公司建设工程施工合同纠纷案[①]

【案例要点】

合同约定以信息价为依据进行材料价格调差,但是鉴定机构材料价格调差的依据不是信息价,那么鉴定机构进行材料价格调差之后,得出了新的价格,若建设单位未提交证据证明计费依据,其对该新价格的异议无法得到支持。

【案情简介】

发包人乌苏市卓×房地产开发有限公司(以下简称卓×房地产公司)将工程发包给承包人新疆生产建设兵团建×工程集团有限责任公司(以下简称建×工程公司),建×工程公司又将项目以分包名义,转包给了实际施工人重庆市基×工程有限公司(以下简称基×工程公司)。承包人建×工程公司与实际施工人基×工程公司之间的转包合同约定:材料价差调整,以当地信息价为依据。

工程完工后,由于工程款纠纷,实际施工人基×工程公司向新疆维吾尔自治区高级人民法院提起诉讼。工程款纠纷涉及鉴定,一审人民法院委托鉴定机构对工程造价进行了鉴定。对于钢筋的价格,鉴定机构鉴定时,没有依照合同约定"采用当地信息价",而是以发包人卓×房地产公司提供的实际采购平均价为依据,关于鉴定机构对材料价差的鉴定结果,双方没有异议,但是实际施工人基×工程公司认为,材料价差,除了鉴定机构得出鉴定结果的部分以外,还应当包括材料的采保费、卸车费。

一审判决未支持转包人主张的材料"采保费、卸车费"。由于案情复杂,一审判决涉及多项诉讼请求,基×工程公司、建×工程公司均对一审判决均不服,均向最高人民法院提出上诉。

【判决要旨】

对于材料价格调差部分的争议,一审和二审裁判如下。

一审法院认为:……其中钢材价格调整取2011年、2012年建设单位提供价格的平均值计取,该部分金额为14,437,555.13元。实际施工人对该金额认可,但认为应当在此基础上增加钢筋的采保费和下车费。鉴定机构明确该信息价为到货价,若要计取采保费和下车费,应当经建设单位的确认。而基×工程公司并未提交相关证据,

---

① 案号:(2020)最高法民终860号。

证明卓×房地产公司愿意对钢材计取保管费及下车费，一审法院对基×工程公司此项异议不予支持。

二审法院认为，钢材差价调整，根据合同约定，施工期间的人、材、机费用按当地造价主管部门发布的信息价进行调整，鉴定机构采用发包人卓×房地产公司提供的2011年、2012年采购价格的平均值对钢材价格进行调整。实际施工人基×工程公司认可鉴定机构调增的钢材价差14,437,555.13元，但认为应再增加钢材采保费814,601.67元和下车费100,638元，因其未提交证据证明发包人卓×房地产公司及承包人建×工程公司在鉴定机构采用采购价格平均价调整钢材价差的前提下，同意计取采保费及下车费，亦未提交证据证明该费用的计算依据，一审法院未予支持并无不当。

【点评分析】

实际施工人与承包人在合同中约定的是"施工期间的人、材、机费用按当地造价主管部门发布的信息价进行调整"，而鉴定机构调差的依据是"采用发包人提供的2011年、2012年采购价格的平均值对钢材价格进行调整"。严格而言，这不符合合同的约定，但是由于当事人没有举证证明对这一问题的异议，所以一审和二审人民法院均认可了鉴定机构的结果。

为了便于理解本案材料价格纠纷问题，笔者在此对建设工程中的材料价格给予简介。建设工程中，材料价格由以下各项费用组成。(1)材料原价（或供应价）。(2)材料运杂费，即材料从发货地运到工地仓库或指定堆放地点所发生的全部费用。(3)运输过程中的损耗费，即材料在运输过程中发生的正常损耗。(4)采购及保管费，即在组织采购、供应和保管材料过程中所需的各种费用，包括：采购费（不是指材料本身的价格，而是指为了采购材料，所支出的人工费、差旅费等）、仓储费、工地保管费、仓储损耗。(5)检验试验费：指对建筑材料、构件和安装物，进行的一般鉴定、检查所发生的费用。

在交易习惯中，一般而言"到货价"是指供货商将材料到运到工地的价格，而不包括在工地上的"卸车费用"（有时也包括了工地卸车费用，具体以采购合同为准），因为供货商在工地上难以找人卸车，所以实际施工人主张的"卸车费"是具有道理的。在本案中，法院没有查明钢筋运送到工地现场之后，究竟是由谁卸车，卸车费用实际上是具体由谁承担。如果实际上卸车费由之实际施工人承担，则实际施工人主张的卸车费用应当得到支持。

另外，"采保费"还包括了"材料进入工地之后的仓储费、保管费、仓储损耗"。故实际施工人主张的"采保费"也是有依据的，由于钢筋实际是由发包人供货，故实际施工人主张的采保费，只应当是材料进入工地之后发生的那部分费用，而不应当包括材料运输到工地这个过程中的所发生的那部分费用。

所以,本案判决仍然存在一定瑕疵。而造成这一瑕疵的根本原因,是实际施工人“亦未提交证据证明该费用的计算依据”,由此可知,本案实际施工人以及其代理律师存在专业性不足的问题。

【实务提示】

工程建设过程中,工期较长或者规模较大的项目的当事人多会对材料价格的变动在合同中作出约定。但是可能存在约定不够详尽的问题。例如,如果采用“信息价”调差,则相当于采用“一揽子”的方式,即不仅包括了材料的市场售价,而且还包括了运杂费、采保费等,但是由于“信息价”是对城市内行情的调查、统计结果,所以对偏远地区甚至是远离县城的山区中的工程项目来说,“信息价”中已经包括的运杂费、采保费等明显过低。对于偏远地区的工程项目,建议对采保费另行作出约定。

对于大多数的中小施工企业,其工程方面的知识、业务的熟练程度确实存在不足,但审判人员毕竟是法律人士,并非工程方面的专家。所以涉及工程纠纷诉讼,承包人应当聘请既有工程实际从业经验,又有工程诉讼经验的律师;同时对于专业性很强的问题,应当申请专家辅助人出庭,帮助解决专业问题,以便人民法院法查明问题。

第十二章

固定总价法律风险与防范

固定总价合同俗称“闭口合同”或“包干合同”，是指合同当事人约定，在一定的特定条件下，在特定的风险范围内，合同总价不变的一种计价方式。这种方式一般适用于工程内容不复杂、工期较短、合同金额不大、工程条件较为明确、工程风险不大的施工合同。

应当注意的是，固定总价是基于双方签订合同时的具体、明确的合同条件。如果合同条件发生了较大变化，这种变化程度超出了约定的风险范围，则超出约定风险范围的部分对应的价款不再受“固定”的约束，已经属于工程索赔的范畴。

影响总价的主要合同内容为：工程范围、工程量、质量、施工顺序、地质条件、工期。

固定总价合同的优势是，在原来约定的工程内容及风险范围内，工程的计量和结算可以简化，减少双方计量和价款纠纷。

固定总价合同具有两个劣势：一是承包人报价不准或对建筑市场材料、人工价格波动等判断失误，致使施工成本远高于固定总价，造成亏损；二是合同履行中工程量发生变更、物价波动幅度较大且合同对风险范围约定不够明确时，易产生争议。

双方确定工程价款时，必然有其特定的合同条件，合同条件发生较大变化，则价款也因此发生变化。在工程实践中，由于当事人对“固定总价”的理解容易出现误解，认为无论合同中的工程内容如何变化，工程价款总金额不变，所以目前大家已经将计价方式从“固定总价”改为了“总价”①。为了叙述的方便，兼顾工程人员的习惯，这里仍然称其为“固定总价”。

一、主要风险

固定总价合同作为一种重要的计价方式，有其存在的合理性，此种计价方式方便

① 参见《建筑工程施工发包与承包计价管理办法》（住房和城乡建设部令第 16 号）第十三条第三款，《建设工程工程量清单计价规范》（GB 50500—2013）第 2.0.13 条。

发包人控制、降低成本以及便于结算,实践中对固定总价合同的运用日益增多,但其仍有以下风险。

(一)工程范围不明确

固定总价合同最重要的条款是固定总价所对应的工程承包范围,一般而言,应当以清单为准。但是在工程实践中,常常会出现以下几种情况:(1)招标时,清单和设计图纸同时提供,而图纸与清单存在矛盾;(2)没有通过招标程序的工程,一般没有详细的清单甚至没有清单,而是以"设计图纸为准",但可能就连图纸也不齐全。这样,在合同履行过程中,当事人对工程范围容易产生争议。

(二)施工过程中遭遇不良地质的风险

工程地质情况是隐藏于地下的,签订合同时,只能从前期的地勘资料中推断工程地质情况。对于地质条件多变的地区,特别是对于诸如公路、铁道、矿山、水电工程等涉及高边坡开挖、地下工程内容的,施工过程中遭遇不良地质情况的变化,则风险难以预估。实务中,如遭遇明显的不良地质变化,一般会涉及如下风险:(1)不良地质的变化,在工程合同中一般界定为"一个有经验的承包人,都不能预见到的地质不良变化"。这本身就具有一定的模糊性,发包人和承包人就"是否能预见到"可能产生分歧。(2)不良地质对工期和费用的影响往往是巨大的,而承包人又常常疏于工程索赔。

(三)总价对应的工程量允许变化范围过大

工程本身的特性就决定了在施工过程中发生变更是难以避免的,故实际完成的工程量,总是有增减变化的。所以,总价合同中,往往约定只要工程量的变化不超出一定允许范围,则总价不变。

如果约定的工程量允许变化范围较大,则承包人风险较大,因为工程实践中,减少工程量的情况很少,增加工程量的情况则很多。虽然相关规范对工程量增减幅度超过15%时,如何调整单价有所规定,[①]但是否调整以及具体如何调整,只能以双方签订的合同为准。应当注意的一个问题是,如果双方约定"最终金额,以审计为准",则由于审计机构通常的审计原则是"对于固定总价合同,增加的部分不给,减少的部分扣除",从而增加了承包人的风险。

(四)忽视了工期、施工顺序和结构改变对施工成本的影响

总价合同中,合同双方一般对工程量比较敏感,约定较为清晰,但是往往忽视了

---

① 《建设工程工程量清单计价规范》(GB 50500—2013)第9.6 2条规定:对于任一招标工程量清单项目,当因本节规定的工程量偏差和第9.3节规定的工程变更等原因导致工程量偏差超过15%时,可进行调整。当工程量增加15%以上时,增加部分的工程量的综合单价应予调低;当工程量减少15%以上时,减少后剩余部分的工程量的综合单价应予调高。

工期、施工顺序、工程结构变化对工程总价的影响。工期、施工顺序、工程结构变化，均对承包人的成本造成影响。例如，建筑工程，房屋总面积不改变，但是房屋的平面布局和楼层数发生了较大改变的，则承包人施工成本随之改变。如果合同中未能对以上情况进行约定，则承包人的风险加大。

（五）承包人工程量错算、漏算

对于固定总价招标方式，招标时，发包人提供的招标图纸和工程量清单往往比较粗糙，甚至存在较多的冲突、错漏。承包人的投标时间紧，承包人来不及对工程量进行精确计算，从而出现错算、漏算等情形，给承包人带来较大风险。

二、防范措施

（一）谨慎使用固定总价合同

由于固定总价的风险多由承包人承担，故承包人应当谨慎对待该方式。

投标过程中，签订合同之前，承包人应当详细审核发包人所提供的各种资料，并且详细了解工程所在地与工程相关的条件，如果是要求拆迁工作由承包人负责的，则必须特别谨慎。

有以下情形之一的，不建议签订固定总价合同：(1)地质条件多变；(2)施工图纸不完善；(3)技术方案复杂；(4)拆迁工作可能影响正常施工；(5)不同承包人之间的工作面相互交错。

（二）合同中不但需要明确工程范围、内容、工程量等风险范围，而且应当对与承包人施工成本产生重大影响的其他合同条件及风险范围给予明确

工程实践中，对于工程范围、内容、工程量变化发生的纠纷虽然常见，但是解决难度相对较小。难以解决的是，由于合同约定比较粗糙，遗漏了某些对承包人工期、费用影响较大的合同条件及其变化，以及对相应的风险承担方式的约定。比如，合同约定了办公楼的总面积，同时约定了每平方米1500元，在合同履行过程中，发生了设计变更，办公楼总面积不变，但是楼层由原来的三层改变为九层。这对施工费用和工期都将产生重大影响，此时如果仍然以每平方米1500元的单价计算，对承包人必然不利。而审判人员往往认为，因为总面积没有增加，所以工程总价不应当增加。所以，承包人在合同签订之前，就应当结合项目的具体情况，对各种风险予以充分考虑，在合同中明确风险范围。

（三）避免合同中招标图纸与工程量清单的冲突

工程实践中，对于中小工程，签订合同时可能存在招标图纸与招标工程量清单冲突的情况。因此，在合同中应当明确两者冲突时谁优先。

对于在招标文件中或者合同中存在“在合同签订之后指定的期限内，双方对工程

量进行复核,依据复核结果对工程量进行修正”类似约定的,承包人应当抓紧时间进行工程量复核,并且对发现的错误及时提出修正的要求。

(四)合同应当明确,超出约定的风险范围,工程价款和工期如何调整

即使是较为简单的工程,也可能因为各种原因,产生设计变更、遭遇难以预料的不良地质条件、拆迁干扰等。凡此种种,均对承包人的工期、费用影响很大。故合同中,应当针对工程项目的具体特点,充分考虑相关风险,对超出约定风险范围的事件造成的工期、费用如何调整问题,做出具体的约定。

三、典型案例

1. 承包人北京建工×建工程建设有限公司诉原来的发包人旷×能源股份有限公司、后来接手的发包人福建旷×有限公司建设工程施工合同纠纷案①

【案例要点】

固定总价合同,在包干范围内的工程按合同包干价计算;超出包干范围的工程按实结算;无法认定是否属于包干范围内的,应据实结算。

【案情简介】

2007年6月,发包人旷×能源股份有限公司(以下简称旷×能源公司)招标时,提供了一套“白图”和工程量清单。在招投标过程中,投标人发现工程量清单存在错漏,发包人旷×能源公司于2007年7月26日发布的招标答疑明确:经过核实的工程量与工程量清单的工程量有差异、工程量清单描述与图纸有矛盾、工程量清单中的工程描述不全三种情况先以工程量清单报价,实际工程量谈合同时确定。

承包人北京建工×建工程建设有限公司(以下简称北京×建)中标之后,2007年7月,发包人旷×能源公司向承包人提供了一套“蓝图”。

2007年8月12日,双方签订《建设工程施工合同》,约定如下:固定总价合同,合同价款为13,080万元。

合同履行过程中,依据当地有关部门的要求,原来的发包人旷×能源公司退出,其全部权利和义务由后来的发包人福建旷×有限公司(以下简称旷×公司)继承。

工程完工,承包人与发包人就工程价款发生争议。其中与固定总价合同直接有关的争议点主要有以下几点。

---

① 案号:(2012)闽民初字第51号。

1. 中标之后，原来的发包人旷×能源公司提供的一套“蓝图”与招投标期间的“白图”相比，工程量有所增加，而双方合同签订日期是在提供了“蓝图”之后。“蓝图”中增加的工程量，是否在“固定总价”的范围之内。

2. 招标时的工程量清单存在错漏，而招标答疑书已经明确：暂时按照招标工程量清单进行报价，实际工程量商谈合同时确定。但是双方签订合同时，没有进行工程量复核。固定总价所包括的工程量，应当是招标时存在错漏的工程量清单中的工程量，还是招标时实际的工程量。

3. 在工程施工过程中，存在的工程变更、工程量增加，应当如何处理。

【判决要旨】

人民法院认为，固定总价合同，在包干范围内的工程按合同包干价计算；超出包干范围的工程按实结算；无法认定是否属于包干范围内的，应据实结算。

1. 发包人招标时提供了一套“白图”，中标之后又提供了一套“蓝图”，之后双方才签订了《建设工程施工合同》。虽然合同签订日期在提供了“蓝图”之后，但是由于承包人北京×建在报价文件中已经说明，报价是依据招标期间的资料计算的。因为“蓝图”存在工程量增加，所以增加的工程量部分，不在原来的“固定总价”范围内，应当另行计价。

2. 对于招标时实际的工程量与招标时存在错漏的工程量清单相比，工程量存在增加的问题。由于双方已经约定，“实际工程量谈合同时确定”，但是双方签订合同时，并未重新确定工程量，所以合同中的“固定总价”应当包括了招标文件中的全部工程量，包括“白图”中比存在错漏的工程量清单中增加的那部分工程量。

3. 对于合同签订之后，施工过程中存在的工程变更、工程量增加问题。(1)不能区分是否属于“固定总价”范围内的，则不属于固定总价范围。(2)合同通用条款明确：“承包人在双方确定变更后14天内不向工程师提出变更工程价款报告时，视为该项变更不涉及合同价款的变更超出固定总价范围的变更。建设单位工程师应在收到变更工程价款报告之日起14天内予以确认，工程师无正当理由不确认时，自变更工程价款报告送达之日起14天后视为变更工程价款报告已被确认。”专用条款约定，“涉及工程价款调整的，监理工程师没有权利，只能由建设方确定”。所以，对于承包人北京×建在已经14天之内向发包人已经提交了变更工程价款报告的部分，则应当另行计价；反之，不应当给予另行计价。

【点评分析】

建设工程固定总价合同，或者建设工程施工合同中的“固定总价部分”，仅仅是合同中明确约定的或者可以通过其他方式确定属于合同中约定的“总价范围”的部分。超过的，则工程价款不再受“固定”的限制。

应当注意的是，“固定总价”之外的工程涉及工程变更与索赔的问题。本案中，对于“固定总价”范围之外的工程,承包人已经按照合同约定的程序、时间及时主张权利的部分,得到了人民法院的支持。反之,违反程序,未能及时主张权利的部分,未能得到人民法院的支持。由此可知,工程发生变更时,按照合同约定的程序及时进行索赔十分重要。

【实务提示】

对于承包人而言,从招投标开始,直到工程结束,均应当收集证据,以便能够证明“固定总价”的边界范围,以及超出范围的工程部分。

应当对“固定总价的边界条件”高度重视,超出边界条件的部分,则应当严格按照合同约定的程序、方式,在合同约定的期限内及时主张权利,否则可能因此失权。

2. 承包人福建省世×工程营造有限公司与发包人漳州市天×房地产开发有限公司建设工程施工合同纠纷案①

【案例要点】

合同中固定总价部分,即便是工程量清单错误或者其他原因产生工程总价变化或者误差,不超过约定风险范围的,不予调整。

【案情简介】

2006年1月20日,发包人漳州市天×房地产开发有限公司(以下简称天×房地产公司)与承包人福建省世×工程营造有限公司(以下简称世×工程公司)签订《建设工程施工合同》,专用条款中约定:(1)本合同价款采用固定总价合同方式确定。(2)“业主提供的工程量清单误差超过±3%和漏项的在合同签订生效后二个月内复核完成,经确认误差超过±3%和漏项的应随之调整合同价款……”

2006年4月2日,双方签订了一份《补充协议书》,约定“工程总造价为经核对后为增加部分与原来暂定总造价之和”。

工程完工后,双方均确认工程量有所增加,但是如何处理工程款问题双方发生纠纷,其中与“固定总价”相关的主要争议点如下:

1.《补充协议书》中的“工程总造价为经核对后为增加部分与原来暂定总造价之和”的理解存在争议。承包人世×工程公司认为工程款“只增不减”,即对于增加的工程,应当增加工程款。对于总价范围内减小的部分,不应当减少。发包人天×房地产公司认为,原来固定总价范围内减少的工程量,对应的价款也应当减少。

2. 根据《补充协议书》中“工程总造价为经核对后为增加部分与原来暂定总造价

① 案号:(2014)闽民终字第898号。

之和”的约定,招标时候设计图纸中的实际工程量与招标工程量清单的误差不大于3%时,是否应当调整价格。承包人世×工程公司认为,只要实际工程量大于招标工程量清单的部分,均应当增加工程价款。发包人天×房地产公司认为,实际工程量与招标清单相比,不超过3%的部分,则不应当增加工程价款。

3.由于签订合同之后,双方没有核对工程量,工程完工时承包人世×工程公司才提出招标工程量清单存在错漏,对于错漏的部分,是否应当按照实际工程量核算。承包人世×工程公司认为,错漏部分应当增加工程价款。发包人天×房地产公司认为,由于承包人世×工程公司没有在约定的2个月之内进行复核,并且提出要求对错漏部分进行修正,所以对错漏部分也不应当增加工程价款。

4.合同约定“承包人在双方确定变更后14天内不向工程师提出变更工程价款时,视为该项变更不涉及合同价款的变更”。对于承包人未在14天内提出变更工程价款报告的部分,发包人是否应当支付变更部分对应的工程价款。

案件涉及多项纠纷,双方对一审判决,均不服,提起上诉。

【判决要旨】

本案中,对于与“固定总价”关系紧密的争议,一审法院与二审法院的观点,存在明显区别。

1.对于《补充协议书》中“工程总造价为经核对后为增加部分与原来暂定总造价之和”的约定,造价结算时只能计算工程量增加价款,不能计算工程量减少的价款问题。一审法院认为,原来暂定总造价系确定的,增加部分为不确定的,须经过双方核对确认。该约定系双方的真实意思表示,不违反法律规定,应作为本案认定工程总造价的依据。讼争工程原来采用固定总价的承包方式,而固定总价的承包方式相对于施工方而言存在一些不利的风险,例如报价计算错误、漏报项目、工程量计算错误等风险,故工程总造价为“只核算增加,不计算减少”与固定承包总价相加的计算方式,起到了一定的综合、平衡作用,对双方而言是公平的。二审法院认为,对于合同外增加的工程,应当增加相应的工程价款。而对于原来合同内减少了的工程部分,也应当减少相应的工程价款,否则就违反了公平原则。

2.对于招标时候,招标人同时提供了设计图纸和工程量清单,由于清单错漏,导致少计算的价款问题。一审法院和二审法院均认为:根据《建设工程施工合同》“业主提供的工程量清单误差超过±3%和漏项的在合同签订生效后二个月内复核完成,经确认误差超过±3%和漏项的应随之调整合同价款……”的约定,由于工程量清单误差没有超过合同固定价格的±3%,且承包人世×工程公司没有在合同签订后2个月内向发包人天×房地产公司提出,合同价款不应予以调整。

3.关于承包人世×工程公司没有依照合同约定,在工程量变更的14天内提出变更工程价款的报告,故施工中增加工程量涉及的工程价款是否应计入工程总造价问题。一审法院认为,关于"承包人在双方确定变更后14天内不向工程师提出变更工程价款时,视为该项变更不涉及合同价款的变更"的约定,承包人未在工程变更后的14天内向工程师提出变更工程价款的请求,视为不涉及合同工程价款的变更,因此,发包人无须支付对应部分的工程价款。二审法院认为,《建设工程施工合同》虽有约定"承包人在工程变更确定后14天内,提出变更工程价款的报告,经工程师确认后调整合同价款。承包人在确定变更后14天内不向工程师提出变更工程价款报告时,视为该项变更不涉及合同价款的变更"。但鉴于这部工程是发包人天×房地产公司进行的变更,而且承包人世×工程公司确实进行了施工。同时,发包人天×房地产公司在本案工程造价鉴定中因"固定总价"内的工程量减少,要求核减造价达200多万元并未受到14天内提出变更合同价款报告的限制,因此,其以14天内未提出变更合同价款报告限制承包人世×工程公司核增工程造价的要求明显不公平,不应予以支持。

【点评分析】

本案的判决,较为典型地反映了目前工程纠纷案件在司法实务中的特点:复杂性;难以预测案件的裁判结果。

本案一审法院强调了合同的严肃性,以合同条文的明确约定为裁决的依据。二审法院强调了公平性,却打破了合同的严肃性。

作为承包人,应当从本案中吸取的教训是:中标之后,没有及时将招标时的设计图纸与工程量清单进行核对,并且在合同约定的2个月内提出实际工程量修正的要求。

《补充协议书》中"工程总造价为经核对后为增加部分与原来暂定总造价之和"的约定具有一定争议。一审法院和二审法院理解不同,导致观点相反。

对于合同约定"承包人在确定变更后14天内不向工程师提出变更工程价款报告时,视为该项变更不涉及合同价款"的问题,不应当存在不同理解的争议。一般而言,审判人员会以此认为,承包人不能再获得这部分工程价款。但是本案审判人员从公平原则出发,认为承包人应当获得变更部分的工程价款,这实为司法判例中少见。

笔者认为,一审法院的判决更为可取。因为二审判决,实际上已经打破了"固定总价"的基本要求——原来"固定总价"范围之内减小的工程内容,对应的工程价款进行了削减,这已经违背了"固定总价"的基本要求,即在合同约定的原来的总价范围之内,双方均承担工程量在一定范围之内发生增减变化的风险。在合同已经明确约定"承包人在工程变更确定后14天内,提出变更工程价款的报告,经工程师确认后调整合同价款。承包人在确定变更后14天内不向工程师提出变更工程价款报告时,视为该项变更不涉及合同价款的变更"的情况下,对于承包人没有按照合同约定在14天内提出变更工程价款报告时,仍然要求发包人支付这部分工程变更价款,明显违背了合同的明确约定。

【实务提示】

合同管理是工程管理的核心内容，对于固定总价合同，更是如此。

一些固定总价合同中有类似“在签订合同之后的两个月内核对工程量，并依据核对结果调整价款”的专门约定。承包人应当及时核对工程量，提出调整价款的书面意见。

对于合同签订之后的工程变更及费用索赔问题，应当及时向发包人、监理工程师提出工程价款变更报告变更工程部分的价款索赔报告，否则可能丧失索赔权利。

应重视合同，对合同存在条款理解争议时，特别是可能出现对承包人不利的理解的，应当及时处理。

第十三章

工程造价鉴定法律风险与防范

工程造价鉴定，是指依法取得有关工程造价司法鉴定资格的鉴定机构和鉴定人，受司法机关委托，依据国家的法律、法规以及中央和省、自治区及直辖市等地方政府颁布的工程造价定额标准，根据某一特定建设项目的施工合同、施工图纸、工程联系单和竣工资料等文件，计算和确定某一工程造价并提供鉴定结论的活动。需要说明的是，工程造价鉴定本质上是一种专业性活动，不属于行政、司法行为，造价鉴定意见属于《民事诉讼法》规定的证据之一，其准确程度取决于鉴定人员的专业技术水平和职业道德水平，工程造价鉴定意见为仲裁庭或法院审理提供技术参考和重要依据，尤其在确定工程价款数额时更为关键，对双方当事人的权利义务有直接影响。因此，建筑施工企业在建设工程施工合同纠纷中如申请法院工程造价司法鉴定的，必须要认识到其重要性。

一、主要风险

（一）鉴定程序的启动及鉴定机构选择的风险

对鉴定程序的启动问题，实践中一般存在以下问题：（1）合同当事人对工程量达成一致或施工过程中已经对工程量进行确认，仅对单价确定不一致，无须鉴定即可判决的案件，不分情况、不看案情均进行鉴定。（2）诉前单方或双方委托鉴定，诉讼中另一方不认可，进行重新鉴定。（3）一审已经委托鉴定，二审或再审程序中又重新鉴定，导致同一案件中出现多个鉴定结果，进而导致裁判结果不一。

对鉴定机构的选择，存在法院强行指定司法鉴定机构的情况。实务中，许多法院均有自己的司法鉴定机构名录，并要求当事人必须选择指定名录中的鉴定机构或者直接指定鉴定机构。这些名录中的鉴定机构多在法院所在地区，有些专业性不够强；有些甚至劣迹斑斑，多次被投诉，甚至被当事人起诉，却仍在鉴定机构名录中。这些机构作出的鉴定结果的不准确性，必然会损害当事人的权益。

同时，有些法院鉴定程序不规范，允许当事人单方接触鉴定机构和鉴定人，自行递交鉴定图纸材料等。有些鉴定机构或鉴定人私下收取当事人好处，或受当事人逼迫干扰，失去独立、公证、客观鉴定地位，作出的鉴定意见缺乏合理性和准确性。

（二）鉴定材料和鉴定依据问题引发的风险

1. 鉴定材料提交不全的风险

根据规定，委托人委托鉴定的，应当向司法鉴定机构提供真实、完整、充分的鉴定材料，并对鉴定材料的真实性、合法性负责。工程造价鉴定中，往往会出现委托方提交资料不完整，另一方当事人拒绝配合提交资料，或故意少交、隐匿关键证据的情况，阻碍鉴定程序的进行。

2. 鉴定材料未经质证的风险

《最高人民法院关于审理建设工程施工合同纠纷案件适用法律问题的解释（一）》明确规定，鉴定材料应当经过质证，鉴定机构将未经质证的材料作为鉴定依据的，应当进行补充质证，方能作为鉴定依据。实务中，因有些人民法院鉴定程序不规范，允许当事人直接向鉴定机构提交材料，加之鉴定机构材料接收程序不规范，将一些未经质证的材料作为鉴定依据，影响鉴定结果的准确性和客观性。

3. 鉴定材料与施工现场不相符的风险

现场勘验是工程造价司法鉴定程序之一。有些项目工程存在竣工或停工时间较长、二次装修被整改、隐蔽工程被覆盖等情况，导致勘验结果与当事人提交的施工资料往往会出现不一致情况。该种情况下，部分鉴定机构把握不好对鉴定依据的选取。

4. 特殊工程鉴定缺乏相关规定，鉴定结果缺乏合理性的风险

施工企业都知道，工程前期成本非常高，中途停工的话，施工企业的利润非常低甚至无利润。对于中途停工的工程，如果依据合同约定进行价款鉴定，对施工企业极不公平。比如，未完工程的劳务价款鉴定，合同约定的结算方式是单价乘以面积，有些鉴定机构以施工面积难以确定为由，采用工程总承包计价方式鉴定，明显不合理。

（三）鉴定机构以鉴代审的风险

司法实践中常常出现"以鉴代审"的情形，其原因是混淆了案件纠纷中的"专业问题"和"法律问题"。一般而言，建设工程施工合同纠纷中的法律问题包括：当事人对施工合同的效力争议、结算依据争议、签证文件的真实性及效力争议、违约责任的承担问题等。而鉴定机构负责的"专业问题"一般包括工程造价的具体计算、停工窝工造成的具体损失、修复所需的具体费用等。当然，如果当事人主张不同的结算依据，裁判机构在委托鉴定时可要求鉴定机构根据当事人所主张的不同结算依据作出选择性鉴定意见。

实践中"以鉴代审"的具体情形如下：（1）工程鉴定机构和鉴定人自行确定鉴定范围。（2）工程鉴定机构和鉴定人自行确定鉴定依据。如在"黑白合同"情况下，是按照哪个合同约定的依据进行鉴定，属于司法审判权的内容，依法只能由法院来确

认,但实践中部分工程鉴定机构和鉴定人自行确定鉴定依据,以鉴代审。(3)工程鉴定机构和鉴定人自行确定鉴定材料。关于鉴定资料是否具有真实性、合法性以及与工程司法鉴定的关联性,依法应通过质证由法院予以认定后再交给鉴定机构进行鉴定;但实践中存在案件当事人直接将相关材料交给鉴定机构,再由鉴定机构直接认定鉴定材料是否有效,是否可以纳入鉴定材料范围的情形,明显超越鉴定人职权。

二、防范措施

(一)建立让裁判主体主导审查司法鉴定程序的启动的司法理念

司法鉴定程序的启动很大程度上依赖裁判主体的自由裁量权,也即裁判主体对案件的理解和判断,裁判主体应当审慎使用司法鉴定权。对于当事人第一次申请司法鉴定的,裁判主体应当判断鉴定事项与待证事实之间的关联度和证明价值,以及现有证据对待证事实是否具有足够的证明力。对于不必通过鉴定确定的事项,应当不予准许鉴定。例如,当事人双方在诉讼前已经就建设工程价款达成了结算协议,并能够据此确定工程款的,如果一方申请对工程造价进行鉴定,裁判主体应当不予支持。

(二)避免诉前鉴定,尽量诉中鉴定

前述已经提到,法院对双方在诉讼前已经就建设工程价款达成了结算协议的,一般不允许鉴定,而且法院对诉前自行鉴定的效力认定问题上存在争议。因此,出现建设工程价款纠纷时,应尽量避免诉前委托鉴定,在诉讼中申请鉴定更为稳妥,这样还可避免重复交纳鉴定费的情况。

(三)明确鉴定范围,防止以鉴代审

鉴定范围是否明确可能直接影响案件结果。当存在多个合同时,应当确定依据哪个合同进行鉴定后方能鉴定;当合同约定的计价方式不合理时,应当明确使用何种鉴定方式方能鉴定;当一个项目存在多个鉴定内容时,应明确具体的鉴定事项后方能鉴定。

鉴定意见超出委托鉴定范围的,应当提请法院要求鉴定人对鉴定意见进行更正。鉴定人拒不更正导致鉴定意见无法予以采信的情况下,还要注意提醒法院在裁判文书中判决当事人不需要承担鉴定费用,并说明理由。

(四)调查预选的鉴定机构,发现问题及时向裁判主体反映,要求更换鉴定机构

实务中,裁判主体一般通过指定或当事人摇号方式选取鉴定机构。对于裁判主体提供的几个预选机构,当事人应当从以下几个方面进行初步调查:(1)查询鉴定机构的鉴定资质及鉴定人员资格;(2)查询鉴定机构的经营范围,是否具有相应的鉴定能力和资格;(3)检索鉴定机构判例,查询鉴定机构是否存在当事人诉讼的情形,尤其是因鉴定结果问题被起诉退款、赔偿损失等;(4)检索鉴定机构是否有不良评价,是否

存在出借资质情况等。一旦发现问题，及时向裁判机构提出，要求更换预选机构。

（五）安排专业技术人员参与鉴定过程，保持好与裁判主体和鉴定机构的有效沟通

因工程造价鉴定专业性强，当事人在鉴定程序启动及鉴定过程中，应当安排专业技术人员（参与项目施工者最佳）参与鉴定程序，有效地与裁判主体和鉴定机构沟通。这样不仅便于发现鉴定问题，同时有助于鉴定人对鉴定标的的了解与分析。

（六）发现干扰鉴定情况，注意证据的保留及情况的反映

司法鉴定中，经常出现一方当事人采用贿赂、威胁方式干扰鉴定的情况。对此情形，当事人应注意留存相关证据，及时向裁判机构反映情况，如干扰程度已经影响鉴定结果，可以书面要求裁判主体更换鉴定机构。

（七）聘请专家辅助人参与造价司法鉴定的质证活动

专家辅助人要在开庭过程中对鉴定意见进行质证，更重要的是在整个造价司法鉴定过程中全过程参与、全面跟踪。比如，专家辅助人应参与现场实地勘查，以便了解情况，有针对性地提出问题。遇到涉及专业技术等疑难问题以及争议分歧时，及时进行解决。

三、典型案例

1. 平×神马建工集团有限公司新疆分公司与大×工程开发（集团）有限公司天津分公司建设工程施工合同纠纷案①

【案例要点】

合同价款为固定总价合同的，承包方如不能提交施工中形成的签证等能够确认新增工程量的书面文件等证据，法院不准许对其主张存在新增工程量鉴定；同时，法院不支持以此理由主张增加的工程价款。

【案情简介】

2013 年 7 月，大×工程开发（集团）有限公司天津分公司（以下简称大×天津分公司）与平×神马建工集团有限公司新疆分公司（以下简称平×神马新疆分公司）签订并履行《合同协议书》，大×天津分公司将哈密一矿选煤厂项目建筑工程标段 B 发包给平×神马新疆分公司施工，合同价款及结算方式约定："本合同为固定总价合同，工程施工图纸内的所有工作内容已包含在合同价内并且价款已经确定，除工程量一

① 案号：(2018) 最高法民终 153 号。

览表中工程量及内容变化造成工程总造价变化超过±3%,则超出部分予以价格调整外,其他因素均不作价格调整。"合同签订后,平×神马新疆分公司进场施工。

2016年4月,平×神马新疆分公司向大×天津分公司提交《结算申请书》,结算文件载明的新增工程量报价未超出±3%的范围。后双方对工程款结算发生争议,平×神马新疆分公司诉称案涉工程项目工程量发生变化,并要求通过鉴定确定增量,从而调整合同价款。

【判决要旨】

一审法院认为,《合同协议书》约定工程固定总价为117,762,400元。平×神马新疆分公司不能提交施工中形成的签证等能够确认新增工程量的书面文件,故对其主张存在新增工程量要求鉴定的理由,不予支持。

二审法院认为,一审认定本案不存在超过合同约定的足以影响工程价款计算的工程增量并无不当。平×神马新疆分公司仅以其单方出具的工程联系单为依据主张鉴定确定工程增量,未能提供其他证据佐证,不足以动摇以上认定,一审不予准许鉴定也无不当。

【点评分析】

本案涉及合同总价固定情形下,案涉工程造价鉴定是否需要启动鉴定的问题。

案涉《合同协议书》为固定总价合同,明确约定工程施工图纸内的所有工作内容已包含在合同价内并且价款已经确定。《最高人民法院关于审理建设工程施工合同纠纷案件适用法律问题的解释(一)》第二十八条规定,当事人约定按照固定价结算工程价款,一方当事人请求对建设工程造价进行鉴定的,不予支持。该案中平×神马新疆分公司与大×天津分公司签订的合同为固定总价的合同,平×神马新疆分公司亦未提交施工中形成的签证等能够确认新增工程量的书面文件,故平×神马新疆分公司认为其存在新增加的工程量已超出合同约定3%范围的理由无证据予以支持,对其要求鉴定审计的申请不予准许。

但笔者需要提醒的是,固定价合同分为固定单价合同和固定总价合同,一般而言,当事人约定按照固定价结算工程价款,一方当事人申请工程造价司法鉴定的不应支持。在固定总价合同中,通常不会存在计算问题;但是在固定单价合同中,合同已经确定了合同单价,并未确定工程量,如双方对工程量无法达成一致且无法通过其他方式确定,仍需通过鉴定程序确定。同时,对于超出合同承包范围及风险范围的设计变更等,对于变更部分仍需要通过鉴定方式予以确定。

【实务提示】

当事人对工程量有争议的,按照施工过程中形成的签证等书面文件确认。承包人能够证明发包人同意其施工,但未能提供签证文件证明工程量发生的,可以按照当事人提供的其他证据确认实际发生的工程量。承包人不能提供充足证据时,法院不予鉴定，不支持新工程价款的增加。

2. 西安公司与德荣公司、德兴公司建设工程施工合同纠纷案[①]

【案例要点】

鉴定机构对当事人争议的工程造价出具不明确的意见，不能据以认定待证事实的，不能作为证据使用，应根据《最高人民法院关于民事诉讼证据的若干规定》第四十条的规定，要求鉴定机构对鉴定结论作出解释、说明或者补充，明确其意见，并出庭接受当事人的质询。否则应责令其退还鉴定费用，并依照《民事诉讼法》的规定对鉴定机构进行处罚。

【案情简介】

2011 年 1 月 25 日，西安公司与德荣公司签订《建设工程施工合同》一份，主要约定由西安公司包工包料施工德荣公司开发的龙岩“依云水岸”项目建筑工程及水电安装工程。涉案工程于 2014 年 6 月 26 日通过综合竣工验收。

诉讼中，由于双方对西安公司施工的工程造价争议较大，法院根据德荣公司的申请委托福建华夏工程造价咨询有限公司进行工程造价鉴定。2018 年 4 月 28 日，华夏公司出具鉴定意见认为，西安公司已完成的“依云水岸”项目工程可确定部分造价(含土建工程、水电安装)139,131,610 元(其中土建部分 125,537,874 元、安装部分 13,593,736 元)；存在争议部分造价：(1)塔吊部分。西安公司主张 3,187,150 元，德荣公司主张 2,455,941 元，差额 731,209 元。(2)外墙面砖部分。西安公司主张 5,922,748 元，德荣公司主张 5,017,693 元，差额 905,055 元。(3)玻化微珠保温砂浆配合比部分。西安公司主张 2,778,345 元，德荣公司主张 2,195,666 元，差额 582,679 元。(4)环境保护费(垃圾外运)部分，双方均主张由其施工，涉及造价 209,655 元。德荣公司预支付华夏公司鉴定费 96 万元。

由于鉴定机构未明确具体的意见，一审据以作出的判决认定基本事实不清，被二审法院裁定发回重审。

本案原一审中，德荣公司向华夏公司预交了鉴定费 96 万元。重审时，当事人因鉴定费用较高均不愿意重新申请鉴定，合议庭研究讨论认为，为减轻当事人负担，应当致函鉴定机构华夏公司，责令鉴定机构对本案的工程造价重新进行审核认定，并出具明确的意见，若其拒绝重新审核认定，则鉴定费用予以追回。华夏公司按照法院要求重新出具鉴定意见，对争议部分造价提出了明确的鉴定意见，并降低鉴定费用，实际收取 583,909 元。

---

① 参见福建省高级人民法院 2022 年建设工程施工合同纠纷典型案例之七。

【判决要旨】

鉴定机构出具的工程造价鉴定意见,对争议的鉴定事项只简单罗列当事人的主张,未进行分析判断并出具专业意见的,不能作为证据使用。一审法院重审认为,本案鉴定机构没有明确其意见,系鉴定人不履行鉴定职责,并非鉴定人不具备相应资格或鉴定程序严重违法,可以要求鉴定机构明确其意见。如果鉴定人拒不出具明确意见的鉴定结论或不出庭接受当事人质询的,可以责令其退回鉴定费用并进行处罚。故发函原鉴定机构明确指出,根据《司法鉴定程序通则》第二条的规定,司法鉴定是指在诉讼活动中鉴定人运用科学技术或者专门知识对诉讼涉及的专门性问题进行鉴别和判断并提供鉴定意见的活动。鉴定机构应当明确鉴定意见,否则应退回鉴定费用。后鉴定机构按照法院要求重新作出明确的鉴定意见,为案件的处理提供了事实依据。

一审法院依据鉴定机构重新出具的鉴定意见作出判决,双方均提出上诉。

二审中双方当事人以鉴定意见为基础达成调解协议。

【点评分析】

本案涉及鉴定机构出具的工程造价鉴定意见,对争议的鉴定事项只简单罗列当事人的主张,未进行分析判断并出具专业意见的,法院该如何处理的问题。

我们知道,司法鉴定是由人民法院委托作出的,法院应当加强与鉴定机构的沟通,及时予以指引、审查和监督,避免"以鉴代审"的情况。一要合理确定鉴定事项。不能仅凭当事人提交的鉴定申请,还应当围绕案件争议焦点,结合检材、鉴定方法等具体情况明确鉴定事项,尽量增强鉴定过程的可操作性,更好地实现鉴定意见的证明作用。二要加强对鉴定人和鉴定时间的审查监督。在质证、勘查、询问等行为的过程中核实鉴定人身份,避免"挂名鉴定"的现象。对于无正当理由"久鉴不定"的情况,要及时适用《最高人民法院关于民事诉讼证据的若干规定》第三十五条的规定,另行委托鉴定人进行鉴定,责令原鉴定人退还鉴定费用。三要确保鉴定意见明确。鉴定意见属于民事诉讼法规定的七种证据类型之一。鉴定意见不明确,不能证明待证事实是否真实的,与待证事实缺乏关联性,不能作为证据使用。依据《最高人民法院关于民事诉讼证据的若干规定》第四十条第一款的规定,鉴定意见不能作为证据使用的,可以重新进行鉴定。

本案中,鉴定机构第一次出具的鉴定意见针对部分鉴定事项仅简单罗列当事人的主张,未予鉴定,也未明确意见,即属于以上情形。本案中,法院向鉴定机构发函,释明相关法律后果,明确鉴定要求,责令鉴定机构重新出具鉴定意见。通过这种做法,补正了鉴定意见的证据能力和证明力,明确了案件事实,最终推动了案件的调解解决。

【实务提示】

对双方当事人争议的鉴定事项,鉴定人应当进行具体分析,并及时与法院沟通,听取法院的意见。在法院作为委托人不能就争议的合同、条款或证据是否采纳给出明确意见时，鉴定人可以根据自己的专业判断分别出具鉴定意见并在鉴定书中说明，供委托人判断使用。鉴定人不应怠于履职、不做分析，也不能超越职责权限，擅作主张，防止“以鉴代审”。

第十四章

项目部章管理法律风险与防范

工程项目部是建筑施工企业承接工程后,为满足管理建设工程的需要所设立的临时性内部机构,其职权范围源于建筑施工企业内部管理规定或授权。其不具有独立法人资格,通常会在工程开始前成立。项目部不仅是施工单位的派出机构,也是项目上的决策机构。施工单位的备案公章不可能交由项目部使用,但在项目的实施过程中,又肯定存在必要事务的用章,故就具体的工程,项目部往往会刻制项目章,注明施工单位的名称和项目的名称。

项目部章,是指建筑企业组建具体负责某建设工程项目实施、管理的项目团队,在其施工管理过程中使用的刻有“某某项目部章”字样的建筑企业内部印章。项目部章属于公司内部印章,本该只在公司内部特定范围内使用。但在实践中,项目部章却被用于对外签订转包合同、分包合同、材料采购合同、租赁合同、工程竣工结算确认、欠条、借条等,导致大量纠纷的产生。

一、主要风险

(一)项目部章的使用构成表见代理的风险

大部分施工企业都会为其下设的所有项目部各配备一枚印章或由项目部自己刻制一枚印章,以方便项目部对整个项目工程的全面管理。在实务中,由于印章管理制度的缺失与混乱,项目部章的用途被无限“扩大”,甚至替代了部分企业公章的作用,即在需以施工企业名义签订并加盖企业公章的诸如工程承包、专业分包、劳务分包、材料采购、机械租赁、对外担保等合同上,往往出现的都是项目部章。由于项目部是归属于施工企业的,因此施工企业需要对项目部的行为负责,即项目部章确将对施工企业产生一定的约束力。此时,若上述合同的签订并未经施工企业内部管理流程的审核,且施工企业对于该合同的存在并不知晓或是对于合同中部分条款的制定尚存异议,那么项目部章的滥用将导致施工企业面临诸多对己不利的风险隐患。更有甚者,部分未以施工企业名义签订的合同上盖有项目部章,一旦该印章的效力被予以证实，则施工企业亦将为此承担沉重的本不存在的债权债务关系并陷入漫长的诉讼纠纷之中。这对施工企业来说，无论是经济上还是名誉上都将产生不可逆的严重损失与不良影响。

（二）项目部章被盗或丢失的风险

印章具有一定的独立性，往往可以脱离相关责任人员的存在而独立发生法律效力，这一特点为印章的使用埋下了较为严重的隐患。在建设工程领域中，一些下属工程项目数量较多的大型施工企业，根本无暇对其所有的项目部章一一进行监控保管，加之绝大多数印章保管人责任意识与风险意识并不强，这就导致在实务中项目部章被盗或者丢失的可能性极大。

就项目部章被盗或者丢失的施工企业而言，其如若能在第一时间到公安机关进行报案，并通过登报声明的方式向公众传达被盗或者丢失的印章已经作废，之后重新按照印章刻制备案的流程进行补办，那么之后由被盗或者被丢失印章引发的一切纠纷与该企业无关，该企业无须承担任何责任。但若企业在得知其印章被盗或者丢失后仍放任置之，其极有可能将面临盗用印章或是拾取印章行为人利用该印章签订一系列合同并成立大量债权债务关系后逃逸的困境，导致企业陷入不必要的诉讼纠纷之中；若有证据证明企业在印章被盗或丢失一事中存在过错，且该过错与被害人的经济损失之间存在因果关系，那么企业还应承担一定的赔偿责任。

（三）项目部章被伪造的风险

在建设工程领域中，印章被伪造的乱象较为突出。对于建筑施工企业来说，行为人利用伪造的项目部章对外进行经济往来并签订相应合同时，该合同并不当然无效，反而可能构成表见代理。若是存在表见代理的表象，且相对人是善意的，则构成表见代理，其行为的后果归属于建筑施工企业，建筑施工企业将承担由此产生的一切责任。

（四）项目部章用印手续审核不严或用印缺失过程监管的风险

当前，不少大型建筑施工企业虽然建立了严格的用印审批制度，但在具体执行中却存在随意性较大的问题，主要表现为：一是用印审批手续不全，审核不严；二是越权用印，印章使用范围超越批准范围；三是忽视用印管理流程。一些用印申请应登记而未登记；用印事项需要相关业务部门审核而未审核，仅凭领导或管理人员的打招呼代替应该履行的用印审核程序。

而且，一些建筑施工企业存在印章保管人员职责不清、风险意识不强、法律意识淡薄等现象，在用印过程中疏于防范，将项目部章交由用印人自行盖章或在白纸上盖章情形屡见不鲜，对用印过程缺失过程监管。

（五）项目部章回收管理不到位的风险

建设工程结束后，对项目部章回收不够重视，突出表现在项目部章何时回收、谁来回收、何时销毁、如何销毁等问题上。由于一项建设工程从竣工验收到完成竣工结算,再到财务销项往往要经历较长的周期,有的甚至长达数年。而项目一旦完成竣工验收,特别是在转包、分包、挂靠情况下,项目部成员通常就地解散或转到其他项目了,项目部章也随之处于无人管控状态,极易造成印章管理失控、印章丢失等结果。

二、防范措施

(一)提高项目部及人员印章风险防范意识

对于工程分包合同、材料采购合同、设备租赁合同等对外重大合同,明确告知第三人以公司盖公章确认为准,避免项目部不合理运用印章给施工企业所带来的风险,可以在项目部印章上刻制“无签约权”“严禁用于签订任何合同、进行任何承诺”等类似标记。当然这样方法并非万无一失,也有法院可能仍然以表见代理判令施工企业承担责任,但这样可以让第三人充分了解项目部印章的适用范围、起到防范的作用。这在以后可能产生的诉讼中也是一个很有力的抗辩理由。

(二)及时对项目部章进行备案

对于项目部章,可以在市场监督管理部门进行登记备案。如此一来,如果出现私刻项目部章的行为,可以以此提出抗辩,证明该项目部章系私刻、伪造的。

(三)明确项目部章使用范围与权限

1. 对项目部章使用范围作出规定,凡属以施工企业名义对外发文、开具介绍信、报送报表等情形,一律加盖施工企业印章,凡属合同类的使用合同专用章,凡属财务会计业务的用财务专用章,职能部门印章仅限部门内部使用等。

2. 刻制项目部技术章、资料章、试验章、科室章时,在印章上添加标注说明,如“此章仅限于工程技术联系或资料专用”“不得用于签订经济合同”“对外签订经济合同无效”等字样。

3. 项目部技术章、资料章、试验章、科室章无标注说明的,应在加盖印章处作出备注,说明盖章效力所及范围。

4. 施工企业可在公司网站等媒介公示印章格式及使用范围等内容。明确项目部章的使用范围,只能在规定的范围内使用,不能超越其范围。项目部章一般用于工程联系单、会议纪要、备忘录、工程往来文件、施工方案、向业主请款报告、与业主各类签证,与施工企业总部单位往来的文件资料等方面,不应在与其他第三方发生业务关系的文件资料中使用。

(四)建立严格的项目部印章使用审批及保管制度

1. 施工企业应明确规定项目部印章使用审批权限、范围以及审批责任。

2. 施工企业应规定项目部各部门需要加盖项目部印章、合同专用章时，应填写《印章使用申请表》或《印章使用审批表》等，由项目经理签署是否核准意见。项目经理应把握哪些事项属于所属施工企业层级审批的，注意不能超越权限。

3. 项目经理不在岗时，可规定由副经理或项目书记签发，也可规定一般业务和事务性行文由副经理或项目书记签发。

4. 项目部印章应存放在带锁的专用箱柜内，实行专人专柜保管；对于保管人员，应慎重选择，并由其签订保管责任书，明确保管责任，保管人必须保证印章使用时处于自己视线范围内。

（五）建立项目部印章使用登记档案，严禁加盖空白纸张

1. 项目部印章使用登记档案的建立非常重要，有利于项目部印章使用管理，有利于对私盖、假冒项目部印章的识别，施工企业应予重视。

2. 申请盖章人员应在登记文本中对有关事项、时间等进行登记签字，登记文本应有连续页码。

3. 对所加盖文书复制留存，多页文书且没有必要留存全部复制件的，可对盖章页等做部分留存，按先后时间归档。

4. 保管人员应对登记文本及档案妥善保管，避免损毁或遗失，一定期限后将登记文本档案向项目部主管科室及施工企业备份。

5. 尽量避免对外出具盖有项目部印章的空白介绍信、空白授权事项授权委托书；如因特殊情况需要开具上述材料，应经项目经理审批同意，使用人在空白件复印件上作出签收说明，并在填写内容之后至使用之前复印或拍照，交存项目部归档。

（六）建立项目部章遗失、被盗、毁损等的处理制度

1. 项目部印章被盗或被抢后，项目部应及时向所属施工企业汇报，向当地公安机关报案，并采取公告形式声明作废。

2. 重新申请刻制项目部印章的，应重新申请办理备案手续。

3. 项目结束后对项目部章及时回收、封存或销毁。

（七）重视项目部章可能涉及的刑事责任问题

项目部印章的使用还有可能涉及刑事责任问题，这也同样应引起施工企业以及项目管理人员的足够重视。私刻、擅自使用、盗用项目部章签订合同等行为有可能涉嫌刑事犯罪。这种情况下，是否有规范的项目部印章管理直接影响追究相关责任人刑事责任后，施工企业是否应承担相应的刑事或者民事责任。这涉及项目部章的合规管理问题。合规要求企业发现有私刻、盗用、伪造项目部印章等行为时及时向公安机关报案，避免损失的进一步扩大。

三、典型案例

1. 上诉人安徽安×建设工程有限公司与被上诉人葛某某劳务合同纠纷案①

【案例要点】

项目部相关人员使用项目部印章签订合同时,虽该人员并无施工企业授权代理权限,但其持有项目部印章的行为,从外观上使相对方有理由相信其有代表施工企业对外签订合同的权利外观表象;从主观上,合同相对方作为一般的商事交易主体,无法辨别印章真伪,已尽到了普通人的注意义务,主观上是善意且无过失的。因此,该人员的行为构成表见代理,由施工企业承担相关责任。

【案情简介】

安徽安×建设工程有限公司(以下简称安×公司)系泰安新×房地产开发有限公司开发的位于山东泰安"新华城·南郡",1号、2号、7号、8号、9号、12号、17号、18号、S2号楼及部分地下车库工程承包方。安×公司与程某某、王某某、程某签订《工程项目合作协议》一份,约定程某某、王某某、程某以投资人的身份承接案涉工程,安×公司收取工程造价(含甲供材)0.7%的综合管理费(不含税金)。

2015年5月8日,程某、王某某以安×公司名义与葛某某签订案涉《水电安装工程承包合同》,约定葛某某对案涉工地7号、8号、9号、12号楼及地下车库工程和S2商业的水电安装工程提供劳务,价款计价按照其土建总承包合同的结算方式计价。合同约定付款周期:付款周期和付款方式及竣工结算时间根据总包合同扣除相关费用同比例支付,乙方全面负责安装决算。合同还对保修、违约责任等进行了约定。合同甲方处盖有"安徽安某建设工程有限公司泰安新华城南郡三标段项目部"公章,程某、王某某作为甲方代表签名确认。

之后,因葛某某迟迟未收到劳务款项,遂将安×公司诉至法院,请求安×公司支付葛某某水电劳务分包款831,852.91元及逾期付款利息。

【判决要旨】

法院认为,本案中程某、王某某以安×公司名义与葛某某签订案涉《水电安装工程承包合同》,并在合同上加盖"安×公司泰安新华城南郡三标段项目部"公章,程某、王某某的行为客观上形成了具有安×公司代理权的表象,葛某某有理由相信程

① 案号:(2021)皖01民终1011号。

某、王某某有权代理安×公司签订上述合同，安×公司亦未提供其他有效证据证明葛某某并非善意相对人，程某、王某某的代理行为构成表见代理，其行为后果应由安×公司承担。

【点评分析】

本案涉及项目部章对外签订合同构成表见代理的认定问题。

上述案例中安×公司作为案涉工程总包方，将承接的工程转包给了程某某、王某某、程某，而后由于项目部印章管理不善，造成了以项目部印章对外签订合同的情形，最后被法院认定构成表见代理并承担了相应责任。该案例为项目部印章管理不善造成建筑施工企业承担责任、产生不必要损失的常见案例。

在目前司法实践中，建设工程领域对项目部章的性质的认知存在如下不同观点：一种观点认为，项目部章仅限于与其所属企业内部间业务交流、请示报送等工作，对外不具备法律效力。另一种观点认为，项目部章具有处理项目部职能范围内外事务的效力。此观点亦为司法实践中主流性、倾向性观点，该观点认为：(1)项目部系建筑施工企业派驻到施工现场成立的临时机构，是施工企业在外的代表，其职能范围不仅包含处理内部事务、还应包含与项目建设施工有关的诸如材料采购、设备租赁、劳务分包、专业分包等对外事项。自然地，与项目部职能相对应，项目部章不仅可以处理内部事务，其对外签署的文件同样具有相应的法律效力。(2)从工程实务来讲，项目部章已广泛用于对外与建设方、发包方、设计方、监理方等业务联络、材料报送、变更签证等事项，如坚持主张不对外发生法律效力，难免牵强。(3)认可项目部章的对外效力，亦有利于迫使建筑施工企业强化自身管理，对促进建筑业稳定健康发展具有积极意义，符合我国关于保护交易安全及善意相对人合理信赖的法理。

鉴于以上观点的不同，目前司法实践中关于项目部章对外签订合同的法律效力一般有以下四种常见情形：(1)项目经理(或项目负责人)使用项目部章对外签订合同的，被认定为职务行为，由施工企业承担民事责任；(2)项目部其他人员使用项目部章对外签订合同的，被认定为构成表见代理而由施工企业承担民事责任；(3)施工企业不认可项目部使用项目部章对外签订合同时，但当事人有证据证明施工企业已经默认或履行了的，该合同被认定为对施工企业产生法律效力，相关民事责任由施工企业承担；(4)施工企业未出具授权委托书且事后不予追认，项目部人员使用项目部章对外签订合同的行为，被认定为由行为人承担合同责任，施工企业不承担责任。

【实务提示】

对项目部印章刻制、保管和使用进行规范管理，不仅可在一定程度上限制项目部超越代理范围的行为，还可以使相对人没有理由相信项目部具有代理权，从而有效避免建筑施工企业承担不应承担的责任。

2. 再审申请人(一审原告、二审上诉人)康某永、再审申请人(一审被告、二审上诉人)康某国与再审申请人(一审被告、二审被上诉人)海某建设公司民间借贷纠纷申请再审案①

【案例要点】

项目部章的使用范围一般限于工程报告、计量、变更及决算资料方面,不包括对外借款用途。但从建筑行业现实情况来看,部分建设施工单位不规范,使用项目部章确认原材料供货、工人劳动报酬数额等债权债务关系的情形也不鲜见,故对在借条上加盖项目部章的行为,应结合出具人的职务及其日常管理行为、出借款项的流向等因素综合认定。

【案情简介】

2014年7月28日,海某建设公司海博建司〔2014〕010号文件任命康某国为亳州市项目管理部的现场负责人。为便于工程施工中的资料报送和变更要求,2014年11月13日,海某建设公司同意项目部刻制项目部印章,即"安徽海某建设工程有限公司文帝西路(汤王大道—希夷大道)道排工程项目部"。2014年7月30日,康某国与康某永签订《协议》,载明"因海某建设公司在亳州市排工程中标后公司任命康某国为现场负责人,由于公司无力垫资,现公司和康某永协商达成一致,由康某永全额垫资,所垫资金按时间计算每月三分利息,主路面沥青铺设完工后,还清康某永垫资的所有本金和利息,康某永工资另行计算,每月壹万元",康某国认可《协议》上项目部印章是后补的。康某永共出借3,933,740.5元。

【判决要旨】

再审法院认为,本案的主要争议焦点为如何确定案涉借款的主体。关于如何确定案涉借款的主体。项目部公章的使用范围一般限于工程报告、计量、变更及决算资料方面,不包括对外借款用途。对在借条上加盖项目部印章的行为,应结合出具人的职务及其日常管理行为、出借款项的流向等因素综合认定。本案中,康某国以海某建设公司名义向康某永借款,并在有关协议、欠条上加盖"安徽海某建设工程有限公司文帝西路(汤王大道—希夷大道)道排工程项目部"印章(事后补盖)的行为,对其中与工程建设相关的垫付款项2,937,505元部分,鉴于海某建设公司在未与康某国结算工程量就接管案涉工程,系上述垫资借款的受益人,原审判决判令海某建设公司承担相应的还款责任,符合本案实际情况。故康某永、康某国、海某建设公司的再审申

① 案号:(2020)最高法民申1735号。

请不符合《民事诉讼法》(2017 年)第二百条第二项、第六项、第十二项的规定。裁定驳回康某永、康某国、海某建设公司的再审申请。

【点评分析】

本案涉及项目部在借条上盖章的行为如何认定问题。

实务中,一般而言项目部章的使用范围一般限于工程报告、计量、变更及决算资料方面,不包括对外借款用途。项目部在借条上盖章问题的本质在于是否有代表权或代理权,故只要有证据证明法定代表人或代理人是以公司名义而非自身名义签订合同的,就应认定为是公司行为,由公司承担法律后果。最高人民法院发布的《全国法院民商事审判工作会议纪要》对此进行了明确,即应当着重考察盖章之人有无代表权或者代理权来认定合同效力,有代表权或者代理权的人即便加盖的是假公章,也应认定其构成有权代表或者有权代理。最高人民法院的观点本质上并非印章本身代表了某种意思表示,而是看盖章之人是否有代理权。如果盖章之人确有代理权,即便超出印章的使用范围,亦不宜认定合同无效。故印章须与文书种类相匹配的要求并非绝对。即便考虑此种要求,司法实务中仍需要考虑交易习惯,尽可能保护相对人的合理信赖。

【实务提示】

小印章,大风险。项目部章应管理规范化,授权明示化,权限公示化。不得将项目部章交给挂靠的企业或个人使用,不得在应由施工企业签订的合同、担保文件、承诺书上加盖项目部章。对于可知范围的材料商等主要交易相对人,通过函件方式告知项目经理的权限及项目部章使用范围,并注意留存相关证据。

第十五章

环保政策对工程项目的法律风险与防范

环保政策是个比较笼统的概念，主要表现为各级地方政府为完成环保目标或者迎接环保检查作出的影响工程项目施工的政府命令、通知等。其包括致使工程项目停工的停止原材料生产、停止生产、停止交通运输等停工类命令和提高执法力度从而导致施工费用成本增加类命令。

环保政策要求承包人在施工过程中遵守有关环境保护的法律法规的规定，采取控制和处理施工现场的各种粉尘、废气、废水固体废物以及噪声、振动对环境的污染和危害的措施。2017 年开始的环保风暴对传统粗放型经营的建筑施工行业造成极大影响，原料减产、项目停工、扬尘治理等导致施工成本大幅上升。近几年，随着《环境保护法》《大气污染防治法》《建设项目环境保护管理条例》等环保法律法规的颁布，各省市也针对建设项目制定了相应的实施条例、规章等文件，环保政策密集出台以及监管趋严势必对建筑业产生重大影响。因此，在国家生态环保政策面前，建筑施工企业应该在工程项目管理上积极采取环保合规措施予以应对。

一、主要风险

（一）发承包双方争议增加的风险

《建设项目环境保护管理条例》第十五、十六条明确要求落实环保设施，必须落实“三同时”（与主体工程同时设计、同时施工、同时投产使用）制度。建设单位应当将环境保护设施建设纳入施工合同，应当将防治扬尘污染的费用列入工程造价，作为不可竞争费用纳入工程建设成本，并在施工承包合同中明确施工单位扬尘污染防治责任。

同时，环保治理引发建筑材料价格上涨，施工单位除对施工现场材料费用进行覆盖外，还要使用洒水车、雾炮车降尘。首先是施工成本增加。其次是管理费、人工费用增加。环境管控致使很多施工企业停工，无生产，无财务流动，影响企业管理费用。因无法正常施工，建筑工人费用出现日结等极端现象，人工费用显著增加。最后是财务成本增加。从施工周期来说，时间越长，施工企业利润越低，环保管控常导致工期延长施工企业财务成本显著增加。

面对上述建设单位造价成本增加和施工企业的费用增加，如施工合同对此未作约定或约定不明，发承包双方很容易在施工过程中产生争议。关于因环保治理发生的费用增加，施工企业常对材料价格调差等提出要求；对明显亏损的项目，如建设单位拒绝调差，施工企业就会直接提出解除合同，由此引发的争议频发。

（二）工期延期风险

工期延期是指实际施工工期较计划工期的延长。无论环保政策是直接要求工程项目停工，还是为迎接环保检查而提高整治力度等，都会在一定程度上影响施工进度，造成工期延期在所难免。由于施工工期延长，相应的资金成本也会有不同程度的增加，主要体现在以下方面。(1)融资成本增加：建设工期的延长，将使建设融资期限延长，从而使融资成本增加。(2)人员成本增加：由于工期的延长与施工时间的不确定，会造成施工工人的流动性、变化性增大，短期的人员成本会有较大幅度增加。(3)材料费增加：受环保的影响，与建筑相关的上游产业的生产、运输等都受到相应的影响（主要为停工、停产、限产，限运等），从而导致原材料如钢筋、混凝土、砂石料等都有大幅度上涨，导致整个建设直接成本较大幅度增加。(4)机械费增加：机械使用时间的相应延长，使用成本增加，主要包括相应的设备租赁费、折旧费、维护费及相应的操作人员费用等。(5)文明施工费增加：受环保管理加强的影响，现场覆盖、扬尘治理、环保监测等所涉及的材料、机械、人工等费用都有不同程度的增加。以上各种费用的增加，将导致成本的增加和利润的下降，管理不善的甚至会导致亏损。

（三）停窝工损失及分担风险

因环保政策发生的政府停工令、封土令等，会导致工程项目停窝工损失增加，包括管理人员、民工人员停窝工损失、机械租赁费增加、周转料具费用增加等。而实务中对于政府停工令、封土令等是否属于不可抗力存在争议，故对由此出现的停窝工损失由谁承担问题难以处理，也容易争议不下：发包人会认为这是不可抗力，应由承包人自行承担；承包人认为这是属于不可归责于双方当事人的事由，损失应由双方合理分担。

（四）引发工程质量的风险

环保的深入治理对工程质量的影响是多方面的，主要由人员频繁更换、材料供应的频次增多以及管理上的松懈等造成。(1)人员影响：不连续的停工会导致一些技术工人的流动和更换，而工人的素质、操作水平不等，会导致施工质量的差异。(2)材料影响：受材料价格不稳定以及限产、限运等影响，很多材料量小、批次多、供料不连续，为了工期，频繁更换材料供应商等，对材料的质量有一定影响。(3)工序不连续的影响:由于一些混凝土工程量比较大且重要部位在施工时要求有连续性,若发生随机停工时,就可能对工程质量产生一定影响。

二、防范措施

(一)时刻了解环保政策的变动,制定及时的应对措施

环保政策对于建筑行业的影响不仅体现在建筑材料的市场价格上,还会对建筑行业的发展方向与经营理念造成巨大的影响,因而建筑企业需要进一步了解环保政策的变动,制定及时的应对措施。在环保政策越来越重要和严格的大环境下,建筑业的发展需要应对建筑材料价格的大幅度变动,应对环保税导致的建筑成本提升,同时积极响应国家大力推动绿色建筑的发展目标。

基于此,在环保政策日益趋紧的情况下,建筑业可采取以下发展策略:(1)呼吁相关部门基于环保政策的考量,出台切实有效的建材行业定价规范,严格限制对砂石等建筑材料囤积居奇的不正当竞争行为;(2)加强施工单位与材料供应商等下游企业的协商,共同确定相对合理的材料结算价格,并建立长久合作关系,以避免建材市场价格的突然变化导致施工单位面临缺少建材的尴尬局面;(3)建筑行业应大力推动建材及施工技术的革新与研发,基于建材市场材料紧缺的局面,不断探索替代材料,如以人工机制砂石替代天然砂石,或开发可再生砂石,以减少天然砂石的大量消耗,同时降低固体污染物的污染问题;(4)积极响应国家号召,树立绿色建筑理念,深化绿色建筑技术及材料的研究与发展,积极联合更多的建筑企业,发挥企业的规模化与集成化效应,搭建绿色建筑发展平台,构建绿色建筑发展机制,共同实现建筑企业的向好发展;(5)建筑企业需深入分析国家环保政策及行业政策,强化政企互动,了解政府意图,主动承担环境保护及生态发展的重要责任,不断探索降低建设成本、保证经济效益及环保效益的协调发展路径。

(二)强化合同管理,利用合同约定或签订补充协议解决问题

随着环保治理的不断升级,发包人和承包人在招标和签订合同时要合理评估风险,明确约定因环保政策引起的人工费和材料价格上涨程度过大时的调整方式。发包人要求承包人承担无限风险的,可能面临违反清单计价规范的风险,特别是在合同采用工程量清单计价模式的情况下。双方签订合同时倒不如从实际出发合理分担风险,如约定材料上涨超过合同价格5%时就应予以调整等。因为毕竟承包人从事建筑活动,也是以逐利为目的的,在项目确定亏损的情况下,承包人也不可能正常施工下去,要么偷工减料,要么拖延工期,都会对项目整体目标产生一定影响。因此,建议双方在签订合同时,本着互利共赢的原则,合理分担风险,避免产生不必要的纷争。

同时,在合同中合理预见环保政策风险,对环保政策可能的影响设置专门条款予

以约定。如应充分考虑环保政策给费用和工期造成的影响,对风险进行合理分担,在合同中明确约定环保政策导致的风险分担,如环保政策引起停工的工期顺延问题;停工导致的损失确定和承担问题;环保政策导致建材价格上涨的调差问题等。

如对因人工、材料、台班价格出现持续大幅度的涨落的调差等问题在合同中未作出明确规定,发承包双方应及时协商签订补充协议,解决价差调整等问题,以避免处理不当影响项目工期、施工质量等。

(三)跟进现场实际,及时向发包人申请调整合同价格、索赔费用

对于突发的、不可预见的环保政策造成的损失由谁承担,现行法律中没有明确规定,而环保政策导致的停工,既不属于发包人原因引起的,也不属于承包人原因引起的,与按监理人指示和紧急情况停工更是不搭边。因此建设工程示范文本(GF-2017-0201)"通用合同条款"约定并不适用。故在出现环保政策影响施工时,承包人应依据工程所在地省市针对该情况出台的相关文件精神及时与发包人协商,向发包人申请合同价格调整或费用索赔。即使在合同明确约定材料价格不予调整的情况下,对于政府行为造成工期延误以及环保政策导致的材料价格暴涨,施工单位也可援引情势变更原则和公平原则,要求调整材料价格。

(四)尽量实现将环保政策类政府命令转化为业主指令或监理人指令

因政府部门为实行环保政策而下达停工令、封土令等的,施工单位在实际操作中应尽量将其转化为业主指令或监理人指令,具体操作办法为:

一是让政府部门将停工令等发给业主单位,不要直接发给施工单位,由业主或其委托监理人向施工单位发出停工指令。这样,施工单位收到指令后,可以很顺利地向业主方申请合同价格调整、工期索赔等。

二是如政府部门直接要求工程停工,并未发出明确通知,对此施工单位应向业主方发函,要求业主方指令施工单位如何处理,施工单位按其指令进行处理,以规避自身责任。

(五)在客观分析事实与影响后,原则上协商解决

由于环保政策是否属于情势变更或不可抗力在司法实践中尚存在较大争议,通过诉讼或仲裁方式确定责任归属存在风险。因此,施工单位碰到环保政策影响施工的情况时,尽量避免通过诉讼或仲裁的方式解决,而是应根据事实发生的来龙去脉和所持证据情况,客观分析事态发展的趋势和影响,制定应对措施,一方面收集证据,与主管部门取得联系,获取有利证据;另一方面要求政府主管部门或行业协会的争议协调机构出面协商解决,尽可能取得业主方的理解。

三、典型案例

1. 上诉人(原审被告)安顺永×房地产开发有限责任公司、原审被告贵州凯×建设工程有限公司与被上诉人(原审原告)王某(安顺开发区南×酒店)噪声污染责任纠纷案①

【案例要点】

环境污染民事侵权案件适用无过错责任原则,实行举证责任倒置。本案中,只要原告提供证据证明被告实施了排放噪声污染环境的行为,造成其损害的事实,即完成了举证责任。而被告应就法律规定的免责事由及行为与损害结果之间不存在因果关系承担举证责任。举证不能的,推定其施工产生的噪声行为与原告的损害事实之间存在因果关系,其行为具备了民法上的违法性,不能排除其在民法上的赔偿责任。

【案情简介】

2013年6月7日,安顺开发区南×酒店(以下简称南×酒店)依法登记成为个体工商户,经营者为王某,经营场所位于安顺开发区星光路中段,经营范围为住宿、大型餐馆服务。

星光苑房产项目位于贵州省安顺市经济技术开发区星光路。该项目施工地点与南×酒店相邻,项目建设单位是安顺永×房地产开发有限责任公司(以下简称永×公司),施工单位是贵州凯×建设工程有限公司(以下简称凯×公司)。2013年4月,永×公司向安顺环保局经开分局递交关于星光苑房开项目的《建设项目环境影响报告表》。2013年4月26日安顺环保局经开分局对此出具安开环表审(2013)10号《审批意见》,该意见关于噪声的主要内容如下:施工期应选用低噪声设备,加强设备维护与管理,合理安排施工时间,施工现场合理布局,由于地处环境敏感区,距离周边居民、办公地点均较近,必须在噪声超标的敏感点设置声屏障阻挡或隔离噪声的传播。如未取得环保部门同意并未向附近居民进行公告,禁止在早6:00~8:00、中午12:00~14:00以及22:00后的时间内施工作业,确因工程需要须事先报经环保部门同意并向周围公告,严格执行《建筑施工场界环境噪声排放标准》(GB 12523—2011)。确保城市主次干道两侧区域和居住区声环境分别达到《声环境质量标准》(GB 3096—2008)2类标准要求。2013年5月10日,安顺环保局经开分局向星光苑房产项目颁发了贵州省排放污染物许可证,许可排放污染物种类包括“噪声:施工噪声”。

① 案号:(2014)黔高民终字第25号。

2013年5月,星光苑房产项目开始施工。2013年7月12日安顺市环境监测站对南×酒店现场调查并进行检测,共设置5个监测点,各个监测点在昼间(6:00～22:00)检测一次,监测结论为:本次南×酒店外环境噪声监测,共设5个噪声检测点,监测结果均超4类。南×酒店所处声环境为超4类。

2013年7月12日,安顺环保局经开分局向永×公司下达了《贵州省环境监察执法通知书》,该通知载明:"安顺永某房地产开发有限公司:由于你公司施工作业时产生噪声影响周围居民正常生活、居民反映较为强烈,现根据建设项目环境影响报告要求,责令你公司按以下几点要求执行:(1)必须在噪声超标的敏感点设置声屏障阻挡或隔离噪声的传播;(2)严格执行《建筑施工场届噪声污染排放标准》(GB－12522－2011)。"

2013年7月16日,永×公司向安顺环保局经开分局提交《关于减小"星光苑"项目噪音扰民的报告》。该报告载明:开发区环保局:由于周边单位及居民住房较多,不能采用爆破工艺,只能采用机械凿石,故给周围居民带来施工噪声污染。为了尽量减小噪声污染,我公司根据该项目的环评报告要求,作出一系列的处理措施。其处理方法如下:(1)严格按照环评报告中规定的施工时段进行作业;(2)尽量多使用化学膨胀剂辅助机械开挖;(3)机械作业台班尽量减少;(4)在靠星光路和南星酒店侧设立约6.0米(含围墙)高的隔音屏障。

在星光苑房产项目施工期间,王某对该项目的施工进行了视频拍摄,在拍摄的两段视频时长分别为2分钟左右的视频里,该工程施工产生了较大的噪声。

综上,2013年5月至7月16日星光苑房产项目施工期间,该项目施工给周围居民包括南×酒店带来了噪声污染。

另查明,星光苑房产项目建设起止期限为2013年5月至2014年11月。从2013年5月至9月,该项目一直在进行地基开挖机械施工。

另查明,星光苑房产项目是否按照《关于减小"星光苑"项目噪音扰民的报告》确定的处理方法进行施工,尚无确切证据证明。

一审中,南×酒店诉称:原告于2012年10月投资设立南×酒店,每月营业收入均为100万元左右。自2013年5月起,由被告永×公司开发、凯×公司承建的星光苑房产项目开始施工,施工地点位于原告经营的南×酒店隔壁。由于两被告未采取有效防治措施,施工产生了严重的噪声污染,对原告酒店经营产生严重影响,每月的营业收入均减少了近30万元,给原告造成巨大的经济损失。请求判令两被告立即采取有效措施停止对原告的噪声污染侵权行为;并连带赔偿原告因噪声污染侵权造成的损失。

【判决要旨】

一审法院认为,本案被告施工噪声客观存在,噪声对原告实际产生影响的事实客观存在,对原告的经营会造成一定的影响并会造成一定的经济损失也是客观存在。因此应由二被告对原告进行一定的经济赔偿,酌情由被告自施工时(2013年5月)至原告起诉时止(2013年9月)每月支付给原告3万元作为营业损失赔偿。一审法院判决:限被告永×公司、凯×公司于判决生效之日起20日内共同赔偿原告王某人民币150,000元。

二审法院认为,本案永×公司、凯×公司噪声污染侵权事实存在,南×酒店损害客观存在,二者存在因果关系。永×公司、凯×公司的噪声污染行为符合原《侵权责任法》第六十五条规定的环境污染责任构成要件,依法应当承担侵权损害赔偿责任。判决驳回上诉,维持原判。

【点评分析】

本案涉及的是建设工程环境污染损害赔偿问题。

建筑施工噪声是指在建筑施工过程中产生的干扰周围生活环境的声音,是施工对环境造成的污染源之一。从本案的经过和结果来看,本案应属噪声污染责任纠纷。法院之所以认定永×公司的授权施工行为、凯×公司的施工行为共同产生噪声污染,均属对南×酒店的加害行为,共同造成其损害,对案涉的损害后果承担全部责任。主要基于以下几点:第一,本案相关证据与事实充分表明,本案星光苑房产项目施工行为确实产生噪声,并且有超标的情形,应可以认定存在噪声污染行为。第二,排污是否超标不是承担侵权责任的界限。环境污染损害责任适用无过错责任原则,国家或者地方规定的污染物排放标准,是环境保护主管部门决定排污单位是否需要缴纳排污管理费和进行环境管理的依据,并不是确定排污者是否承担赔偿责任的界限。即使排污符合标准,给他人造成损害的,也应当根据有损害就要赔偿的原则,承担赔偿责任。第三,永×公司、凯×公司辩称,其施工办理了排污许可证,施工符合操作规范,噪声污染超标没有证据证明,不存在侵权的理由不成立。

【实务提示】

对施工企业而言,对于施工噪声问题应当积极干预治理,如国家规定,施工现场噪声排放不得超过国家标准《建筑施工场界环境噪声排放标准》(GB 12523—2011)。若要使噪声排放量达到规定要求,施工企业在施工过程中必须采取控制措施,否则,将承担环境侵权责任。

2. 上诉人李某、庞某娟与被上诉人郑州兴×置业有限公司商品房预售合同纠纷案[①]

【案例要点】

政府可能为应对大气污染发布停工令,政府发布的停工令作为不可抗力事件应符合合同约定或者法律规定。如果商品房预售合同中约定政府为应对大气污染发布停工令导致的停工系不可抗力,免除相应违约责任,应按照合同约定处理。在无约定情况下,应根据法律规定进行认定。

【案情简介】

被告郑州兴×置业有限公司(以下简称兴×公司)系房地产开发商,其开发了位于上××××路北侧、孟津路东侧"上街第一城"商品房小区。2016 年 9 月 6 日,原告与被告签订《商品房买卖合同》(合同编号:SJ16002714792)一份,约定原告以 458,915 元的价格购买被告出售的位于上街区××东路××院××单元××商品房××套,合同签订后,原告依约履行了其付款义务。合同第八条约定涉案房屋交付日期为 2017 年 12 月 31 日,交付房屋时应具备验收合格并依法向有关部门备案,配套和共同设施完成,第九条约定如被告逾期交房应按总房款的日万分之三的标准向原告支付逾期违约金。2016 年 9 月 6 日自原告、被告双方签订合同后至双方约定的交房日期为 2017 年 12 月 31 日,河南省环境污染防治攻坚战领导小组办公室、郑州市环境污染防治攻坚战领导小组办公室、郑州市上街区住房和城乡规划建设局、郑州市上街区新安路街道办事处、郑州市上街区住房和城乡规划建设局等政府部门,对辖区内的建筑工地等施工项目多次下达停工、封土、限土令,要求全区停止各类建筑工程土石方作业、房屋拆迁施工、停止道路工程、水利工程、土地整治等土石方作业,并整治验收的文件和通知。自原告、被告签订合同至被告书面向原告邮寄交房通知,经核算原告所购买房屋小区分时段停止施工累计 107 天。同时原告、被告双方签订的《商品房买卖合同》第八条约定:"出卖人如遇城市人民政府重大城市规划、市政工程、地下文物等影响合同项下房屋建设的,可顺延交房日期。"

2017 年 10 月 25 日,被告开发的小区达到交房条件,被告以邮寄的方式书面通知原告到被告公司办理交房手续,原告未签收邮寄单也未到被告处办理交房手续。

【判决要旨】

一审法院认为,由于在施工过程中,遇政府下达停工、封土令等客观原因,致使原

---

① 案号:(2018)豫 01 民终 16553 号。

告所购买的房屋停工 107 天，无法进行施工，该原因符合双方签订的《商品房买卖合同》第八条的约定，属不可抗力等不能遇见的原因所造成的，交房日期应予顺延至 2018 年 3 月 17 日，在该期限内被告已于 2017 年 10 月 25 日向原告邮寄书面通知，告知原告到被告处办理交房手续，原告未到被告公司办理，故原告诉请被告逾期交房已构成违约，并支付违约金 33,317 元的主张，该院不予支持。判决驳回原告李某、庞某娟的诉讼请求。

二审法院认为，现有证据显示，导致被上诉人逾期交房的原因中存在施工过程中，遇政府下达停工、封土令等不可归责于被上诉人的客观原因。一审法院考虑该实际情况，认定被上诉人的交房时间应顺延至 2018 年 3 月 17 日，其间，被上诉人已向上诉人邮寄书面通知办理交房手续，但上诉人未予办理，进而认定被上诉人不支付违约金并无不当。上诉人的上诉理由不能成立，应予驳回。判决驳回上诉，维持原判。

【点评分析】

本案涉及的是因环保政策政府下达停工限产等政府行为是否属于不可抗力及对开发商逾期交房违约责任的影响问题。

我国《民法典》第一百八十条第二款规定，不可抗力是不能预见、不能避免且不能克服的客观情况。政府发布的停工命令作为不可抗力事件应符合合同约定或者法律规定，房地产开发企业能否凭此免除逾期交房违约责任需根据房地产开发企业对政府发布停工命令是否可预见、停工命令对工期是否有影响、房地产开发企业是否通知购房者等事实予以确定。本案中，政府发布停工限产令的时间发生在商品房预售合同签订之后至合同约定的交房期限之前，且政府因大气污染发布停工命令影响的停工天数已超出房地产开发企业在签订合同时的预见范围。房地产开发企业也在合理期限内将停工命令导致工程停工的事实通知购房者并提供政府印发的停工文件、天气情况记录、工地监理日志等证据予以证明。所以法院综合事实和证据认定政府发布的停工令作为不可抗力事件符合本案合同约定，判决房地产开发企业不承担责任。

笔者需要提醒的是，司法实践中对停工令等政府行为是否属于不可抗力存在一定争议，本案是法院支持的判例，但也有否定的案例，如(2019)豫 0184 民初 3331 号民事案件认定，关于房产公司辩称因政策原因导致逾期交房，因扬尘治理采取的封土令并非 2017 年才开始实施，房产公司在约定交房日期时也应当对此项因素予以充分考虑，故法院对该项辩称不予采信。

而且从目前的主流观点来看，还是倾向认定不属于不可抗力。因此，具体还是要看个案合同的约定和证据的综合认定。对此，施工企业应注意。

【实务提示】

因贯彻国家环保政策要求，为改善环境污染，对重点区域进行综合治理针对高能耗高污染重点行业所下发的停工令，应当属于一般当事人无法预见的，且不属于正常商业风险，但理论上建筑施工企业可通过技术更新或者产业升级等方式进行克服。因此，对于建筑施工企业而言并非不可克服，但因对企业影响巨大，笔者认为宜认定为情势变更。

第十六章

无证施工法律风险与防范

根据《建筑法》《城乡规划法》《土地管理法》等法律法规的规定，一个工程项目合法开工建设，必须具备建设用地规划许可证、建设工程规划许可证、国有土地使用权证、建筑工程施工许可证四个证书。通常建筑工程实务中所讲的“无证施工”的证书是指建筑工程施工许可证。其实从工程项目立项到建设过程看，建筑工程施工许可证只是施工许可的末端证书。在此之前的其他证书也有重要价值且是合法取得建筑工程施工许可证的前提条件。

实践中，尽管上述“四证”依照规定是由建设单位负责办理的，但是建设单位未完全取得“四证”即开工建设的工程屡见不鲜，有的建设单位能够在工程施工过程中补办齐全“四证”，有的建设单位甚至在工程竣工时都还没办理齐全“四证”。“四证”不齐全就开工，不仅意味着工程施工不合法，而且建设单位可能随时面临建设行政主管部门责令停工等处罚，建设单位与建筑施工企业之间也可能产生本不该发生的纠纷。本章从建筑施工企业的角度阐释“无证施工”的法律风险与防范。

一、主要风险

（一）遭受行政处罚的风险

建筑工程施工许可证是施工单位符合各种施工条件、允许开工的法律凭证。根据我国《建筑法》第八条规定，“申请领取施工许可证，应当具备下列条件：（一）已经办理该建筑工程用地批准手续；（二）依法应当办理建设工程规划许可证的，已经取得建设工程规划许可证……”由此可见，建设工程规划许可证是办理施工许可证的必要条件，无工程规划许可则意味着建设单位必然无法办理施工许可证。根据《建筑法》第六十四条的规定：“违反本法规定，未取得施工许可证或者开工报告未经批准擅自施工的，责令改正，对不符合开工条件的责令停止施工，可以处以罚款。”《建筑工程施工许可管理办法》第十二条规定，对于未取得施工许可证或者为规避办理施工许可证将工程项目分解后擅自施工的，由有管辖权的发证机关责令停止施工，限期改正，对建设单位处工程合同价款1%以上2%以下罚款；对施工单位处3万元以下罚款。

《建设工程质量管理条例》以及各地方行政条例也都对未取得施工许可证或者开工报告未经批准擅自施工的行为处以高额罚款，对于建设单位及施工单位均有处罚规定。其中“工程合同价款1%以上2%以下的罚款”中的工程合同价款在实践中多解释为已开工建设的工程合同价款，并非整个工程合同价款。

（二）《建设工程施工合同》被认定无效的风险

《最高人民法院关于审理建设工程施工合同纠纷案件适用法律问题的解释（一）》第三条规定，当事人以发包人未取得建设工程规划许可证等规划审批手续为由，请求确认建设工程施工合同无效的，人民法院应予支持，但发包人在起诉前取得建设工程规划许可证等规划审批手续的除外。由此可见，我国法律对于未取得建设工程规划手续而签订的《建设工程施工合同》效力规定得非常明确，人民法院、仲裁机构在审理案件时首先会主动依职权对双方当事人签订的合同效力进行审查，此时，如果出现未取得建设工程规划手续的情形，则会依据上述法律的规定，认定《建设工程施工合同》无效。

（三）承包人权益难以保障和实现的风险

1. 承包人已完工程被认定为违法建筑、依法拆除，从而无法结算工程款的风险。

根据《土地管理法》《城乡规划法》等相关法律法规的规定，在城市规划区内，未取得建设工程规划许可证或者违反建设工程规划许可证的规定建设，严重影响城市规划的建筑，为违法建筑。对于违法建筑，《城乡规划法》第六十四条明确规定了处理方式，即由县级以上地方人民政府城乡规划主管部门责令停止建设；尚可采取改正措施消除对规划实施的影响的，限期改正，处建设工程造价5%以上10%以下的罚款；无法采取改正措施消除影响的，限期拆除，不能拆除的，没收实物或者违法收入，可以并处建设工程造价10%以下的罚款。虽然违法建筑被拆除受影响最大的是建设单位，但作为施工单位，由于已完工程属于违法建筑，而违法建筑具有不可利用性，此时，施工单位会面临结算没有法律依据以及没有工程实体（被拆除的情况下）依据等法律风险，只能依据缔约过失原则，请求发包人在其过错范围内予以适当赔偿。

2. 承包人垫资利息、违约金条款等无法主张的风险。

建设项目尚未取得“四证”的，属于违章建筑，在诉讼及执行中面临无法保全、执行建筑物的风险。同时，在工程无规划许可手续的前提下，双方在施工合同中约定的垫资利息、违约金条款由于不属于争议解决方法、结算和清理条款，所以会随着合同被确认无效而自始无效。此时，承包人面临主张垫资利息、违约金等无合同依据的风险。

（四）工程停工损失的风险

根据相关法律规定，对于不符合开工条件，未取得施工许可证施工的，行政主管部门可以责令停止施工。停工可能导致施工单位人、材、机费用损失，管理费增加等，直接增加施工单位成本。

（五）面临工期违约的风险

未取得施工许可证施工，不符合开工条件可能会导致行政主管部门责令停工，而从司法实践看，施工单位不能以"未取得施工许可证"为由主张推迟工期的起算点，也难以"未取得施工许可证被责令停工"为工期顺延的理由，因此带来了较大的工期违约风险。

（六）可能无法行使工程价款优先受偿权的风险

《民法典》第八百零七条规定，发包人未按照约定支付价款的，承包人可以催告发包人在合理期限内支付价款。发包人逾期不支付的，除根据建设工程的性质不宜折价、拍卖外，承包人可以与发包人协议将该工程折价，也可以请求人民法院将该工程依法拍卖。建设工程的价款就该工程折价或者拍卖的价款优先受偿。从该规定不难看出，承包人就工程折价或者拍卖的价款享有优先受偿权的前提是该工程不存在按照其性质不宜折价、拍卖的情形。而未取得工程规划许可证的工程属于违法建筑，此建筑因违反法律禁止性规定，无法取得不动产所有权，工程系属不可折价、拍卖的工程。最高人民法院判例已明确认定承包人对违法建筑工程等工程价款不享有优先权。

（七）企业不良记录信用风险

未取得施工许可证施工属于行政违法行为，如果企业因该行为受到行政处罚，国家企业信用信息公示网、全国建筑市场监管公共服务平台、企业档案等信息公示平台会记载相关违法行为，给企业市场投标、奖项评选、品牌形象塑造等造成不良影响。

二、防范措施

（一）事前预防

1. 投标前，建筑施工企业应做好项目审查工作，必要时可对拟参与投标的建设项目进行尽职调查，对项目和建设单位的基本情况进行客观、全面、细致审查。审查内容和方式主要包括向有关审批单位了解和实地考察项目情况，查询招标备案情况，检索住建部门官方网站相关信息，了解建设单位是否具备经营资格、是否依法取得营业执照和税务等级、是否按规定年检、报建手续是否完备、企业信用是否良好等。同时，着重核实该建设项目是否取得"国有土地使用证"和"建设用地规划许可证"；合同签订前，核实该建设项目是否取得"建设工程规划许可证"；进场施工前，核查该建设项目是否办理了“建筑工程施工许可证”。

2. 签订合同阶段，注意具体细化合同关于工程质量、工期、价格、结算方式等条款的约定，即使合同无效，只要工程经竣工验收合格，承包人就可请求参照合同的约定折价补偿工程价款等。

合同条款中可明确约定：因发包方原因而导致无法按约定日期开工应向承包方承担的违约责任，如工期顺延、窝工损失赔偿……超过××天仍无法取得施工许可时，承包方享有合同的单方解除权等。

（二）事中控制

如果发包人在未取得许可证的情况下强令开工，承包人有权拒绝开工，并发出书面函件敦促建设单位尽快办理施工许可证等项目施工应有手续文件。发出书面函件告知项目的监理单位当前项目尚未取得施工许可证，尚不具备开工条件的事实情况。

若发包人强制要求开工，承包人又无法拒绝，此时承包人可以争取让发包人以纪要、函件、承诺书等书面形式承诺其单方面承担行政处罚、补偿或赔偿施工降效或停工损失、工期顺延等责任。

同时，在施工合同履行过程中，注意收集并固定相关证据，做好各种签证、会议纪要、工作联系单等的管理工作，尤其对已完工程量，发包人、监理方及承包人应及时进行确认，以防纠纷发生后举证困难或通过烦琐的鉴定来认定。

（三）事后救济

1. 发包人能办理而未办理“四证”的情况。

《最高人民法院关于审理建设工程施工合同纠纷案件适用法律问题的解释（一）》第三条第二款规定，发包人能够办理审批手续而未办理，并以未办理审批手续为由请求确认建设工程施工合同无效的，人民法院不予支持。诉讼中，建设工程承包人若有证据证明发包人能够办理审批手续而未办理，可依据此款规定，要求法院确认建设工程施工合同有效，维护自身的正当权利。

2. 发包人不能办理“四证”的情况。

这种情况致使施工合同无效的，根据《民法典》第七百九十三条，《最高人民法院关于审理建设工程施工合同纠纷案件适用法律问题的解释（一）》第二十四条、第三十八条等规定，若建设工程竣工验收合格，承包人可以请求发包人参照合同约定支付工程价款。值得注意的是，此时只要承包人承建的工程不被认定为违法建筑，承包人就有权享有工程价款优先受偿权，所以应积极主张这一权利，充分争取合法权益。

三、典型案例

1. 发包人沈阳永×房地产有限公司与承包人中建×局土木工程有限公司建设工程施工合同纠纷案[①]

【案例要点】

因发包人未办理施工许可证,导致施工行为不具有合法性,承包人可停止施工,致使目的已无法实现的,可解除合同。

【案情简介】

2010年10月20日,沈阳永×房地产有限公司(以下简称永×公司)作为发包人与中建×局土木工程有限公司(以下简称中建×局)作为承包人签订一份《建设工程施工合同》,约定发包人将位于沈阳市于洪区汪河路的紫都饭店工程发包给承包人。2010年11月12日,双方又签订一份《紫都饭店施工补充协议》,永×公司为甲方,中建×局公司为乙方,进一步明确了双方在施工合同中的权利及义务。其中,第三条约定:承包范围按甲方提供的工程施工图中除去预埋(留)、暗配、构件(或设备、部件等)安装及调整后的堵补均由乙方负责施工,甲方不予增加工程款。第四条约定:承包方式,按承包范围,包人工、包材料、包机械、保工期、保质量,乙方须按合同约定及甲方提供的本工程施工图纸全部内容进行施工,以及因设计变更或甲方另行增减的工程项目。第七条约定:合同价款以实际结算为准,工程造价执行2004年辽宁省建筑工程消耗量定额,按相关费率文件执行三类取费。付款方式,全部工程款以商品房抵顶,以在建的公寓砍块,顶房价格为甲方开盘价。在其他费用中约定甲方向乙方提供施工用电,并挂表进行计量,电费由甲方向电业局代缴,甲方在工程进度款中进行扣除,按实结算。第九条约定:甲方责任,甲方负责办理土地征用、拆迁补偿、施工许可证、施工临时占用道路等合法手续,乙方协助办理。第二十二条约定:工期待工程手续办完确认。等等。

之后,中建×局于2010年12月进场做施工前准备,2011年3月开始施工。由于永×公司未能取得诉争工程的建设工程施工规划许可证、建设工程施工许可证,该工程存在边建设、边补办规划建设等审批手续的情况,在施工过程中中建×局多次以函件形式向永×公司反映上述问题,永×公司亦复函称边施工边办手续系政府及相关领导所要求。2011年9月5日,沈阳市于洪区城乡建设局给中建×局出具了一份《责

① 案号:(2018)最高法民申1282号。

令改正通知书》(改字2011第303号),以施工单位存在业内、模板、脚手架、临电、机械、文明施工等方面违法违规行为,责令中建×局进行限期整改。中建×局于2012年4月停工撤场,施工现状:A座、B座完成五层土建施工,C座完成三层土建施工。

中建×局于2012年11月向法院提起诉讼,主张解除合同,由永×公司支付其工程款及利息。一审判决后,永×公司不服提起上诉,二审判决后,其又向再审法院提起申请再审。

【判决要旨】

一审法院认为,由于永×公司未履行办理施工许可证的义务,导致中建×局无法施工、中途撤场,原告与被告签订的《建筑工程施工合同》、《紫都饭店施工补充协议》无法继续履行。根据原《合同法》第九十四条第四项的规定,中建×局与永×公司签订的《建筑工程施工合同》《紫都饭店施工补充协议》应予解除。在本案合同解除的情况下,由于中建×局对涉案工程进行施工,并已取得了一定的工程成果,故永×公司应向中建×局支付已完工程的工程费用。判决解除合同,被告给付原告工程款及利息。

二审法院认为,建设工程施工许可证是建设单位进行工程施工的法律凭证,也是房屋权属登记的主要依据之一。根据永×公司与中建×局之间的约定,案涉工程的许可证应由永×公司负责办理。在案涉工程施工过程中,经中建×局多次催告,永×公司仍未按照约定履行其所负的办理建设工程施工许可证的义务。因永×公司不履行该义务的情形,故中建×局可以要求解除合同。一审法院依中建×局请求判令解除双方之间签订的《建筑工程施工合同》、《紫都饭店施工补充协议》并无不妥,法院予以维持。

再审法院认为,本案系因永×公司未能履行办理施工许可证的合同义务,导致案涉工程的施工行为不具有合法性,中建×局因案涉工程未办理施工许可证而停止施工的行为符合法律规定。原审认定永×公司的违约行为致使案涉施工合同目的已经无法实现,并依据《合同法》第九十四条第四项的规定,解除案涉《建设工程施工合同》、《紫都饭店施工补充协议》,同时判令永×公司自中建×局诉请解除合同时起向中建×局承担应付而未付的工程款资金占用期间的利息损失赔偿责任,认定事实及适用法律并无不当。

【点评分析】

本案涉及的是未办理建设工程施工许可证而导致施工不合法的,承包人是否可以停止施工并主张解除合同的问题。

《建筑法》第七条第一款规定,建筑工程开工前,建设单位应当按照国家有关规定向工程所在地县级以上人民政府建设行政主管部门申请领取施工许可证。《最高人民法院关于审理建设工程施工合同纠纷案件适用法律问题的解释(一)》第三条第一款规定,当事人以发包人未取得建设工程规划许可证等规划审批手续为由,请求确认建设工程施工合同无效的,人民法院应予支持,但发包人在起诉前取得建设工程规划许可证等规划审批手续的除外。根据上述法律和司法解释规定,未取得施工许可证的,并不影响施工合同的效力。但是,未取得施工许可证,会导致施工行为不具备合法性的前提条件。因为施工许可证是建设单位、施工单位符合施工条件并经行政管理机关允许开工建设的批准文件,因此办理施工许可证是案涉工程合法施工的前提。

本案中,发包人永×公司关于未办理施工许可证不影响案涉工程施工的主张没有法律依据。案涉《紫都饭店施工补充协议》第九条第三项约定,永×公司负责办理土地征用、拆迁补偿、施工许可证、施工临时占用道路等合法手续,中建×局协助办理。故发包人永×公司系办理案涉工程施工许可证的责任主体。而案涉工程迄今为止仍未取得施工许可证。永×公司主张系中建×局未履行协助义务导致其未能办理施工许可证,但并未提供相应的证据证明,且中建×局在进场施工后曾多次发送函件催告永×公司办理施工手续。故本案系因永×公司未能履行办理施工许可证的合同义务,导致案涉工程的施工行为不具有合法性,中建×局因案涉工程未办理施工许可证而停止施工的行为符合法律规定。原审和再审法院均认定永×公司的违约行为致使案涉施工合同目的已经无法实现,并依据原《合同法》第九十四条第四项的规定,解除案涉《建设工程施工合同》、《紫都饭店施工补充协议》,符合事实和法律规定。

【实务提示】

办理施工许可证虽然系建设单位的义务,但施工单位亦负有配合提供资料的义务,如施工单位在合同履行过程中未发函指出已经就其自身提供的资料做好准备待发包人办理手续时可随时提供的往来函件,也有被法院判令承担一定过错责任的判例。因此,作为施工单位在无施工许可证的情况下进场施工时,务必要发函要求发包人积极办理施工许可证;被责令停工时,要及时发函;出现停工损失的情况下,要积极进行索赔。

2. 承包人华×建设集团股份有限公司与发包人上海元×化工制造有限公司建设工程施工合同纠纷案[①]

【案例要点】

无证施工,发包人难以追究承包人逾期完工违约责任。

① 案号:(2015)沪一中民二(民)终字第783号。

【案情简介】

华×建设集团股份有限公司(以下简称华×公司)与上海元×化工制造有限公司(以下简称元×公司)于2009年7月4日签订《建设工程施工合同》,约定华×公司承建元×公司新建二期厂房工程,开工日期暂定为2009年8月15日,竣工日期暂定为2010年6月15日。合同签订后,元×公司在未办理施工许可证的情况下,于2009年12月9日签发了《工程开工令》。2010年1月7日,上海市某某区建设工程安全质量监督署向元×公司、华×公司发出了《建设工程局部暂停施工整改指令单》。2010年11月25日,浦东新区建交委以华×公司、元×公司在未办理施工许可证的情况下擅自进场施工为由,对双方予以警告并处以1万元和2万元罚款。2011年4月15日,元×公司取得施工许可证。同日,上海市某某区建设工程安全质量监督署发出《建设工程局部暂停施工整改完成复查意见书》,同意恢复施工。2014年1月,华×公司诉至一审法院,提出要求判令元×公司支付工程余款等诉讼请求,元×公司提出反诉,并提出要求华×公司承担工程延误违约金等诉讼请求。

【判决要旨】

一审法院认为,元×公司未取得施工许可证擅自开工,质监部门在开工不久即下发了暂停施工整改通知,之后浦东新区建交委又进行了行政处罚。虽然元×公司于2011年4月取得了相关审批手续,但从元×公司于2011年3月即对涉案建设项目进行试生产的事实来看,本案建设项目工程范围内的施工内容基本上都在无证施工状态下完成,其不能就违法施工的期间享有工期利益,之后华×公司虽就质量问题进行了整改修复,但也是处于边整改边使用状态。元×公司主张逾期竣工违约金,法院不予支持。

二审法院认为,根据建筑法的规定,建设工程施工必须取得施工许可证。本案中,元×公司在无施工许可证的情况下对华×公司下达开工指令,华×公司明知元×公司未取得施工许可证而进行施工,双方的行为均违反了建筑法规定。元×公司作为建设方,其不能就违法施工的期间享有工期利益。元×公司主张的延期违约金,无事实依据,法院不予支持。

【点评分析】

本案涉及的是发包人未取得施工许可证擅自开工情形下,其能否就违法施工的期间享有工期利益的法律问题。

从上述案例可以看出,对于发包人主张对无证施工期间享有工期利益,一审、二审法院均对该主张不予支持,笔者赞同法院的裁判观点。简单来讲,就是无证施工的期间不能计算至承包人工期内。其理由在于,无施工许可证擅自进行施工属于违法施工行为,且办理施工许可证是发包人的义务,过错在于发包人自身。因此,因发包人自身过错所导致的损失自然应由其自身承担。

由此笔者建议，一方面，施工企业应当对无证施工期间的施工情况进行记录并妥善保管，便于在日后可能发生的争议中能够提供充分的证据做出对己方有利的举证。另一方面，作为发包人，应当积极、及时地履行办理施工许可证的义务，否则无证开工情形下难以追究承包人逾期完工违约责任，可谓得不偿失。

【实务提示】

无证施工危害大、风险多，各项目主体要依法依规办理建设手续，勿图一时之快，触碰法律红线。只有依法合规建设，才能更好保障建筑工程的质量和安全，最大限度地保护发包、承包双方的利益。

第十七章

政府投资项目“未批先建”法律风险与防范

“未批先建”是指政府投资项目在开工前，未按照《建筑法》《建设工程质量管理条例》《城乡规划法》《政府投资条例》《环境影响评价法》等法律法规的规定办理相关审批手续，在不符合相关法律法规规定的情况下即开工建设的行为。

在政府投资项目中，一些地方政府为了自身业绩或者追求工程进度，往往在项目依法办理相关审批手续之前即要求相关单位进行建设，导致出现“未批先建”违规现象。根据《建筑法》《建设工程质量管理条例》《政府投资条例》等相关法律法规的规定，政府投资项目在开工前应完成或取得批准的重要审批程序可以分为：(1)立项用地规划许可程序，其中主要包含政府投资项目建议书审批、可行性研究报告审批、初步设计审批、建设用地(含临时用地)规划许可证核发；(2)工程建设许可程序，主要内容为建设工程规划类许可证核发；(3)施工许可程序，主要内容为建筑工程施工许可证核发；(4)其他审批程序，主要内容为建设项目环境影响评价审批等。因此，政府投资项目在开工前若未完成相关审批手续，则可能会遭受一定的处罚。

一、主要风险

(一)违反立项用地规划许可的行政违法风险

《城乡规划法》第三十七条第一款规定，在城市、镇规划区内以划拨方式提供国有土地使用权的建设项目，经有关部门批准、核准、备案后，建设单位应当向城市、县人民政府城乡规划主管部门提出建设用地规划许可申请，由城市、县人民政府城乡规划主管部门依据控制性详细规划核定建设用地的位置、面积、允许建设的范围，核发建设用地规划许可证。第三十八条第二款规定，以出让方式取得国有土地使用权的建设项目，建设单位在取得建设项目的批准、核准、备案文件和签订国有土地使用权出让合同后，向城市、县人民政府城乡规划主管部门领取建设用地规划许可证。

《政府投资条例》第九条第一款规定：“政府采取直接投资方式、资本金注入方式投资的项目(以下统称政府投资项目)，项目单位应当编制项目建议书、可行性研究报告、初步设计,按照政府投资管理权限和规定的程序,报投资主管部门或者其他有关部门审批。”第三十四条规定:“项目单位有下列情形之一的,责令改正,根据具体情况,暂停、停止拨付资金或者收回已拨付的资金,暂停或者停止建设活动,对负有责任的领导人员和直接责任人员依法给予处分:(一)未经批准或者不符合规定的建设条件开工建设政府投资项目……”

根据上述规定,若政府投资项目未完成立项用地规划许可程序的,可能会受到如下处罚:(1)暂停、停止拨付资金或收回已经拨付的资金;(2)暂停或者停止建设活动;(3)对相关责任人员予以处分。

(二)违反工程建设许可规定的民事法律后果及行政违法风险

《最高人民法院关于审理建设工程施工合同纠纷案件适用法律问题的解释(一)》第三条第一款规定,当事人以发包人未取得建设工程规划许可证等规划审批手续为由,请求确认建设工程施工合同无效的,人民法院应予支持,但发包人在起诉前取得建设工程规划许可证等规划审批手续的除外。

《城乡规划法》第六十四条规定,未取得建设工程规划许可证或者未按照建设工程规划许可证的规定进行建设的,由县级以上地方人民政府城乡规划主管部门责令停止建设;尚可采取改正措施消除对规划实施的影响的,限期改正,处建设工程造价5%以上10%以下的罚款;无法采取改正措施消除影响的,限期拆除,不能拆除的,没收实物或者违法收入,可以并处建设工程造价10%以下的罚款。

根据上述规定,若建设单位未取得建设工程规划许可证,可能面临的民事法律后果和行政法律责任为:(1)若建设单位未取得建设工程规划许可证且在起诉前未补正,施工合同将被人民法院认定为无效合同。(2)地方人民政府行政主管部门将责令工程停止建设、限期改正、限期拆除、没收实物或者违法收入,并处以高额罚款。

(三)违反施工许可规定的行政违法风险

《建筑法》第七条规定,建筑工程开工前,建设单位应当按照国家有关规定向工程所在地县级以上人民政府建设行政主管部门申请领取施工许可证;但是,国务院建设行政主管部门确定的限额以下的小型工程除外。按照国务院规定的权限和程序批准开工报告的建筑工程,不再领取施工许可证。

《建筑法》第六十四条规定:“违反本法规定,未取得施工许可证或者开工报告未经批准擅自施工的,责令改正,对不符合开工条件的责令停止施工,可以处以罚款。”

《建设工程质量管理条例》第五十七条规定:“违反本条例规定,建设单位未取得施工许可证或者开工报告未经批准,擅自施工的,责令停止施工,限期改正,处工程合同价款1%以上2%以下的罚款。”

《建筑工程施工许可管理办法》第三条第一款规定:“本办法规定应当申请领取施工许可证的建筑工程未取得施工许可证的,一律不得开工。”

《建筑工程施工许可管理办法》第十二条规定:“对于未取得施工许可证或者为规避办理施工许可证将工程项目分解后擅自施工的,由有管辖权的发证机关责令停止施工,限期改正,对建设单位处工程合同价款1%以上2%以下罚款;对施工单位处3万元以下罚款。”

《建筑工程施工许可管理办法》第十五条规定:“依照本办法规定,给予单位罚款处罚的,对单位直接负责的主管人员和其他直接责任人员处单位罚款数额5%以上10%以下罚款。单位及相关责任人受到处罚的,作为不良行为记录予以通报。”

根据上述规定,未取得施工许可证即开始施工的,可能遭受以下行政处罚:(1)由相应的主管部门责令项目停工,并处以一定金额的罚款;(2)对单位直接负责的主管人员罚款,并作为不良行为记录予以通报。

(四)未批先建存在的环境法律责任风险

《环境保护法》第一百零一条第二款规定,“违反本法规定,建设单位未依法报批或者报请重新审核环境影响报告书(表),擅自开工建设的,由生态环境主管部门或者海警机构责令其停止建设,根据违法情节和危害后果,处建设项目总投资额百分之一以上百分之五以下的罚款,并可以责令恢复原状;对建设单位直接负责的主管人员和其他直接责任人员,依法给予处分。建设单位未依法备案环境影响登记表的,由生态环境主管部门责令备案,处五万元以下的罚款”。

《环境影响评价法》第三十一条规定,“建设单位未依法报批建设项目环境影响报告书、报告表,或者未依照本法第二十四条的规定重新报批或者报请重新审核环境影响报告书、报告表,擅自开工建设的,由县级以上生态环境主管部门责令停止建设,根据违法情节和危害后果,处建设项目总投资额百分之一以上百分之五以下的罚款,并可以责令恢复原状;对建设单位直接负责的主管人员和其他直接责任人员,依法给予行政处分。建设项目环境影响报告书、报告表未经批准或者未经原审批部门重新审核同意,建设单位擅自开工建设的,依照前款的规定处罚、处分。建设单位未依法备案建设项目环境影响登记表的,由县级以上生态环境主管部门责令备案,处五万元以下的罚款”。

根据上述规定,未进行环评即开始建设的,根据情节和后果,可能遭受处罚为:(1)停工处罚、高额罚款、恢复原状;(2)对直接负责的主管人员和其他直接责任人员给予行政处分等处罚。

二、防范措施

政府投资项目“未批先建”存在多种法律风险,轻则导致项目被停工、责任人被罚款,重则项目可能被限期拆除,导致彻底无法进行建设。因此,建筑施工企业对此要提升法律意识,强化风控应对。

(一)共同遵循法律原则,防范政府投资项目风险

为有效管理政府投资项目的法律风险,实务中应遵循以下原则:(1)法律至上原则。合法是一切政府投资工作的前提,各项投资管理活动中都必须严格遵循国家法律法规及内部制度,这既是对党和人民负责,也是对自己的政治前途负责。(2)决策过程同步合规原则。所有决策作出的过程中都应当同步考虑法律风险,法律风险应当作为关键因素之一纳入项目管理决策过程,确保投资经营的法律风险控制在可承受的范围内。切不可不顾风险先决策,后面再补救。(3)全员参与、全程开展原则。法律风险产生于项目建设的各个环节,因此需要项目建设参与人的全员参与并承担相关责任,各方人员分工负责,以形成法律风险管理的长效机制。(4)实用性原则。政府投资项目法律风险管理应关注实际效用,力求实用性,以有效地解决项目范围内存在的法律风险。

(二)明确责任,规范行为,自觉不参与“未批先建”项目建设

根据相关规定,建设单位必须严格遵守国家相关法律法规规定,及时办理建设手续,不得在未取得施工许可证前违法发包;施工单位取得施工许可证后方能组织施工作业,不得“无证”施工;监理单位不得违法下达项目“开工令”;预拌混凝土企业不得违规向未取得施工许可证的项目供应混凝土。因此,“未批先建”首要责任方是违法发包的建设单位,直接责任方是参与擅自违法建设的施工单位(包括施工总包、专业分包),间接责任方是未履行现场监督责任的监理单位和擅自违规供应预拌混凝土的商混企业等。显然,“未批先建”中,除处罚建设单位外,施工单位及相关责任人员也会受到相应行政处罚。就施工企业而言,在责任行为上,必须严格遵守建筑市场秩序,明确自己参与项目建设过程中应尽的责任、该履的义务,对“未批先建”切实做到不能为、不敢为、不想为。

(三)在承接项目签订合同时,做好对项目合法性的审查

政府投资项目一般作为涉及国计民生的项目,在开工前应严格按照相关法律法规的规定,及时完成相应的审批手续,合法合规地进行建设。所以,施工企业一旦发现问题和风险隐患,务必向建设单位发函,督促其尽快办理或补办相关手续,使其立即纠正,而不是听之任之;出现被责令停工的情况时,要积极进行索赔,以避免自己为此承担不必要的风险、责任和损失。

(四)加强合规管理体系建设,提高风险预防能力

以建设阶段的环境合规为例,如有的施工企业为了尽早开工建设,存在“先动工、环评,后补充”的违法侥幸心理,未履行环评手续即开工建设,最终因此受罚。为预防或避免该类风险,需要企业根据环保法律法规要求,进行环保合规建设,奠定后续建设和运行的环保合规基础。具体而言,企业在建设阶段环境合规主要做到以下三大要点:(1)坚持环评优先。环评是第一道环保门槛。它是基础手续,如果环评手续没

有办理,会连锁造成后续手续无法办理,引起未批先建、未验先投、无证排污等一系列严重法律风险。(2)及时办理手续。环保手续主要包括环评审批、备案、三同时验收、排污许可手续。各项手续应按时间要求办理,建设项目环境影响报告书、表类项目应当在开工建设前获得批复;环保验收在竣工1年内完成;环境影响登记表类项目应当在投产运行前完成登记备案。(3)保持手续健全。环保手续的办理并非一劳永逸的。环评审批后5年内没有开工建设的,施工企业在开工建设前需要重新办理审核手续。如果项目内容发生重大变动,施工企业也需要重新办理审批手续。另外,排污许可证、排水许可证需要延续的,应当注意提前申请。

企业只有这样重视建设各阶段的合规,完善合规管理体系,才能最大限度规避风险,实现更好地运营。

(五)重视事后救济措施

需要注意的是,依法合规经营的重要性不言而喻,企业如果已经因“未批先建”受到行政处罚,应及时整改,将影响和损失减至最低;对处罚有异议的,及时保存相关证据,并向有关部门申请行政复议或向人民法院提起行政诉讼,积极行使权利,充分争取合法权益。

三、典型案例

1. 承包人云南建×第三建设有限公司与发包人云南盈×开发有限公司、××社区居民委员会、××社区居民委员会第七居民小组建设工程施工合同纠纷案[1]

【案例要点】

“未批先建”工程被依法没收,施工合同无效。而且因该违章建筑已被没收,建设工程价款优先受偿权也就失去了基础。

【案情简介】

2009年5月22日,××社区居民委员会取得建设用地规划许可证,附图及附件名称4均注明:有效期限1年。逾期未办理土地使用手续或在有效期届满30日前未申请办理延期手续的,上述证件及附图自行失效。

2013年4月16日,××社区居民委员会、第七居民小组作为甲方与乙方云南××华泰房地产开发有限公司签订《合作开发协议》。2014年4月14日签订《乙方主

① 案号:(2018)云民初48号。

体变更协议》约定《合作开发协议书》中××华泰的权利义务由云南盈×公司开发有限公司(以下简称盈×公司)承继。

2013年10月11日,盈×公司与云南建×第三建设有限公司(以下简称建×公司)签订《建设工程施工合同》,约定建×公司承包昆明市云秀路新宝象河东南的榕园小区工程。

2014年4月20日,盈×公司与建×公司签订《补充协议》约定:建×公司承包榕园小区土方挖运、桩基工程、基坑支护工程。合同总价暂定4000万元等。后建×公司进场施工。

2016年8月19日,建×公司、盈×公司和监理单位云南××工程监理咨询有限公司签订《榕园小区工程已完工程确认书》,对建×公司至2015年12月23日的已完工程进行了确认。2016年9月20日,建×公司(施工单位)、盈×公司(建设单位)、××社区居民委员会三方签订《基本建设工程结算审核定案表》,确认工程审定金额为19,617.688万元。

建×公司将盈×公司、××社区居民委员会、××社区居民委员会第七居民小组起诉至法院,请求:解除工程施工合同及相关附件;判令三被告连带履行支付拖欠工程款及利息、停工损失;确认建×公司对其施工的涉案工程折价或拍卖的价款,在三被告欠付工程款范围内享有优先受偿权;等等。

诉讼过程中,案外人官渡区人民政府向法院反映:涉案工程在建设过程中仅取得建设项目备案、城镇建设农用地征转用批复、建设用地规划许可、地名批复、环境影响报告批复等部分手续,土地证、工程规划许可、施工建设许可等基本手续均未取得,属未批先建的项目。因该项目的违法违规建设行为,2016年3月,国土部门依法对地上建构筑物进行了没收。在2018年6月的中央环保督察中,该项目被列为重点督办案件,要求限期整改。目前项目已被官渡区强制查封,处于停工状态。案外人已向法院提交了《行政处罚决定书》、《非法财物移交书》及《没收建(构)筑物移交清单》等资料。

【判决要旨】

法院认为,本案中各方认可涉案工程至今仍未取得土地证、建设工程规划许可证、建设工程施工许可证等规划审批手续。依法确认建×公司与盈×公司签订的《建设工程施工合同》和《补充协议》无效。根据合同法律的规定,无效合同,自始没有法律约束力,亦不存在解除的问题,故建×公司要求解除其与盈隆房地产签订的《建设工程施工合同》和《补充协议》的诉讼请求不能成立,法院不予支持。法院按照《基本建设工程结算审核定案表》和本案其他证据支持了相应的应付工程价款,扣除已付工程款后的欠付金额,法院判决由盈×公司支付。

法院同时认为,本案在案证据证明:涉案工程已被政府部门没收,承包人与发包人已不能协议将工程折价,也不宜由法院进行拍卖,故对建×公司的该项诉讼请求不予支持。

【点评分析】

本案涉及未批先建工程被依法没收的,施工合同效力的认定和工程价款优先受偿权能否得到支持问题。

《最高人民法院关于审理建设工程施工合同纠纷案件适用法律问题的解释(一)》第三条第一款规定,当事人以发包人未取得建设工程规划许可证等规划审批手续为由,请求确认建设工程施工合同无效的,人民法院应予支持,但发包人在起诉前取得建设工程规划许可证等规划审批手续的除外。本案中,建×公司的诉讼请求是解除合同,盈×公司抗辩不同意解除合同,各方当事人均未对案涉《建设工程施工合同》的效力提出无效的主张,但是对合同效力的审查,属于人民法院依职权主动审查的范畴,人民法院仍应依职权进行主动审查,因此最终法院直接判决合同无效。

虽然合同无效,但工程款仍应支付,建设工程价款的优先受偿权是对工程折价或者拍卖的价款优先受偿,由于工程属于违章建筑已被没收,建设工程价款优先受偿权也就失去了基础。

通过本案可以看出,在诉讼中,无论当事人是否主张,人民法院都应对建设工程施工合同的效力问题依职权进行审查。同时应注意到若工程未批先建被没收、拆除的,往往无法实现建设工程价款的优先受偿权,从而影响承包人债权的实现。因为根据《民法典》第八百零七条的规定,承包人享有建设工程价款优先受偿权的条件是建设工程宜折价、拍卖。因违章建筑不宜折价、拍卖,故承包人对违章建筑不享有建设工程价款优先受偿权。

【实务提示】

在承接建设工程订立合同时,建筑施工企业应对项目是否具有合法的建设手续进行审查,避免项目工程未批先建被没收、拆除,无法实现建设工程价款优先受偿权的法律风险。

2. 海南亿×城建投资有限公司(再审申请人、一审原告、二审被上诉人)与海南省文昌市人民政府(再审被申请人、一审被告、二审上诉人)、海南省文昌市生态环境局(再审被申请人、一审被告)罚款及行政复议再审纠纷案①

【案例要点】

(1)建设单位未依法提交建设项目环境影响评价文件或者环境影响评价文件未

① 案号:(2021)最高法行再247号。

经批准，擅自开工建设的，由负有环境保护监督管理职责的部门责令停止建设，处以罚款，并可以责令恢复原状。

(2)根据《行政处罚法》第五十四条的规定，必须依法全面、客观、公正地调查收集有关证据，准确认定事实，包括环评申报主体、开工及竣工时间、环评手续申报流程、未批先建中的企业原因与政府原因、对环境的现实危害后果等，充分考虑违法情形和环境影响评价制度的设立目的，遵守法定程序，正确适用法律，并遵循“处罚和教育相结合”与“处罚相当”原则，依法作出处理。

【案情简介】

彩虹大道宝陵河段项目（以下简称案涉项目）是文昌市政府投资建设的市政道路工程，文昌市政府设立铜鼓岭国际生态旅游区项目指挥部（以下简称铜鼓岭指挥部）作为开发执行机构，海南亿×城建投资有限公司（以下简称亿×公司）为项目的建设业主单位。

2016年6月23日，亿×公司获得案涉项目的《建设项目选址意见书》，同年7月13日获得建设用地规划许可证，11月3日获得建设工程规划许可证。2016年11月18日，文昌市发展和改革委员会作出《关于海南文昌铜鼓岭国际生态旅游区市政工程——彩虹大道宝陵河段项目初步设计及概算的批复》，确定案涉项目道路总全长3240米，概算总投资为34,199.88万元，由文昌市政府与亿×公司按土地成片开发协议规定筹资。2017年3月30日，亿×公司获得案涉项目的建筑工程施工许可证，证载合同工期一栏标注开工日期为2016年12月30日。

2017年10月13日，文昌市环境局对案涉项目进行检查，制作了现场照片，并与亿×公司员工陈某某制作了《现场检查(勘察)笔录》。2017年10月17日，文昌市环境局对亿×公司员工李某制作了《询问笔录》。

文昌市环境局调查后，认为案涉项目的环境影响报告表未经环保部门审批，亿×公司便开工建设，遂于2017年11月9日作出《责令改正违法行为决定书》，责令亿×公司停止案涉项目的建设，并于次日送达该决定书。

2018年3月27日，文昌市环境局向亿×公司送达文环保罚告字〔2018〕11号《行政处罚事先(听证)告知书》，告知亿×公司拟对其处以总投资额34,199.88万元的1%即341.9988万元的罚款及亿×公司在收到告知书3日内可申请举行听证。

亿×公司于2018年3月29日提出听证申请，文昌市环境局于2018年7月20日召开听证会，亿×公司委托李某、徐某某参加了听证会。文昌市环境局于2018年8月13日召开听证会审会，同日作出文环保罚决字〔2018〕20号处罚决定书（以下简称20号处罚决定），认定案涉项目未经环保部门审批，擅自开工建设，违反了《环境保护法》(2017年)第十九条、《环境影响评价法》第二十五条的规定，并根据《环境保护法》(2017年)第六十一条、《环境影响评价法》第三十一条第一款的规定，决定对亿×

公司作出总投资额34,199.88万元的1%即341.9988万元罚款的行政处罚。2018年8月14日,文昌市环境局向亿×公司送达了20号处罚决定。

2018年10月10日,亿×公司向文昌市政府提起行政复议。文昌市政府于2018年10月15日受理,并于2018年10月18日向亿×公司送达《行政复议受理通知书》,2018年10月29日向文昌市环境局送达《行政复议答复通知书》。

文昌市政府于2018年12月7日召开案件讨论会议,于2018年12月11日作出文府复决字〔2018〕36号行政复议决定书(以下简称36号复议决定),认为根据《建设项目环境影响评价分类管理名录》的规定,案涉项目属于环境影响报告表类别,案涉项目未依法向环保部门报批环境影响报告表,便擅自开工建设,违反了《环境保护法》第十九条、《环境影响评价法》(2016)第二十五条的规定,文昌市环境局对亿×公司处以项目总投资额1%的罚款符合上述法律规定;亿×公司工作人员在调查时已明确案涉项目于2017年3月开始动工建设,建筑工程施工许可证上的开工日期亦为2016年12月30日,足以证明案涉工程的开工时间为2016年9月1日之后,亿×公司主张不能适用2016年修订后的《环境影响评价法》作出处罚缺乏依据;文昌市环境局作出行政处罚的程序合法,故决定维持20号处罚决定。2018年12月14日,文昌市政府向亿×公司送达了36号复议决定。

铜鼓岭指挥部于2019年4月30日出具《关于铜鼓岭旅游区内彩虹大道宝陵河段及山海天大道项目建设情况的说明》(以下简称《情况说明》),载明:为保障文昌火箭发射场2016年火箭首发龙楼镇区道路通行,文昌铜鼓岭国际生态旅游区内彩虹大道宝陵河段及山海天大道项目提前开工建设,亿×公司自2015年9月起开展对两条道路的土石方施工作业,两条道路在2016年6月火箭首发前完成路基垫层及级配碎石施工,具备基本通行条件。2016年9月20日,龙楼彩虹大道宝陵河段至山海天大道交界处路段已实现贯通。

一审判决后,文昌市政府不服,提起上诉。二审法院撤销一审判决,驳回亿隆城公司的诉讼请求。亿×公司不服二审判决,申请再审。请求法院依法再审提审本案,撤销二审判决,改判维持一审判决。

【判决要旨】

一审法院依据《行政诉讼法》第七十条第(一)项、第(二)项的规定,判决撤销20号处罚决定、36号复议决定。

二审法院,判决撤销一审行政判决、驳回亿×公司的诉讼请求。

再审法院认为,20号处罚决定基本事实不清、主要证据不足,选择适用法律及确定处罚幅度未依法说明理由,依法应予撤销。36号复议决定错误维持应予撤销的行政处罚决定,应予撤销。二审判决错误支持20号处罚决定和36号复议决定,应予一并撤销。一审判决虽然正确认定开工建设时间,但未查清案涉项目新法实施后是否继续建设与新法实施前后的工程量比例等事实，未参考《环境保护部关于建设项目“未批先建”违法行为法律适用问题的意见》，也未说明不予适用该意见的原因与理由，简单以开工建设日期即适用2016年修订前《环境影响评价法》进行裁判，构成适用法律错误，亦应一并撤销。因案涉项目未批先建事实存在，文昌市环境局有权依法重新调查处理。判决撤销一审、二审行政判决，撤销36号行政复议决定、20号行政处罚决定。责令海南省文昌市生态环境局依法重新调查处理。

【点评分析】

本案涉及对未批先建行政处罚的责任主体与处罚对象如何认定及新旧法律适用等比较复杂的问题。

本案的第一个主要争议焦点是关于未批先建责任主体与处罚对象问题。建设单位未依法提交建设项目环境影响评价文件或者环境影响评价文件未经批准，擅自开工建设的，由负有环境保护监督管理职责的部门责令停止建设，处以罚款，并可以责令恢复原状。《建设项目环境保护管理条例》(1998年)第九条第一款规定，建设单位应当在建设项目可行性研究阶段报批建设项目环境影响报告书、环境影响报告表或者环境影响登记表；但是，铁路、交通等建设项目，经有审批权的环境保护行政主管部门同意，可以在初步设计完成前报批环境影响报告书或者环境影响报告表。《建设项目环境保护管理条例》(2017年)第九条第一款规定，依法应当编制环境影响报告书、环境影响报告表的建设项目，建设单位应当在开工建设前将环境影响报告书、环境影响报告表报有审批权的环境保护行政主管部门审批；建设项目的环境影响评价文件未依法经审批部门审查或者审查后未予批准的，建设单位不得开工建设。

本案中，现有证据证实，案涉项目较为特殊，建设参与主体多元。该项目系文昌市政府投资建设的市政道路工程，文昌市政府设立铜鼓岭指挥部作为项目的开发执行机构，亿×公司为项目的建设业主单位，龙楼镇政府也承担部分业主单位责任。本案中，文昌市环境局以亿×公司没有依法办理环境影响评价文件审批手续为由对其处罚，但事后文昌市环境局又对龙楼镇政府报送的环境影响评价报告表作出批复。因此，亿×公司是否属于《环境保护法》等法律法规规定所指的“建设单位”，文昌市政府及其设立的铜鼓岭指挥部、龙楼镇政府以及亿×公司是否均属有义务申请办理环境影响评价文件审批手续的责任主体，存在相互冲突的证据。文昌市环境局将亿×公司作为未批先建的责任主体和处罚对象的事实不清，且未作出合理说明。

本案的第二个主要争议焦点是关于新旧《环境影响评价法》的适用问题。《环境影响评价法》(2002年)第三十一条规定，“建设单位未依法报批建设项目环境影响评价文件，或者未依照本法第二十四条的规定重新报批或者报请重新审核环境影响评价文件，擅自开工建设的，由有权审批该项目环境影响评价文件的环境保护行政主管部门责令停止建设，限期补办手续；逾期不补办手续的，可以处五万元以上二十万元以下的罚款，对建设单位直接负责的主管人员和其他直接责任人员，依法给予行政处分。建设项目环境影响评价文件未经批准或者未经原审批部门重新审核同意，建设单位擅自开工建设的，由有权审批该项目环境影响评价文件的环境保护行政主管部门责令停止建设，可以处五万元以上二十万元以下的罚款，对建设单位直接负责的主管人员和其他直接责任人员，依法给予行政处分"。《环境影响评价法》(2016年)第三十一条规定，"建设单位未依法报批建设项目环境影响报告书、报告表，或者未依照本法第二十四条的规定重新报批或者报请重新审核环境影响报告书、报告表，擅自开工建设的，由县级以上环境保护行政主管部门责令停止建设，根据违法情节和危害后果，处建设项目总投资额百分之一以上百分之五以下的罚款，并可以责令恢复原状；对建设单位直接负责的主管人员和其他直接责任人员，依法给予行政处分。建设项目环境影响报告书、报告表未经批准或者未经原审批部门重新审核同意，建设单位擅自开工建设的，依照前款的规定处罚、处分"。

根据案涉项目的总投资额，适用旧法处罚较轻，适用新法处罚较重。《环境保护部关于建设项目"未批先建"违法行为法律适用问题的意见》(环政法函〔2018〕31号)明确规定，建设项目于2016年9月1日后开工建设，或者2016年9月1日之前已经开工建设且之后仍然进行建设的，立案查处的环保部门应当适用新环境影响评价法第三十一条的规定进行处罚，不再依据修正前的环境影响评价法作出'限期补办手续'的行政命令。由此可见，《环境影响评价法》(2016年)修改前后的处罚内容与处罚幅度存在明显区别，法律适用结果差异巨大。

本案中，现有证据能够证明在2016年6月火箭首发前，案涉项目已经开工建设并具备基本通行条件。本案应适用修改前还是修改后的《环境影响评价法》，关键在于案涉项目是否属于《环境保护部关于建设项目"未批先建"违法行为法律适用问题的意见》中"2016年9月1日之前已经开工建设且之后仍然进行建设"的项目。因此，案涉项目2016年9月1日之前是否已经开工建设并完成主体建设、之后是否仍然进行建设以及与之前开工建设的关系，既影响新旧《环境影响评价法》的选择适用问题，也可能影响行政处罚幅度裁量，必须予以查明。但文昌市环境局对新法实施前后违法建设完成情况未予调查认定，并认定案涉项目在2016年9月1日之后开工建设，事实认定明显错误。

综上，鉴于本案的处罚决定、复议决定和一审、二审判决对以上主要争议问题都未依法查清，导致基本事实不清、主要证据不足，选择适用法律及确定处罚幅度未依法说明理由，均被再审法院予以撤销。再审法院的处理合法正确。

【实务提示】

未批先建现象，经常发生在一些市政利民工程项目上。因前期建设手续未完善，建设单位和施工单位往往抱着一种“早开工、早完工、先上车后补票的心理”，此类行为不仅会给工程项目带来安全隐患，而且破坏了工程项目施工管理秩序，违反了相关法律法规；建设主管部门依法对此查处，有利于促进规范工程项目施工行为。未批先建必须依法杜绝！

第十八章

项目电子数据管理的法律风险与防范

所谓电子数据，是指基于电子技术生成，以电子邮件、电子数据交换、网上聊天记录、博客、微博客、手机短信、电子签名、域名等数字化形式存在于磁盘、磁带等电子介质载体，其内容可与电子介质载体分离，并可多次复制到其他载体的，能够证明相关事实的电子数据信息。2012年8月修改《民事诉讼法》，首次在民事诉讼领域将电子数据规定为法定证据种类之一。司法实践中，常见的电子数据包括：(1)网页证据；(2)微博、博客证据；(3)手机短信；(4)电子邮件；(5)微信、QQ等即时通信聊天记录；(6)传真件；(7)支付宝、淘宝等软件交易记录；(8)电子照片、音频、视频等；(9)用户注册信息、身份认证信息等。

随着社会发展和科技进步，人们对于网络及电子设备的依赖性越来越高，电子数据在日常生活及商业往来中的作用日益重要，在司法实践认定事实中的应用也越来越广泛。在建设工程领域，越来越多的环节采用网络或者线上的形式展开，如网上招投标、网上合同签约、网上合同备案、通过线上的方式报送工程量、领取图纸、完成签证等，导致在建设工程签约履约过程中越来越多的证据以电子数据的方式呈现。但是，施工单位在签约履约过程中，未对电子数据证据足够重视，未注重对电子数据的保存，导致出现建筑领域纠纷时，因无法提交符合法定形式电子数据证据导致自身承担举证不力的不利法律后果。因此，如何管控建设工程项目电子数据证据风险成为建筑企业日常合规经营的重要课题。

一、主要风险

(一)电子数据自身特点固有的风险

电子数据兼具法律和科学双重属性，其生成、存储、传输等各环节均依赖于电子信息技术，其自身具有易损毁灭失和易修改的特性。

建设工程领域常见的电子数据证据为现场照片、电子邮件、微信、QQ、钉钉等即时聊天软件的聊天记录等。由于建设工程工期普遍较长，上述电子数据在此期间容易毁损、灭失,包括被不小心删除、手机或电脑更换导致聊天记录等丢失、电子邮件附件经过一段时间后不能下载等。同时,电子数据通过技术手段,容易出现截取、修改、删除、伪造等情形,具有不稳定性及即时性。如果没有及时进行证据固定或完整保存好电子数据介质原件,很容易被修改或篡改等,导致客观真实性难以确认。

(二)电子数据的安全和管理风险

由于电子数据是存储于电子介质中的电子数据信息,决定了其必须依附于载体而存在,故在保管过程中尤其要注意安全和管理风险防范问题。就内部因素而言,由于管理人员保管不当使电子数据载体受到损伤、灭失等,会影响电子数据的可用性和完整性;就外部因素而言,又要谨防黑客、病毒对电子数据管理系统进行非法入侵导致的信息泄露、损毁或丢失等。

(三)电子数据的调查收集风险

对于电子数据的收集行为,《网络安全法》《个人信息保护法》等法律都有明确的规定。《网络安全法》第四十一条规定,网络运营者收集、使用个人信息,应当遵循合法、正当、必要的原则,公开收集、使用规则,明示收集、使用信息的目的、方式和范围,并经被收集者同意。网络运营者不得收集与其提供的服务无关的个人信息,不得违反法律、行政法规的规定和双方的约定收集、使用个人信息,并应当依照法律、行政法规的规定和与用户的约定,处理其保存的个人信息。因此,收集电子数据尤其是涉及个人信息的,在实务中应遵循以下原则:一是收集用户信息必须征得被收集者同意;二是收集必须遵循正当、必要原则;三是不得利用借助技术手段强制收集。

对电子数据证据的举证,法律也有明确要求。《最高人民法院关于民事诉讼证据的若干规定》第十五条第二款规定,当事人以电子数据作为证据的,应当提供原件。电子数据的制作者制作的与原件一致的副本,或者直接来源于电子数据的打印件或其他可以显示、识别的输出介质,视为电子数据的原件。

根据以上规定和要求,在诉讼程序中,若以电子数据作为证据,首先,收集的证据必须具备合法性;其次,需要向法院提供原件或与原件一致的复制件。真实性必须经过质证,经得起严格审查。否则,电子数据因收集来源不合法或其真实性无法认定而不被法院采信。

(四)电子数据管理人员变动风险

工程项目电子数据管理工作,主要靠工作人员的经验以及技术完成,并没有统一的标准。而且实践中项目部人员有时更换比较频繁,造成收集电子数据不及时、归档整理分类草率等问题。此外,一旦业务工作人员离职工作交接不清,就容易出现电子数据遗失或缺失等情况,给电子数据管理带来极大的困难。出现争议时,承包人往往无法提供完整的证据,导致自身因证据问题而遭受损失。

二、防范措施

(一)加强防范意识,工程管理过程中审慎发送电子信息

建筑施工企业项目负责人、业务人员在工程管理过程中,对于手机短信、微信、电子邮件、传真网站链接等电子数据信息,一方面应当审慎发送,另一方面应当注意保存,不轻易删除原始数据。

(二)重视合规收集利用电子数据

实务中,对于电子数据证据的收集与固定,施工单位可以采取以下几种方式:(1)自行开展电子数据证据的形成、收集与保管工作;(2)聘请律师开展电子数据证据收集与固定工作;(3)聘请鉴定机构开展电子数据证据鉴定工作;(4)申请公证机关进行电子数据证据保全;(5)申请人民法院、人民检察院、仲裁委员会等有权机关进行电子数据证据的收集和保全;(6)请求网络运营服务商等第三方进行电子数据证据的固定与保管。

具体收集活动时,注意电子数据收集的真实性、合法性和关联性,并保证数据的完整性。电子数据完整性是真实性的要素之一,甚至是最重要的要素。因此,在电子数据收集、提取过程中,应当采取以下一种或者几种方法保护电子数据的完整性:(1)扣押、封存电子数据原始存储介质。存储介质,是指具备数据信息存储功能的电子设备、硬盘、光盘、优盘、记忆棒、存储卡、存储芯片等载体。原始存储介质即存储电子数据的原始载体。(2)计算电子数据完整校验值。实践中要求第一时间计算完整性校验值,并在笔录中注明。当需要验证电子数据是否完整、是否被增加、删除、修改时,便可以采用同一算法对电子数据再计算一次,将两次所得的值进行比较,看是否发生了变化。(3)制作、封存电子数据备份。具体操作中,可以制作多个备份,封存其中部分备份件。(4)冻结电子数据。即通过技术手段,锁定相关电子数据,防止对其进行增加、删除、修改等操作。(5)对收集、提取电子数据的相关活动进行全程录像。

(三)项目部设置工作邮箱,指派专人负责

日常项目管理工作中,工程项目涉及电子邮件往来越来越多,包括过程报量、过程沟通、签证索赔、期中支付证书的发送、过程工程量的审核等。但是,在项目履约过程中由于项目部管理人员更换较频繁,由此导致收集邮件资料困难,一旦涉及诉讼,寻找相关人员进行核实,难度往往较大。因此,项目部应设立专门的工作邮箱,让专人负责,并在合同中明确约定,所有涉及与项目相关的往来邮件,都必须发送或者抄送至该邮箱。项目所有对外邮件,都应通过该邮箱对外进行发送,由此将项目过程电子邮件实行统一管理,避免因为人员更换导致电子邮件丢失。

(四)管理人员离职时应及时、全面做好工作交接

由于建设工程行业特殊性,项目施工时间一般较长,在施工过程中往往会出现管理人员调离、更换的情形,从而导致离职人员所掌握的电子数据证据丢失。因此项目部应做好离职人员账号交接,特别是与业主单位及分、供单位的邮件、聊天记录、手机照片等电子数据的交接。同时还应要求离职人员将电子邮箱中涉及项目的邮件转发至工作邮箱并约定离职人员在一定期限内不得删除。若邮件或者聊天记录极为重要,在相关人员离职时,应尽量通过公证等方式将相应电子数据证据予以保管、留存。

(五)项目负责人主动建立工作沟通群聊,避免被恶意解散

为便于项目管理日常工作开展,在施工过程中,几乎所有项目部都会因工作联系建立项目交流、沟通群(微信群、QQ 群、钉钉群等),在群聊中发布相关信息或工作内容要求等,但是在实践中双方出现争议时,建群人往往会恶意解散群聊,导致群聊内容丢失。因此项目部负责人在项目履约过程中,应主动建立相关沟通群或主动联系相关人员建立沟通群,注重保留群聊中原始数据信息。

(六)对重要电子数据及时公证留存

《最高人民法院关于民事诉讼证据的若干规定》第九十四条第二款规定,电子数据的内容经公证机关公证的,人民法院应当确认其真实性,但有相反证据足以推翻的除外。根据该规定可知,经公证机关公证的电子数据真实性较高。因此,项目部在施工履约过程中如有重要数据能证明履约过程的,也应及时做好电子数据的公证,包括业主过程审核工程量、业主的期中付款凭证、过程签证索赔资料等。

(七)合同中可将电子数据明确约定为证据形式

根据《最高人民法院关于民事诉讼证据的若干规定》第九十四条第一款的规定,"电子数据存在下列情形的,人民法院可以确认其真实性,但有足以反驳的相反证据的除外:……(五)以当事人约定的方式保存、传输、提取的"。因此,项目部在与业主单位和分、供单位在合同签订时也应注意,可在合同中约定相应的联系方式(邮箱、微信、QQ、钉钉等),并约定通过该联系方式发送的文件送达即为合法有效。

(八)通过签订补充协议等,及时将电子数据信息转化为书证

基于合同的相对性原则,合同条款仅对合同当事人具有约束力,若双方业务合作过程中涉及第三方权利义务,并且相关信息通过电子数据如在微信聊天记录中确定,应当及时将这些电子数据信息作为合同条款以签订补充协议的形式加以固定,将微信聊天中达成的一致意见明确约定为双方的权利义务内容。转为书证后,书证的真实性较为容易证实,避免了电子数据证据的一定局限性。

三、典型案例

1. 分包人(原告)青岛某园林工程公司与总包人(被告)青岛某建筑安装公司建设工程施工合同纠纷案①

【案例要点】

视听资料作为证据,应当提供存储该视听资料的原始载体。缺乏原始载体会因无法确定电子证据的真实性、统一性和完整性而不能予以采信。

【案情简介】

2018 年,被告青岛某建筑安装公司将承揽的路基土石方填筑工程中的部分土石方工程分包给原告青岛某园林工程公司施工,双方并未签订书面合同。青岛某园林工程公司在施工过程中,也没有让青岛某建筑安装公司出具任何签证单、结算单等书面材料。

双方均确认截至 2019 年 1 月 25 日,青岛某建筑安装公司共向青岛某园林公司支付工程款 1124 万元,原告青岛某园林工程公司起诉称被告尚欠其工程款 160 万元,被告青岛某建筑安装公司答辩称已经支付完毕。为此,原告青岛某园林工程公司提交视频一份,称视频系青岛某园林工程公司法定代表人与青岛某建筑安装公司法定代表人对账的录像视频,称在该视频中青岛某建筑安装公司法定代表人承认尚欠 160 万元未付。但双方对于视频是否为原始载体产生争议。

【判决要旨】

法院认为,原告青岛某园林工程公司与被告青岛某建筑安装公司存在土石方施工合同关系,双方对已支付工程款 1124 万元无异议。但双方并未签订书面施工合同,青岛某园林工程公司也未提交与施工有关的原始基础材料。青岛某园林工程公司为证明欠款关系提交的视频资料,经鉴定检材录像与样本录像在文件属性模式、录像格式、录像参数和数据结构等方面存在差异,反映了检材录像不是所提供录像设备直接录制形成的特点,无法确定视频资料的真实性和完整性,故对该视频资料不予以采信。

【点评分析】

本案涉及作为电子证据种类之一的视听资料如何使用与认定问题。

对视听资料证据的认定,法律有明确的规定。《最高人民法院关于适用〈中华人

---

① 参见 2019 ~ 2021 年青岛法院建设工程典型案例之六。

民共和国民事诉讼法〉的解释》第一百零四条第一款规定，人民法院应当组织当事人围绕证据的真实性、合法性以及与待证事实的关联性进行质证，并针对证据有无证明力和证明力大小进行说明和辩论。《最高人民法院关于民事诉讼证据的若干规定》第十五条规定，当事人以视听资料作为证据的，应当提供存储该视听资料的原始载体。当事人以电子数据作为证据的，应当提供原件。电子数据的制作者制作的与原件一致的副本，或者直接源于电子数据的打印件或其他可以显示、识别的输出介质，视为电子数据的原件。因此，电子数据的真实性包括电子数据载体的真实性、电子数据的真实性和电子数据内容的真实性，其中电子数据载体的真实性，是指存储电子数据的媒介、设备在诉讼过程中保持原始性、统一性和完整性，电子数据原始载体的真实性是认定电子数据真实性的核心。

本案中，由于原告青岛某园林工程公司为证明欠款关系提交的视频资料，经鉴定检材录像与样本录像在文件属性模式、录像格式、录像参数和数据结构等方面存在差异，反映了检材录像不是所提供录像设备直接录制形成的特点，无法确定视频资料的真实性和完整性，故该视频资料证据与法律规定要求不符，最终法院没有予以采纳，导致原告败诉。

【实务提示】

在工程项目交易活动中，如需要通过微信、电子邮件、录音、录像等方式取得证据，务必注意保留好电子证据的原始载体，以便在法庭上出示，原始载体包括储存电子数据的手机、计算机或者其他电子设备。缺乏原始载体会导致无法确定电子证据的真实性、统一性和完整性而使证据不能被采信，进而使建工企业承担举证不能的法律后果。

2. 承包人（上诉人、原审被告）赵某某与供应商（被上诉人、原审原告）肖某某、（原审被告）何某某、胡某某等买卖合同纠纷案[①]

【案例要点】

通过微信订立买卖合同，系双方当事人真实意思表示，不违反法律、行政法规的强制性规定，合法有效。

【案情简介】

2020 年 3 月 28 日，赵某某与案外人程某签订《工程项目内部劳务单项分包合同》，合同约定："……二、工程项目地点：某某市中心城区新区少典路南侧、规划路北

① 案号：(2022)浙 02 民终 3693 号。

侧、崇文路西侧、弘远路东侧……四、施工范围和内容。1. 施工范围：图纸范畴内的所有模板制作安装、拆除工程（含所有施工过程中产生的图纸会审、图纸变更）。2. 工作内容：某某华信尚园项目建筑安装工程及 2～3 号楼室内精装修工程范围内的主楼及部分配套用房、地下车库……"

2020 年 5 月 16 日，赵某某与肖某某通过微信联系，聊天记录载明："赵某某：156××××××××，架子工用的材料和老胡打电话，交给他。肖某某：好的。赵某某：还有扣件用的螺丝螺帽要很多，明天你带样品过来看看，好的，普通的多带几套。6.5 公分的螺杆螺帽 5000 套，15 卷彩带。肖某某：好的。"

2020 年 5 月 23 日赵某某与肖某某通过微信联系，聊天记录载明："赵某某：肖总你好，你这里有废机油卖吗？肖某某：有，赵总。赵某某：抽空帮忙送一桶，修扣件用，谢谢。肖某某：好的。"2020 年 6 月 5 日，肖某某通过微信向赵某某催收货款，聊天记录载明："肖某某：赵总，咱这什么时候能给钱啊？赵某某：小何（何某某）把 1 万元转给你了吗？我叫他转的，目前项目部一分钱没有下来，估计要等等哦。肖某某：他没有啊！赵某某：我等下再和他说一下。肖某某：行，谢谢赵总。赵某某：应该的，限额了，过 12 小时后才能转，要明天了肖总。肖某某：好的。"2022 年 6 月 6 日何某某通过微信转账 1 万元给肖某某。

2020 年 6 月 15 日，肖某某向赵某某催款，微信聊天记录载明："肖某某：赵总这两天要有钱！给我转点！赵某某：小何（何某某）报的材料打电话给小何叫他安排，老胡（胡某某）报的材料叫老胡安排。肖某某：好的，谢谢！谢谢！赵某某：肖总，小何和老胡两个人各拿了多少钱的材料发个数字给我。肖某某：我明天叫他们算个总数。赵某某：好，写个清单也行。肖某某：嗯！好的！赵总。"随后肖某某多次向赵某某催款，赵某某均以项目部钱没有批下来为由，拒绝支付货款。

2020 年 8 月 10 日，胡某某出具欠条一份，载明："欠条，今欠肖老板外架材料款共计壹万捌仟玖佰元（18900）元，经手人：胡某某，2020 年 8 月 10 日，送货单已收回"。同日，何某某出具一份结算单，后又于 2020 年 8 月 11 日出具证明一份与前述结算单陈述事实一致，证明载明："证明，由肖某某××建设集团华信尚园项目 5 月至 8 月 4 日共计材料 114760￥，中途支付 14000￥，尚欠 100760￥元。尚欠壹拾万零柒佰陆拾元整，经手人：何某某 8 月 11 日"。2022 年 8 月 10 日，肖某某将前述"欠条"以及"结算单"通过微信将图片发送给赵某某确认，赵某某回复："刚刚睡醒，OK。"此后赵某某未提出任何异议，亦未支付上述"欠条"以及"结算单"上的货款。

另查明，前述工程施工期间，胡某某、何某某均通过微信要求过肖某某运送外架材料，其中何某某出具的《销货清单》累计货款 114,760 元，并由何某某签字确认。何某某按赵某某指示分别于 2020 年 5 月 10 日、2020 年 6 月 6 日转账 4000 元、1 万元，共计 1.4 万元。

【判决要旨】

一审法院认为,肖某某与赵某某通过微信方式订立买卖合同,系双方当事人真实意思表示,不违反法律、行政法规的强制性规定,合法有效,一审法院予以确认,判决赵某某支付肖某某尚欠的货款。

二审法院认为,从肖某某与赵某某的微信聊天记录可以看出,赵某某直接向肖某某联系购买涉案货物或指示胡某某、何某某与肖某某联系购买涉案货物、结算货款、支付部分货款事宜,对肖某某发送的由胡某某出具的欠条,何某某出具的结算单予以确认,肖某某亦是向赵某某催讨涉案货款且赵某某未表示异议,一审判决据此认定肖某某与赵某某通过微信方式订立买卖合同,并无不当。一审法院已将肖某某提交的微信聊天记录原始载体交由赵某某质证,程序合法。由于胡某某、何某某作为赵某某承包的项目的施工工人,接受赵某某的委托与肖某某进行买卖及收货交易,肖某某对此亦知情,故一审基于合同相对性未支持肖某某关于胡某某、何某某对涉案货款承担连带支付责任的诉请,亦无不当。判决驳回上诉,维持原判。

【点评分析】

本案涉及微信聊天记录作为一种新型的电子数据证据如何运用和认定的问题。《最高人民法院关于民事诉讼证据的若干规定》明确规定微信聊天记录、微博、电子邮件、电子支付记录等,均属于电子证据;当事人以电子数据作为证据的,应当提供原件。原始载体包括储存有电子数据的手机、计算机或者其他电子设备等。当事人在提交微信聊天记录时,要提供使用终端设备登录本方微信账户的过程演示,聊天双方的个人信息界面,以及完整的聊天记录。

本案中,肖某某为了证明双方的买卖关系确实存在,向法院提交了微信聊天记录作为证据。法院将肖某某提交的微信聊天记录原始载体交由赵某某质证,通过查证认为,从微信聊天记录可以看出,赵某某直接向肖某某联系购买涉案货物或指示胡某某、何某某与肖某某联系购买涉案货物、结算货款、支付部分货款事宜,对肖某某发送的由胡某某出具的欠条、何某某出具的结算单予以确认,肖某某向其催讨涉案货款,赵某某也未表示异议。故微信聊天记录作为本案的主要证据可与其他证据相互印证,形成了完整证据链,足以认定双方存在买卖合同的事实。

通过本案可以看出,微信聊天记录作为电子数据证据,并不意味着打印出来,或者手机截图之后,我们就可以放心"删记录"了。电子证据作为新型的证据形式,相对传统的证据来说可篡改性比较大,因此,如果想将微信聊天记录作为证据使用,在无其他证据佐证情况下,要注意三点:第一,一定要提供原始载体;第二,要证实微信聊天的对方就是案件对方当事人,即要证明对方当事人是该微信号的使用者;第三,原始载体上的聊天记录应当保证完整性,不能随意选择删除,否则完整性将被质疑,可能导致证据不被采信。

【实务提示】

微信聊天记录作为一种新型的电子数据证据，需要我们利用现行法律规定的方法和流程，进行收集、调取、保全、固化，使其具有证据法律效力，并在司法实践中发挥应有的作用，以切实保护当事人合法权益。

第十九章

内部承包法律风险与防范

内部承包被广泛认为是一种企业内部的激励机制，是法律允许的一种生产组织形式。虽然现行法律对其并无系统性的规定，但这种模式在很多行业中普遍存在，在建筑生产领域同样多见，尤其在实行建筑业项目承包责任制经营模式的江苏、浙江一带被广泛应用。建筑工程施工合同中的内部承包，是指建筑施工企业承包工程后，与其职工或者下属分支机构、职能部门签订合同，将其承包的工程承包给职工或者其分支机构、职能部门，对其施工过程进行资金、技术、人力等方面的管理，并明确项目盈亏的分配方式的一种经营管理模式。在内部承包施工中，实际承包人在建筑施工企业的监督管理下进行工程的建设施工，追求工程收益，而建筑施工企业则通过实际承包人间接对工程建设进行管理，确保其与发包人签订的建设工程施工合同能够得到有效履行，保证工程质量，并获得相应管理费。因此，合法的建设工程内部承包具有如下法律特征：(1)承包主体的内部性或隶属性。内部承包人一般来说是与企业有管理上行政隶属关系的部门或个人。分支机构的内部承包一般并无异议，作为职工的个人，一般强调其具有劳动关系以体现其内部性。另一方面，内部性也体现在建筑施工企业利用企业规章制度和项目管理制度对内部承包人进行监督管理。(2)承包客体是特定项目的经营权。内部承包体现了所有权和经营权相分离的经营模式，承包人对特定项目具有相当程度上的经营权和自主权，对于施工的人员、物资、财力等都有权自行决定，建筑施工企业不得任意干涉。(3)建筑施工企业仍承担所承接项目的外部责任。内部承包只是建筑施工企业的内部经营行为，根据合同的相对性，建筑施工企业作为承包人和作为建设单位的发包人之间存在建设工程施工合同关系，因此与建设单位等外部单位之间的法律责任主要仍由建筑施工企业来承担。(4)内部承包人独立核算和自负盈亏。建筑施工企业为获取最大经济利益，减少自身的风险和负担，在利益和风险分配上，建筑施工企业一般只收取一定的管理费，由承包人独立核算和自负盈亏。

建设工程内部承包并不违反法律规定，但实务中其往往容易与挂靠、转包、违法分包等违法行为相混淆。若以内部承包的名义进行挂靠、转包等构成违法，为防范内部承包的法律风险，实践中有必要厘清内部承包与挂靠、转包、违法分包之间的区别。

1. 内部承包与挂靠的区别

挂靠，是指单位或个人以其他有资质的施工单位的名义，参与投标、订立合同、办理有关施工手续、从事施工等活动。挂靠关系中，挂靠人一般是无资质或资质不匹配的单位或个人，双方的挂靠协议可能在工程中标之前就已签订；挂靠关系中，从始至终所有的资金、技术支持等均由挂靠人负责并承担；而内部承包人仅与施工企业存在内部关系，如隶属公司、劳动关系，施工企业承接到工程之后再分配给内部承包人。因此，内部承包与挂靠，是有本质区别的。挂靠则是借用其他企业的名义进行运营，而在内部承包中，则没有“他人名义”的问题，内部承包人与承包人是一体的，内部承包只是一种具体的内部运作模式与奖励机制。

2. 内部承包与转包的区别

转包，是指施工单位承包工程后，不履行合同约定的责任和义务，将其承包的全部工程或全部工程肢解后以分包的名义分别转包给其他单位或个人施工的行为。转包情况下，施工企业将承接的全部工程项目交给与其无隶属关系的“第三人”，即转承包人。施工企业向转承包人收取管理费，不对工程进行管理；而内部承包情况下，施工企业将项目交由分支机构、职能部门或公司职工施工，仍要对工程与内部承包人进行实际管理并承担相应责任。因此，内部承包并不同于转包。首先，内部承包合同的实际承包人是承包人的本单位人员，并非第三人；其次，内部承包合同下，是由建筑企业负责管理、技术、财务等事项，由内部承包人负责具体施工，并非完全将工程项目转给他人，这只是建筑企业内部经营的一种更具效率的操作模式。

3. 内部承包与违法分包的区别

《建筑法》规定，经发包人同意的情况下，承包人可将建筑工程主体结构（钢结构工程不属于主体工程）以外的工程以专业分包和劳务分包的形式分包给有资质的单位实施。违法分包，是指施工单位承包工程后违反法律法规规定或施工合同关于工程分包的约定，把单位工程或分部分项工程分包给其他单位或个人施工的行为。根据《建筑法》第二十九条第三款的规定，禁止总承包单位将工程分包给不具备相应资质条件的单位。禁止分包单位将其承包的工程再分包。违法分包合同无效，承包人与违法分包的承包人对工程承担连带责任。违法分包是违反了《建筑法》等相关法律、法规强制性规定而被禁止的违法行为。而内部承包是施工企业的内部分工，需要施工企业本身具备资质，内部承包人无须另行办理独立的施工资质。

一、主要风险

内部承包不为法律所禁止，但由于实务界对内部承包的认识和实践均存在差异，

尚未形成统一规范的合规指导文件,因此很容易产生法律风险。主要表现为:

(一)内部承包被认定为挂靠、转包导致合同无效的风险

内部承包经营模式的内涵存在很大的争议,关于什么为真正的内部承包,司法实践并没有权威的结论。但是内部承包对于施工企业来说至关重要,在具体的项目中内部承包被认定为挂靠、非法转包之后,内部承包合同必然无效,此时施工企业的法律风险大大增加。一方面,施工企业无法与内部承包人依照内部承包合同进行结算,管理费等被认为无法律依据而不能收取,企业的利益无法得到有效保障,而且很多情况下内部承包人在经营项目过程中的债务要由施工企业承担,很多时候还无法向内部承包人追偿。另一方面,由于内部承包合同无效后,通常认为施工单位与名义上的内部承包人之间是挂靠或者工程转包关系,此时建设单位很容易以施工单位违反禁止挂靠或者转包的规定向施工单位主张违约责任。尤其是在当下住建部严厉打击"转包、挂靠"违法行为的背景下,来自这一方面的法律风险陡然增加,施工企业还可能遭受没收违法所得、责令改正、处以罚款、降低资质,甚至吊销资质等行政处罚。

(二)内部承包人表见代理导致企业对外承担责任的风险

表见代理一直是实践中困扰施工企业的问题。内部承包中,项目运作一般都在工地设立项目部,由项目经理进行具体负责。项目经理常以项目部名义或者自己名义与第三人发生的法律行为,第三人通常主张适用表见代理将前面进行的行为视为公司行为,进而要求公司承担相应的法律责任。司法实践中出于对善意第三人保护的目的,大多数情况下会将以项目经理自己或以项目部名义订立的与项目有关的合同认定成表见代理,裁判由公司承担法律后果。而且许多情况下都是项目竣工以后第三人才予以主张,此时公司手里的证据材料缺乏,而且公司向项目经理追偿已有困难。

而且,内部承包经营模式下,项目经理认为自己在项目上是独立核算、盈亏自负的,所以项目过程中对外行为都是由其自己承担后果,施工企业不应该进行干预,所以就会无所顾忌地以项目部或者自己的名义对外实施法律行为。从表面上看,项目经理所想不无道理,但这种情况应是建立在项目正常完成或者项目经理有经济实力的基础上,否则施工企业仍然面临很大的风险。因为项目经理对外实施的这些行为,第三人可以主张构成表见代理,并进而要求公司承担法律责任,而公司需要在承担法律责任之后才可以按照内部承包合同向项目经理进行追偿。如果项目严重亏损,项目经理没有实力,追偿难以实现。

(三)内部承包人不认可施工企业对外法律行为的风险

一般而言,项目经理的利益与施工企业的利益是一致的,但在内部承包模式下,双方的利益存在一定程度上的对立,这种对立对于施工企业来说是存在巨大风险的。工程实践不乏这样的案例,项目经理因项目与第三人产生法律关系,项目经理在第三

人起诉时失联，公司派人应诉、调解并代为向第三人承担了责任。后项目经理现身与公司按内部承包合同进行内部结算时，项目经理不认可公司此前向第三人承担责任的款项，认为本来无须向第三人承担责任，主张责任由公司自负。

（四）内部承包人把部分或全部项目交由他人进行实质性经营管理的风险

内部承包责任制下，由项目经理与施工企业签订内部承包责任制合同，并对项目运行进行全面负责。然而工程实践中，与企业签订内部承包责任制合同的项目经理将其负责的工程再进行分包，或者与其他人通过合伙来共同完成项目的施工。这种情况下，项目经理是以施工企业名义对外进行分包的，因而导致出现施工单位分包工程的情形。由于未经发包方同意分包工程，该种情形属于对发包方的违约，施工单位面临向发包方承担违约责任的风险。

另外，项目经理与其他人合伙进行项目的经营中，合伙人内部利益分配纠纷也很容易将施工单位牵扯进来。工程实践中已发生这样的例子，与施工企业进行内部承包的项目经理与另外三个人进行合伙运行项目施工，然后其中一个合伙人与项目经理通过诉讼的形式确认了项目利润总数，另外一个合伙人再起诉项目经理及施工单位，要求按照前一份生效法律文书上确定的利润数来分配利润。

（五）施工企业被动承担项目经理对外借贷的风险

当前，施工企业垫资已经成为常态，作为内部承包人的项目经理在项目管理的过程中需要大量的资金。因此，项目经理会通过各种方式进行融资。上述方式集中体现为借款，即以项目部名义的贷款和以项目经理个人名义的借款，通常这些借款的利息都相对较高。当项目经理未及时归还借款时，出借人通常会向施工企业主张债权。一般情况下，如果出借人能够证明这笔借款进入了施工企业账号或者使用到了项目上，施工企业面临被要求承担还款责任的极大风险。当前，已有大量的施工企业为项目经理的借款承担责任的案例出现。

（六）施工企业向内部承包人追偿不能的风险

内部承包模式下，尽管在内部是进行独立核算，由项目经理自负盈亏的，但项目经理的任何经营行为都是以施工企业名义进行的，所以对外都需要由企业承担责任。施工企业对外承担责任之后，只能依据内部承包合同向项目经理追偿。一方面，由于项目经理的自身经济状况决定了追偿的风险；另一方面，在内部承包责任合同无效后，将无法依据合同进行追偿，只能根据过错大小来分担损失，而此时施工企业将面临极大风险。

（七）施工企业需全面承担工程质量安全责任的风险

工程的质量安全问题已成为当前工程界的棘手问题之一。先后发生的多起工程质量安全事故已证明，不管是传统的直营模式还是内部承包模式，工程质量安全事故的发生不仅会给施工企业造成巨大的直接经济损失，同时也会给施工企业的信誉产生极坏的影响，给施工企业带来不可估量的间接损失；而且情况严重的，还将涉及刑事责任。

在内部承包模式下，工程项目的具体运行由项目经理全面负责，施工企业有对工程质量安全进行监督监管的基本义务，这不光是内部承包模式本质的要求，同时也是施工企业获得长远发展的根本要求。施工企业应注意全面履行这一监管义务，不能认为内部承包责任制形式下，企业与施工单位是按内部承包合同进行利益结算的，对于施工过程就可以监而不管了。对于一些大型建筑公司，其品牌已在建筑业中建立口碑，就更应该重视工程的质量安全。

（八）项目经理犯罪的刑事制裁不力的风险

项目经理的犯罪问题，不仅在传统的直营模式下存在，在内部承包模式下也依然存在，涉及罪名一致，主要为职务侵占罪、挪用资金罪（如果是国有企业，将涉及贪污罪或者挪用公款罪）。项目经理认为自己在项目内部是进行独立核算、自负盈亏的，所以对于工程运行过程中的资产就可以自由处置。通常表现为：利用管理工程的便利，将属于建筑企业所有或者由建筑企业占有的资金、材料、设备等财产据为己有；通过虚列开支、虚假票据等手段，增加施工成本，达到减少利润之目的；与材料商进行勾结，通过虚假诉讼骗取建筑企业财产；在工程结算前携工程款潜逃；其他利用职务侵占建筑企业财物的行为等。将工程款借贷给他人使用；对工程款进行挥霍；其他将工程款用于该特定工程以外用途的行为等。由于各地公安机关认识不一，出现上述问题后向公安机关报案，有的公安机关会以“独立核算、自负盈亏”为由认为项目经理支配的是自己的财产，充其量只形成民事债权债务关系，并不构成刑事犯罪，所以不予立案。因此，实务中对项目经理的涉刑问题存在立案难、入罪难等疑难问题。

二、防范措施

（一）加强对内部承包人的引进和选择，建立合法有效的劳动关系

内部承包人是施工企业内部重要的人力资源，对整个工程建设起到至关重要的作用。施工企业应从人品、信誉、经济实力、施工能力和经营能力等方面进行严格审查，确保内部承包人符合法律法规和工程项目需要的资质条件。而且，内部承包应当基于合法有效的劳动关系，严格建立内部承包人劳动用工关系。建筑施工企业应与内部承包人订立劳动合同，并为内部承包人发放工资、购买社保。

《浙江省高级人民法院民事审判第一庭关于审理建设工程施工合同纠纷案件若干疑难问题的解答》中就内部承包给出了参考性的构成标准。第一，要求内部承包合同的主体必须是施工企业与它的下属分支机构或在册职工；第二，要求施工企业在资金、技术、设备、人力等方面给予内部承包人以支持。我们在工程实践中，应充分注意

这一点，尽可能满足这两个条件，达到内部承包模式的标准。

对于第一点的理解一般认为属于形式要件。如前所述，必须是施工企业与其在职的劳动者签订内部承包合同，司法实践中要求必须有劳动合同，有社会保险等其他可以证明内部承包人为施工单位在职劳动者的证据。

对于第二点的理解一般认为属于实质要件，要求施工单位在资金、技术、人力、设备等方面进行了必要的支持。这些要求基本上可以概括为施工单位履行了保障工程质量安全的基本义务，如图纸审查、工程中间验收、建筑材料测试、文明工地与安全管理、竣工验收等环节，这些方面要有独立于内部承包人的施工企业的专人进行监督负责。另外，这些义务不光是要做得好，更为重要的是要留下证据，在做的过程中留下在场人认可的书面记录，这才能在发生纠纷时用来支撑内部承包合同的效力。作为施工单位，我们应注意这一点，可以由公司（分公司或区域公司）的相关人员组成专门的班子，定期对于各项目进行工地监督检查，并留下相关的书面材料。

（二）签订合法完善的内部承包协议，明确双方权利义务

内部承包合同是建筑施工企业和内部承包人之间权利义务的依据，签订好内部承包合同对施工企业至关重要。因此，实务中在拟定内部承包合同时，要着重注意关键条款的设置：

1. 承包协议内容应当体现施工企业对工程项目提供资金、技术、设备等的支持作用，并进行统一的财务管理支持，避免使用“完全自负盈亏”“自筹资金”等表述，与“挂靠”“转包”进行明确区分。

2. 应明确约定诸如工程价款的结算条件，如约定双方内部的最终结算必须同时满足以下四个先决条件：工程竣工验收合格并交付；建设单位与施工企业的工程竣工结算完毕；建设单位应支付给施工企业的工程款已全部到位；本项目不存在开发商、分包单位、材料商针对施工企业的未决诉讼。在前述先决条件未获全部满足情况下内部承包人不得以任何理由要求施工企业支付工程款。

3. 约定内部承包人必须处理好自己在项目运行过程中对外发生的一切法律行为，并承担法律后果。如果第三人向施工企业主张任何权利，项目经理必须及时处理。如果施工企业收到第三人起诉通知后，按照合同约定的方式（电话或邮寄，双方可以在合同中另行约定）在几小时内告知项目经理。如因电话无法打通或者邮件无法送达，或者项目经理在收到施工企业的告知后几小时内仍未处理的，施工企业将派人处理该事件，对于施工企业派人处理的该事件的后果，项目经理无条件的认可，并作为最后双方按照内部承包合同进行结算的依据。

4. 在内部承包合同中约定，禁止内部承包人再进行分包或者进行内部再承包。规范内部承包人的行为。

5. 在内部承包责任合同中对于项目经理的权利进行适当的限制。要求与项目有

关的大额合同(双方可以根据实际情况约定一个金额)必须在施工企业备案,最好是由施工企业直接将合同的相关款项支付到第三人账户中;项目经理不得以施工企业或项目部名义对外借款或提供担保;在与开发商进行工程结算过程中,最终结算必须获得施工企业认可,且不得放弃结算利益或签认损害建筑施工企业利益的协议或事实。

6. 对于“独立核算”与“自负盈亏”的理解以及违反的后果进行约定。双方约定合同中的“独立核算”指在合同项目竣工结算并收回工程款后的双方按照内部承包合同约定的利益分享与责任承担条款进行独立核算;在进行独立核算之前,与项目施工有关的任何资产都归施工企业所有,项目经理仅有管理及使用权。合同中的“自负盈亏”是指在承包经营范围内的自负盈亏,超出项目经营的范围即为项目经理的个人行为,不属于本合同中约定的自负盈亏。合同中的内部承包人将严格按照合同来负责项目的施工,并按照前面“独立核算”与“自负盈亏”的理解来管理项目相关的全部资产,如果在项目独立核算前以任何方式将项目资产用于项目之外或者据为己有,将按照侵占或者挪用来处理。

(三)加强对内部承包人的施工监管,对工程项目在管理、技术等方面给予支撑

1. 对内部承包人进行必要的资质审查和管理。督促内部承包人在规定时间内确定项目管理人员和专业技术人员,并要求提供相关资质材料,审核其是否具备应有的专业资格。

2. 在项目的洽谈、承接后的施工监管、竣工验收之后的工作联系与沟通协调过程中,建议建筑施工企业全程参与监督,并留存工程管理检查记录单等证据。

3. 制定合理、严格的合同签订流程和规范,例如,建筑施工企业可以规定,对外签订合同,应当事先上报公司申请,经公司审核、批准后,由公司负责签署,并做好申请、登记、备案手续,以留作证据。此外,笔者建议,建筑施工企业要特别注意,签订合同的主体通常应当为建筑施工企业自身,而不应当为项目经理或分支机构,否则存在被认定为挂靠的风险。

4. 做好工程资料的管理和归档。在合同履行过程中,应当要求内部承包人及时上报相关报表和工程资料,包括施工进度月报、财务报表、工程资料及对外签订的合同等,以便于及时发现工程施工存在问题。在工程施工的全过程中应定期对项目经理制作、保管工程资料的情况进行监督检查,以防止因工程资料不齐全导致结算不能或困难。

5. 落实安全生产管理的制度要求。根据《建设工程安全生产管理条例》第三十六条的规定,项目经理应当经建设行政主管部门或者其他有关部门考核合格后方可任职;建筑施工单位应当对项目经理等管理人员和作业人员每年至少进行一次安全生产教育培训,其教育培训情况记入个人工作档案;安全生产教育培训考核不合格的人

员，不得上岗。由此可见，施工企业应当定期安排安全生产教育培训并严格按照安全生产制度进行施工管理。

6. 加强施工组织和质量监管。在内部承包责任制之下，对内部承包人的放权是必然的，但是放权并不意味着失控，作为外部法律关系的最终承担者，施工企业对内部承包人的施工组织效率、施工质量等关键性问题，应当加强监管和技术指导，充分知悉项目施工进度和施工状态，配套建立起项目施工常规巡查和抽检制度极为必要，杜绝只收管理费而什么都不管的现象。而且，施工企业施工组织、施工管理方面给予内部承包人必要支持和监管，这也是内部承包制度区别于转包、挂靠等违法行为的重要特征。

（四）加强设计变更洽商、签证和索赔文件的监管

设计变更洽商、签证和索赔文件是建设工程中重要的施工过程文件，也是涉及项目结算工作、建筑施工企业合法权益的重要文件，因此，建筑施工企业对于该等文件的签认和提出，要做好监管工作，防范内部承包人私自签认对己方不利的相关文件。对此，笔者建议，一方面，要明确项目经理的授权范围，明确其是否有权单独对涉及变更洽商、签证和索赔文件进行签认；另一方面，还要制定相关制度，在发生前述情形时，内部承包人应当及时向建筑施工企业进行汇报，由建筑施工企业对内部承包人对该等问题的处理提供建议和指导。

（五）采取严格的财务制度，规范资金支取

在内部承包中，由于建筑施工企业没有严格的财务制度，导致内部承包人对资金支取和工程款使用缺乏监管，最终引发纠纷的不在少数。按照规定，内部承包和挂靠虽然都是“独立核算”，但是二者财务资金上最根本的区别在于，内部承包中，建筑施工企业与内部承包人之间有统一的财务管理，而挂靠则财务互相独立。因此，建筑施工企业应当清楚认识到，自身作为建设工程施工合同的当事人，应当对外承担责任，而内部承包的最大特征即为“内部”，内部承包的“独立核算”是建立在“统一财务”的基础上的，从而，发包人支付工程款不应直接支付给项目经理或分支机构，而是应支付给建筑施工企业本身；内部承包人需要支取资金的，应当向建筑施工企业提出申请，经建筑施工企业批准后进行拨付，而不能在发包人和内部承包人之间建立直接的资金收付关系；同样地，为了避免出现争议，建设工程项目对外支付货款、工人工资等付款行为，包括参与建设工程项目投标、支付保证金，也应当通过建筑施工企业的账户完成，而不能通过项目经理的个人账户进行支付。此外，对于内部承包人的资金投入事宜，如允许项目经理对外借款的，则全部借款必须进入施工企业的账户，在公司的监督下使用，防止项目经理将借款用于项目之外；并对借款合同进行必要的监督，防止利率过高，导致成本过大。必要时要求项目经理就对外借款提供担保。这样统一财务管理，既可以避免被认定为挂靠的风险，还可以实现对工程款用途的监督和管

控,大大降低了建筑施工企业的风险。

(六)实行项目经理承包制的项目应设定担保措施

施工企业在选择内部承包人时应进行全面的考察,对其诚信度、经济实力、技术水平等方面进行考查,减小企业的潜在风险。另外,在与项目经理签订内部承包合同时,可以要求项目经理提供相应的保证金,或者让有实力的第三人担保、提供其他财产担保等作为内部承包合同的履约担保。或者双方可以在内部承包责任合同中约定施工企业从建设单位支付的每笔工程款中提取一定比例作为内部承包人履行内部承包合同的保证金,逐步分期返还给内部承包人等。

(七)严控项目印章刻制和使用,注重项目印章外部公示行为

内部承包人私刻私用项目印章用于举债、提供担保等行为是导致诸多工程项目财务亏空、风险失控的重要原因。在实行内部承包责任制时,印章均应由施工企业统一刻制和备案,不允许内部承包人私刻私管公章,为方便项目用章管理可考虑设立印章管理专员,由施工企业统一配备。项目部章的使用,一方面将范围限定在工程业务事项、内部行政管理事务、报送报表资料等非经济事务中;另一方面明确必须经施工企业书面同意或者加盖公章的事项范围。同时,可在施工现场告知印章样式和管理制度,并及时向供货商等上下游关联方公示和声明,从外部入手杜绝内部承包人私刻私用公章之行为。发现有私刻、伪造的印章,应立即销毁并向公安机关报案,同时对关联方书面发函告知,以防印章被对外使用构成表见代理。

三、典型案例

1. 承包人(上诉人)福建成×建设集团有限公司与发包人(上诉人)郴州盛×房地产开发有限公司建设工程施工合同纠纷案[①]

【案例要点】

通过内部承包协议将工程转包给实际施工人施工,但发包人在与名义承包人订立施工合同时就已经明知实际施工人进行工程建设的,应认定实际施工人与名义承包人为挂靠关系。

【案情简介】

2013年3月17日,发包人郴州盛×房地产开发有限公司(以下简称盛×公司)与承包人福建成×建设集团有限公司(以下简称成×公司)签订《湖南省建设工程施

---

① 案号:(2022)最高法民终345号。

工合同》(以下简称《建设工程施工合同》),该合同第一部分合同协议书中约定盛×公司将郴州市寒溪路南段岭秀福城一期工程项目1、2、3、5、6栋及地下室发包给成×公司施工。工程承包范围为“1、2、3、5、6栋建筑、结构(含桩基)装修、水电暖安装,不包含电梯、消防、有线、宽带、监控、燃气等配套工程”。开工日期2013年3月18日(具体以发包方书面通知为准),竣工日期2014年9月28日,合同工期总日历天数550天,工程质量标准“合格,争创市优良工程”,合同价款约2亿元(以实际决算价格为准)。盛×公司的法定代表人邓某军、成×公司的法定代表人廖某明均在该合同中签字。

2013年3月17日,福建成×建设集团有限公司郴州市分公司(发包方,甲方,以下简称成×郴州分公司)与张某茂(承包方,乙方)签订《内部承包合同》,约定成×郴州分公司将建设单位为盛×公司的位于郴州市寒溪路南段岭秀福城一期工程3、6栋住宅及地下室施工图纸中的土建及初步装饰工程、室内电气及排水安装工程(包含内容及范围以施工图为依据建筑面积约5万平方米,其中地下车库约1.8万平方米)发包给张某茂施工。该合同中甲方位置加盖了成×郴州分公司的公章,廖某明在甲方栏签字,张某茂在乙方栏签字。

2013年3月27日,成×郴州分公司(发包方,甲方)分别与彭某亮、侯某明、谭某(承包方,乙方)签订三份《内部承包合同》,约定成×郴州分公司将建设单位为盛×公司的位于郴州市寒溪路南段岭秀福城一期工程1、2、5栋住宅及地下室施工图纸中的土建及初步装饰工程、室内电气及排水安装工程分别发包给彭某亮(1栋)、侯某明(2栋)、谭某(5栋)施工。该三份《内部承包合同》与前述所涉张某茂的《内部承包合同》除承包的栋号、合同总价、开工日期、竣工日期约定不同外,其他合同条款约定内容一致。该三份《内部承包合同》中甲方处加盖了成×郴州分公司的公章,廖某明在甲方栏签字,彭某亮、侯某明、谭某在乙方栏签字。

2013年3月27日,盛×公司(甲方)与成×郴州分公司(乙方)签订《建设工程施工补充协议》(以下简称《补充协议一》)。该补充协议加盖了盛×公司、成×郴州分公司的公章,邓某军、廖某明分别在该协议的发包方、承包方栏签字。

2013年3月27日,成×郴州分公司分别与彭某亮、张某茂、谭某、侯某明签订《施工内部承包补充协议》,约定内容与前述《补充协议一》一致。

另查明,本案在2018年1月17日原一审开庭中,谭某作为成×公司的委托诉讼代理人到庭参加诉讼。庭审中,盛×公司陈述案涉施工合同签订前,系由谭某等四位实际施工人出面洽谈。谭某陈述案涉合同签订时由成×公司负责人廖某明出面,并带谭某等四位实际施工人一起协商。案涉工程履约保证金由谭某等四个实际施工人出资1020万元,成×公司出资480万元。

【判决要旨】

一审法院认为,盛×公司与成×公司于2013年3月17日签订案涉《建设工程施工合同》后,成×公司随即以成×郴州分公司的名义分别于2013年3月17日、27日与张某茂、彭某亮、谭某、侯某明四人签订《内部承包合同》,将《建设工程施工合同》约定的案涉工程内容分栋转包给张某茂、彭某亮等四人施工,现张某茂、彭某亮、谭某、喻某凯亦已按照《内部承包合同》约定完成案涉《建设工程施工合同》的施工任务。从前述合同的签订内容及履行情况可知,表面上是成×郴州分公司将涉诉工程转包给张某茂等人,但结合张某茂与成×郴州分公司签订《内部承包合同》的时间与案涉《建设工程施工合同》的签订时间为同一天,另三份《内部承包合同》签订时间与《建设工程施工合同》签订时间仅相隔10天;从谭某等人2013年3月17日即已向盛×公司交纳履约保证金以及谭某等人参与合同前期洽谈等事实来看,张某茂、谭某等人实质在成×公司与盛×公司签订案涉《建设工程施工合同》时已经参与案涉工程。此外,张某茂等四人并非成×公司或成×郴州分公司员工,因此,本案中,实质上是张某茂、谭某等四人借用成×公司资质承揽盛×公司开发的案涉工程。故根据法律规定认定《内部承包合同》等相关施工协议均无效。

二审法院认为,案涉相关施工协议均因违反法律强制性规定而无效。故一审判决综合认定,张某茂等四人借用成×公司资质承揽盛×公司开发的案涉工程,理据充足。

【点评分析】

本案涉及内部承包人与建筑施工企业之间的民事合同法律关系及其效力认定问题。

关于案涉合同的效力认定问题,是本案一审、二审审理时的第一个争议焦点问题。本案中,张某茂等四人虽与成×公司签订的名为《内部承包合同》,但是一则,张某茂等四人不是成×公司或成×郴州分公司员工,双方之间并无劳动合同等人事法律关系;二则,该四人在签订《内部承包合同》当天即已向盛×公司交纳履约保证金以及该四人参与合同前期洽谈等事实来看,张某茂等四人实质在成×公司与盛×公司签订案涉《建设工程施工合同》时已经参与案涉工程,盛×公司对此是知晓的。故一审、二审法院判决综合认定,张某茂等四人借用成×公司资质承揽盛×公司开发的案涉工程,张某茂等四人是实际施工人,他们与成×公司不是合法的内部承包法律关系,而是挂靠关系。一审、二审法院的认定正确,符合事实和法律规定。

【实务提示】

个人和企业之间签订的内部工程合同须满足以下条件才能确保被法院认定为合法有效的内部承包协议:

(1)个人和企业之间存在劳动关系:签订了合法的劳动合同,企业为个人缴纳了

社会保险,企业向个人按时发放工资等;

(2)企业为工程派驻了项目负责人、技术负责人、质量管理负责人、安全管理负责人等主要管理人员,并且企业和这些主要管理人员存在劳动关系;

(3)企业和个人之间的内部承包协议中的实际权利义务约定需能对抗名为承包实为转包或挂靠的情况,即企业需为个人提供管理、技术、设备等方面的支持(企业仅仅扣除相应管理费用及税费,其他由个人承担的情况往往会被认定为转包或挂靠);

(4)工程款支付方面:企业不仅扣除了相应税费以及管理费,还有材料费、人员费用等;

(5)不存在《建筑工程施工发包与承包违法行为认定查处管理办法》第八条、第十条规定的可能被认定为转包、挂靠的情形。

2. 河南东×建设集团发展有限公司、黄某国等建设工程施工合同纠纷申请再审纠纷案①

【案例要点】

内部承包合同因违反了法律的强制性规定而无效。管理费是挂靠人借用资质所支付的对价的,被挂靠人无权按照协议约定收取挂靠人的管理费。

【案情简介】

2010年10月19日,河南亚×置业集团有限公司(以下简称亚×公司)与河南东×建设集团发展有限公司(以下简称东×公司)签订《建设工程施工合同》,约定由东×公司承建案涉项目;合同暂估价款为384,731,472元;东×公司委托代表人黄某国签名。

2011年1月8日,东×公司与黄某国签订《工程施工内部承包协议书》,约定由黄某国内部承包案涉项目;工程造价、承包范围、工期等均执行《建设工程施工合同》;东×公司计取工程总造价0.8%的承包费。

2011年4月1日起,案涉工程各栋楼先后开工;黄某国实际承建案涉工程。2011年12月26日,东×公司与黄某国签订《项目投资合作协议书》,约定东×公司应得收益为工程总决算额1.2%。

2013年12月30日,案涉工程竣工验收合格。2017年1月17日,亚×公司与东×公司签订《工程结算协议书》。

双方因纠纷成讼。黄某国诉讼请求:确认案涉合同、协议书无效;东×公司、亚×

---

① 案号:(2021)最高法民申3897号。

公司支付欠付工程款(具体数额以鉴定为准)暂计100,050,000元及利息、停窝工损失等。

一审判决后,东×公司上诉称,应按照《项目投资合作协议书》已变更的工程总决算额1.2%扣收收益费。黄某国辩称,东×公司未参与工程管理,不得因挂靠行为而获益,不应扣收工程总价款0.8%的管理费。

【判决要旨】

一审法院判决,黄某国挂靠东×公司施工,东×公司可以参照《工程施工内部承包协议书》的约定扣收工程总价款0.8%的管理费。

二审及再审法院均认为,黄某国挂靠东×公司施工违反了法律的强制性规定。管理费实际是黄某国借用资质所支付的对价。东×公司请求黄某国按照工程总价款的1.2%支付收益费缺乏法律依据,法院不予支持,并维持原判。

【点评分析】

本案涉及内部承包合同无效后管理费的处理问题。

本案争议焦点为被挂靠人东×公司能否收取挂靠人黄某国的管理费。根据双方的诉辩请求,管理费争议本来可能有三种不同的裁判结果:一是内部协议工程总价款0.8%的管理费;二是投资协议工程总决算额1.2%的收益费;三是不得收取借用资质的对价如管理费或收益费。本案中最高人民法院一锤定音,认为挂靠施工严重违反《建筑法》及建设工程司法解释的强制性规定,施工合同及内部协议均无效;管理费是挂靠人借用资质所支付的对价的,被挂靠人无权按照协议约定收取挂靠人的管理费;故被挂靠人东×公司请求挂靠人黄某国按照工程总价款的1.2%支付收益费缺乏法律依据,法院不予支持。但被挂靠人东×公司能否计取内部协议工程总价款0.8%的管理费,最高人民法院未能明确表态。这是因为,本案中的挂靠人黄某国在二审中只是抗辩被挂靠人东×公司不应扣收工程总价款0.8%的管理费,而未正式提起上诉;且被挂靠人东×公司上诉请求按投资协议工程总决算额1.2%计取收益费,在一审认定的工程总价款0.8%的管理费基础上只增不减。故最高人民法院二审及再审中,本案争议焦点仅限于被挂靠人东×公司能否收取挂靠人黄某国的工程总决算额1.2%的收益费。河南高院一审判决东×公司可参照《工程施工内部承包协议书》的约定扣收工程总价款0.8%的管理费,因最高人民法院维持原判已然生效。

【实务提示】

本案法律关系名为内部承包、实为挂靠施工,属于典型的挂靠模式。若管理费只是挂靠人借用资质所支付的对价,一般司法实践中不予支持,这是主流的裁判观点。但除借用资质外,若挂靠人按协议约定参与工程管理,可综合参照合同约定的管理费比例、被挂靠人实际参与管理的范围与程度,酌定计取管理费的金额。

为此,笔者建议转包人、被挂靠人在施工过程中及时收集实际参与施工管理的证据。结合以往的办案经验,我们认为实际参与施工管理的证据包括但不限于:开工报告;隐蔽工程验收报告;竣工验收意见书;与工程质量、工程进度、安全文明施工有关的往来函件、处罚决定书、检查记录;材料进场初检、复检的相关资料;制订的工期计划表、横道图;安全文明施工检查的相关记录;每月、每周的工程会议纪要。

第二十章

刑事责任法律风险与防范

第一节　串通投标罪

一、罪名概述

（一）串通投标罪的概念

串通投标罪，是指投标人相互串通投标报价，损害招标人或者其他投标人利益，或者投标人与招标人串通投标，损害国家、集体、公民的合法权益，情节严重的行为。

招投标是一种高度竞争的商品交易行为，其优势在于优胜劣汰、择优成交，从而以较低的价格获得最优的货物、工程和服务。我国《招标投标法》明确规定，招标投标活动应当遵循公开、公平、公正和诚实信用的原则。如果当事人通过串通投标的不正当手段破坏公平竞争的秩序，就会使招投标工作丧失原有的功能和意义，流于形式，进而损害国家、社会的公共利益以及其他招投标当事人的合法权益。因此，我国刑法对于恶意串通投标的行为予以规制和严厉打击。

（二）犯罪构成要件

1. 犯罪主体

本罪的犯罪主体是特殊主体，即组织或者参加投标竞争活动的投标人、招标人，既可以是自然人，也可以是单位。实践中，串通投标罪中，企业高层管理人员的涉案占比相对较大，在高层管理人员中，因发生串通投标被追究刑事责任的行为人主要有法定代表人、董事长、总经理、副总经理、分公司负责人、实际控制人、股东、监事、实际经营人等，而其中法定代表人、总经理、实际控制人、副总经理因实施串通投标行为被追究刑事责任的可能性明显要高于其他高级管理人员。

2. 犯罪客观方面

本罪在客观方面表现为投标人之间或投标人与招标人之间相互串通投标，损害招标人或者其他投标人利益,情节严重的行为。本罪的具体行为方式表现为以下几点。

(1)投标人相互串通,故意哄抬标价,迫使招标人不得不在过高的标价上选择,增加成本,从而给招标人造成重大的经济损失。主要表现为以下几点。

①投标人之间约定,一致抬高投标报价。

②投标人之间约定,一致压低投标报价。

③投标人之间约定,在类似项目中轮流以高价位或低价位中标。

(2)投标者与招标者串通投标。这里的串通投标,是指招标者与特定投标者在招标投标活动中,以不正当手段从事私下交易,使公开招标投标流于形式,共同损害国家、集体、其他投标者的利益的行为。主要表现如下:

①招标者故意泄露标底。即招标人有意向某一特定投标人透露其标底的行为。

②招标者私下启标泄露。即招标人在公开开标之前,私下开启投标人标书,并通告给尚未报送标书的投标人。

③招标者故意引导促使某人中标。即招标人在要求投标人就其标书作澄清事实时,故意做引导性提问,以促成该投标人中标。

④招标实行差别对待。即招标在审查、评选标书时,对同样的标书实行差别对待,或者对不同的投标者实施差别对待。

⑤招标者故意让不合格投标者中标。即招标者允许不符合投标资格的投标者参加投标,并让其中标。

⑥投标者贿赂获密。即投标者通过贿赂手段,在公开开标之前,从招标者处获取投标者报价或其他投标条件的行为。

⑦投标者给招标者标外补偿。即投标人有意与招标人商定,在公开投标时压低标价,中标后再给招标人以额外补偿。

⑧招标者给投标者标外补偿金。即招标者与某投标者商定,在公开投标时,故意抬高标价,使标价高于通常价,而致其他投标者上当吃亏。高价定标后,招标者按约定给故意抬高标价的投标者一定的补偿金。

需要说明的是,本罪只有情节严重才构成犯罪,情节不属严重,即使实施了串通投标,损害招标人或者其他投标人利益的行为,也不能以本罪论处。情节严重,主要是指采用卑劣手段串通投标的;多次实施串通投标行为的;给招标人或者其他投标人造成严重经济损失的;造成恶劣的影响的;等等。

3. 犯罪客体

本罪侵犯的是复杂客体,既侵犯其他投标人或国家、集体的合法权益,又侵犯社会主义市场经济的公平竞争秩序。

招标、投标是一种竞争性很强的市场交易方式,其优越性在于优胜劣汰,使整个社会的人力、物力、财力资源得到更好的配置,其本身应当遵循公开、公平、公正和诚实信用的原则。如果当事人通过串通投标的不正当手段排斥他人的正当竞争，就会使招标投标活动丧失其原有功能，进而损害国家利益、社会公共利益和其他投标当事人的合法权益。实务中，招投标一般为大宗商品买卖或建设大型建筑工程时常常采用的一种交易方法。《招标投标法》第三条规定："在中华人民共和国境内进行下列工程建设项目包括项目的勘察、设计、施工、监理以及与工程建设有关的重要设备、材料等的采购，必须进行招标：(一)大型基础设施、公用事业等关系社会公共利益、公众安全的项目；(二)全部或者部分使用国有资金投资或者国家融资的项目；(三)使用国际组织或者外国政府贷款、援助资金的项目。前款所列项目的具体范围和规模标准，由国务院发展计划部门会同国务院有关部门制订，报国务院批准。法律或者国务院对必须进行招标的其他项目的范围有规定的，依照其规定。"

4. 犯罪主观方面

本罪的主观方面表现为故意，即行为人明知自己串通投标的行为会损害招标人或其他投标人的利益，但仍决意为之，并且希望或放任该危害结果的发生。实务中，串通投标的动机多种多样，如有的为了获取不法利益而意欲中标；有的为了排挤、陷害其他投标人；有的碍于情面而相互串标；等等。需要说明的是，无论行为人动机如何，都不影响本罪成立。

(三)刑事立案追诉标准

《最高人民检察院、公安部关于公安机关管辖的刑事案件立案追诉标准的规定(二)》第六十八条规定："投标人相互串通投标报价，或者投标人与招标人串通投标，涉嫌下列情形之一的，应予立案追诉：(一)损害招标人、投标人或者国家、集体、公民的合法利益，造成直接经济损失数额在五十万元以上的；(二)违法所得数额在二十万元以上的；(三)中标项目金额在四百万元以上的；(四)采取威胁、欺骗或者贿赂等非法手段的；(五)虽未达到上述数额标准，但二年内因串通投标受过二次以上行政处罚，又串通投标的；(六)其他情节严重的情形。"

(四)量刑标准

《刑法》第二百二十三条规定："投标人相互串通投标报价，损害招标人或者其他投标人利益，情节严重的，处三年以下有期徒刑或者拘役，并处或者单处罚金。投标人与招标人串通投标，损害国家、集体、公民的合法利益的，依照前款的规定处罚。"

二、防范措施

(一)提高招投标人员业务水平，熟悉招投标相关法律规定

企业的发展需要人才的支持作保障，高素质的人才可以全面了解和分析项目工程的整体情况，对招标活动全面的掌握，对投标人的资料进行全面的分析和权衡，这

样在项目的前期才能保障工程合理地利用资源和资金，保障完成项目的总体目标。

项目招投标单位要选拔具有较强业务能力的人员参与到招投标活动中，并且对招投标人员进行专业和法律法规的培训，提高人员的业务水平和法律意识，让他们熟悉相关法律法规规定，尤其是要注意地方政府住建部门发布的关于招投标的规定，避免因违法行为导致中标无效甚至引发刑事风险。

（二）健全责任制度，加强内控管理

诚信是经济市场发展的灵魂，对企业发展至关重要。近年来，虽然我国逐步加大了对信用缺失现象的治理，但依旧顽固地存留在市场中，对我国经济建设产生了恶劣影响，是企业招投标工作中风险管理者需关注的内容。

在众多的企业招投标风险影响因素构成中，人为因素占据着较大比例，具有不确定性的特点，因而建立健全责任机制尤为重要。对于施工企业而言，首先要加强内部控制管理，建立评价监督体系，通过投标目的审核，资金使用审核，明确招投标工作中风险管理的责任主体及义务，采用职责分离的模式，促进员工相互制约，以便防止徇私舞弊行为。因为许多串标行为，起意者往往是具体负责的员工。同时，建立完善的授权制度，明确每个岗位员工履行职责时所享有的权利，使之相互合作，不会推诿。

基于此，企业要认真、客观审查招投标工作人员行为，规范员工行为，奖励优秀，惩处违规，将一些逾越法律的行为扼杀在萌芽状态，塑造良好的风险管理环境。另外，还需针对合作单位建立违约责任制度，设计投诉处理方案；一旦发生招投标风险，明确责任主体，利用法律武器维护自身正当权益，进行必要的索赔处理。

（三）依法规范评标委员会、投标人的自身操作行为

根据《评标委员会和评标方法暂行规定》，评标委员会应当根据招标文件规定的评标标准和方法，对投标文件进行系统的评审和比较。招标文件中没有规定的标准和方法不得作为评标的依据。在评标过程中评标委员会发现投标人的投标价格明显低于其他投标报价的，应当要求该投标人作出书面说明并提供相关证明材料。投标人不能合理说明或者不能提供相关证明材料的，由评标委员会认定该投标人以低于成本价竞标，其投标应做废标处理。由此可见，评标委员会作为企业评标工作的关键，肩负诸多责任。对此，应加强对评标委员会的管理，规范其操作行为，提高其专业水准，公平公正行使评标权。

施工企业及参与工作人员作为投标人，也要规范自己的行为，要注意防止不同投标人的投标文件由同一单位或个人编制、不同投标人委托同一单位或个人办理投标事宜、不同投标人的投标文件异常一致或者投标报价呈规律性差异、不同投标人的投标文件相互混装、不同投标人的投标保证金从同一单位或者个人账户转出等不规范行为。同时，要规范处理与招标人的关系，不得向招标人许诺利益，不得向招标人打探标底或评标委员会成员信息等。

（四）重视企业合规文化建设

合规文化作为企业软实力，对推进其各项工作建设具有积极影响作用。单纯地依靠制度规范，很难保证企业招投标风险管理工作实效，还需将之融入自己的合规文化体系，促进整个组织践行。

在风险合规管理文化建设过程中，企业应充分发挥上层领导的影响作用，由上至下逐步渗透，增强员工的全员合规意识，并将之转化为共同认知和自觉行为。为扎实招投标工作中的风险管理，企业应加紧打造一支专业化、高素质的招投标管理队伍，组织多样化的培训教育活动，深入了解招投标风险管理各项规章制度、文件及要求等，并量化成职责标准，提高招投标工作中的风险管理质量。切实做到合规经营，不做违法犯罪的事情，如果要投标，一定要审查自身是否具备相应资质，也不要参与他人的陪标，共同营造公平竞争的招投标环境。

（五）强化项目经理监督、管理，杜绝串通投标行为

施工企业除了对自己员工做好监督、管理，杜绝串通投标外，还应加强对项目经理尤其是通过挂靠方式施工的项目经理的风险防范。在招投标过程中，项目经理应当自觉接受施工企业的监督，不做对企业不利的行为，不对外假借被挂靠企业的资质进行招投标。项目经理的对外行为，尤其要避免被认定为串标行为是通过公司决策而作出的，因为此种情况下施工企业将面临刑事处罚。

施工企业如果一旦发现有串通投标行为的，应及时向公安机关报案，固定证据，提供线索，避免因为项目经理的犯罪行为给企业造成生产经营损失。

三、典型案例

冯某、河南仁×数码公路工程有限公司串通招投标案①

【案情简介】

冯某系河南仁×数码公路工程有限公司（以下简称仁×工程公司）负责人。2017年6月，冯某得知开封市公安局交警支队人机隔离护栏采购项目，项目编号：汴财谈（2017）57号和开封市公安局交警支队隔离护栏采购项目，项目编号：汴财谈（2017）58号招标后，为确保仁×工程公司实际获得项目并进行施工，串通开封市通×公路公司（以下简称通×公司）法定代表人刘某雷（另案处理），河南一×公路交通工程有限公司（以下简称一×公路公司）股东陈某中（另案处理）共同参与二项目的竞争性

① 案号：（2021）豫02刑终22号。

谈判。后由刘某雷、陈某中提供各自经营公司的相关材料，冯某安排本公司员工为三家公司制作竞标的谈判响应文件、制定投标价格、提供三家公司的投标保证金、递交标书，安排王某杰及本公司员工冯某某、董某某分别代表仁×工程公司、通×公司、一×公路公司到开标现场参加竞争性谈判，并进行二次报价。经过谈判专家小组对三家公司进行符合性审查，项目编号：汴财谈(2017)57号，推荐成交候选人一×公路公司，中标金额277.6万元，项目编号：汴财谈(2017)58号，推荐成交候选人仁×工程公司，中标金额700万元。

2017年7月6日，开封市公安局交警支队和一×公路公司签订开封市公安局交警支队人机隔离护栏采购项目供货合同，项目编号：汴财谈(2017)57号，合同总价款277.6万元。2017年7月14日，开封市公安局交警支队和仁×工程公司王某杰签订开封市公安局交警支队隔离护栏采购项目供货合同，项目编号：汴财谈(2017)58号，合同总价款700万元。

2018年11月26日，在开封市公安局交警支队采购警亭项目，项目编号：汴财谈-2018-155号竞争性谈判过程中，冯某利用实际控制的河南路×达公路工程有限公司(以下简称路×达公司)，安排冯某某制作河南步×市政工程公司(以下简称步×公司)和通×公司竞标的谈判响应文件，安排董某某、冯某某、刘某(刘某雷儿子)分别代表路×达公司、步×公司、通×公司到开标现场参加竞争性谈判，递交谈判响应文件。经过评审委员会评审，项目编号汴财谈-2018-155号，中标人路×达公司，中标金额26万元。2018年12月17日，开封市公安局交警支队和路×达公司签订开封市公安局交警支队采购警亭项目，项目编号：汴财谈-2018-155号供货合同，合同总价款26万元。

2019年1月9日，在开封市公安局交警支队限高架采购项目，项目编号：汴财招标采购-2018-254号招投标过程中，冯某安排冯某某制作步×公司、通×公司竞标的谈判响应文件，安排冯扬、冯某某、刘某分别代表仁×工程公司、步×公司、通×公司到开标现场参加竞争性谈判，递交谈判响应文件。经过评审委员会评审，项目编号汴财招标采购-2018-254号，中标人仁×工程公司，中标金额37.656万元。2019年1月24日开封市公安局交警支队和仁×工程公司签订开封市公安局交警支队限高架采购项目，项目编号：汴财招标采购-2018-254号供货合同，合同总价款37.656万元。

上述四个项目供货合同签订后，均由仁×工程公司施工供货。

2020年5月21日，冯某、王某杰被公安机关抓获归案。

另查明，冯某称仁×工程公司获取违法所得10万余元。审理期间，仁×工程公司退交违法所得10万元。

【裁判结果】

1. 仁×工程公司犯串通投标罪，判处罚金5万元。

2. 冯某犯串通投标罪，判处有期徒刑 10 个月，并处罚金人民币 2 万元。

3. 王某杰犯串通投标罪，判处有期徒刑 6 个月，并处罚金人民币 1 万元。

4. 仁×工程公司退交的违法所得 10 万元，依法予以没收，上缴国库。

【点评分析】

本案涉及的是企业在投标过程中与他人相互串通投标报价，损害招标人或其他投标人的利益的行为，是否构成串通投标罪的问题。

我国《刑法》第二百二十三条规定："投标人相互串通投标报价，损害招标人或者其他投标人利益，情节严重的，处三年以下有期徒刑或者拘役，并处或者单处罚金。投标人与招标人串通投标，损害国家、集体、公民的合法利益的，依照前款的规定处罚。"《最高人民检察院、公安部关于公安机关管辖的刑事案件立案追诉标准的规定（二）》（2010 年）第七十六条规定："投标人相互串通投标报价，或者投标人与招标人串通投标，涉嫌下列情形之一的，应予立案追诉：（一）损害招标人、投标人或者国家、集体、公民的合法利益，造成直接经济损失数额在五十万元以上的；（二）违法所得数额在十万元以上的；（三）中标项目金额在二百万元以上的；（四）采取威胁、欺骗或者贿赂等非法手段的；（五）虽未达到上述数额标准，但两年内因串通投标，受过行政处罚二次以上，又串通投标的；（六）其他情节严重的情形。"

本案中，仁×工程公司、冯某、王某杰为承建招标工程串通投标，中标项目金额在 200 万元以上，其行为均已构成串通投标罪。

第二节 单位行贿罪

一、罪名概述

（一）单位行贿罪的概念

单位行贿罪，是指单位为谋取不正当利益而行贿，或者违反国家规定，给予国家工作人员以回扣、手续费，情节严重的行为。

（二）犯罪构成要件

1. 犯罪主体

本罪的犯罪主体是特殊主体，只能是单位。所谓单位，根据《刑法》第三十条的规定，应包括公司、企业、事业单位、机关、团体。

2. 犯罪客观方面

本罪在客观方面表现为单位为谋取不正当利益而行贿，或者违反国家规定，给予国家工作人员以"回扣""手续费"，情节严重的行为。

司法实践中，单位行贿常见行为主要有：经单位研究决定的由有关人员实施的行贿行为；经单位主管人员批准，由有关人员实施的行贿行为；单位主管人员以法定代表人的身份实施的行贿行为；单位主管人员以非法定代表人身份实施的，为单位谋取利益的行贿行为。

3. 犯罪客体

本罪侵犯的客体是国家机关、公司、企业、事业单位和团体的正常管理活动、职能活动的廉洁性及声誉和国家工作人员的职务廉洁性。

本罪的犯罪对象是财物。财物一般是公司、企业、事业单位、机关、团体的财物，而非某个人的财物。同时，也包括一些具有财产性质的利益，如国内外旅游。

4. 犯罪主观方面

本罪的主观方面表现为直接故意，并且具有为本单位谋取不正当利益的目的。过失不构成本罪。

（三）刑事立案追诉标准

《最高人民检察院关于人民检察院直接受理立案侦查案件立案标准的规定（试行）》第一条的规定，“单位行贿罪是指公司、企业、事业单位、机关、团体为谋取不正当利益而行贿，或者违反国家规定，给予国家工作人员以回扣、手续费，情节严重的行为。涉嫌下列情形之一的，应予立案：1、单位行贿数额在 20 万元以上的；2、单位为谋取不正当利益而行贿，数额在 10 万元以上不满 20 万元，但具有下列情形之一的：(1)为谋取非法利益而行贿的；(2)向 3 人以上行贿的；(3)向党政领导、司法工作人员、行政执法人员行贿的；(4)致使国家或者社会利益遭受重大损失的。因行贿取得的违法所得归个人所有的，依照本规定关于个人行贿的规定立案，追究其刑事责任”。

（四）量刑标准

《刑法》第三百九十三条规定：“单位为谋取不正当利益而行贿，或者违反国家规定，给予国家工作人员以回扣、手续费，情节严重的，对单位判处罚金，并对其直接负责的主管人员和其他直接责任人员，处三年以下有期徒刑或者拘役，并处罚金；情节特别严重的，处三年以上十年以下有期徒刑，并处罚金。因行贿取得的违法所得归个人所有的，依照本法第三百八十九条、第三百九十条的规定定罪处罚。”

二、防范措施

（一）加强法治意识，树立法治信仰

建筑企业应当定期对“董监高”进行法律培训，学习国家有关单位行贿的法律知识与典型案例，树立正确的竞争意识，不使用非法手段谋取不正当利益。“董监高”应对企业忠诚，以企业整体利益为重，不得以企业名义进行行贿。实务中，建筑企业经营总会遇到一些棘手的问题，如因资质不够不能参加某个项目、因犯小错误被相关部门调查等,当遇到这些事情时,个别企业管理者往往因为法治观念淡薄,寄希望于采用非法手段化解眼前问题,主动采取贿赂进行"打点""打招呼",结果就是管理者既将单位置于法律风险中,又让自己面临牢狱之灾。因此,建筑企业应当加强法治意识,遵纪守法,恪守公平竞争的原则,积极通过查漏补缺,不断提高企业的自身实力和竞争力,而不能通过"送礼"来"解决"。

(二)加强内部监督制约,做好预防措施

建筑企业内部要根据不同的岗位,制定不同的管理制度和工作流程,做到分工明确、职责清晰、流程规范。将权力分散到不同岗位,加强相互监督制约。强化企业管理人员责任,定期对其进行预防行贿犯罪的知识培训。企业管理人员要克服侥幸心理,经得起利益的诱惑,不能为谋取不当利益而置法律规定于不顾,不要通过向国家工作人员行贿来达成企业目的,不得以集体决定的方式授意、指使、实施行贿行为。

(三)建立反舞弊机制,经常性监督和专项监督相结合

建筑企业应当积极进行合规体系建设,建立本单位的反舞弊机制,在内部设立独立性的反贿赂部门,负责企业内部的反舞弊、反贿赂工作。对工程建设项目要进行全程监督、全程预防,要求高管、内部承包人或项目经理出具不行贿承诺书,并存档备查。若发现行贿行为的,应积极向检察机关、监察机关举报,并提供线索和证据等。

(四)建立严格的项目资金管理制度

建筑企业应该建立项目资金管理制度,由专门财务部门负责项目资金的结算、拨付,对资金运转进行监管,若发现项目资金涉嫌用于行贿等不正当目的的,应拒绝支付或报销,严禁公司账户或项目部账户涉及行贿事项。

(五)减少挂靠或加强对挂靠人(项目经理)的管理

挂靠承包或内部承包施工的现象,在建筑领域比较普遍,建筑企业不参与具体工程的施工,项目经营都由挂靠人或内包人员自行做主,对这种情况下的行贿,建筑企业因毫不知情,往往处于极为不利的地位,一旦发生,对企业影响和损失不可估量。因此,建筑企业应尽量减少挂靠经营或不合法的内部承包模式,对存在的挂靠承包或内部承包施工,应当加强对项目财务的直接管理、合规控制,进而减少犯罪风险。

三、典型案例

苏州洲×建设工程有限公司、周某勇单位行贿案[①]

【案情简介】

2013 年至 2020 年，苏州洲×建设工程有限公司（以下简称洲×公司）为谋取直接指定其公司承接苏州市相城区黄桥街道、澄阳街道拆房工程的不正当利益，由担任该公司法定代表人的周某勇决定，通过向苏州市相城区黄桥街道办事处原副主任、澄阳街道办事处原副主任朱某（另案处理）行贿，数额合计人民币 99.52 万元。具体分述如下：

1.2013 年 11 月 17 日，周某勇通过向朱某情妇胡某账号为 62××× 45 建设银行账户转账的方式，送给朱某人民币 1 万元。

2.2014 年 5 月，周某勇与朱某约定，由周某勇以向胡某支付工资的名义，每月向上述银行账户转账人民币 8700 元左右。截至 2019 年 2 月，周某勇连续 58 个月通过上述方式送给朱某人民币共计 50.32 万元。

3.2014 年中秋节前，周某勇在苏州市相城区黄桥街道办事处附近，送给朱某现金人民币 1 万元。

4.2015 年春节前，周某勇在苏州市相城区黄桥街道办事处附近，送给朱某现金人民币 2 万元。

5.2015 年 9 月、10 月，周某勇在苏州市××医院（东区），送给朱某现金人民币 1 万元。

6.2016 年春节前，周某勇在苏州市相城区黄桥街道办事处附近，送给朱某现金人民币 2 万元。

7.2016 年中秋节前，周某勇在苏州市相城区黄桥街道办事处附近，送给朱某现金人民币 1 万元。

8.2017 年春节前，周某勇在苏州市相城区黄桥街道办事处附近，送给朱某现金人民币 3 万元。

9.2017 年中秋节前，周某勇在苏州市相城区黄桥街道办事处附近，送给朱某现金人民币 1 万元。

10.2018 年春节前，周某勇在苏州市相城区黄桥街道办事处附近，送给朱某现金人民币 3 万元。

---

① 案号：(2020)苏 0507 刑初 472 号。

11. 2018年中秋节前,周某勇在苏州市相城区澄阳街道办事处附近,送给朱某现金人民币1万元。

12. 2018年10月,周某勇多次通过微信转账的方式,送给朱某人民币共计2.5万元。

13. 2018年11月,周某勇多次通过微信转账的方式,送给朱某人民币共计4万元。

14. 2018年12月,周某勇多次通过微信转账的方式,送给朱某人民币共计4.8万元。

15. 2019年1月,周某勇多次通过微信转账的方式,送给朱某人民币共计4.3万元。

16. 2019年春节前,周某勇在苏州市相城区澄阳街道办事处附近,送给朱某现金人民币3万元。

17. 2019年2月,周某勇多次通过微信转账的方式,送给朱某人民币共计5.6万元。

18. 2019年3月,周某勇多次通过微信转账的方式,送给朱某人民币共计4万元。

19. 2019年4月4日,周某勇通过微信转账的方式,送给朱某人民币1万元。

20. 2020年春节前,周某勇在苏州市相城区澄阳街道办事处楼下,送给朱某现金人民币4万元。

周某勇在被追诉前主动交待行贿行为。洲×公司、周某勇均自愿认罪认罚。

【裁判结果】

1. 洲×公司犯单位行贿罪,判处罚金人民币45万元。

2. 周某勇犯单位行贿罪,判处有期徒刑1年6个月,缓刑2年,并处罚金人民币10万元。

【点评分析】

本案涉及的是企业的法定代表人为承接工程向国家工作人员行贿,是否构成单位行贿罪的问题。

根据《刑法》第三百九十三条的规定:"单位为谋取不正当利益而行贿,或者违反国家规定,给予国家工作人员以回扣、手续费,情节严重的,对单位判处罚金,并对其直接负责的主管人员和其他直接责任人员,处三年以下有期徒刑或者拘役,并处罚金;情节特别严重的,处三年以上十年以下有期徒刑,并处罚金。因行贿取得的违法所得归个人所有的,依照本法第三百八十九条、第三百九十条的规定定罪处罚。"根据《最高人民检察院关于人民检察院直接受理立案侦查案件立案标准的规定(试行)》第一条关于单位行贿案的规定,单位行贿数额在20万元以上的,应予立案。

本案中,洲×公司为谋取不正当利益而向国家工作人员朱某行贿,行贿数额为

99.52万元，洲×公司的法定代表人周某勇系直接负责的主管人员，其行为均已构成单位行贿罪。

由本案中可知，建筑企业及其法定代表人为获取工程给予国家工作人员财物的，法定代表人行为代表单位行为，不以个人行为论，单位及法定代表人个人均构成单位行贿罪。

第三节 受贿罪

一、罪名概述

（一）受贿罪的概念

受贿罪，是指国家工作人员利用职务上的便利，索取他人财物，或者非法收受他人财物，为他人谋取利益的行为。

（二）犯罪构成要件

1.犯罪主体

本罪的犯罪主体是“国家工作人员”。由此可以看出，本罪是特殊身份犯罪，只能由“国家工作人员”才能构成。施工企业中“国家工作人员”的身份认定，一是看企业是否是国家出资企业，二是看企业中的人员是否具有“国家工作人员”身份。

2.犯罪客观方面

本罪在客观方面表现为行为人具有利用职务上的便利，向他人索取财物，或者收受他人财物并为他人谋取利益的行为。利用职务上的便利，是指利用本人职务上主管、负责或者承办某项公共事务的权利所形成的便利条件。

受贿罪的行为方式有两种：一种是索贿，即行为人在职务活动中主动向他人索要财物；另一种是收受贿赂，即行为人非法收受他人财物，并为他人谋取利益。谋取的利益可以是不正当利益，也可以是正当利益。

3.犯罪客体

本罪侵犯的客体是国家机关工作员的职务廉洁性。

4.犯罪主观方面

本罪在主观方面是由故意构成，只有行为人是出于故意所实施的受贿犯罪行为才构成受贿罪，过失行为不构成本罪。

（三）刑事立案追诉标准

根据《刑法》第三百八十六条及《最高人民法院、最高人民检察院关于办理贪污贿赂刑事案件适用法律若干问题的解释》第一条第一款、第三款的规定，受贿数额在

3 万元以上的,或者受贿数额在 1 万元以上不满 3 万元,具有下列情形之一的,应当立案追诉:(1)曾因贪污、受贿、挪用公款受过党纪、行政处分的;(2)曾因故意犯罪受过刑事追究的;(3)赃款赃物用于非法活动的;(4)拒不交待赃款赃物去向或者拒不配合追缴工作,致使无法追缴的;(5)造成恶劣影响或者其他严重后果的;(6)多次索贿的;(7)为他人谋取不正当利益,致使公共财产、国家和人民利益遭受损失的;(8)为他人谋取职务提拔、调整的。

(四)量刑标准

《刑法》第三百八十六条规定:"对犯受贿罪的,根据受贿所得数额及情节,依照本法第三百八十三条的规定处罚。索贿的从重处罚。"

《刑法》第三百八十三条规定:"对犯贪污罪的,根据情节轻重,分别依照下列规定处罚:(一)贪污数额较大或者有其他较重情节的,处三年以下有期徒刑或者拘役,并处罚金。(二)贪污数额巨大或者有其他严重情节的,处三年以上十年以下有期徒刑,并处罚金或者没收财产。(三)贪污数额特别巨大或者有其他特别严重情节的,处十年以上有期徒刑或者无期徒刑,并处罚金或者没收财产;数额特别巨大,并使国家和人民利益遭受特别重大损失的,处无期徒刑或者死刑,并处没收财产。对多次贪污未经处理的,按照累计贪污数额处罚。犯第一款罪,在提起公诉前如实供述自己罪行、真诚悔罪、积极退赃,避免、减少损害结果的发生,有第一项规定情形的,可以从轻、减轻或者免除处罚;有第二项、第三项规定情形的,可以从轻处罚。犯第一款罪,有第三项规定情形被判处死刑缓期执行的,人民法院根据犯罪情节等情况可以同时决定在其死刑缓期执行二年期满依法减为无期徒刑后,终身监禁,不得减刑、假释。"

《最高人民法院、最高人民检察院关于办理贪污贿赂刑事案件适用法律若干问题的解释》第一条第一款规定:"贪污或者受贿数额在三万元以上不满二十万元的,应当认定为刑法第三百八十三条第一款规定的'数额较大',依法判处三年以下有期徒刑或者拘役,并处罚金。"其第三款规定:"受贿数额在一万元以上不满三万元,具有前款第二项至第六项规定的情形之一,或者具有下列情形之一的,应当认定为刑法第三百八十三条第一款规定的'其他较重情节',依法判处三年以下有期徒刑或者拘役,并处罚金:(一)多次索贿的;(二)为他人谋取不正当利益,致使公共财产、国家和人民利益遭受损失的;(三)为他人谋取职务提拔、调整的。"

该解释第二条第一款规定:"贪污或者受贿数额在二十万元以上不满三百万元的,应当认定为刑法第三百八十三条第一款规定的'数额巨大',依法判处三年以上十年以下有期徒刑,并处罚金或者没收财产。"其第三款规定:"受贿数额在十万元以上不满二十万元,具有本解释第一条第三款规定的情形之一的,应当认定为刑法第三百八十三条第一款规定的'其他严重情节',依法判处三年以上十年以下有期徒刑,并处罚金或者没收财产。"

该解释第三条第一款规定:“贪污或者受贿数额在三百万元以上的,应当认定为刑法第三百八十三条第一款规定的‘数额特别巨大’,依法判处十年以上有期徒刑、无期徒刑或者死刑,并处罚金或者没收财产。”其第三款规定:“受贿数额在一百五十万元以上不满三百万元,具有本解释第一条第三款规定的情形之一的,应当认定为刑法第三百八十三条第一款规定的‘其他特别严重情节’,依法判处十年以上有期徒刑、无期徒刑或者死刑,并处罚金或者没收财产。”

该解释第四条规定:“贪污、受贿数额特别巨大,犯罪情节特别严重、社会影响特别恶劣、给国家和人民利益造成特别重大损失的,可以判处死刑。符合前款规定的情形,但具有自首,立功,如实供述自己罪行、真诚悔罪、积极退赃,或者避免、减少损害结果的发生等情节,不是必须立即执行的,可以判处死刑缓期二年执行。符合第一款规定情形的,根据犯罪情节等情况可以判处死刑缓期二年执行,同时裁判决定在其死刑缓期执行二年期满依法减为无期徒刑后,终身监禁,不得减刑、假释。”

该解释第十五条规定:“对多次受贿未经处理的,累计计算受贿数额。国家工作人员利用职务上的便利为请托人谋取利益前后多次收受请托人财物,受请托之前收受的财物数额在一万元以上的,应当一并计入受贿数额。”

二、防范措施

(一)加强对管理人员的法律培训,树立正确的犯罪预防理念

对于国有建筑企业而言,应定期开展廉洁教育和法律培训,尤其是一些握有公司内部权力的管理人员,使其能够更好地认清自己身份,摆正自己位子,有效减少“官本位”思想影响。同时,把廉洁、诚信、依法等理念融入公司文化建设中,切实增强廉洁意识、规矩意识、主人翁意识,提高拒腐防变的免疫力。

(二)加强工程项目过程监督

对整个工程项目的关键环节、关键人物、重点部位,企业应当加强过程监督,加强对其权力运行的监控机制的检查,确保权力正确规范行使。企业高管和有重要业务处置权的员工是最易触犯本罪的关键人物,要进行经常性监督,以弥补企业内部管理体制、机制和制度上的漏洞。

(三)建立反舞弊机制

建筑企业要建立反舞弊机制,建立独立的纪检监察部门,由其主动牵头,协调相关部门配合,优化监督方案,细化责任,把各个部门的业务专长变成过程监督的整体优势。在实际工作中,纪检监察部门要制定详细的效能监察工作计划和措施,并将任务分解落实到各相关部门,在实施过程中,各行其责、协作配合,共同完成监督任务。

(四)注意特殊形态的受贿行为构成犯罪

根据《刑法》及相关司法解释规定,受贿行为的类型划分,除了直接受贿行为,利

用职务上的便利索取他人财物，或者非法收受他人财物等外，还有很多并不是那么直接或明显的受贿行为，具有一定的隐蔽性，甚至行为人也没有意识到自己行为的严重性，以致触犯本罪。目前，《最高人民法院、最高人民检察院关于办理贪污贿赂刑事案件适用法律若干问题的解释》明确规定了几种变相的构成受贿的行为，企业要高度重视，具体如下：交易型受贿；干股分红型受贿；合作投资型受贿；委托理财型受贿；赌博型受贿；干薪型受贿；特定关系人收受型受贿；权属未变型受贿；商业贿赂；涉及股票受贿案件。

（五）注意“收钱不办事”也构成受贿

司法实践中，一些受贿的犯罪嫌疑人会以“收了钱，但未办事”为由否认犯罪。但根据相关司法判例，国家工作人员明知他人有请托事项，仍利用职务之便收受其财物的，视为承诺“为他人谋取利益”；至于是否已实际为他人谋取利益或谋取到利益，不影响受贿的认定，即“收钱不办事”也是受贿。因为根据“为他人谋取利益”的事实，应当包括承诺、实施和实现三个阶段。行为人只要实施了其中一个阶段的行为，就构成“为他人谋取利益”这一要件。如国家工作人员，明知他人因其具有能在建设工程方面给予关照的职务而送钱，事后，虽然没有给送钱人谋取实际利益，但却否认不了收受这笔钱财的权钱交易性质。其收受送钱人所送钱款的行为符合受贿罪的本质特征，应依法处罚。

三、典型案例

张某理受贿案[①]

【案情简介】

张某理利用自己担任中国水利水电建设工程咨询西北有限公司溧阳监理中心副总监的职务之便，在负责江苏国信溧阳抽水蓄能电站建设工程监理过程中，为他人谋取利益，非法收受他人现金、购物卡、手机、金条等财物，共计价值人民币201,000元。案发后，张某理主动投案，如实供述了犯罪事实。侦查人员从其家中扣押到金条两块，其妻子主动退回人民币15万元。

另查明，中国水利水电建设工程咨询西北有限公司系中国水电顾问集团西北勘测设计研究院法人独资子公司，中国水电顾问集团西北勘测设计研究院系中国电力建设集团有限公司法人独资子公司，中国电力建设集团有限公司系国有独资公司。张某理担任中国水利水电建设工程咨询西北有限公司溧阳电站监理中心副总监职

① 案号：(2016)苏0481刑初21号。

位，其工作职责主要包括工程进度款支付、变更价款审核、索赔价款审核等，张某理于2013年5月从原单位退休，后原单位并未免去其职务，以劳务派遣形式继续聘用张某理，并继续担任原职位，履行相关工作职责。

【裁判结果】

1. 张某理犯受贿罪，判处有期徒刑3年，缓刑4年，并处罚金人民币20万元。

2. 已扣押的金条2块、违法所得人民币11.7万元及三星手机1部予以没收，上缴国库。

【点评分析】

本案涉及的是国有公司中从事公务的人员，其退休后经原单位返聘期间利用职务便利非法收受他人财物，为他人谋取利益的行为，是否构成受贿罪的问题。

根据《刑法》第三百八十六条与《最高人民法院、最高人民检察院关于办理贪污贿赂刑事案件适用法律若干问题的解释》第一条的规定，受贿数额在3万元以上的，应当立案追诉。

本案中，原单位在张某理退休后并未免去其职务，以劳务派遣形式继续聘用张某理，并继续担任原职位溧阳监理中心副总监，履行相关工作职责，故张某理属于国有公司中从事公务的人员，应以国家工作人员论。张某理利用担任国家工作人员的职务之便，非法收受他人现金、购物卡、手机、金条等财物，共计价值人民币201,000元，为他人谋取利益，其行为已构成受贿罪。

由本案可知，国有建筑企业管理人员利用职务上的便利，非法收受他人财物，替他人办事的行为极可能涉嫌受贿罪。对此，企业应当定期对"董高监"及相关工作人员开展廉洁性培训，学习国家有关受贿的法律法规与典型案例，以免触犯本罪。

第四节　非国家工作人员受贿罪

一、罪名概述

（一）非国家工作人员受贿罪的概念

非国家工作人员受贿罪，是指公司、企业或者其他单位的非国家工作人员，利用职务上的便利，索取他人财物或者非法收受他人财物，为他人谋取利益，数额较大的行为。

（二）犯罪构成要件

1. 犯罪主体

本罪的犯罪主体系特殊主体，是公司、企业或者其他单位的非国家工作人员。

公司、企业的工作人员既包括国有公司、国有企业或其他国有单位，也包括非国有公司、非国有企业或其他非国有单位，如公司的董事、监事以及公司、企业的经理、厂长、财会人员以及其他受公司、企业聘用从事相关事务的人员。需要说明的是，本罪不包括国有公司、企业或者其他国有单位中从事公务的人员和国有公司、企业或者其他国有单位委派到非国有公司、企业以及其他单位从事公务的人员。国有公司、企业或者其他国有单位中从事公务的人员，一般是指在国有公司、企业或者其他国有单位中具有一定组织、领导、监督、管理等工作的人员，包括董事长、监事会成员、经理等高级主管人员和从事管理、技术、财务等工作的、《公务员法》管制的各类人员。

根据《最高人民法院、最高人民检察院关于办理商业贿赂刑事案件适用法律若干问题的意见》第二条的规定，"其他单位"，既包括事业单位、社会团体、村民委员会、居民委员会、村民小组等常设性的组织，也包括为组织体育赛事、文艺演出或者其他正当活动而成立的组委会、筹委会、工程承包队等非常设性的组织。

该意见第六条规定："依法组建的评标委员会、竞争性谈判采购中谈判小组、询价采购中询价小组的组成人员，在招标、政府采购等事项的评标或者采购活动中，索取他人财物或者非法收受他人财物，为他人谋取利益，数额较大的，依照刑法第一百六十三条的规定，以非国家工作人员受贿罪定罪处罚。依法组建的评标委员会、竞争性谈判采购中谈判小组、询价采购中询价小组中国家机关或者其他国有单位的代表有前款行为的，依照刑法第三百八十五条的规定，以受贿罪定罪处罚。"

需要注意的是，本罪为职务犯罪，必须以"利用职务上的便利"为条件。

2. 犯罪客观方面

本罪在客观方面表现为利用职务上的便利，索取他人财物或非法收受他人财物，为他人谋取利益，数额较大的行为。

利用职务上的便利，是指公司、企业或者其他单位的工作人员利用本人的领导、监督、管理等职权以及利用与上述职权有关的便利条件。

索取他人财物，是指主动向有求于行为人职务行为的请托人索要财物。非法收受他人财物是指为请托人办事，接受请托人主动送给的财物。

为他人谋取利益，是指行为人索要或收受他人财物，利用职务之便为他人或允诺为他人实现某种利益。该利益是合法还是非法，该利益是否已谋取到，均不影响本罪的成立。

需要说明的是，受贿犯罪的本质是权钱交易，并非所有在工作中索取或收受他人财物的行为都构成受贿罪，关键是看该财物的获取是否利用了职务便利。如果在工作之余，没有利用职务便利为他人提供帮助，以劳费或酬谢费的名义收受他人财物的，不构成本罪。

3. 犯罪客体

本罪侵犯的客体是国家对公司、企业以及非国有事业单位、其他组织的工作人员职务活动的管理制度。

4. 犯罪主观方面

本罪的主观方面表现为故意，即公司、企业、其他单位人员故意利用其职务之便接受或索取贿赂，为他谋取利益。

(三)刑事立案追诉标准

《最高人民检察院、公安部关于公安机关管辖的刑事案件立案追诉标准的规定(二)》第十条规定："公司、企业或者其他单位的工作人员利用职务上的便利，索取他人财物或者非法收受他人财物，为他人谋取利益，或者在经济往来中，利用职务上的便利，违反国家规定，收受各种名义的回扣、手续费，归个人所有，数额在三万元以上的，应予立案追诉。"

(四)量刑标准

《刑法》第一百六十三条第一款、第二款规定："公司、企业或者其他单位的工作人员，利用职务上的便利，索取他人财物或者非法收受他人财物，为他人谋取利益，数额较大的，处三年以下有期徒刑或者拘役，并处罚金；数额巨大或者有其他严重情节的，处三年以上十年以下有期徒刑，并处罚金；数额特别巨大或者有其他特别严重情节的，处十年以上有期徒刑或者无期徒刑，并处罚金。公司、企业或者其他单位的工作人员在经济往来中，利用职务上的便利，违反国家规定，收受各种名义的回扣、手续费，归个人所有的，依照前款的规定处罚。"

二、防范措施

(一)认识犯罪表现形式，做好刑事风险识别

建设工程领域中非国家工作人员受贿罪一般有以下常见的具体表现形式：某集中迁建点安置建设指挥部副指挥长利用职务之便，非法收受他人贿赂；某建筑企业工作人员违反国家规定，利用职务上的便利，收受回扣、手续费归个人所有；某建设工程项目副总经理利用职务之便，在工程建设施工、检查、监管过程中为他人谋取利益，非法收受他人贿赂；某招标代理机构负责人，利用组织招投标职权便利，非法收受他人财物，使他人不公正中标，损害其他投标人公平竞争权益，数额较大等。可见，工程项目腐败现象的主体主要是项目上掌管人财物大权的领导岗位的管理人员，各工程相关管理人员应谨记这些具体表现形式，做好刑事风险识别，避免触碰刑事法律的"红线"。

(二)开展廉洁教育和法律培训

建筑企业应对高级管理人员、采购人员等关键岗位人员开展廉洁教育和法律培

训,提高其反腐抗变能力,保持职务的纯洁性。实务中,较多人误以为只有国家工作人员受贿才构成犯罪,企业员工收点回扣不会构成犯罪。因此,建筑企业对职工进行法律培训时,应重点对本罪的概念、立案追诉标准、量刑标准进行详细讲解,让其意识到不仅国家工作人员要管住手,自己也要管住手,否则伸手必被捉。

(三)关注职务犯罪的预防,建立项目岗位廉政风险预防体系

在新形势下,建筑企业应利用大数据、信息化技术进行风险预防,完善内部控制制度、廉政监督制度。无论是建筑企业的总部还是分公司,都应当聘请法律顾问,为其在工程发包、分包、对外签订施工合同、工程项目开发等经营过程中发生的法律问题提供咨询、风险评估等系统化服务,把好经营合规风险关。同时,针对管理人员建立项目岗位廉政风险预防体系,加强风险预警机制,从而避免碰触法律红线。

三、典型案例

龙某强非国家工作人员受贿案[①]

【案情简介】

龙某强于2019年3月13日起担任防城港钢铁基地一期项目总监理工程师,具有履行建设工程监理工作的职权。2019年3月至2020年11月,龙某强以支付"补助"、好处费或者直接要钱的方式,主动向该项目施工队包工头刘某、苏某明、傅某、徐某索要好处费。龙某强在收取好处费之后,这些施工队在其分管的业务上得到更高效便捷服务,并给这些施工队提供技术指导。经统计,龙某强从刘某处多次收取好处费合计12.6万元,从苏某明、傅某处多次收取好处费合计17.2万元,从徐某处多次收取好处费合计15.5万元,共计45.3万元。龙某强到案后,于2021年3月19日退缴赃款36.1万元。2021年5月21日向法院退缴赃款9.2万元。

【裁判结果】

1. 龙某强犯非国家工作人员受贿罪,判处有期徒刑1年,缓刑1年,并处罚金人民币5万元。

2. 龙某强退出的违法所得款453,000元,予以没收,上缴国库。

【点评分析】

本案涉及的是公司工作人员利用职务上的便利向施工队包工头索取财物的行为,是否构成非国家工作人员受贿罪的问题。

我国《刑法》第一百六十三条第一款规定:"公司、企业或者其他单位的工作人

---

① 案号:(2021)桂0602刑初64号。

员，利用职务上的便利，索取他人财物或者非法收受他人财物，为他人谋取利益，数额较大的，处三年以下有期徒刑或者拘役，并处罚金；数额巨大或者有其他严重情节的，处三年以上十年以下有期徒刑，并处罚金；数额特别巨大或者有其他特别严重情节的，处十年以上有期徒刑或者无期徒刑，并处罚金。”《最高人民检察院、公安部关于公安机关管辖的刑事案件立案追诉标准的规定（二）》（2010年）第十条规定：“公司、企业或者其他单位的工作人员利用职务上的便利，索取他人财物或者非法收受他人财物，为他人谋取利益，或者在经济往来中，利用职务上的便利，违反国家规定，收受各种名义的回扣、手续费，归个人所有，数额在五千元以上的，应予立案追诉。”

本案中，龙某强作为公司工作人员，其利用担任公司项目总监理工程师职务上的便利，主动索取他人财物共计45.3万元，其行为已构成非国家工作人员受贿罪。

实务中，较多公司工作人员并不知道我国存在“非国家工作人员受贿罪”这个罪名，大多认为只有官员、公务员等国家工作人员利用职务索取他人财物或非法收受他人财物才构成犯罪。由本案可知，建筑企业的工作人员向客户索取财物并为其谋取利益的行为，极可能触犯非国家工作人员受贿罪。对此，建筑企业应当对董监高及相关工作人员开展法律培训，让其了解索取他人财物或者非法收受他人财物所面临的法律风险及后果，以免触犯本罪。

第五节 职务侵占罪

一、罪名概述

（一）职务侵占罪的概念

职务侵占罪，是指公司、企业或者其他单位的人员利用职务上的便利，将本单位财物非法占为己有，数额较大的行为。

（二）犯罪构成要件

1. 犯罪主体

本罪犯罪主体为特殊主体，包括公司、企业或者其他单位的非国家工作人员。

公司是指有限责任公司和股份有限公司。企业是指除上述公司以外的其他依法设立的以获取经济利益为目的的具有法人资格的组织，如集体所有制企业、私营企业、中外合资企业、中外合作企业、外资企业等。“其他单位”是指除上述公司、企业以外的社会团体或经济组织。

具有国家工作人员身份的人，不能成为本罪的主体。凡具有国家工作人员身份的人员，利用职务或者工作上的便利，侵占本单位的财物的，应依照贪污罪的规定处罚。这里所说的“国家工作人员”是指在国有公司、企业或者其他公司、企业中行使管理职权,并具有国家工作人员身份的人员,包括受国有公司、国有企业委派或者聘请,作为国有公司、国有企业代表,在中外合资、合作、股份制公司、企业等非国有公司企业中,行使管理职权,并具有国家工作人员身份的人员。

具体到建设工程领域,对于项目经理、承包人与建筑施工企业签订劳合同或内部承包合同,并负责管理工程项目或分公司的,相关成员可以成为职务侵占等职务类犯罪的主体。对于项目经理、承包人与建筑施工企业既不存在劳动关系,又无内部承包合同、任命书等文件足以证明其已获建筑施工企业明确授权,擅自以建筑施工企业的名义从事活动的,相关成员不宜成为针对该企业的职务侵占犯罪的主体。构成其他犯罪的,应依法追究刑事责任。

2. 犯罪客观方面

本罪在客观方面表现为行为人利用职务上的便利,将本单位财物非法据为己有,数额较大的行为。具体而言,包括以下三个方面:

(1)利用自己职务上的便利

利用职务上的便利,是指利用职权及与职务有关的便利条件。行为人之所以能够顺利实施该行为,是由于其职务上具有便利条件。职权,是指本人职务、岗位范围内的权力。与职务有关的便利条件,是指虽然不是直接利用职务或岗位上的权限,但却利用了本人的职权或地位所形成的便利条件,或通过其他人员利用职务或地位上的便利条件。

(2)有将本单位财物非法占为己有的行为

实务中,“侵占行为”主要表现为采用侵吞、窃取、骗取等各种手段将本单位财物“化”为私有、己有。如公司董事长将自己所占有的单位房屋、汽车等财产谎称自有,标价出售;公司经理以其具有审批使用公司财物的权力侵占公司财物;营销总监利用签订业务合同与对方相互串通,故意抬高合同标的价格,然后将钱款占为己有或私分;公司采购人员以少买多报占有购货款等,这些都是本罪的客观表现形式。需要提醒的是,非法占有的财物若不是本单位的,不构成本罪。如行为人利用职务上的便利,将本单位其他员工持有的本单位财物盗走而据为己有的,不能按本罪处罚。

(3)非法占有的财物需达到数额较大的程度

“数额较大”,是指行为人侵占本单位财物行为的社会危害性已经达到应追究刑事责任的数额标准。如果仅有非法侵占公司、企业及其他单位财物的行为,但没有达到数额较大的标准,则也不能构成本罪。

在施工领域,往往表现为虚报工程量提高工程造价以获取高额回扣、虚增工程价款、伪造公司印章委托指示建设单位将工程款支付至自己控制的第三方等手段。

3. 犯罪客体

本罪侵犯的客体是公司、企业或者其他单位的财产所有权。

本单位财物，包括动产和不动产，不仅指已在公司、企业、其他单位占有、管理之下的钱财，而且也包括本单位有权占有而未占有的财物，如公司、企业或其他单位拥有的债权。就财物的形态而言，犯罪对象包括有形物和无形物，如货币、厂房、设备、汽车、电力、煤气、天然气、库存商品、工业产权、非专利技术以及土地使用权，等等。

4. 犯罪主观方面

本罪的主观方面表现为直接故意，且具有非法占有的目的。即行为人明知自己的行为会发生侵害单位财产的危害后果，并且希望这种危害后果的发生。如果行为人实际上虽然具有占有行为，但仅仅是非法出借或者短时间的暂时挪用，则不构成本罪。

需要说明的是，间接故意与过失不构成本罪。

(三)刑事立案追诉标准

《最高人民检察院、公安部关于公安机关管辖的刑事案件立案追诉标准的规定(二)》第七十六条规定："公司、企业或者其他单位的人员，利用职务上的便利，将本单位财物非法占为己有，数额在三万元以上的，应予立案追诉。"

(四)量刑标准

《刑法》第二百七十一条规定："公司、企业或者其他单位的工作人员，利用职务上的便利，将本单位财物非法占为己有，数额较大的，处三年以下有期徒刑或者拘役，并处罚金；数额巨大的，处三年以上十年以下有期徒刑，并处罚金；数额特别巨大的，处十年以上有期徒刑或者无期徒刑，并处罚金。国有公司、企业或者其他国有单位中从事公务的人员和国有公司、企业或者其他国有单位委派到非国有公司、企业以及其他单位从事公务的人员有前款行为的，依照本法第三百八十二条、第三百八十三条的规定定罪处罚。"

二、防范措施

(一)建立合规的用人、用工制度，降低风险

职务侵占罪多发生于建筑企业内部员工身上，尤其是中层领导、财务人员以及项目经理等在关键岗位上的工作人员，因此，企业对本罪的防范应主要在针对员工的管理、监督上面。主要包括以下几项工作：

1. 企业用人时，除了考虑其业务能力外，还必须考虑员工的思想品德，特别是经手财务的员工、项目经理，在上岗前应进行严格的业务、法律、职业道德素质的培训，上岗后，再实行监督考察回访，并建立起人事管理档案。慎重任命有犯罪记录，有赌博、吸毒恶习的人管理公司财务。

2. 健全用工制度，与员工签订正规的劳动合同，并明确员工的职务范围。职务侵

占一旦发生,建筑施工企业报案时,需要提供劳动合同,以证明与职务侵占行为人之间存在劳动关系。如果建筑施工企业不能证明劳动关系的存在,实践中,公安机关可能难以立案,导致案件不会进入刑事诉讼程序,增大建筑施工企业维权难度。

3. 健全项目经理的管理制度,签订好劳动合同、内部承包合同、授权委托书等材料,在内部承包合同中明确约定投入项目的资金归属于施工企业,在双方工程款内部结算之前专款专用,不得侵占或挪用。在劳动合同、授权书或者岗位职责说明中明晰职权范围,做到权责明晰,便于追责。

4. 妥善保存员工身份证复印件等个人信息资料,一旦发生职务侵占案件,及时携带这些材料向公安机关报案。若员工侵占数额不足起刑点,则应及时提起民事诉讼,对损失予以追索。

(二)加强法治培训、教育,提高刑事风险防范意识

把员工素质教育当成一门工作、一项任务来抓。加强法治培训、教育,可以采用案例警示教育、法律法规学习等多种形式,增加企业员工(尤其是项目经理)对于职务侵占罪的认识,提高企业员工的守法意识,做到遵纪守法,不触碰刑事犯罪的"高压线"。

(三)严格监督与管理的制约机制

建设工程领域因其产业链长、参与主体复杂、建筑市场管理不规范等原因,职务侵占罪多发。建筑企业要紧紧围绕财务管理,货物流转、合同签订、销售回款等重要环节制定完善的规章制度,完善管理,形成有法可依,有规可循,以制度管人,健全监督制约机制。具体应做到:

1. 财务上,要保持财务独立,及时对账,及时向企业或公司汇报款项去向。

2. 管理上,要限制高管专权,避免项目经理、负责人独权。

3. 货物上,加强监管机制,具体接受情况需每日书面记录,签收人员可由两人以上共同负责,避免私自操作。

4. 在合同签订上,实行专项专章,私章或非合同用章无效,发现失窃或私刻现象,保留证据,立即报案。

(四)崇尚法律,发现问题决不姑息

建筑企业在经营中应充分认识法律对企业利益的保护作用,充分运用法律武器,优化公司管理和运营,切实保护自身利益。事前以"法"论证可行,从源风控;事中以"法"规范行为,优化管理;事后以"法"维护权利,保障利益。一旦发现有职务侵占的犯罪行为,绝不能姑息迁就,对情节轻微的要根据企业的规章制度给予处罚,对情节严重、可能构成犯罪的要及时向公安机关报案,积极配合公安机关坚决予以查处,杀一儆百,防止其不法行为的延续和蔓延,有效维护企业的合法权益。

三、典型案例

沈某刚职务侵占案[①]

【案情简介】

2014年4月21日，沈某刚与新×纪发展集团有限公司（以下简称新×纪公司）签订内部承包经营合同，成为公司第二十二事业部经理。同年6月20日，绍兴嵊州信×市场开发有限公司（以下简称信×公司）信源国际商业城三期工程项目承包给新×纪公司施工，新×纪公司指派沈某刚为驻工地代理。

其间，沈某刚利用自己的职务便利，在该工程未经结算前，分别于2014年12月17日和2015年1月8日，向信×公司出具了虚假《代付款申请函》和《委托付款情况说明》，并伪造新×纪公司印章（影印），将信×公司应支付给新×纪公司的工程款人民币392.8万元占为已有。经杭州明某司法鉴定所鉴定，沈某刚向信×公司出具的《代付款申请函》和《委托付款情况说明》两份材料上的公司印章和新×纪公司在温州市龙湾区公安分局备案的印章不是同一枚。

2017年7月8日，沈某刚被公安机关抓获归案。

【裁判结果】

沈某刚犯职务侵占罪，判处有期徒刑6年，并处没收个人财产人民币2万元；责令沈某刚退出违法所得人民币392.8万元，返还给被害单位新×纪发展集团有限公司。

【点评分析】

本案涉及的是建筑施工企业的内部承包人利用职务便利将本单位财物非法占为已有的行为，是否构成职务侵占罪的问题。

我国《刑法》第二百七十一条第一款规定："公司、企业或者其他单位的工作人员，利用职务上的便利，将本单位财物非法占为已有，数额较大的，处三年以下有期徒刑或者拘役，并处罚金；数额巨大的，处三年以上十年以下有期徒刑，并处罚金；数额特别巨大的，处十年以上有期徒刑或者无期徒刑，并处罚金。"《最高人民检察院、公安部关于公安机关管辖的刑事案件立案追诉标准的规定（二）》（2010年）第八十四条规定："公司、企业或者其他单位的人员，利用职务上的便利，将本单位财物非法占为已有，数额在五千元至一万元以上的，应予立案追诉。"

本案中，沈某刚作为新×纪公司的内部承包人，利用职务之便，采用伪造公司印

---

① 案号：（2018）浙03刑终1446号。

章的欺骗手段,在工程结算前将392.8万元工程款非法占为己有,其行为已构成职务侵占罪。

第六节 伪造、变造、买卖国家机关公文、证件、印章罪

一、罪名概述

(一)伪造、变造、买卖国家机关公文、证件、印章罪的概念

伪造、变造、买卖国家机关公文、证件、印章罪,是指非法制造、变造、买卖国家机关公文、证件、印章的行为。

(二)犯罪构成要件

1. 犯罪主体

本罪的主体属一般主体,即凡年满16周岁,且具备刑事责任能力的人均可构成本罪。

2. 犯罪客观方面

本罪在客观方面表现为行为人实施了伪造、变造、买卖国家机关公文、证件、印章的行为。

所谓伪造,是指无权制作者制作假的公文、证件或印章,既包括根本不存在某一公文、证件或印章而非法制作出一种假的公文、证件和印章,又包括在存在某一公文、证件或印章的情况下而模仿其特征而复印、伪造另一假的公文、证件或印章。既包括非国家机关工作人员的伪造或制作,又包括国家机关工作人员未经批准而擅自制造。另外,模仿有权签发公文、证件的负责人的手迹签发公文、证件的,亦应以伪造论处。所谓变造,则是对真实的公文、证件或印章利用涂改、擦消、拼接等方法进行加工、改制,以改变其真实内容。所谓买卖,即对国家机关公文、证件或者印章实行有偿转让,包括购买和销售两种行为。至于买卖的公文、证件或印章,既可以是真实的,也可以是伪造或者变造的。

3. 犯罪客体

本罪侵犯的客体是国家机关的正常管理活动和信誉。国家机关制作的公文、使用的印章和证件是其在社会的一定领域、一定方面实行管理活动的重要凭证和手段。任何伪造、变造、买卖国家机关的公文、证件、印章的行为,都会影响其正常管理活动,损害其名誉,从而破坏社会管理秩序。

本罪犯罪的对象是公文、证件、印章,且仅限于国家机关的公文、证件和印章。所谓公文,一般是指国家机关制作的,用以联系事务、指导工作、处理问题的书面文件,如命令、指示、决定、通知、函电等。某些以负责人名义代表单位签发的文件,也属于

公文。公文的文字可以是中文,也可以是外文;可以是印刷,也可以是书写的,都具有公文的法律效力。所谓证件,是指国家机关制作、颁发的,用以证明身份、职务、权利义务关系或其他有关事实的凭证,如结婚证、工作证、学生证、护照、户口迁移证、营业执照、驾驶证等。对于伪造、变造护照、签证等出入境证件和居民身份证的行为,因本法或本条另有规定,不以本罪论处。所谓印章,是指国家机关刻制的以文字与图记表明主体同一性的公章或专用章,他们是国家机关行使职权的符号和标记,公文在加盖公章后始能生效。用于国家机关事务的私人印鉴、图章也应视为本款所称印章。

4. 犯罪主观方面

本罪在主观方面只能出于直接故意,间接故意和过失不构成本罪。如行为人盗窃某甲的手提包,意图偷窃钱财,没想到包中装有某甲单位的公文及甲的证件。如此,行为人只构成盗窃罪,不构成伪造、变造、买卖国家机关公文、证件、印章罪。

行为人犯罪的动机是多种多样的,有的是为了取得某种利益,有的是为了营利,有的是为了实施其他犯罪活动而做准备等。

(三)刑事立案追诉标准

根据《刑法》第二百八十条的规定,伪造、变造或者买卖国家机关的公文、证件、印章的,应当予以立案追诉。

(四)量刑标准

《刑法》第二百八十条第一款规定:“伪造、变造、买卖或者盗窃、抢夺、毁灭国家机关的公文、证件、印章的,处三年以下有期徒刑、拘役、管制或者剥夺政治权利,并处罚金;情节严重的,处三年以上十年以下有期徒刑,并处罚金。”

二、防范措施

(一)坚守法律底线,克服侥幸心理

国家机关的公文、证件、印章是代表国家对某个事项的认可和决定,具有法律上的权威性,伪造、变造、买卖国家机关公文、证件、印章的行为是对国家机关工作秩序的严重挑衅。因此,建筑施工企业及从业人员应该加强风险意识,坚守法律底线,不能抱有侥幸心理,否则将可能触犯本罪。如需国家机关开具相关证明,应当依法向相关国家机关提出申请,切不可为了方便省事,自行伪造、变造或者对外买卖国家机关公文。

(二)加强员工法律培训

建筑企业应对员工加强法律培训工作,让员工了解伪造、变造、买卖国家机关公文、证件、印章所面临的法律风险及后果,鼓励员工积极举报不法行为。经发现违规者,企业应收集更多证据,并主动向公安机关举报。

三、典型案例

郝某琛伪造国家机关印章案[①]

【案情简介】

2014年8月、9月，郝某琛作为河南豫×建筑消防安装工程有限公司第六项目部员工，因该公司承建的郑州市二七区德化街人防工程消防工程项目消防验收手续不全，郝某琛以150元的价格找人伪造"郑州市二七区人民政府"的印章一枚，并使用伪造的印章用于办理该项目消防验收手续。经鉴定，郝某琛等人向郑州市消防支队报送的消防验收材料上加盖的印章系伪造。

【裁判结果】

1. 郝某琛犯伪造国家机关印章罪，判处拘役4个月。

2. 涉案伪造的委托书、建设工程消防设计审核申报表、建设工程消防验收申报表，依法没收，予以销毁。

【点评分析】

本案涉及的是公司员工花钱找人伪造区人民政府印章的行为，是否构成伪造国家机关印章罪的问题。

我国《刑法》第二百八十条第一款规定："伪造、变造、买卖或者盗窃、抢夺、毁灭国家机关的公文、证件、印章的，处三年以下有期徒刑、拘役、管制或者剥夺政治权利，并处罚金；情节严重的，处三年以上十年以下有期徒刑，并处罚金。"

本案中，"郑州市二七区人民政府"的印章属于国家机关印章，郝某琛花钱找人伪造"郑州市二七区人民政府"印章的行为，构成伪造国家机关印章罪。

由本案可知，建筑企业及其员工应坚守法律底线，不得非法制造、变造、买卖国家机关公文、证件、印章，以免触犯本罪。

第七节　重大责任事故罪

一、罪名概述

（一）重大责任事故罪的概念

重大责任事故罪，是指在生产、作业中违反有关安全管理规定，因而发生重大伤

---

① 案号：(2017)豫0103刑初19号。

亡事故或者造成其他严重后果的行为。

(二)犯罪构成要件

1. 犯罪主体

本罪的犯罪主体包括对生产、作业负有组织、指挥或者管理职责的负责人、管理人员、实际控制人、投资人等人员,以及直接从事生产、作业的人员。

具体到建设工程领域,建设工程安全生产责任贯穿整个工程建设的全过程,建设单位负责人、勘察员、设计员、工程监理员、项目经理、安全质量管理员、技术负责人、施工作业人员等所有与建设工程安全生产相关的责任主体均能成为本罪的犯罪主体。

2. 犯罪客观方面

本罪在客观方面需要满足以下三方面条件:

(1)在生产、作业中违反有关安全生产管理规定,此处的规定包括以下三种情形:

①国家颁布的各种有关安全生产的法律规定;

②企业、事业单位及其上级管理机关制定的反映安全生产客观规律的各种规章制度,包括工艺技术、生产操作、技术监督、劳动保护、安全管理等方面的规程、规则、章程、条例、办法和规章制度等规范性文件;

③虽无明文规定,但反映生产、科研、设计、施工的安全操作客观规律和要求,在实践中为相关从业人员所公认的、行之有效的操作习惯和惯例等。

(2)造成了重大伤亡事故或者其他严重后果。

(3)违反安全管理规定的行为与严重危害后果具有法律上的因果关系。

3. 犯罪客体

本罪侵犯的客体是生产、作业中的公共安全,即不特定多数人包括劳动者本人的生命、健康和重大公私财产的安全。

4. 犯罪主观方面

本罪的主观方面表现为过失,无明显、重大过失不构成本罪。这里的过失,是指应当预见到自己的行为可能发生重大伤亡事故或者造成其他严重后果,因为疏忽大意而没有预见或者已经预见而轻信能够避免,以致发生这种重大伤亡事故或者造成其他严重后果的主观心理状态。

(三)刑事立案追诉标准

根据《最高人民法院、最高人民检察院关于办理危害生产安全刑事案件适用法律若干问题的解释》第六条的规定,“实施刑法……第一百三十四条第一款……规定的行为,因而发生安全事故,具有下列情形之一的,应当认定为‘造成严重后果’或者‘发生重大伤亡事故或者造成其他严重后果’,对相关责任人员,处三年以下有期徒刑或者拘役:(一)造成死亡一人以上,或者重伤三人以上的;(二)造成直接经济损失一百万元以上的;(三)其他造成严重后果或者重大安全事故的情形”。

(四)量刑标准

《刑法》第一百三十四条第一款规定:“在生产、作业中违反有关安全管理的规定,因而发生重大伤亡事故或者造成其他严重后果的,处三年以下有期徒刑或者拘役;情节特别恶劣的,处三年以上七年以下有期徒刑。”

根据《最高人民法院、最高人民检察院关于办理危害生产安全刑事案件适用法律若干问题的解释》第六条的规定,“实施刑法……第一百三十四条第一款……规定的行为,因而发生安全事故,具有下列情形之一的,应当认定为‘造成严重后果’或者‘发生重大伤亡事故或者造成其他严重后果’,对相关责任人员,处三年以下有期徒刑或者拘役:(一)造成死亡一人以上,或者重伤三人以上的;(二)造成直接经济损失一百万元以上的;(三)其他造成严重后果或者重大安全事故的情形”。

根据该解释第七条的规定,“实施刑法……第一百三十四条第一款……规定的行为,因而发生安全事故,具有下列情形之一的,对相关责任人员,处三年以上七年以下有期徒刑:(一)造成死亡三人以上或者重伤十人以上,负事故主要责任的;(二)造成直接经济损失五百万元以上,负事故主要责任的;(三)其他造成特别严重后果、情节特别恶劣或者后果特别严重的情形”。

根据该解释第十二条的规定,“实施刑法……第一百三十四条……规定的犯罪行为,具有下列情形之一的,从重处罚:(一)未依法取得安全许可证件或者安全许可证件过期、被暂扣、吊销、注销后从事生产经营活动的;(二)关闭、破坏必要的安全监控和报警设备的;(三)已经发现事故隐患,经有关部门或者个人提出后,仍不采取措施的;(四)一年内曾因危害生产安全违法犯罪活动受过行政处罚或者刑事处罚的;(五)采取弄虚作假、行贿等手段,故意逃避、阻挠负有安全监督管理职责的部门实施监督检查的;(六)安全事故发生后转移财产意图逃避承担责任的;(七)其他从重处罚的情形”。

根据该解释第十三条的规定,“实施刑法第一百三十二条、第一百三十四条至第一百三十九条之一规定的犯罪行为,在安全事故发生后积极组织、参与事故抢救,或者积极配合调查、主动赔偿损失的,可以酌情从轻处罚”。

《最高人民法院、最高人民检察院关于办理危害生产安全刑事案件适用法律若干问题的解释(二)》第十条规定:“有刑法第一百三十四条之一行为,积极配合公安机关或者负有安全生产监督管理职责的部门采取措施排除事故隐患,确有悔改表现,认罪认罚的,可以依法从宽处罚;犯罪情节轻微不需要判处刑罚的,可以不起诉或者免予刑事处罚;情节显著轻微危害不大的,不作为犯罪处理。”

二、防范措施

(一)树立安全生产底线意识,落实安全教育、培训

重大责任事故罪的主体包括各类生产经营活动中从事生产、作业及其指挥管理人员,既包括管理人员,也包括普通员工,都是重大责任事故罪的犯罪主体,一旦在工作业过程中造成了重大事故,都可能有承担刑事责任的风险。而且重大责任事故罪属过失犯罪,它往往是由于工作人员疏忽大意、习惯性违章造成的,一些看似细小的、习以为常的违章行为及不良习惯,有时却是发生重大事故的导火索。因此,管理人员和普通员工都要思想上牢固树立安全生产意识,重视生产作业中的细节问题。

在动工前、施工中,施工企业均要加强安全教育与培训,应做好安全施工岗前培训,教育施工人员按照使用规则正确佩戴使用劳动防护用品,落实安全防护措施,并认真落实安全生产责任制。有针对性地开展现场安全教育,切实提高一线作业人员的安全意识和安全技能,避免施工期间可能出现的一些危险因素和违规操作。

(二)建立健全安全生产制度,完善安全内部管理体系

建筑施工企业应建立健全安全生产制度,包括总包安全交底制度、分包施工安全交底制度、工人安全教育制度、工人安全施工交底制度等一系列制度,并配备安全员,负责项目安全生产的监督。项目负责人和安全管理人员需经考核合格后方可任职,杜绝无证上岗。

基于施工现场工作量大、涉及面广等特点,应根据自身实际情况以及项目工程的进展状况,加强对施工现场的监督和管理,在实践中不断优化其安全管理体系。尤其应当全面加强安全管理,包括但不限于相关负责人定时对项目工程的安全施工内容进行指导和检查,以此督促工人安全生产并促进其安全生产意识的增强。如要求作业人员落实安全防护措施;按要求佩戴安全防护用品;提供符合安全保障标准的设施;一旦发现问题,及时督导改正。

(三)加强施工全流程管理,认真落实安全责任制

全流程的施工控制,要求进行科学设计、科学施工、科学管理。应严格按照法律法规和行业标准执行施工,对有一定危险性的分部分项工程,应加强风险管控和风险排查。对于建设单位不合理压缩工期、强令违规施工行为应及时上报主管监督部门,严格遵循科学施工理念,保证工程施工安全。

同时,要建立一套完善的安全质量管理体系,规范施工,文明施工,既要保证项目工程的质量安全,又要确保劳动者的生命安全。制订质量安全监督方案,对施工现场进行定期以及不定期的检查,确保安全生产措施落实到位。

(四)推进施工现场标准化建设,提高风控能力

推进施工现场标准化建设,应做到企业负责人履职、管理机构人员配备、安全教

育培训、风险管控和隐患排除等各项保障机制全部到位。明确项目各方参与主体的责任,落实各自安全管理制度,各负其责。无论是发包人、承包人、实际施工人、监理人、勘察人、设计人,还是投资人、组织人、指挥人、管理人、一线直接工作人员,均应提高安全意识,认真落实安全管理办法,分工配合,共同保障项目工程安全平稳实施。

(五)加强对劳务分包单位的管理,防患于未然

由于目前存在大量个人挂靠劳务分包单位承揽工程的情形,施工单位在实施劳务分包时,应严格审核劳务分包人员和技术施工人员的相应资质,在劳务分包合同中细化安全责任制度,加强对劳务分包单位施工人员的安全培训,对违规施工加大处罚力度。

(六)及时报告,积极采取施救措施

施工企业一旦发生安全事故后,在积极采取救援措施的同时,应按照《生产安全事故报告和调查处理条例》要求的事故报告程序和内容,及时上报上级主管部门。不得拖延、拒绝施救,或者采取转移、隐匿、毁灭遇难人员尸体,毁灭、伪造、隐藏事故调查的证据,或者转移财产,逃避责任。不得瞒报、谎报,不得为了隐瞒安全事故或推卸责任,贿赂相关国家工作人员。

三、典型案例

韩某杰等重大责任事故案①

【案情简介】

2015年6月,松原市公用事业局将松原市市政公用基础设施建设项目三标段工程项目通过招标方式对外发包,施工和监理中标单位分别是长春市新×宇建筑安装有限责任公司(以下称新×宇建安公司)和吉林卓×建设监理有限公司(以下称卓×公司)。2016年年初,新×宇建安公司将其中标的三标段项目中的松原市繁华路道路改造等工程全部违法转包给吉林宏×建设工程有限公司(以下称宏×公司)。

2017年4月,宏×公司以新×宇建安公司名义组织繁华路道路改造工程施工。宏×公司委派于某峰作为松原市市政公用基础设施建设项目部三标段项目经理,负责该项目的全面工作;委派韩某杰为该项目部技术员,负责该项目的现场技术指导;委派班某亭为该项目部安全员,负责该项目的施工安全。卓×公司委派张某作为松原市市政公用基础设施建设项目三标段总监理工程师,负责施工现场的质量、安全;委派许某贺作为松原市市政公用基础设施建设项目三标段监理员,负责对施工现场

① 案号:(2018)吉0702刑初135号。

的质量、安全进行全程监管。

2017年5月28日,因宏×公司没有地基基础工程专业承包资质,遂将旋喷桩基坑支护工程以询标的方式,分包给不具备施工能力的松原市广×建设有限公司(以下称广×公司)。广×公司法定代表人邵某珍临时雇用了没有任何施工资质的冯某柱作为施工现场负责人,负责现场施工,并把部分工程违法转包给了高某伟,高某伟雇用了没有建筑桩机操作员资质的于某琦操作旋喷桩机进行作业。

根据施工要求,施工方应对工程范围内的地下管线进行探明,并进行相应的迁改处理;在燃气设施保护范围内,有关单位从事铺设管道、打桩、顶进、挖掘、钻探等可能影响燃气设施安全活动的,应当与燃气经营者共同制定燃气设施保护方案,并采取相应的安全保护措施。松原市市政公用基础设施建设项目三标段繁华路道路改造工程中,施工区域内有吉林浩×燃气有限公司(以下简称浩×公司)的燃气管线,浩×公司生产运营部主管巡线工作。该部经理任某国未确定浩×公司与施工单位是否签订燃气设施保护方案,巡线主管刘某峰在明知浩×公司没有与施工单位签订燃气设施保护方案的情况下,仍然允许施工单位施工。在未探明地下燃气管线具体位置及走向的情况下,于某峰、韩某杰、班某亭、冯某柱、张某、许某贺允许于某琦进行旋喷桩施工。

2017年7月4日13时23分许,负责该路段巡线的李某峰未按规定在现场进行指导、监护,许某贺也未按要求进行旁站监理,于某琦在未确定安全作业的情况下,操作旋喷桩机将施工区域下方浩×公司的燃气管道贯通性钻漏,造成燃气大量泄漏。浩×公司主管抢修工作的任某国在接到燃气泄漏报告后,派遣抢修人员赶赴现场。当日14时10分,浩×公司抢险作业组组长王某鹤带领抢修人员赶赴现场进行抢修时,应急装备器材严重不足且应急知识严重缺乏,未及时关闭泄漏点周边阀门阻断气源,导致燃气持续泄漏。当日14时20分许,浩×公司总经理沈某阳(另案处理)到达燃气泄漏现场后,未履行应急总指挥职责,未认真分析研判燃气泄漏情况,阻止消防救援人员参与处置,并将消防救援人员劝离后离开现场,燃气持续泄漏。当日14时51分许,燃气管道泄漏点附近发生爆炸,致8人死亡,80余人受伤,造成直接经济损失人民币4419万元。经松原市"7·4"城市燃气管道泄漏爆炸较大事故调查报告认定:事故直接原因是旋喷桩施工中钻漏中压燃气管道,导致燃气大量泄漏,扩散到附近建筑物空间内,并积累达到爆炸极限,遇随机不明点火源引发爆炸。经法医鉴定:被害人马某波系因低血容量性休克、呼吸衰竭、气道渗血(广泛)而死亡;被害人高某春系因菌血症、多器官功能衰竭而死亡;被害人徐某瑞系因重度开放性颅脑损伤、全身大面积烧伤而死亡;被害人张某波系因呼吸循环衰竭而死亡;被害人张某山系因重度开放性颅脑损伤而死亡;被害人李某萱系因右颈动脉、静脉部分离断致大量失血而死亡;被害人徐某栋系因颅脑损伤、闭合性胸部外伤、双下肢损伤而死亡;被害人张某会系因重度开放性颅脑损伤而死亡。

案发后，张某、许某贺、于某琦、冯某柱、于某峰、班某亭、刘某峰主动到公安机关投案。

【裁判结果】

1. 于某峰犯重大责任事故罪，判处有期徒刑4年6个月。
2. 班某亭犯重大责任事故罪，判处有期徒刑4年6个月。
3. 冯某柱犯重大责任事故罪，判处有期徒刑4年6个月。
4. 高某伟犯重大责任事故罪，判处有期徒刑4年6个月。
5. 邵某珍犯重大责任事故罪，判处有期徒刑4年6个月。
6. 李某峰犯重大责任事故罪，判处有期徒刑4年3个月。
7. 韩某杰犯重大责任事故罪，判处有期徒刑4年。
8. 于某琦犯重大责任事故罪，判处有期徒刑4年。
9. 刘某峰犯重大责任事故罪，判处有期徒刑4年。
10. 王某鹤犯重大责任事故罪，判处有期徒刑4年。
11. 任某国犯重大责任事故罪，判处有期徒刑4年。
12. 许某贺犯重大责任事故罪，判处有期徒刑3年3个月。
13. 张某犯重大责任事故罪，判处有期徒刑3年3个月。

【点评分析】

本案涉及的是对生产、作业负有组织、指挥或者管理职责的人员在生产、作业中违反有关安全管理规定，导致发生重大伤亡事故的行为，是否构成重大责任事故罪的问题。

我国《刑法》第一百三十四条第一款规定，“在生产、作业中违反有关安全管理的规定，因而发生重大伤亡事故或者造成其他严重后果的，处三年以下有期徒刑或者拘役；情节特别恶劣的，处三年以上七年以下有期徒刑”。根据《最高人民法院、最高人民检察院关于办理危害生产安全刑事案件适用法律若干问题的解释》第六条的规定，“实施刑法第一百三十二条、第一百三十四条第一款、第一百三十五条、第一百三十五条之一、第一百三十六条、第一百三十九条规定的行为，因而发生安全事故，具有下列情形之一的，应当认定为‘造成严重后果’或者‘发生重大伤亡事故或者造成其他严重后果’，对相关责任人员，处三年以下有期徒刑或者拘役：(一)造成死亡一人以上，或者重伤三人以上的；(二)造成直接经济损失一百万元以上的；(三)其他造成严重后果或者重大安全事故的情形”。

本案中，韩某杰、班某亭、于某峰、许某贺、张某、于某琦、冯某柱、高某伟、邵某珍、李某峰、刘某峰、王某鹤、任某国在生产、作业过程中，违反有关安全管理的规定，因而发生重大伤亡事故，致8人死亡，80余人受伤，造成直接经济损失人民币4419万元，情节特别恶劣，其行为均已构成重大责任事故罪。

第八节 污染环境罪

一、罪名概述

（一）污染环境罪的概念

污染环境罪，是指违反国家规定，排放、倾倒或者处置有放射性的废物、含传染病病原体的废物、有毒物质或者其他有害物质，严重污染环境的行为。

（二）犯罪构成要件

1. 犯罪主体

本罪的犯罪主体为一般主体，自然人和单位均可构成本罪。

2. 犯罪客观方面

本罪在客观方面表现为违反国家规定，排放、倾倒或者处置有放射性的废物、含传染病病原体的废物、有毒物质或者其他有害物质，严重污染环境的行为。

违反国家规定，是指违反全国人大及其常务委员会制定的有关环境保护方面的法律，以及国务院制定的相关行政法规、行政措施、发布的决定或命令。这些法律、法规主要包括《环境保护法》《大气污染防治法》《水污染防治法》《海洋环境保护法》《固体废物污染环境防治法》等法律，以及《放射防护条例》《工业“三废”排放试行标准》等一系列专门法规。

排放，是指把各种危险废物排入土地、水体、大气的行为，包括泵出、溢出、泄出、喷出、倒出等；倾倒，是指通过船舶、航空器、平台或者其他载运工具，向土地、水体、大气倾卸危险废物的行为；处置，是指以焚烧、填埋或其他改变危险废物属性的方式处理危险废物或者将其置于特定场所或者设施并不再取回的行为。

3. 犯罪客体

本罪侵犯的客体是国家防治环境污染的管理制度。

4. 犯罪主观方面

本罪在主观方面表现为过失。虽然行为人对其行为的主观心态应当是故意，但对其行为所造成的结果所表现出来的心理态度只能是过失，否则极可能构成危害公共安全罪。

（三）刑事立案追诉标准

《最高人民检察院、公安部关于公安机关管辖的刑事案件立案追诉标准的规定（一）的补充规定》第十条规定，“违反国家规定，排放、倾倒或者处置有放射性的废物、含传染病病原体的废物、有毒物质或者其他有害物质，涉嫌下列情形之一的，应予立案追诉：(一)在饮用水水源一级保护区、自然保护区核心区排放、倾倒、处置有放射性的废物、含传染病病原体的废物、有毒物质的；(二)非法排放、倾倒、处置危险废物三吨以上的；(三)排放、倾倒、处置含铅、汞、镉、铬、砷、铊、锑的污染物，超过国家或者地方污染物排放标准3倍以上的；(四)排放、倾倒、处置含镍、铜、锌、银、钒、锰、钴的污染物，超过国家或者地方污染物排放标准10倍以上的；(五)通过暗管、渗井、渗坑、裂隙、溶洞、灌注等逃避监管的方式排放、倾倒、处置有放射性的废物、含传染病病原体的废物、有毒物质的；(六)二年内曾因违反国家规定，排放、倾倒、处置有放射性的废物、含传染病病原体的废物、有毒物质受过2次以上行政处罚，又实施前列行为的；(七)重点排污单位篡改、伪造自动监测数据或者干扰自动监测设施，排放化学需氧量、氨氮、二氧化硫、氮氧化物等污染物的；(八)违法减少防治污染设施运行支出100万元以上的；(九)违法所得或者致使公私财产损失30万元以上的；(十)造成生态环境严重损害的；(十一)致使乡镇以上集中式饮用水水源取水中断12小时以上的；(十二)致使基本农田、防护林地、特种用途林地5亩以上，其他农用地10亩以上，其他土地20亩以上基本功能丧失或者遭受永久性破坏的；(十三)致使森林或者其他林木死亡50立方米以上，或者幼树死亡2500株以上的；(十四)致使疏散、转移群众5千人以上的；(十五)致使30人以上中毒的；(十六)致使3人以上轻伤、轻度残疾或者器官组织损伤导致一般功能障碍的；(十七)致使1人以上重伤、中度残疾或者器官组织损伤导致严重功能障碍的；(十八)其他严重污染环境的情形。本条规定的'有毒物质'，包括列入国家危险废物名录或者根据国家规定的危险废物鉴别标准和鉴别方法认定的具有危险特性的废物，《关于持久性有机污染物的斯德哥尔摩公约》附件所列物质，含重金属的污染物，以及其他具有毒性可能污染环境的物质。本条规定的'非法处置危险废物'，包括无危险废物经营许可证，以营利为目的，从危险废物中提取物质作为原材料或者燃料，并具有超标排放污染物、非法倾倒污染物或者其他违法造成环境污染情形的行为。本条规定的'重点排污单位'，是指设区的市级以上人民政府环境保护主管部门依法确定的应当安装、使用污染物排放自动监测设备的重点监控企业及其他单位。本条规定的'公私财产损失'，包括直接造成财产损毁、减少的实际价值，为防止污染扩大、消除污染而采取必要合理措施所产生的费用，以及处置突发环境事件的应急监测费用。本条规定的'生态环境损害'，包括生态环境修复费用，生态环境修复期间服务功能的损失和生态环境功能永久性损害造成的损失，以及其他必要合理费用。本条规定的'无危险废物经营许可证'，是指未取得危险废物经营许可证，或者超出危险废物经营许可证的经营范围。"

(四)量刑标准

根据《刑法》第三百三十八条的规定，违反国家规定，排放、倾倒或者处置有放射性的废物、含传染病病原体的废物、有毒物质或者其他有害物质，严重污染环境的，处

3 年以下有期徒刑或者拘役,并处或者单处罚金;情节严重的,处 3 年以上 7 年以下有期徒刑,并处罚金;情节特别严重的,处 7 年以上有期徒刑,并处罚金。

《最高人民法院、最高人民检察院关于办理环境污染刑事案件适用法律若干问题的解释》第一条规定:“实施刑法第三百三十八条规定的行为,具有下列情形之一的,应当认定为‘严重污染环境’:(一)在饮用水水源保护区、自然保护地核心保护区等依法确定的重点保护区域排放、倾倒、处置有放射性的废物、含传染病病原体的废物、有毒物质的;(二)非法排放、倾倒、处置危险废物三吨以上的;(三)排放、倾倒、处置含铅、汞、镉、铬、砷、铊、锑的污染物,超过国家或者地方污染物排放标准三倍以上的;(四)排放、倾倒、处置含镍、铜、锌、银、钒、锰、钴的污染物,超过国家或者地方污染物排放标准十倍以上的;(五)通过暗管、渗井、渗坑、裂隙、溶洞、灌注、非紧急情况下开启大气应急排放通道等逃避监管的方式排放、倾倒、处置有放射性的废物、含传染病病原体的废物、有毒物质的;(六)二年内曾因在重污染天气预警期间,违反国家规定,超标排放二氧化硫、氮氧化物等实行排放总量控制的大气污染物受过二次以上行政处罚,又实施此类行为的;(七)重点排污单位、实行排污许可重点管理的单位篡改、伪造自动监测数据或者干扰自动监测设施,排放化学需氧量、氨氮、二氧化硫、氮氧化物等污染物的;(八)二年内曾因违反国家规定,排放、倾倒、处置有放射性的废物、含传染病病原体的废物、有毒物质受过二次以上行政处罚,又实施此类行为的;(九)违法所得或者致使公私财产损失三十万元以上的;(十)致使乡镇集中式饮用水水源取水中断十二小时以上的;(十一)其他严重污染环境的情形。”

根据该解释第三条的规定,实施《刑法》第三百三十八条规定的行为,具有下列情形之一的,应当处七年以上有期徒刑,并处罚金:

(1)致使县级以上城区集中式饮用水水源取水中断 12 小时以上的;

(2)非法排放、倾倒、处置危险废物 100 吨以上的;

(3)致使基本农田、防护林地、特种用途林地 15 亩以上,其他农用地 30 亩以上,其他土地 60 亩以上基本功能丧失或者遭受永久性破坏的;

(4)致使森林或者其他林木死亡 150 立方米以上,或者幼树死亡 7500 株以上的;

(5)致使公私财产损失 100 万元以上的;

(6)造成生态环境特别严重损害的;

(7)致使疏散、转移群众 1.5 万人以上的;

(8)致使 100 人以上中毒的;

(9)致使 10 人以上轻伤、轻度残疾或者器官组织损伤导致一般功能障碍的;

(10)致使 3 人以上重伤、中度残疾或者器官组织损伤导致严重功能障碍的;

(11)致使 1 人以上重伤、中度残疾或者器官组织损伤导致严重功能障碍,并致使 5 人以上轻伤、轻度残疾或者器官组织损伤导致一般功能障碍的;

(12)致使1人以上死亡或者重度残疾的；

(13)其他后果特别严重的情形。

根据该解释第四条的规定，实施《刑法》第三百三十八条规定的犯罪行为，具有下列情形之一的，应当从重处罚：

(1)阻挠环境监督检查或者突发环境事件调查，尚不构成妨害公务等犯罪的；

(2)在医院、学校、居民区等人口集中地区及其附近，违反国家规定排放、倾倒、处置有放射性的废物、含传染病病原体的废物、有毒物质或者其他有害物质的；

(3)在重污染天气预警期间、突发环境事件处置期间或者被责令限期整改期间，违反国家规定排放、倾倒、处置有放射性的废物、含传染病病原体的废物、有毒物质或者其他有害物质的；

(4)具有危险废物经营许可证的企业违反国家规定排放、倾倒、处置有放射性的废物、含传染病病原体的废物、有毒物质或者其他有害物质的。

根据该解释第五条规定，"实施刑法第三百三十八条规定的行为，行为人认罪认罚，积极修复生态环境，有效合规整改的，可以从宽处罚；犯罪情节轻微的，可以不起诉或者免予刑事处罚；情节显著轻微危害不大的，不作为犯罪处理"。

该解释第七条规定，无危险废物经营许可证从事收集、贮存、利用、处置危险废物经营活动，严重污染环境的，按照污染环境罪定罪处罚；同时构成非法经营罪的，依照处罚较重的规定定罪处罚。实施前款规定的行为，不具有超标排放污染物、非法倾倒污染物或者其他违法造成环境污染的情形的，可以认定为非法经营情节显著轻微危害不大，不认为是犯罪；构成生产、销售伪劣产品等其他犯罪的，以其他犯罪论处。

该解释第八条规定，明知他人无危险废物经营许可证，向其提供或者委托其收集、贮存、利用、处置危险废物，严重污染环境的，以共同犯罪论处。

该解释第九条规定，违反国家规定，排放、倾倒、处置含有毒害性、放射性、传染病病原体等物质的污染物，同时构成污染环境罪、非法处置进口的固体废物罪、投放危险物质罪等犯罪的，依照处罚较重的规定定罪处罚。

二、防范措施

(一)树立保护环境意识，严格遵守国家各项环境保护制度

环境与每个人的生活息息相关，企业更应该承担社会责任，以身作则，学法懂法，严格依法办事，对环境进行保护。

在工程项目建设过程中，有时会产生大量的废物或有害物，排放或处置部分有害、有毒物质有时是无法避免的，但应当严格遵守国家环境保护制度，委托具有危险废物经营许可资质的单位妥善进行处理，依法履行审批程序，严格按照国家制定的有关标准进行排放或处置，尽量减少对环境的污染和破坏。

（二）坚持环评优先，项目建设严格遵守“三同时”规定

环评是第一道环保门槛。它是基础手续，如果环评手续没有办理，会连锁造成后续手续无法办理，引起未批先建、无证排污等一系列严重法律风险。建筑企业在项目建设中应遵守“三同时”规定，国家为加强对建设项目环境保护的监管，《环境保护法》、《建设项目环境保护管理条例》都规定了“三同时”制度，要求建设项目需要配套建设的环境保护设施，必须与主体工程同时设计、同时施工、同时投产使用。施工过程中必须严格按照规定执行，不能抱着侥幸心理违规操作。

（三）高度重视对废弃物、建筑垃圾的处理，控制对周边环境的污染

工程项目建设产生的废弃物，包括废土弃运、污水排放、建筑垃圾处置以及其他有害、有毒废弃物的处置等，建筑施工企业都应该按照国家有关规定进行处理，不得随意进行丢弃、填埋或焚烧，不得污染和破坏环境，否则，就可能承担刑事法律责任。具体操作中，废物或有害物转移处置，应当依法严格审核合作单位的资质以及运输污染物的设备是否符合法律规定，一旦稍有疏忽，就有可能触犯本罪。

对项目建设过程中产生的噪声污染，也应当高度重视予以控制。施工中噪声是主要污染源，因此，必须按照规定安排施工时间，采取防止扰民措施，有效控制噪声对周边居民的影响。

三、典型案例

施工队负责人李某博等污染环境罪案[①]

【案情简介】

2017 年 1 月 18 日，李某博为了承揽中某安装工程公司的项目，以挂靠天津远×建筑劳务有限公司的形式，并以该公司名义分包了某人工岛南护岸钢圆筒工程重防腐蚀涂层劳务施工项目。因李某博带领其施工队在洋浦港口码头施工过程中，产生大量废弃的油漆桶、油漆渣、沾染油漆涂料的黄色胶带等废物，为清理上述废物，李某博擅自雇请陈某常、李某两名无危险废物经营许可资质的车主，让其二人安排车辆将上述废物转运到有垃圾堆放的地方倾倒。

接到运输业务后，陈某常、李某为赚取运费，分别安排司机陈某东、董某春和陈某安驾驶车辆将油漆桶等废物运走倾倒。陈某东擅自将废物倾倒在洋浦高田村附近两处低洼地内，董某春和陈某安则擅自倾倒在洋浦污水处理厂后面海边空地处。经鉴

---

① 案号：（2019）琼刑终 79 号。

别,被倾倒的废油漆渣属于HW12类危险废物,废油漆桶属于HW49类危险废物,废漆渣及废油漆桶混合之物质亦属于危险废物。

2017年3月至5月,行为人在上述地点倾倒危险废物共83.96吨,其中海南某工贸公司在处置上述危险废物时从高田村附近清运走废油漆桶32.45吨、从海边空地处清运走废油漆桶23.88吨,另外还共清运走沾染油漆的黄色胶带13.12吨、废油漆渣及混合物14.51吨。案发后,李某博、陈某常、李某、陈某东先后向公安机关投案自首,陈某安、董某春被公安机关传唤到案,6人均如实供述自己的犯罪事实。

【裁判结果】

1. 李某博犯污染环境罪,判处有期徒刑2年,并处罚金人民币2万元。
2. 陈某常犯污染环境罪,判处有期徒刑1年,缓刑2年,并处罚金人民币1万元。
3. 李某犯污染环境罪,判处有期徒刑1年,并处罚金人民币1万元
4. 陈某东犯污染环境罪,判处有期徒刑10个月,缓刑1年,并处罚金人民币3000元。
5. 董某春犯污染环境罪,判处有期徒刑10个月,缓刑1年,并处罚金人民币3000元。
6. 陈某安犯污染环境罪,判处有期徒刑10个月,缓刑1年,并处罚金民币3000元。

【点评分析】

本案涉及的是施工队负责人雇请无危险废物经营许可资质的他人清理、转运、倾倒施工废物的行为,是否共同构成污染环境罪的问题。

根据我国《刑法》第三百三十八条的规定,违反国家规定,排放、倾倒或者处置有放射性的废物、含传染病病原体的废物、有毒物质或者其他有害物质,严重污染环境的,处3年以下有期徒刑或者拘役,并处或者单处罚金;情节严重的,处3年以上7年以下有期徒刑,并处罚金;后果特别严重的,处7年以上有期徒刑,并处罚金。依照该条规定可见,只要行为人违反国家规定,排放、倾倒或者处置有放射性的废物、含传染病病原体的废物、有毒物质或者其他有害物质,严重污染环境的,就构成污染环境罪。

本案中,李某博在某人工岛南护岸钢圆筒工程重防腐蚀涂层施工项目中产生了相关的建造废料,擅自雇请被告人陈某常、李某两名无危险废物经营许可资质的车主,让他们安排车辆将上述废物转运到有垃圾堆放的地方倾倒。陈某常、李某为赚取运费,又分别安排司机陈某东、董某春和陈某安驾驶车辆将油漆桶等废物运走倾倒。经鉴定,被倾倒的建造垃圾均为有毒有害物质,严重污染了环境,其行为均已构成污染环境罪。

第九节 拒不支付劳动报酬罪

一、罪名概述

（一）拒不支付劳动报酬罪的概念

拒不支付劳动报酬罪，是指以转移财产、逃匿等方法逃避支付劳动者的劳动报酬或者有能力支付而不支付劳动者的劳动报酬，数额较大，经政府有关部门责令支付仍不支付的行为。

（二）犯罪构成要件

1. 犯罪主体

本罪的犯罪主体为一般主体，即年满16周岁且具有刑事责任能力的自然人或单位。单位犯本罪时，实行双罚制，既对单位判处罚金，并对其直接负责的主管人员和其他直接责任人员按相关条款规定判处刑罚。

《最高人民法院关于审理拒不支付劳动报酬刑事案件适用法律若干问题的解释》第七条规定："不具备用工主体资格的单位或者个人，违法用工且拒不支付劳动者的劳动报酬，数额较大，经政府有关部门责令支付仍不支付的，应当依照刑法第二百七十六条之一的规定，以拒不支付劳动报酬罪追究刑事责任。"由此可见，拒不支付劳动报酬罪的犯罪主体与行为人是否具备用工主体资格并不相关，本罪的犯罪主体包括用工单位和用工个人。承接施工项目的实际施工人或包工头个人以逃避支付劳动者的劳动报酬为目的转移财产、逃匿、去向不明的，宜以拒不支付劳动报酬罪追究刑事责任。

2. 犯罪客观方面

本罪在犯罪客观方面表现为以转移财产、逃匿等方法逃避支付劳动者的劳动报酬，或者有能力支付而不支付劳动者的劳动报酬，数额较大，经政府有关部门责令支付仍不支付的行为。

3. 犯罪客体

本罪侵犯的客体是双重客体，既侵犯劳动者的财产权，妨碍了正常的劳动用工关系亦即劳资关系，又侵犯了社会主义市场经济秩序。

4. 犯罪主观方面

本罪的主观方面表现为故意，即主观上明知自己的"不支付劳动报酬"的行为会产生劳动者不能及时地得到劳动报酬，从而产生相应社会危害后果，但仍希望或放任这种后果发生。

（三）刑事立案追诉标准

《最高人民检察院、公安部关于公安机关管辖的刑事案件立案追诉标准的规定（一）的补充规定》第七条规定，“以转移财产、逃匿等方法逃避支付劳动者的劳动报酬或者有能力支付而不支付劳动者的劳动报酬，经政府有关部门责令支付仍不支付，涉嫌下列情形之一的，应予立案追诉：（一）拒不支付1名劳动者3个月以上的劳动报酬且数额在5千元至2万元以上的；（二）拒不支付10名以上劳动者的劳动报酬且数额累计在3万元至10万元以上的。不支付劳动者的劳动报酬，尚未造成严重后果，在刑事立案前支付劳动者的劳动报酬，并依法承担相应赔偿责任的，可以不予立案追诉”。

（四）量刑标准

《刑法》第二百七十六条之一规定：“以转移财产、逃匿等方法逃避支付劳动者的劳动报酬或者有能力支付而不支付劳动者的劳动报酬，数额较大，经政府有关部门责令支付仍不支付的，处三年以下有期徒刑或者拘役，并处或者单处罚金；造成严重后果的，处三年以上七年以下有期徒刑，并处罚金。单位犯前款罪的，对单位判处罚金，并对其直接负责的主管人员和其他直接责任人员，依照前款的规定处罚。有前两款行为，尚未造成严重后果，在提起公诉前支付劳动者的劳动报酬，并依法承担相应赔偿责任的，可以减轻或者免除处罚。”

《最高人民法院关于审理拒不支付劳动报酬刑事案件适用法律若干问题的解释》第三条规定：“具有下列情形之一的，应当认定为刑法第二百七十六条之一第一款规定的“数额较大”：（一）拒不支付一名劳动者三个月以上的劳动报酬且数额在五千元至二万元以上的；（二）拒不支付十名以上劳动者的劳动报酬且数额累计在三万元至十万元以上的。各省、自治区、直辖市高级人民法院可以根据本地区经济社会发展状况，在前款规定的数额幅度内，研究确定本地区执行的具体数额标准，报最高人民法院备案。”

该解释第五条规定：“拒不支付劳动者的劳动报酬，符合本解释第三条的规定，并具有下列情形之一的，应当认定为刑法第二百七十六条之一第一款规定的“造成严重后果”：（一）造成劳动者或者其被赡养人、被扶养人、被抚养人的基本生活受到严重影响、重大疾病无法及时医治或者失学的；（二）对要求支付劳动报酬的劳动者使用暴力或者进行暴力威胁的；（三）造成其他严重后果的。”

该解释第六条规定：“拒不支付劳动者的劳动报酬，尚未造成严重后果，在刑事立案前支付劳动者的劳动报酬，并依法承担相应赔偿责任的，可以认定为情节显著轻微危害不大，不认为是犯罪；在提起公诉前支付劳动者的劳动报酬，并依法承担相应赔偿责任的，可以减轻或者免除刑事处罚；在一审宣判前支付劳动者的劳动报酬，并依法承担相应赔偿责任的，可以从轻处罚。对于免除刑事处罚的，可以根据案件的不同情况,予以训诫、责令具结悔过或者赔礼道歉。拒不支付劳动者的劳动报酬,造成严重后果,但在宣判前支付劳动者的劳动报酬,并依法承担相应赔偿责任的,可以酌情从宽处罚。”

二、防范措施

(一)按时足额支付劳动者的劳动报酬

《保障农民工工资支付条例》明确规定,“任何单位和个人不得拖欠农民工工资”,建筑施工企业应当依法诚信经营,要充分认识到不支付劳动报酬行为不仅仅是民事或行政法律问题,很有可能在不经意间就触犯了刑事法律。当然构成本罪的前提必须是直接故意,即应该支付,也有能力支付,但拒不支付。因此,企业要尊重劳动者的权益,按时足额支付劳动者的劳动报酬是企业及企业主在劳动用工中应遵守的基本义务。

(二)完善企业内部薪酬管理制度

企业应当对劳动报酬构成比例、发放时间、奖励或扣减薪酬的条件等事项进行明确规定,及时完善企业内部薪酬管理制度。同时,对于农民工工资应按规定设立专用账户发放,合法合规运营。

(三)注意把握因资金周转困难拖欠劳动报酬与恶意欠薪的界限

企业因为暂时的资金周转不畅无法给员工支付劳动报酬,应当直面经营风险,可提前与员工协商解决,比如可以先按当地最低工资标准支付劳动报酬,或与员工书面约定分期支付报酬等。企业应注意把握因资金周转困难拖欠劳动报酬与恶意欠薪的界限,做到不逃匿、不转移财产,妥善解决劳动争议。要运用柔性手段与和谐态度,避免激化矛盾进而引发影响恶劣的群体性欠薪事件。

企业因经营不善确实难以为继的,企业主也不要惊慌逃窜,应当与员工、合作单位等债权人及时沟通,请求债权人依法进行企业破产申请,通过法律的程序解决利益冲突,化解刑事风险。

(四)积极配合劳动监察部门,避免劳动纠纷转化为刑事追责

企业收到人力资源社会保障部门、劳动保障监察大队或政府其他有关部门的限期整改指令书等文书后应当高度重视,并应予以积极配合。如果劳动监察部门责令企业支付劳动者报酬,企业应当足额支付报酬,确有困难的,可以与劳动者达成和解并与劳动监察部门保持密切联系,劳动监察程序是刑事程序启动的前提,企业通过合理的统筹安排,可以防范民事责任演化为刑事处罚。

三、典型案例

义乌市泰×建设工程有限公司、何某生拒不支付劳动报酬案①

【案情简介】

2013年年底，义乌市泰×建设工程有限公司（以下简称泰×公司）承包了义乌市伟×胶带有限公司位于义乌市××街道××路的新厂房建设工程项目，并雇用刘某某等人承建相关工作。后因资金链断裂，泰×公司拖欠公司职工及项目部工人劳动报酬共计人民币2,151,570元。何某生为泰×公司的法定代表人、实际负责人，其在拖欠上述劳动者报酬后逃匿，且经义乌市人力资源和社会保障局责令支付仍未支付。后由陈某支付劳动报酬280,000元，剩余王某某等142余名员工共计人民币1,871,570元仍未支付。

2019年11月28日，何某生在河南省商丘市睢阳区××路××段被抓获归案。

【裁判结果】

1. 泰×公司犯拒不支付劳动报酬罪，判处罚金人民币10万元。

2. 何某生犯拒不支付劳动报酬罪，判处有期徒刑2年，并处罚金人民币3万元。

3. 责令泰×公司、何某生退赔王某某等142余名员工共计人民币1,871,570元。

【点评分析】

本案涉及的是施工企业及法定代表人以逃匿的方法逃避支付劳动者劳动报酬的行为，是否构成拒不支付劳动报酬罪的问题。

我国《刑法》第二百七十六条之一规定："以转移财产、逃匿等方法逃避支付劳动者的劳动报酬或者有能力支付而不支付劳动者的劳动报酬，数额较大，经政府有关部门责令支付仍不支付的，处三年以下有期徒刑或者拘役，并处或者单处罚金；造成严重后果的，处三年以上七年以下有期徒刑，并处罚金。单位犯前款罪的，对单位判处罚金，并对其直接负责的主管人员和其他直接责任人员，依照前款的规定处罚。有前两款行为，尚未造成严重后果，在提起公诉前支付劳动者的劳动报酬，并依法承担相应赔偿责任的，可以减轻或者免除处罚。"根据《最高人民检察院、公安部关于公安机关管辖的刑事案件立案追诉标准的规定（一）的补充规定》第七条的规定，以转移财产、逃匿等方法逃避支付劳动者的劳动报酬或者有能力支付而不支付劳动者的劳动报酬，经政府有关部门责令支付仍不支付，拒不支付10名以上劳动者的劳动报酬且数额累计在3万元至10万元以上的，应予立案追诉。

---

① 案号：(2020)浙0782刑初906号。

本案中,泰×公司及作为法定代表人的何某生以逃匿的方法逃避支付劳动者的劳动报酬,数额较大,经义乌市人力资源和社会保障局责令支付仍不支付,其行为均已构成拒不支付劳动报酬罪。

第十节　虚假诉讼罪

一、罪名概述

(一)虚假诉讼罪的概念

虚假诉讼罪,是指以捏造的事实提起民事诉讼,妨害司法秩序或者严重侵害他人合法权益的行为。

(二)犯罪构成要件要素

1. 犯罪主体

本罪的主体为一般主体,具备刑事责任能力的自然人和单位均能构成本罪。

2. 犯罪客观方面

本罪在客观方面表现为行为人以捏造的事实提起民事诉讼,妨害司法秩序或者严重侵害他人合法权益的行为。

《最高人民法院、最高人民检察院关于办理虚假诉讼刑事案件适用法律若干问题的解释》第一条规定:"采取伪造证据、虚假陈述等手段,实施下列行为之一,捏造民事法律关系,虚构民事纠纷,向人民法院提起民事诉讼的,应当认定为刑法第三百零七条之一第一款规定的'以捏造的事实提起民事诉讼':(一)与夫妻一方恶意串通,捏造夫妻共同债务的;(二)与他人恶意串通,捏造债权债务关系和以物抵债协议的;(三)与公司、企业的法定代表人、董事、监事、经理或者其他管理人员恶意串通,捏造公司、企业债务或者担保义务的;(四)捏造知识产权侵权关系或者不正当竞争关系的;(五)在破产案件审理过程中申报捏造的债权的;(六)与被执行人恶意串通,捏造债权或者对查封、扣押、冻结财产的优先权、担保物权的;(七)单方或者与他人恶意串通,捏造身份、合同、侵权、继承等民事法律关系的其他行为。隐瞒债务已经全部清偿的事实,向人民法院提起民事诉讼,要求他人履行债务的,以'以捏造的事实提起民事诉讼'论。向人民法院申请执行基于捏造的事实作出的仲裁裁决、公证债权文书,或者在民事执行过程中以捏造的事实对执行标的提出异议、申请参与执行财产分配的,属于刑法第三百零七条之一第一款规定的'以捏造的事实提起民事诉讼'。"

该解释第二条规定:"以捏造的事实提起民事诉讼,有下列情形之一的,应当认定为刑法第三百零七条之一第一款规定的'妨害司法秩序或者严重侵害他人合法权益’:(一)致使人民法院基于捏造的事实采取财产保全或者行为保全措施的;(二)致使人民法院开庭审理,干扰正常司法活动的;(三)致使人民法院基于捏造的事实作出裁判文书、制作财产分配方案,或者立案执行基于捏造的事实作出的仲裁裁决、公证债权文书的;(四)多次以捏造的事实提起民事诉讼的;(五)曾因以捏造的事实提起民事诉讼被采取民事诉讼强制措施或者受过刑事追究的;(六)其他妨害司法秩序或者严重侵害他人合法权益的情形。”

3. 犯罪客体

本罪所侵犯的客体是复杂客体,既包括司法机关的正常活动秩序,也包括他人的财产权、婚姻权、收养权、监护权、继承权等合法权益。虚假诉讼的行为,不仅浪费宝贵的有限司法资源,导致真实诉讼无法得到及时审理,严重妨害司法公信力和判决的权威性,同时还可能对法官职业带来不可预测的风险。

4. 犯罪主观方面

本罪的主观方面为故意,即行为人明知自己是用捏造的事实提起诉讼。过失不构成本罪。

(三)刑事立案追诉标准

《最高人民检察院、公安部关于公安机关管辖的刑事案件立案追诉标准的规定(二)》第七十八条规定:“单独或者与他人恶意串通,以捏造的事实提起民事诉讼,涉嫌下列情形之一的,应予立案追诉:(一)致使人民法院基于捏造的事实采取财产保全或者行为保全措施的;(二)致使人民法院开庭审理,干扰正常司法活动的;(三)致使人民法院基于捏造的事实作出裁判文书、制作财产分配方案,或者立案执行基于捏造的事实作出的仲裁裁决、公证债权文书的;(四)多次以捏造的事实提起民事诉讼的;(五)因以捏造的事实提起民事诉讼被采取民事诉讼强制措施或者受过刑事追究的;(六)其他妨害司法秩序或者严重侵害他人合法权益的情形。”

(四)量刑标准

《刑法》第三百零七条之一规定:“以捏造的事实提起民事诉讼,妨害司法秩序或者严重侵害他人合法权益的,处三年以下有期徒刑、拘役或者管制,并处或者单处罚金;情节严重的,处三年以上七年以下有期徒刑,并处罚金。单位犯前款罪的,对单位判处罚金,并对其直接负责的主管人员和其他直接责任人员,依照前款的规定处罚。有第一款行为,非法占有他人财产或者逃避合法债务,又构成其他犯罪的,依照处罚较重的规定定罪从重处罚。司法工作人员利用职权,与他人共同实施前三款行为的,从重处罚;同时构成其他犯罪的,依照处罚较重的规定定罪从重处罚。”

《最高人民法院、最高人民检察院关于办理虚假诉讼刑事案件适用法律若干问题的解释》第二条规定:“以捏造的事实提起民事诉讼,有下列情形之一的,应当认定为刑法第三百零七条之一第一款规定的‘妨害司法秩序或者严重侵害他人合法权益’:

(一)致使人民法院基于捏造的事实采取财产保全或者行为保全措施的;(二)致使人民法院开庭审理,干扰正常司法活动的;(三)致使人民法院基于捏造的事实作出裁判文书、制作财产分配方案,或者立案执行基于捏造的事实作出的仲裁裁决、公证债权文书的;(四)多次以捏造的事实提起民事诉讼的;(五)曾因以捏造的事实提起民事诉讼被采取民事诉讼强制措施或者受过刑事追究的;(六)其他妨害司法秩序或者严重侵害他人合法权益的情形。"

该解释第三条规定:"以捏造的事实提起民事诉讼,有下列情形之一的,应当认定为刑法第三百零七条之一第一款规定的'情节严重':(一)有本解释第二条第一项情形,造成他人经济损失一百万元以上的;(二)有本解释第二条第二项至第四项情形之一,严重干扰正常司法活动或者严重损害司法公信力的;(三)致使义务人自动履行生效裁判文书确定的财产给付义务或者人民法院强制执行财产权益,数额达到一百万元以上的;(四)致使他人债权无法实现,数额达到一百万元以上的;(五)非法占有他人财产,数额达到十万元以上的;(六)致使他人因为不执行人民法院基于捏造的事实作出的判决、裁定,被采取刑事拘留、逮捕措施或者受到刑事追究的;(七)其他情节严重的情形。"

该解释第四条规定:"实施刑法第三百零七条之一第一款行为,非法占有他人财产或者逃避合法债务,又构成诈骗罪,职务侵占罪,拒不执行判决、裁定罪,贪污罪等犯罪的,依照处罚较重的规定定罪从重处罚。"

该解释第六条规定:"诉讼代理人、证人、鉴定人等诉讼参与人与他人通谋,代理提起虚假民事诉讼、故意作虚假证言或者出具虚假鉴定意见,共同实施刑法第三百零七条之一前三款行为的,依照共同犯罪的规定定罪处罚;同时构成妨害作证罪,帮助毁灭、伪造证据罪等犯罪的,依照处罚较重的规定定罪从重处罚。"

该解释第九条规定:"实施刑法第三百零七条之一第一款行为,未达到情节严重的标准,行为人系初犯,在民事诉讼过程中自愿具结悔过,接受人民法院处理决定,积极退赃、退赔的,可以认定为犯罪情节轻微,不起诉或者免予刑事处罚;确有必要判处刑罚的,可以从宽处罚。司法工作人员利用职权,与他人共同实施刑法第三百零七条之一第一款行为的,对司法工作人员不适用本条第一款规定。"

二、防范措施

(一)严格规范管理,堵住引发虚假诉讼漏洞

企业经营应该以规范管理为先行,在合同签订、材料审核、价格审定等诸多经营环节,做好内部控制工作。企业在日常管理中应当以预防为主,注重日常管理中的制度设计,对项目用章、财务账目往来进行严格监管,加强对工程款及往来资金的管理,堵住引发虚假诉讼的漏洞。许多虚假诉讼的产生也源于印章管理不规范,对实际施

工人私刻的印章，企业不能掉以轻心，一旦发现实际施工人私刻印章的，要及时收缴销毁，甚至报案。

（二）建立健全诚信体系和工程项目法律风险防范制度

应当加强企业自身诚信体系建设，提高本单位人员的诚信意识，营造良好的企业经营诚信氛围。同时，由专门法务或律师团队建立项目全过程法律管控机制。从项目招投标、合同管理、项目核算、工程监管、项目诉讼等各个环节融入项目的管理过程，专人负责管理施工项目的关键资料，确保各个项目的各个环节都能合法有效的开展。

（三）健全项目法律顾问制度

企业总部应派驻法务人员或律师进驻项目担任项目法律顾问，进驻的法律顾问直接向公司总部负责，由总部对项目法律顾问进行考核，不受项目经理的牵制，一些关键事项，项目经理需要通知项目法律顾问如合同签署、债权债务关系清理等，以防止项目经理出具虚假欠款欠条、进行虚假借款担保，虚构工程款债权转让等提起虚假诉讼。

在可能遭受虚假诉讼案件风险时，应当由项目法律顾问进行相关调查，诊断法律风险，提出法律方案，尽量依法化解可能的虚假诉讼风险。

（四）涉诉时，严格依照证据规则提交证据

企业在起诉或应诉时，应严格依据证据规则提交证据，杜绝伪造证据、虚构事实。涉及虚假诉讼案件时，应及时咨询专业律师，在律师协助下积极应对诉讼危机与化解风险。

三、典型案例

重庆腾×实业集团有限公司、王某、黄某洪虚假诉讼案[①]

【案情简介】

2009年，黄某洪挂靠重庆腾×实业集团有限公司（原重庆腾×建设工程集团有限公司，以下简称腾×公司）投标建设茂县羌城餐饮风貌工程，工程完工后，时任该公司法定代表人及总经理王某以暂借为由未将在该公司账户内属于黄某洪的工程质保金10万元归还给黄某洪，后公司因经营不善，无法偿还该笔欠款。经黄某洪多次催款无果的情况下，2019年3月，王某、黄某洪共同商量通过虚构腾×公司与黄某洪签

① 案号：（2021）川3223刑初10号。

订有水泥销售合同及公司仍欠黄某洪款项共计人民币525,800元的借条为由,向茂县人民法院提起民事诉讼的方式,套取该公司在茂县民政局的工程质保金480,540.18元。2019年9月9日,茂县人民法院作出(2019)川3223民初175号民事调解书,2019年茂县人民法院根据该调解书将该质保金执行,并拨给黄某洪。

【裁判结果】

1. 腾×公司犯虚假诉讼罪,判处罚金人民币10万元,于判决发生法律效力起30日内,一次性缴纳。

2. 王某犯虚假诉讼罪,判处有期徒刑6个月,并处罚金人民币3万元。

3. 黄某洪犯虚假诉讼罪,判处有期徒刑6个月,并处罚金人民币3万元。

4. 涉案赃款480,540.18元,予以追缴,返还茂县民政局。

【点评分析】

本案涉及的是企业为逃避债务而捏造事实提起民事诉讼的行为,是否构成虚假诉讼罪的问题。

我国《刑法》第三百零七条之一第一款、第二款规定:"以捏造的事实提起民事诉讼,妨害司法秩序或者严重侵害他人合法权益的,处三年以下有期徒刑、拘役或者管制,并处或者单处罚金;情节严重的,处三年以上七年以下有期徒刑,并处罚金。单位犯前款罪的,对单位判处罚金,并对其直接负责的主管人员和其他直接责任人员,依照前款的规定处罚。"《最高人民法院、最高人民检察院关于办理虚假诉讼刑事案件适用法律若干问题的解释》第二条规定:"以捏造的事实提起民事诉讼,有下列情形之一的,应当认定为刑法第三百零七条之一第一款规定的'妨害司法秩序或者严重侵害他人合法权益':(一)致使人民法院基于捏造的事实采取财产保全或者行为保全措施的;(二)致使人民法院开庭审理,干扰正常司法活动的;(三)致使人民法院基于捏造的事实作出裁判文书、制作财产分配方案,或者立案执行基于捏造的事实作出的仲裁裁决、公证债权文书的;(四)多次以捏造的事实提起民事诉讼的;(五)曾因以捏造的事实提起民事诉讼被采取民事诉讼强制措施或者受过刑事追究的;(六)其他妨害司法秩序或者严重侵害他人合法权益的情形。"

本案中,腾×公司以单位名义捏造的事实提起民事诉讼,王某作为负责全面工作的总经理,代表公司决定并实施与黄某洪协作伪造虚假买卖合同和欠条,共同到茂县人民法院通过调解的方式,以捏造的虚假事实和证据,取得茂县人民法院(2019)川3223民初175号民事调解书,黄某洪便以该调解书向茂县人民法院申请,在茂县民政局套取了该公司工程质保金480,540.18元,其行为危害了市场经济秩序,破坏了社会主义诚信体系,损害了正常的司法程序和司法权威,构成虚假诉讼罪。